目次

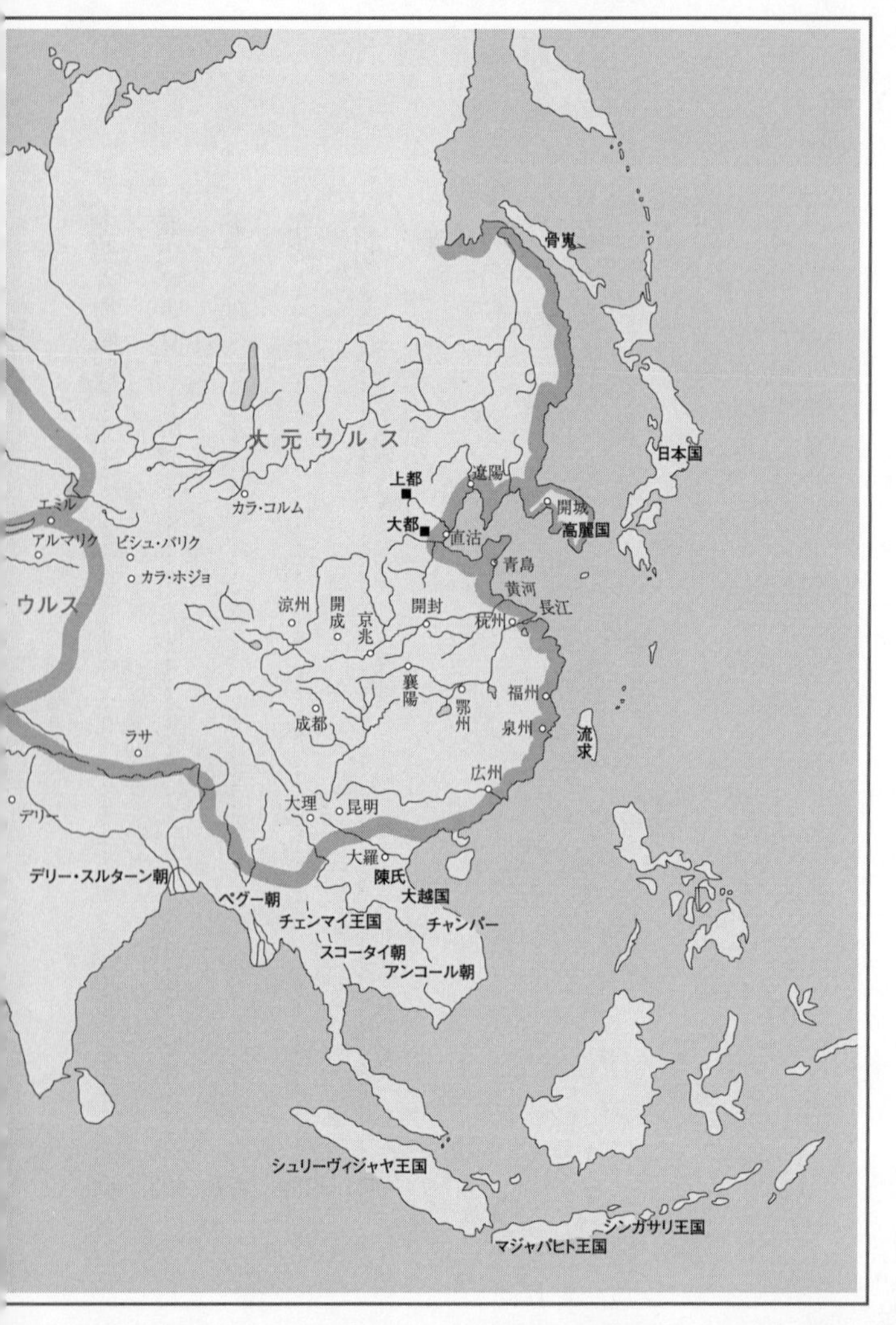

大元ウルス
上都
大都
遼陽
直沽
開城
高麗国
骨嵬
日本国
カラ・コルム
エミル
アルマリク
ビシュ・バリク
カラ・ホジョ
ウルス
涼州
開成
京兆
開封
青島
黄河
長江
杭州
襄陽
鄂州
福州
泉州
流求
成都
ラサ
広州
大理
昆明
デリー
デリー・スルターン朝
大羅
陳氏
大越国
ペグー朝
チェンマイ王国
チャンパー
スコータイ朝
アンコール朝
シュリーヴィジャヤ王国
シンガサリ王国
マジャパヒト王国

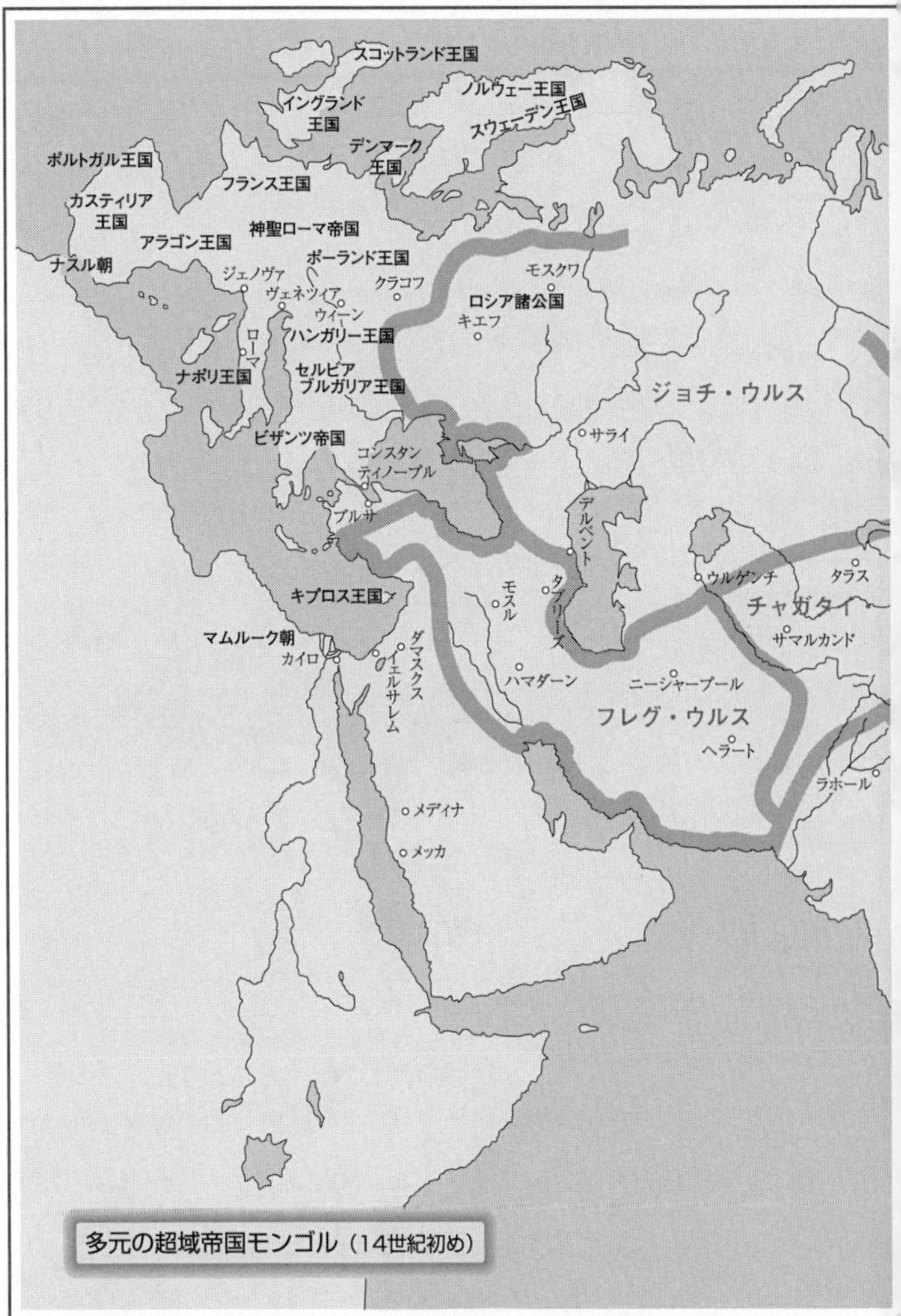

多元の超域帝国モンゴル（14世紀初め）

地図・図版作成
さくら工芸社
ジェイ・マップ

中国の歴史 8

疾駆する草原の征服者

遼 西夏 金 元

はじめに　世界史のなかの中国史

中国の存在感

中国とはなにか。この問いには、さまざまな答えかたがあるだろう。ふつう、「中国」の名で簡称される中華人民共和国の意味は、二一世紀のはじめの現在、「世界の工場」とも「巨大市場」とも評される経済面での独特のスタンス、もしくはウェイトをその主な牽引力として、国際政治における発言力もふくめ、年々歳々、高まりつつある。

安価で大量の労働力、手先が器用で向上心の強烈な人びと、そして動乱などの国家危機さえなければ、今後ますます膨脹してゆくだろう超大型のマーケット。二〇世紀の一〇〇年をあいだにおいて、世界における「中国」の位置づけは、大きく変化した。対立・相克する異質でたがいに不幸な他者から、共存・協働・競争する地球社会の有力な一員としてへ、である。それは、世界にとっても、「中国」にとっても、文明史的な変化といっていい。

議論はいろいろありえるだろうが、あえてことがらを単純化していえば、現在の「中国」をして、世界の他の国々とは別の存在感ある国たらしめている原因・理由は、まずはなによりも、厖大な人口と広大な領域にあることは、おそらく誰もそう否定しにくい。

ともかく、一三億もの「国民」であり、「国家」である。人類史上、かつてそんな事態はありうべくもなかった。もっとも、その中身や現実を巨細に眺めれば、「国民国家」というには、あまりにも多種多様な人びとのかたまりとあり方がそこにあり、かつはまた、さまざまに錯綜する利害と立場がつつみこまれている。政治・経済・社会のはしばしに漂いがちなある種の猥雑さ、不可解さ、不安定さに、いささかの危惧を感じるむきがあるとしても、やむないところかもしれない。

ちなみに、以上はいわゆる大陸でのことである。もしこれに、台湾をも加えるならば、どうなるか。台湾は台湾、そして台湾史は中国史とは別物であるという主張・立場は、もとよりある。とりわけ、近年の台湾国内では、その傾向がいちじるしい。それを承知のうえで、台湾もともに中華文明の体系に立つものとして、すなわち広い意味での「中国」の伝統をひきうけるものとして、あえて考えあわせるとしたならば、大陸と台湾、その全体がもつ現代世界への影響力は、そのときどきの表面的な動きやプラス・マイナスの局面をこえて、存在とパワーの総量において、きわめて大きいものがあるといわざるをえない。

巨大さはいつからか

ひるがえって、ようするに、「中国」を考えるさい、巨大さにこそ第一のポイントがある。では、現代中国をなお特徴づけているその巨大さは、いったいいつからのものなのか。

この問いについてもまた、答えかたは幾通りかありえる。歴史をつらぬいて、はじめからそうなのだという考えも、おそらくなんとはなしにはあるだろう。「地大物博」は、「中国」

なるものの本質なのだとする通念は、素朴だが、なお根強いように見える。

客観の事実としては、現在の中華人民共和国の領域は、清朝の後半期、食うか食われるかの宿命のライヴァルであったジュンガル連合王国を滅ぼして、その地を「新疆」、すなわち新しい領土と名づけ、ティベット・内外モンゴリアをも包括する大領域を実現した乾隆帝の治世に直接さかのぼる。西暦では、一七五七年以降のことである。そののち、二〇世紀になって、外モンゴルがソ連の影響下でそれなりの独立国家をなし、台湾が現在のかたちとなって、のこる部分のほとんどが人民共和国のもとにある。つまり、今日の国域そのものは、およそ二五〇年ほどの前史があるにとどまる。

だが、率直にいって、そのことは必ずしも周知の事実とはなっていない。とはいえ逆に、「中国」ないしは中華文明が、当初から今のように広大であったとも、多くの人が思っているわけでもまたないだろう。ことの要点は、いつから「中国」は「中国」なのか、そしてはたしていつから巨大化したのか、である。

黄河下流域に開けた文明が、「中国」の原点であることについて、たぶん異論は少ない。そして、もともとはせいぜい「中つ国」ほどの意味の「中国」が、いわゆる中華帝国としての「中国」になりゆく扉が秦の始皇帝にあることも、いわば常識に属する。巨大化への第一歩は、たしかにここにある。

とはいえ、結論から先に述べれば、一三―一四世紀のモンゴル時代に、中華の枠は一気に巨大化した。ユーラシアの大半を領有する人類史上で最大の世界帝国のもと、とくに第五代の皇帝クビライがモンゴリアと中華地域を中心に全モンゴルの宗主国たる大元ウルス（ウルスとはモンゴル語で「人びとのかたまり」を意味し、「部衆」「集団」から「国」をも指す）を樹立してからである。中華風の通称では、「元」と呼ばれるこの国家の領域は、直接にはアジア東方の大部分をおおった。そして、ジョチ、チャガタイ、フレグの名をそれぞれ冠する他の三個のモンゴル・ウルスをも通じて、間接にはユーラシアの陸海をまとめあげる超広域の勢力圏を形成した。

大元ウルスの出現以前、「中国」は「小さな中国」であった。めまぐるしい治乱興亡の歴史のなかで、ときどきに統一政権が形成されても、その領域はいわゆる中華本土（チャイナ・プロパー）をほとんど出なかった。ただ一度、唐朝の初期、内陸アジアのテュルク系の政治勢力などを名目的に間接支配する状況が生まれた。だが、それも三〇年ほどのことで、ほとんど瞬間にちかいかりそめの姿であった。

まして、統一政権の実質さえも薄らいだ唐朝の後半以降の時代は、北宋・南宋もふくめ、「中国」はどんどん小さくなった。もちろん、後述するように、ひろやかな意味での「中国史」なるものは、キタイ帝国や金帝国・西夏国などもふくめて展開したのだとわたくしは考える。だが、それにしても、いずれの国家・政権ともに小ぶりであり、せいぜいのところ中型規模にとどまった。

こうしたこととは反対に、大元ウルス以後、明帝国も清帝国も、かつての中華帝国よりは一回りも二回りも大型化する。マンチュリア、すなわち現在の東北地方や雲南・貴州の領有は当然のこととなり、しかもかつての瞬間状況にすぎない唐朝の「大版図」とはちがって、確実に固定した「中国の枠」となる。そして、清朝後半に、先述のごとく大清帝国(ダイチングルン)の名にふさわしい大領域が形成され、その基本形が保持されて、結局いまにおよぶ。

純客観の歴然たる事実として、モンゴル時代以後、中華の地平は大きくひろがる。「小さな中国」から「大きな中国」への旋回は、まことにあざやかといわなければならない。このことのもつ意味は、限りなく大きい。すなわち、「多民族の巨大中国」への道である。

ユーラシアと中国を変えた六〇〇年

本書が直接にあつかうのは、九世紀の後半から一四世紀の末までのおよそ五〇〇年である。さらに、それに先行する一〇〇年あまりをも、それなりに視野において考えざるをえない。この時間枠を、中華王朝史ふうにいいかえれば、唐の後半ないし唐末から、元末・明初までということになる。

ただし、こうした王朝ごとに仕切る断代史めいた表現・観念・区分法は、一面で通称としてはたしかに簡便な面もなくはないが、あるまとまった時代現象の全体をとらえる枠としては、はたしてどれほどまでに妥当か、おおいに疑問なしとしない。所詮は、歴代の中国正史のままに、それに寄りかかり、立脚したものにすぎない。にもかかわらず、ともすればおそらく、まま無意識のうちに、王朝国家による統合的支配のイメージを過度に強調したり、あるいは逆に正史がついに作られなかった政権については不当に過小評価したりするなど、実際の歴史事実としては、ありもしない虚構やたくまざる誤解を誘導・演出しかねない落とし穴がひそんでいる。とくに、本書が見渡そうとする五〇〇年ないし六〇〇年間については、それがとてもよく当てはまる。

この五〇〇～六〇〇年、ユーラシア世界は大きく変動する。そして、「中国史」もまた、その波をうけ、幾度かの顕著な脱皮・変身をくりかえす。たとえば、本書が筆を起こす冒頭は、かの安禄山の反乱とウイグル遊牧国家による唐王室への軍事支援だが、安禄山・史思明らソグド系の人物群像を中核とする挙兵とその新国家建設運動は、ほぼ同時期に東部イランのホラーサーン方面において、イラン系の人びとを主体として起こされた「イスラーム革命運動」との連動をおもわせずにはいられない。東の安禄山らは政権の確立に失敗し、西の挙兵・進軍は見事に成功して、いわゆるアッバース朝が出現する。安禄山らが「中国史上の反乱者」とされてきたのは、視野を「小さい中国」に限った場合の結果論というか、やや中華主義めいた感覚による歴史評価かもしれない。ちなみに、ウイグルから見た安史の乱という立場もある。

そのウイグル遊牧国家が唐朝の「庇護者」となって、しばらくながらアジア東方に覇をとなえたのち、九世紀なかば、あいつぐ天災で一気に瓦解、その波動はユーラシア東西を変えてゆく。東方では、キタイ遊牧民連合体が浮上し、それと同盟・敵対の不可思議な関係をくりかえしたテュルク系の沙陀族が華北に軍事政権を樹立する。中華王朝史でいう五代のうち、後唐・後晋・後漢はこれであり、北漢もその系列に属する。かたや、ユーラシア西方にむかっては、ウイグル解体が引き金となってテュルク系の人びとがあいついで移動を開始し、ついにセルジュク遊牧集団の西アジア制覇となり、長期的な視野ではオスマン帝国にまでいたる九〇〇年ほどの「テュルク・イスラーム時代」が展開してゆく。

ふたたび目を東に転じて、キタイと北宋によるふたつの帝国の並存、西夏国の出現と北宋との攻防、ジュシェン族の国家建設とキタイ・北宋の消滅、そしてキタイ族の西走と再建国、金・南宋・西夏の鼎立（ていりつ）といった多種族・多文化の錯綜・混淆したアジア東方における歴史変動もまた、伝統的な中華王朝史の枠組みでは収まりがつかない。そもそも、ここにおける「中国」とはなにか、また「漢族」とはなにかの問いは、根源的たらざるをえない。さらには、中央アジアにおいて、西ウイグル王国（もしくは天山ウイグル王国）やカラ・ハン朝、サンジャルひきいるセルジュク権力などとの角逐ののちに樹立された第二次キタイ帝国としての「西遼（せいりょう）」の存在などは、中国正史に立脚する歴史理解の問題点を、わたくしたちに鋭く問いかけてくる。

だが、なによりも一三―一四世紀のモンゴル世界帝国の出現は、「中国史」もユーラシア世界史の一員であることを否応なく示してやまない。これまで、ややもすれば中華文明は地理上で他の文明世界と隔絶して存在し、発展してきたといわれがちであった。だが、それは本当だろうか。唐の「瞬間大帝国」状態や、文字どおりの世界帝国である大モンゴルをもちだすまでもなく、本書があつかう五〇〇年ないし六〇〇年の歴史の歩みの全体が、ユーラシアと「中国」とが、ともに多極化とそのはての大統合という変動のうねりのなかにいた紛れもない証左ではないのか。

世界史と中国史

従来「中国史」というと、「中国」という場のなかで自己完結した姿・かたちで語られるのが、むしろふつうのことであったかもしれない。それが本当のことであれば、それでいい。だが、それは本当に本当か。

問いかけは、さまざまにありえる。いわゆる「中国史」の空間的範囲は、いったいどこからどこまでか。これも、大事な問いかけのひとつである。それに対し、「中国」なるものが伸縮しつつも、大局では拡大してゆく過程の全体が「中国史」なのだ、という答えかたも十分にありえる。ただし、それではそれぞれの時代において、なにが「中国」で、なにが「中国」ならざる外部世界なのか、の問いが当然にでてくるだろう。

ここにおける外部世界の延長線上にあるものを、かりにユーラシア世界、さらにはグローバル世界としてみよう。世界史の一部としての「中国史」、もしくは「中国史」を通して世界史を理解する、といったことが、これまでどの程度なされてきたのだろうか。せめてはまず、「中国史」の展開を世界史のなかに位置づける試みは、各時代史ごとに、もっとおこなわれてもいいはずだ。そして、さらにできれば、「中国史」を「中国史」たらしめてきたものは一体なんであったかという観点から、ユーラシア世界史、のちにはグローバル世界史の展開を、「中国史」の脈絡のなかにきっちりと位置づけ、相互の有様・影響・変容を正確に把握することが必要となる。もとより、それはかつてのような思い込みや、理論・理念による嵌(は)め込みパズルではなく、あくまで純客観の事実にもとづいて。

わたくしは、世界が「中国」を変えた場合のみならず、「中国」が世界を変えたことも実は数多くあったと考えている。それは、近現代だけではなく、むしろそれ以前においてこそ、そうではないかと愚考する。大きな図式では、内陸から海洋へ、軍事力から経済力へ、生産から流通へ、宗教から合理へ、思念から実践へ、などなどである。

こうした変化のかずかずは、「小さな中国」から「大きな中国」へ変身する過程のなかで胚胎(はいたい)し、芽生え、成長し、展開した。たとえば、ヨーロッパにおけるルネサンスなるもの、神学的精神から合理的思弁への動き、資本主義に通じる実利尊重の観念などは、いずれもモンゴルを中心とする巨大な東方からの影響なしには物心ともに考えにくいが、その淵源の少なからざる部分はおそらく「中国」にある。

ユーラシア世界史と「中国史」のふたつは、ながらくの変動と融合をへて、モンゴル時代にひとまずの総合化を見せる。それは、やがてくるグローバル時代の扉を開くもととなり、世界文化・人類文明なるものが形成されゆく基層を提供することとなる。そうしたことは、ユーラシア世界史と「中国史」がめぐりあい、切りむすんだ五〇〇年ないし六〇〇年の歴史世界のエッセンスともいうべき贈物であった。

第一章　巨大な変容への序奏

はじまりはいつか

「とき」への問い

そう、それは一体いつから始まったのだろう。ユーラシアが、そして「中国」が、ともどもに多極化と流動化、交流と往来をへて、そのはての大統合という巨大な変動のうねりのなかに入りだすのは。

わたくしたちは、「とき」というものの流れの突端に位置している。時々刻々、うつり変わりゆくその瞬時と瞬時とを生きている。そして、結果としてその積み重ねというか、「とき」のつらなりが人生となりゆく。そうした幾多の人生を束ねたものが、集合体としての家族であり家系であり、仲間であり組織であり、さらに社会・国家・世界・人類と呼ばれるものでもあるのだろう。

歴史を見つめるということは、「とき」というまことにつかみがたいものを、実は逐一の「瞬間」ごとにではなく、ある「長さ」のなかでとらえようとすることである。その「長さ」は、まさに長短さまざまにありえる。地球生命の営みのあとをたどろうとするならば、四〇億年以上もの壮大な悠久の物語となる。また、人類、すなわちホモ・サピエンス（現生人類、つまりわたくしたちと同種の人間）の歴史ならば、一〇万年くらいの「長さ」である。生物進化、もしくは人類進化の道のりを見つめ、かつは探究することも、紛れもなく歴史研究に相違ない。

かたや、それらよりはかなり短い「とき」ではあるけれども、しかしやはり十分すぎるほどに長いといえるここ一万二〇〇〇年から一万三〇〇〇年ほどの人間たちの歩みを調べ、再構成し、物語ることを、世間ではふつう「歴史」、もしくは「歴史研究」と呼ぶことにしている。学術上でいうところの「歴史学」とは、おおむねはこれである。したがって、世に歴史家、歴史研究者などとされる人びととは、この一万年をこす「とき」のかたまりのうち、どこかの時代と地域、さらにはそこに生きた人間たちを対象として、あれこれと想いをめぐらし、過去をまさぐっている人間ということになる。そのさい、史料という名の過去の痕跡を、手がかりとも根拠ともしつつ、格闘することになる。

【余録】　ちなみに、この一万年あまりの「とき」は、七〇万年まえから合計四回あった氷期のうち、気候が温暖化して氷河が後退した「後氷期」、ないしは「間氷期」であるとされる。しばしば、「第四間氷期」ともいったりする。わたくしたちもまた、今その「とき」を生きている。その間のときどきに、やや冷え込む時期もあり、それを「小氷期」と呼んだりもするけれども、きわめて大雑把ないい方をするならば、全体としては基本的

に同一の「時代」として、ひとくくりに見なしてかまわない。もっとも、あくまでそれは地球上の環境条件において、ひとつの「時代」だということである。

近年ことに論議される地球環境問題、とりわけ温暖化問題は、単純に「熱い」から、だからではない。「熱い」だけなら、たとえば恐竜が歩き回っていた遥か太古は、地球はもっと「温暖」だったのである。この手の大掛りな「温暖」「寒冷」はなぜ起こるのか、それはわかっていない。太陽系とか、さらにもっと大きなレヴェルの話かもしれない。ともかく、そうした大きなくくり方でいうなら、今は理窟のうえでは、なんと「氷河時代」に属する。ようは、現在おこっている事態はそういうことではない。問題は、本来ならば、ある程度の冷え込みにむかうべきトレンドに地球は入っているにもかかわらず、戦後ずっとあるべき温度の落ち込みが見られないままにきていることにある。

それは、どうしてなのか。大きな「自然の摂理」、もしくはなんらかの自然要因で説明できないのであれば、人為にその理由を求めざるをえなくなる。事態の核心は、まさにそこにある。そこをはきちがえた議論や、いたずらに危機感をあおるような主張、さらにはただやみくもに「自然を護ろう」といった精神訓話めいた掛け声は、いずれも気分はわかるものの、どこか狼少年めいてもいる。

つまり、いわゆる「歴史」ないしは「歴史学」なるものは、現在のわたくしたちにストレートにつながる部分を扱っていることになる。はなはだ人間臭い「歴史」となるのは、当然のことだろう。その一万年あまりについて、新石器、ついで古代・中世・近世・近代・現代などと、大づかみに仕切って呼んだりする。ついこのあいだまでは、あまり疑念をもたれずに、広く使われてきたいい方である。しかし、それはかつて西欧ないしはヨーロッパでおこなわれてきた教説を範として、他の地域にも援用したにすぎない。あくまで、ある種の目安というか、便宜上の標識のようなものである。地域をこえて「とき」を仕切り、それぞれの「とき」のかたまりを意味づける絶対的な基準があるわけではない。

いずれにせよ、ものごとはほとんど経過のなかにある。歴史家や歴史研究者が、過去の「とき」をなんらかの時代や時期に分けるのは、ことがらをよりよく理解し、把握し、説明するためである。歴史における時代区分などは、あくまでもその程度のことにとどまる。所詮は、歴史をどう見るかである。

唐王朝の巨大イメージ

王朝というかたちで眺めると、唐（とう）という王朝は、随分と息の長い存在であった。年表風にいうならば、西暦六一八年から九〇七年、すなわち二九〇年にわたる大変な長命の「大王朝」であったように見える。その長い「とき」を、ひとつの時代とするならば、「唐代」は三世紀になんなんとするほどの長久の歳月を送ったことになる。だが、はたしてそれをそのまま鵜呑みにしてよいか。

唐という王朝は、たしかに当初は「大王朝」であった。内陸世界の覇者であった突厥（とっくつ）の後援をうけて政権を樹立した「半属国」状態からすみやかに脱却し、逆に突厥をおさえ、他の遊牧軍事勢力をも従わせて、それらを間接的にコントロールした。東では、新羅とむすんで百済・日本連合軍を破り、さらには高句麗を倒し、ほんの一瞬だが半島を支配した。新羅に追い出されたとはいえ、その威令は東方の海辺に及んだ。こうした状況をもって、唐を「世界帝国」だとする人もいる（なお、「隋唐」とセットにする習慣からか、「隋唐世界帝国」と呼ぶむきもある。だが、すくなくとも隋は「世界帝国」にはほど遠い。純粋に誤解だろう）。

だが、そのやや誇大広告めいた「世界帝国」は、しばらくの「とき」のうちに薄らぎゆく。東突厥は復興し、草原世界はふたたび中華の対抗者となる。また、高句麗の遺民たちが自立・建国し、のち渤海と名乗る。純客観でいえば、唐の「大勢力圏」は、王朝の初期に限られる。

もっとも、実際の支配をこえて、「東アジア世界」もしくは「東アジア文化圏」なるものが形成され、唐はその中心にいつづけたという考え方がある。よく知られているように、故・西嶋定生が首唱したものである。だが、李成市が指摘するように、日本人の視点から漢字文化圏にかたよるかたちで構想されていることは否めない。

それに、草原世界は、そもそも唐朝からの「冊封」など受けるはずもなかった。それは、たとえば開元二〇年（七三二）の紀年をもつ「キョル・テギン碑」において、玄宗が「自筆・自撰」で綴ったという、その漢文面のなかで、唐と東突厥を「父子の国」と明言していることにも示されている。あくまで対等国による王家同士のむすびつきを、「父子」になぞらえたものであり、「君臣」関係とははるかに遠いものであった。まして、東突厥をついだウイグル遊牧国家は唐を保護国とした。さらに、そのウイグルを倒したキルギスも、唐と対等の関係にあり、それを明示する国書ものこる。

近現代のまなざしによる現存国家の枠組みと、それを前提にしたなんとはなしの「文化圏」イメージをもとに、「冊封体制」なぞに入っているはずもなかった乾燥世界の遊牧軍事権力までをも包み込んで巨大に設定されている「東アジア世界論」もしくは「冊封体制論」は、「一国史」的な見方をこえたいという歴史研究者たちの気分はわかるものの、事実としては無理が目につき、ほとんど成立しがたいものだろう。

唐王朝とアジアの八世紀

しかし、唐の「大王朝」イメージは、とくに日本列島に暮らすものには、ゆるぎなく存在する。かつて日本は唐に学んだという想い、そして李白・杜甫・白居易などに代表される詩文の世界への憧れといった、きわめて淳良な部分がささえとなっている。他の中華王朝に対するとは格段に異なる好意や敬意が、不思議なほど世代をこえて日本列島には脈々と生きつづけている。おもしろい現象といっていい。

こうしたナイーヴな「過大評価」が、歴史の姿にはねかえる。しかし、現実の唐王朝は巨大なイメージに反し、中華統一王朝としては、しばらくして前漢・後漢と似た程度のサイズとなる。そして、八世紀に入ると、玄宗の長い治世がつづくことになった。開元と天宝とい

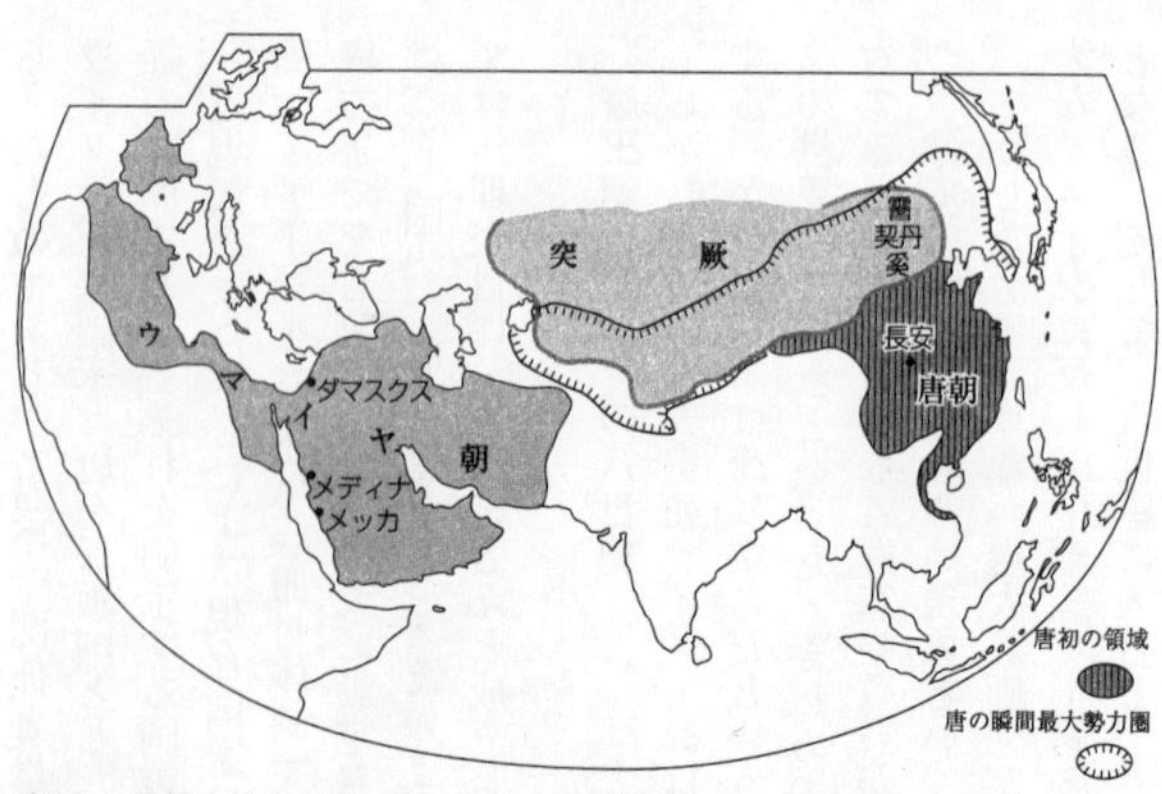

突厥・唐朝・ウマイヤ朝――6―7世紀のユーラシア

うほぼふたつの年号による七一二年から七五六年まで、四五年という尋常でない「とき」であった。短命の王朝より、よほど長命である。

先行する則天武后の「周王朝」や韋后を経て、唐は「玄宗王朝」として別のものになったと見てもいい。政治・経済構造は、よくもわるくも固着した。ようするに、表面上では「平和」であった。いわゆる唐文化なるものは、まさにこのときに精華があるとされるのは、当然のことだろう。だが、アジアはあきらかに変動にむかって、さまざまな芽を用意しつつあった。

これに先立って、七世紀、中東ではイスラームが出現し、現在ではビザンツ帝国と通称されるものの、みずからではあくまで「ローマ」に相違なかった帝国から、パレスティナ、シリア、エジプトを奪った。時をおかず、四〇〇年以上つづいていた中東最大のサーサーン朝という名のイラン帝国をも、おもに二度の戦役で打倒し、一気に大勢力にのしあがった。宿痾ともいうべき部族間対立をこえて、イスラームのもとに、ともかくもしばらくはつどいあったアラブ遊牧民による軍事力が奇跡的な成功をもたらしたのである。アジア東方における唐の出現、そして一時期だが「大版図」の形成という現象に、それぞれ遅れること、ほんの僅かであった。

イスラームの拡大はつづき、地中海の南岸域にあたる北アフリカを西にたどり、八世紀に入ると、イベリア半島に進出した。巨大なイスラーム圏が、アジア、アフリカ、ヨーロッパに股がるかたちで現れゆくこととなった。

「神の使い」（ラスール・アッラー）であるムハンマドに始まり、むしろその没後にこそ、「代理」（ハリーファ）という名の後継者となって劇的なまでの成果をもたらしたアブー・バクル、ウマル、ウスマーン、アリーの四代をへて、いわゆるカリフ（ハリーファ）の位を世襲化したウマイヤ朝の時代となり、すでにかなりの歳月が経過していた。ウマイヤ朝による「平和」は、そもそものカリフ位の世襲を認めないシーア派などの反乱や、アラブ部族間のぬぐいがたい抗争の繰り返しなどによってゆさぶられ、カリフが次々と交代するなか、次第に国運の翳りが色濃くなっていた。「帝国」として、遥かに眺めくらべるとき、東の唐朝と西のイスラーム国家とは、たがいにどこか似かよう歩みを示しつつ、次なる扉を待つかの如き姿を呈していた。

草原の変動

かたや、草原世界では、変動はドラスティクなかたちで現れた。モンゴル高原に拠る第二次の東突厥が、復興より六〇年余となる七四四年ないしは七四五年、ウイグルを中核とする勢力にとって代わられた。かえりみて、五五二年の建国以来、紆余曲折はいろいろとあったものの、ともかくも草原の「王権」でありつづけていた突厥王家の阿史那氏の支配は、ここに消滅した。「独立」を失った時期も含めて数えるならば、二二〇年をこす王統であった。遊牧部族連合による権力体は、組み換えと再編成により、ウイグル遊牧国家として新生した。その頂点に立つのは、ヤグラカル氏であった。ただし、突厥国家の君主とおなじく、王者はカガンを称した。

ちなみに、こうした交代をもって、「民族の興亡」と見るのは適当ではないだろう。それは、近現代の逆照射である。事実は、権力の中核をになう集団と君権の入れ換え、およびそれにともなう組織の見直しが、その本質と考えられるからである。遊牧国家のシステムそのものに、基本的に大きな変容はなかったはずである。

とはいえ、ウイグルという新しい旗のもとで、草原世界は活気づいたことだろう。古くからの権威は消え去り、諸事すべからく新儀となった。ほとんど瞬時のうちの変動であったといっていい。唐朝とのあり方も、玄宗と東突厥王家との友誼を前提としていたときとは、おのずから可変的な含みをもつものとなってはいた。

劣化する「玄宗王朝」

ひるがえって、玄宗時期の唐朝、およびその治下の社会は、年を追って翳りを濃くするとともに、変化への兆しを見せていった。よく知られているように、均田制は行きづまって久しく、「府兵制」はその評価に各論あるとはいえ、七四〇年には「募兵制」に切り換えざるをえず、さらに外防のため国内の縁辺要地に節度使を置いたものの、建前上の兵権をこえて、独自の軍事勢力として自己増殖してゆくことを容認せざるをえなくなっていた。ここにおいて、分権化への道は、事実上、すでにスタートがきられていたといってもいい。

くわえて、「玄宗王朝」の異様な長期化、そして諸事が旧儀のままに固着した状況がもたらす国家組織の劣化は、次なる展開をうながす様相を深くしていた。このあたり、やや決まり文句のように語られる玄宗の政治への意欲の衰え、李林甫・楊国忠の権力の壟断・乱用などといったことは、やがてくる事態への誘因であったかもしれないが、主因でありうべくもなかった。ようするに、唐朝というシステムそのものが、衰退と解体の過程にあったのである。「開元の治」とたたえられる玄宗治世の前半も、所詮は低落への歯止めにはならなかった。幸運な「建国」より一四〇年ちかく、唐という「国のかたち」における制度疲労は、もはやおおいようもなかったのである。

もっとも、そうはいいながら、やはり玄宗の四五年という治世の歳月もまた、あまりにも長すぎたことも事実であった。人生にも組織にも、更新すなわちリニューアルは不可欠である。いつの時代であれ、世代と世代をつないで人の世がつくられてゆくなかで、ひとつの世代が「とき」を背負うのは、じつのところせいぜい一〇年ないし一五年程度のことだろう。それは、人間が人間である限り、当然のことである。人の盛り（さか）は、永続しない。単純きわまりないことではあるが、それは「とき」をこえて通じる真実だろう。

八世紀もなかばをすぎ、時代は変動を待っていた。すなわち、「はじまり」への入口は、ここにある。

安禄山の光と影

分裂する人物像

よくよく不思議な人物である。その名は安禄山（あんろくざん）。通常の中国史では、裏切り者、反逆者、反乱者、反臣など、ともかく逆賊のイメージで語られがちである。それに、「胡人（こじん）」というもうひとつの要素がくわわる。胡賊（こぞく）、もしくは逆胡（ぎゃくこ）といった表現は、両方を兼ねもつ。

これを裏返せば、王朝史観と中華主義がともどもに重なりあって、安禄山に注がれていることになる。唐代はもとより、宋代に成立したものも含めて、文献史料における彼への悪罵（あくば）は、まことにすさまじいものがある。そして、漢字といういささか心の造形力にとみすぎた文字による漢文文献のおそるべき表現力・伝達力・呪縛力から、悲しいことだが後世の史家たちは自由でない。かくて、安禄山は、中国史上でも突出した希代の悪漢・敵役（かたきやく）とされてきた。

ところが、彼の生涯そのものは、独特の生い立ちから始まって、数奇な運命に身を漂わせる少年時代、羊どろぼうとして殺されるところを幸運をえて軍人となり、自分の才腕を頼りになりあがってゆく経緯、かずかずの前線での武功を立てたのちの敗戦、その責任を問われて死罪になるところを、玄宗のことばで九死に一生をえて、それからは一転して異数の上昇を重ね、権謀術数のちまたである宮廷と官界を生き抜き、巨大な軍事力を握るに至るや、ついに蹶起して新国家の建設をめざし、旧主の玄宗以下の唐王朝を危機に追いつめる。しかし、視力を失い、病いに苦しみ、野望の実現を目前にして、息子にはかられ頓死する結末——。

まことに痛快で波乱万丈、ドラマティクなことこのうえない。一代の風雲児、もしくは英雄的な興趣にみちた破天荒の人物として、むしろ世界史上でも珍しい部類の存在といっていい。

潤色と貶めに傾く史料

彼の面立ちを複雑に見せるのは、もとよりその生まれである。安禄山についての文献史料は、中国正史に数えられる『旧唐書』『新唐書』のそれぞれの安禄山伝や、北宋の司馬光の『資治通鑑』などをはじめ、官撰・私撰・稗史・野史をとりまぜて、あまたある。同時代の唐代における記録ものこる。なかでも、姚汝能の『安禄山事迹』は、中国史上では稀有といっていい反乱者についての叙述であり、史料としての価値は他書にまさる。

とはいうものの、安禄山がつくりだした大動乱が、なおその最中(さなか)にあったときの『粛宗実録(しゅくそうじつろく)』を踏まえている。粛宗は、玄宗の後継者として、ほとんど滅びかけた唐朝のよすがを血みどろに保持しようとし、それはそれなりに果たした独特の陰翳にとむ人物である。当然のことながら、『安禄山事迹』の記述は、反乱者を主人公としつつも、唐朝に奉仕し、阿諛(あゆ)する表現にあふれている。

事実と歪曲(わいきょく)、脚色と創作が、はたしてどの程度まで盛り込まれているものなのか、もっとも肝心なことが定かでない。だが、潤色(じゅんしょく)は他の記録も同様である。反乱者たる胡人に対しては、かかわる漢文史料の全体が悪意に塗り込められている。そうしたことさらな作為に満ちたものとして、承知のうえで扱い、かつは眺めるほかはない。

このあたり、はるかに「とき」をへだてる後世の人間が、過去を見つめるうえでしばしば背負うやむなき制約であり、また反面でのおもしろさでもある。そのさい大事なことは、多分に人としての「常識」ではないか。もとより、なにかの先入観や偏見から自由でありたいし、事態の表面だけを追うのはもとより、視野狭窄(しやきょうさく)にはなりたくない。とりわけ、この場合は、そうだろう。

以下しばらく、『安禄山事迹』をひとつの有益な縦糸とし、他の関連記事もしかるべく織り込みながら、この光と影の段差のありすぎる人物に焦点をあて、彼とともに時代というものが大きく旋回するさまを辿ってみたい。横糸となるのは、おそらく中国史を中国史の枠に閉じ込めない視線だろう。そもそもが、そういう時代であったのだから。

ハイブリッドの人間

安禄山は、営州・柳城の「雑種の胡」であったとしるされている。唐が服属してきた遊牧キタイ族とその近族の奚を統治するとの名目で、かたちのうえで置いた都督府の名が営州。柳城はその主邑であった。かつては、龍城といった。現在の遼寧省の朝陽市にあたる。いわゆる長城ラインを北にこえ、遊牧地域に踏み込んだところに位置する。それも、山地から平地に開け出る門口である。遼河、すなわちシラ・ムレン（モンゴル語で黄色の河）を基準にした古来のおおまかな区別では、ひろく遼西と呼ばれる。

安禄山の故郷

唐からみれば、叛服さだまらない遊牧民勢力との交渉の接点であった。ここを握れば、北にむかっては広大な興安嶺一帯の牧野への、東にむかっては遼東地方・渤海国・新羅国への、それぞれ有効なくさびとも戦略拠点ともなった。反対に、この地を失えば、ただちに東北経営の全体があやうくなるばかりか、中華本地の防衛も危機に瀕した。遊牧民とその軍事力の帰趨をひとつの大きなポイントとして、多種多様な人びとが往来・交流・錯綜する東北辺外のまさに要地であった。

安禄山は、そんな特別な土地に育った「雑種の胡」であった。「胡」とは、中華から見て西方ないし北方の異人たちをいう。より限定すれば、しばしばイラン系の人をさし、さらにはソグド人ないしソグド系のことをいう。

それにしても「雑種」とは、おそれいる。ともかくも、その意は混血というか、さらに二種以上の血をうけついだ人間をもいうのだろう。彼の故郷の土地柄からすると、後者のニュアンスのほうが濃いかもしれない。ようするに、「いろいろな血のまざったやつ」といった雰囲気が漂う。ただの「胡」ではないのである。おそらくは、そこに二重の仕掛けの蔑みがこめられている。醜悪な語である。

人間を貶める卑しい表現だが、じつは当の安禄山がみずからを「雑胡」「雑種の胡」と公言していたらしい。そうして自分をことさらに低め、相手や周囲を持ち上げて、「ウケ」や「笑い」をとった。玄宗の宮廷では、とくに有効だった。魑魅魍魎のうごめく虚飾と嫉妬の世界を生きぬく遊泳術のひとつだったのだろう。逆にいえば、安禄山本人もそれだけ「雑種の胡」であることを意識していたことになる。中華主義、さらにはそのことばづかい、文字づかいのおそろしいところである。

訳せば同じことになるが、ようするにハイブリッドの人間といったらよいか。中身が一緒でも、印象は異なる。ことばというものは、まことにややこしい。

その名は「光」

彼の生まれや出身について、次なる大きな手掛りは、その名である。「安」とは、ソグドの姓のひとつ、ブハーラー出身を意味する。ちなみに、「康」はサマルカンド、「米」はマイムルク、「何」はクシャーニア、「史」はケッシュ、「曹」はカブダーナに、それぞれかかわるものたちの漢姓である。

自分たち本来の言語・文字の世界に棲むならば、漢姓は不要である。中華ないしはその縁界に暮らすからこそ、必要となる。「安」を名乗るからには、まずはほとんどソグド系である。ついで、ブハーラーの出身ないしはそれに関係する家柄・家系、さらにはなんらかのかたちでそれに連なる人間ということになる。――そして、あえてつけくわえるならば、名乗りとともに、彼自身がまた、みずからそういう人間であることを、自他ともに明白なこととして表明していたことにもなる。

さらに、彼の場合、「安」という姓以上に、名がより重い意味をもつ。「禄山」とは、ソグド語でロクシャン、近世ペルシア語ではロウシャン、その意味は「光」である。すなわち、光と闇の二元論に立つザラトゥシュトラ、いわゆるゾロアスター教の本義たる「光明」のこと。ソグドの民は、イラン系の人間集団としてゾロアスター教を奉じており、それは中華世界にきてからも変わらなかった。近年、西安郊外から発見された安伽墓をはじめ、衝撃的なソグド人の遺構が続々と報告されている。時代は、隋唐に先立つ西魏・北周のころにまで溯る。一連の「拓跋国家」において、ソグド系の人びとは国家・政権の枢要の位置を占めつつ、不可欠の構成要素として存在していた。単なる旅行者・商人・滞留者どころではなかった。そうした遺跡や事実から、ゾロアスター信仰は中華の地にあっても脈々と生きつづけていたことが判明する。

安禄山が、「光」をその本当の名としていることは、いかにもソグド系らしいその本義にかかわることであり、ソグド系やイラン系のものたちにとっては、まことに美々しい盛称であったといわざるをえない。すなわち、ブハーラーに連なる由緒を背負う「安」と、ソグド系たる本名の「光」を音写する美字の「禄山」とを、それぞれ選んだうえでの漢式姓名なのであった。

しかも、ここで見逃せないこととして、彼は終世その名を変えなかった。彼の縁者や知己は、多く漢風の名を用いていた。たとえば、ライヴァルでもあった安思順。また、竹馬の友で、生涯の盟友となった史思明は、ケッシュにかかわる「史」姓は別として、名の「思明」は「明を思う」を意味し、おそらくは安禄山の名とおなじく「光明」を含意する。とはいえ、表面上は漢風の名に見える字並びである。想いを、うちに秘めた名乗りであった。

ところが、安禄山のほうは、「禄山」とその名を呼べば、「光」のことだとわかる人間はいくらでもいたはずである。当時、胡風すなわちイラン風・ソグド風の文化・風俗・ファッション・スポーツ・飲食は滔々として唐朝社会をおおい、玄宗宮廷はその最たるものであった。そもそも、宮廷・官界を問わず、テュルク・テュルギシュ・キタイ・ティベット・インド・靺鞨（まっかつ）・室韋（しつい）・高句麗・新羅・日本などの諸国・諸地域に出身・由来する「異族」はいくらでもいたし、とりわけイラン系・ソグド系の活躍・登用は際立っていた。彼の名の「ロクシャン」は、光もしくは光明のことだと、じつは玄宗もまた十分に承知のうえのことだった可能性も大いにある。

ちなみに、七世紀から八世紀の「中華」は、今日わたくしたちがイメージするような後世の「中華」、とりわけ明清時代にいちじるしくなりゆく姿とは、大きく違っていた。「異人たちの大唐帝国」とでもいえるような、多元の人種・文化・言語・宗教・習慣・風俗などに溢れ、それらが混沌と錯綜・重複するコスモポリタンな世界であった。東西をこえる往来・移動の壁はきわめて低く、およそ風通しのいい国家・社会であったといわざるをえない。そうした混成文明としての「中華」であったことを十二分に意識しつつ、事態を眺める必要がある。

ひるがえって、ようするに安禄山は、その名のなかに「光の神」を奉じていることを、あからさまにしたまま生きつづけたのである。「雑胡」「雑種の胡」とみずから口（くち）にして、それを逆手（さかて）にとって生きたのと同じである。一面で、たしかに政界遊泳の手立てではあったが、そのじつ心の底からの信念に相違なかった。そこにおいて、強烈な自己主張もしくは自我意識というか、みずからの血液と身体に受けつがれる「なにか」に対する誇り・矜持（きょうじ）といったものが、彼のなかに歴々と存したと考えざるをえない。

テュルクの血と英雄伝説

安禄山の母は、阿史徳氏、突厥の巫であった。阿史徳は、突厥国家の王族が阿史那であるのに対し、その姻族として通婚相手となった有力氏族であった。この限りにおいて、安禄山はソグド系とテュルク有力家系との混血児ということになる。とはいえ、父母の先代さらにはその先代へとそれぞれに溯って、どうであったかは記録がない。つまり、彼が受けついでいたのは、二種の血にとどまるのか、それ以上の重なり合いであったのか、「雑種の胡」の真意は、確定しきれない。

安禄山の誕生に関して、軋犖山なるテュルクの軍神に巫女たる母が祈って懐妊したが、出産のさいに赤光があたりを照らし、妖星が母のいる穹廬に落ちた。数えきれない怪奇現象があったので、母はわが子を「神」とおもい、軋犖山と名づけた——という伝説がしるされる。これをもって、アレクサンドロスにむすびつけたいむきさえあるとしても、無理からぬところかもしれない。おそらくは、安禄山という名から生まれた「英雄伝説」なのだろう。では、根も葉もない作りばなしかというと、そうでもない。「赤光」は、あきらかに「ロクシャン」を意識している。また、天幕に輝くものが落ちて「異人」が出現するという筋立ては、五〇〇年ちかくのちのモンゴル時代、チンギス・カンの祖先伝承として名高いアラン・ゴア伝説を想い起こさせる。寡婦となったアラン・ゴアに、天窓から「光」がさして子を孕る。それが、のち世界を支配するモンゴルたちの正脈となる、という仕立てである。

文字どおりの世界帝国というべき超広域の版図を形成したモンゴルは、それ以前のユーラシア各地に存在したさまざまな神話・伝説・伝承をとりこんで、みずからの祖先神話・英雄伝説をつくりあげた。むしろ、安禄山の誕生にかかわるこのストーリーは、最終的にモンゴルに包摂されることになる神話のひとつのタイプの源流なのかもしれない。逆にまた、この手の「光の子」の伝説やイメージは、イエス・キリストに限らず、まさに世界各地に分布している。安禄山の誕生譚そのものが、すでにゾロアスター教やイランの古代神話、さらにはテュルク族などの遊牧民にすでにその当時ひろまっていた「異人生誕」の説話であった可能性もおおいにある。

そうした奇譚を、『安禄山事迹』のみならず、『旧唐書』安禄山伝もそれなりに伝え、『新唐書』安禄山伝にいたっては、『安禄山事迹』の書きぶりをほぼそのまま踏襲している。あまつさえ、祥瑞とともに生まれた子を危険と見た范陽節度使の張仁愿が、そのテントを捜索し、そこにいた長幼をみな殺しにしたが、安禄山はかくまわれて生きのびた、との話もおなじく載せる。ここでおもしろいのは、「范陽節度使」の語は、『新唐書』にしか見えず、それが安禄山がのち范陽節度使として「大反乱」をひきおこすことへの因縁の発端だと、あきらかにいいたいのである。北宋期において、安禄山をじつは英雄視する気分があったことを感じざるをえない。

「聖なる血」をうけた赤児が、それゆえに危地に陥り、からくも虎口からのがれるというパターンも、じつは突厥の祖先伝承にあり、モンゴル時代にもうけつがれる。また、実際、唐王朝も末期のころ、安禄山の根拠地となった范陽一帯では、なお彼とその盟友の史思明を「二聖」として、廟を建てて尊崇していた。それを気にした地方官が破却せんとしたところ、兵士たちが反乱をおこしたと伝えられる。

安禄山についての「英雄伝説」は、はなしそのものの仕立てとは別に、しかるべき意味と現実を反映していた部分があるといわざるをえない。唐朝本位、中華大事をなによりも第一の本分とする官撰書においてさえ、そうであるからには。

「安」家の養子

幼くして父を失った安禄山は、母に随って突厥のなかで成長した。つまり、テュルク語は生得のことばであり、騎馬・弓射をはじめ、遊牧民たる能力・生活・風習は、身のうちにあったことになる。東突厥がまだ健在のときであり、母は阿史徳氏の出であったから、貧寒たる境遇にいたわけでは、おそらくない。

ついで、母が唐に仕える「胡将軍」たる安波注の兄、延偃に後添いとして嫁いだ。延偃・波注の兄弟は、かたや突厥、かたや唐、それぞれに棲み分けていた。弟が唐においてソグド人の軍将であったからには、兄のほうも突厥において政治・経済・文化上の役割にとどまらず、軍事面にもかかわっていた可能性が高い。突厥帝国は五五二年の建国以来、中央アジアのソグド人たちと連携し、テュルクの軍事力とソグドの経済力を国家存立の二本柱としていた。東突厥は、中央アジアのソグド本地を直接支配はしていなかったが、相当数のソグド人たちがモンゴル高原一帯に居住していたわけである。ソグドの前夫に先立たれた母は、その子をともなって、東突厥帝国のソグド人の有力者に再嫁をしたことになる。阿史徳氏の女性とソグド要人の結婚であり、むしろ名門同士の妥当なことだったのだろう。

ここで、安禄山は、「安」家の養い子となった。『新唐書』などには、安禄山はもともと、「康」を姓としていたという。サマルカンドにかかわるソグド姓である。であれば、彼は「康禄山」だったのだが、養家の姓を名乗って「安禄山」となったことになる。

すると、かの生誕説話にいう「軋犖山」という軍神の名を採ったとするくだりは、後追いの作話とならざるをえないが、このあたり実はなんともいえないだろう。ともかく、「安」家の養子として暮らしたことは、史思明が安禄山の没後につくらせた「禄山墓誌」に、その「祖」の名を「逸偃」としるしており、おそらくは安延偃と同一人物と推測されることから、逆に裏付けられる。

彼の不幸は、むしろこのあとにやってきた。開元年間（七一三—七四一）のはじめ、安延偃の一族は、なんらかの理由で「破れた」。やはり唐に仕える「胡将軍」である安道買（もしくは買）の子の安孝節、安波注の子の安思順と安文貞（もしくは真）は、ともどもに突厥を脱し、道買の次男の安貞節が山西地方の嵐州別駕の官にいるのを頼って、唐領内にやってきた。ときに、安禄山は十余歳。

唐朝に仕える安貞節は、兄の孝節と一緒に手をたずさえて到来したというので、禄山・思順と「兄弟」のちぎりをかわした。そこではじめて、禄山は「安」を姓とすることとしたのだという。つまり、突厥のほうにいた「安」家の危機のなかで、脱出行をともにした結果、「安」姓となった。これをひっくりかえせば、それまでは「安」家にあっても「安」氏だとは認められなかった。もしくは、「安」とは名乗りたくなかった。犬猿のライヴァルとなる安思順をはじめ、「安」家の人びととの不仲がほのかに示されている。

国際バザールの仲介人

突厥側の「安」家の逃避行の原因について、開元四年（七一六）、東突厥に跡目あらそいがおこり、ビルゲ・カガンが立つことになったが、そのさい弟のキョル・テギンは、反対派を弾圧・粛清した。「安」家の危難は、おそらくそれであった。ちなみに、キタイ族も、このころ突厥を離脱して、唐への服属に切りかえる。もとより、かたちのうえでのことではあったが。

ともかく、こうして見ると、「安」家は東突厥と唐の双方に一族が根をはっていた。そうしたあり方は、突厥と西魏・北周の時代、すなわち六世紀なかばからずっとそうであった可能性も大いにある。そして「安」家も含めて、ソグド系の人びとの役割も従来のイメージとはちがい、経済・通商・文化・情報などに限らず、軍人・政治家としての側面も実は色濃かった。南と北の「安」家のどちらかが危うくなれば、もう一方のほうへ身を寄せた。一族として、両属の構えをとったとも、安全弁を作って滅ぶことのないようにしたともいえる。突厥・唐の両国にとっては、それはいわば承知のうえで、こうした多面の能力をもつソグド人たちが不可欠なのであった。ソグド人たちは、政治の壁、国境の壁をこえて、なくてはならぬ存在と化していたといわざるをえない。

安禄山は、こののち「諸蕃互市（しょばんごし）の牙郎（がろう）」となった。さまざまな非漢族と唐側とが交易する国際バザールの仲介人である。彼は、「六蕃語」もしくは「九蕃語」を解して活躍したという。六種か九種の非漢語といえば、テュルク語・キタイ語・奚語・ソグド語（ペルシア語）・渤海語・古代朝鮮語……、いややめよう。ともかく、大変な能力であり、多種族の商人相手に生きる日々であった。

生産・流通・交易・情報、そして駆け引き。唐や諸国の役人たちを扱うすべも、手練手管のかずかずも、おそらくはこのときに基礎が養われた。頼れるものは、自分の力。そして、本当に信頼できる友――。安禄山がその青春を生きた場所こそが、営州・柳城なのであった。そこの「雑種の胡」。これが、彼の文字どおり原点であった。

そして、突然、運命が変わる。張守珪（ちょうしゅけい）が范陽節度使となった。営州の南、中華本地にわずかに入った北境の一帯である。安禄山は、羊を盗んで捕らえられ、棒でなぐり殺される寸前であった。安禄山は大呼（たいこ）した。「大夫よ、奚とキタイの両蕃族を滅ぼすおつもりではないのか。しかるに、壮士を殺すのか」。

名将の張守珪は、彼のことばとその容貌を奇とし、釈放して軍の使い走りにあてた。かくて、同郷の一日だけ生まれの早い史思明とともに「捉生将（そくせいしょう）」すなわち捕縛隊長となって、あらたなる人生のスタートを切った。武功と栄達への道が、そこにあった。

ユーラシアのなかの安史の乱

天下動乱

天宝一四載（七五五。なお「載」は歳のこと）一一月九日、安禄山は根拠地の范陽に兵を起こした。節度使の所在地の名としては范陽、その治下の首邑の名としては幽州。すなわち、そこは現在の中華人民共和国の首都である北京にあたる。本来は、中華本土の東北隅に位置する辺境の町であったが、次第に軍事上の拠点都市として重みをましつつあった。こののち、范陽は「華夷」をこえた政治中心として本格的に浮上を開始し、やがてキタイ＝遼帝国の副都たる南京、ジュシェン金帝国の首都たる中都、さらにモンゴル世界帝国の帝都たる大都となって、現代の北京への道に直結することになる。安禄山の挙兵は、中国史を根底から大きく旋回させる扉となったが、それはまた都市・范陽ないしは幽州のあらたなる旅立ちをも、結果として意味するものでもあった。

安禄山に従うのは、同羅・契丹・室韋からなる騎馬軍の精鋭部隊、その数は八〇〇〇。そして、それを中核に、節度使としての任地である范陽・平盧・河東の各兵団、くわえて范陽管下の幽州・薊州のものたち、すべてこぞって騎馬・歩兵あわせて一〇万、もしくは一五万。日ごろから、親子のちぎりをかわして養成した鉄壁の信頼関係を誇示するかのように、「父子軍」と号した。

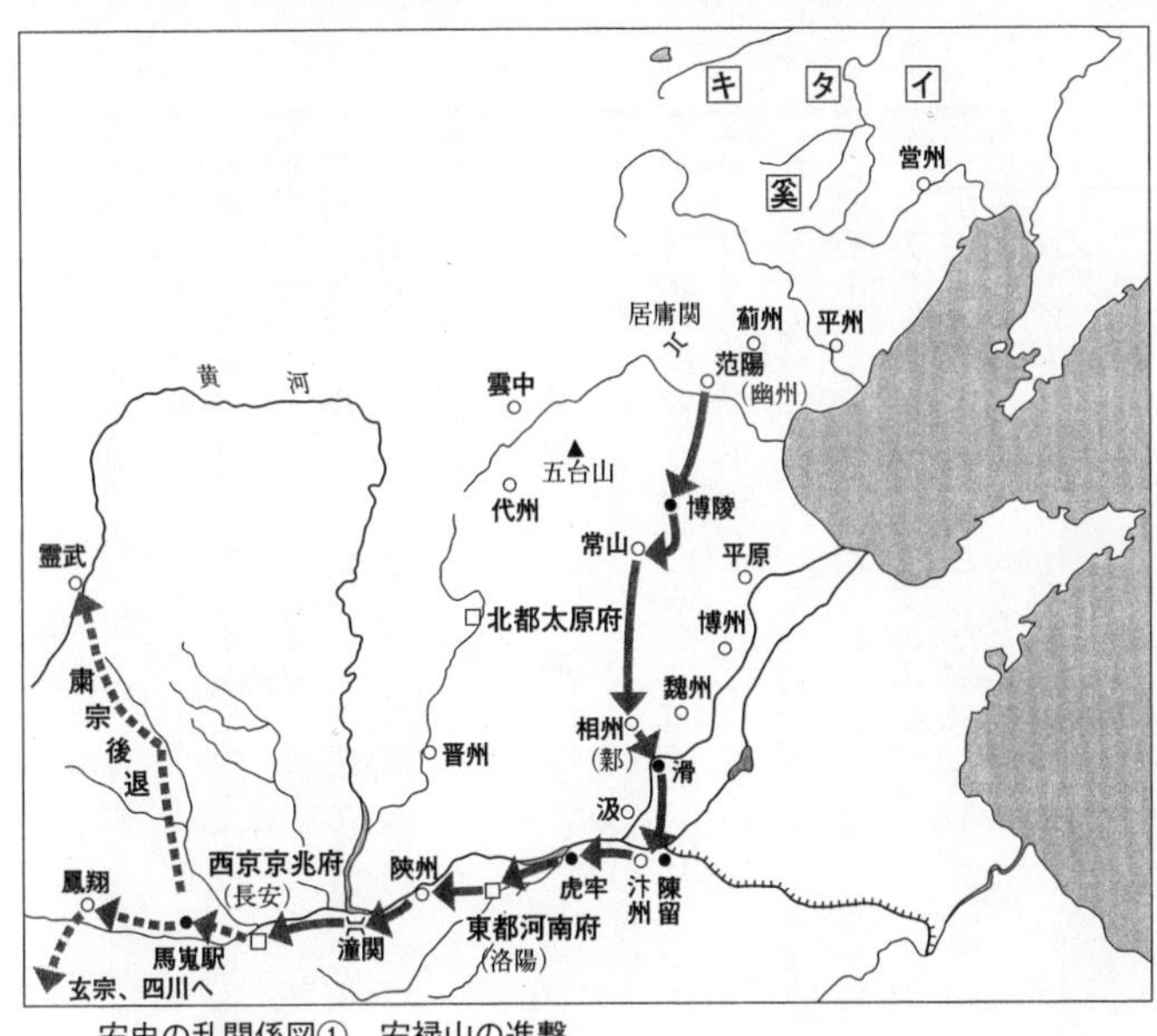

安史の乱関係図①　安禄山の進撃

これに先立って、安禄山は自分の根拠地の背後にあたるキタイ族とその近族の奚（けい）をたたいた。挙兵と南進のため、背面の不安を除こうとしたのである。そのとき動員した兵は、なんと一五万もしくは二〇万であったという。つまりは、唐朝打倒・新国家建設にむかって、みずからが引具（ひきぐ）する軍勢は、そのすべてではなかった。

安禄山は、キタイ族をはじめとする遊牧騎馬民たちについて、自分の親衛隊にもとりこんで、いわば「切札」として使っているだけに、なおさらその威力・破壊力がただならぬことを熟知していたのだろう。次子の安慶緒（あんけいしょ）のもとに、かなりな数の軍団を残留させた。

本拠の范陽一帯を確実に保持して、作戦の策源地としつつ、あわせて北にも備えたのである。当然の策であった。

　安禄山が直接ひきいる多種族混成の革命軍は、唐朝の宮廷政府を牛耳る楊国忠という「君側の奸」をのぞくとの大義名分のもとに、つづみを鳴らしながら、まずは東京・洛陽をめざして南下した。夜なかに進軍し、夜明けに食事を摂り、一日に六〇里、すなわちおよそ三三キロメートルほど行ったという。輜重を帯同しつつ、かつ歩兵にあわせた行軍としては、かなりな速度であったと見てよい。まして、一〇万から一五万という大軍団であった。快進撃というべきだろう。

　できるならば、戦闘の展開と戦線の拡大について詳述したい。だが、遺憾ながら、紙数のゆとりは全くない。ようするに、安禄山への警戒と不安は、かねてより高かったにもかかわらず、河北各地の唐朝側の部隊は、ほとんどさしたる抵抗を見せることなく、無様に敗走するか、投降した。「平和」になれすぎていたとしか、いいようがない。

　かたや、安禄山の側は、この日を期して備えを充実させ、態勢をととのえ、行軍ルートの事前調査も徹底的におこなって、必勝の布陣をしいていた。蹶起とその日程・作戦構想も、自分以外にわずか五人の要人のみで秘守した。周到・十全な準備のもとに、引き絞った矢を放つが如く「こと」を起こした安禄山の軍勢の圧倒的な優勢は、当然のことであったかもしれない。

　くわえて、キタイ族や奚族との長年にわたる戦闘で、全軍が「いくさなれ」をしていた。

戦場経験が豊富で、手練の猛者たちぞろいだったのである。さらに、戦況に応じて、必要とあればいつなりとも、機動性にとむ精強な騎馬部隊を戦場に投入することもできた。こと、オープン・スペースの平原戦においては、快足の展開力は、決定力として作用した。すくなくとも、この戦争のファースト・ステージは、安禄山の側がおしまくった。

不可解な変調

挙兵よりわずか一ヵ月あまりのちの一二月一二日、洛陽が陥落した。まことに、おそるべきスピードといわなければならない。また、それだけ唐側は弱体であった。もし、この勢いのままに、安禄山が力押しをすれば、唐は一四〇年にすこし欠ける王朝として、あっという間の瓦解とともに、歴史に記録されることになっただろう。

だが、安禄山はそうしなかった。一気呵成に押し切ってしまえる絶好機を、みすみす見すごすことになった原因は、ほとんど安禄山自身にあった。彼は病んでいた。視力は日々に失われ、体はくずれ、精神はひどく変調をきたした。

もともと、大兵肥満、二〇〇キロの巨軀であった。安禄山の生涯を描いた藤善眞澄は、糖尿病、それも重度の症状という。おそらく、そうだろう。記録では、洛陽入城後、次に述べる即位から間もなく発病したとされる。しかし、はたしてそうか。

「皇帝」を称したゆえの天罰めいた書き方は、都合がよすぎる。あるいは、というよりも多分はかなりな可能性をもって、すでに安禄山は病んでいたのではないか。挙兵は、夢の実現

【ソグドの遺産は語る】

東方にやってきたソグド族

中央アジアのソグド族が、アジア東方そして中華の地へやってきたのは以前からよく知られてはいた。その実態を雄弁に物語る具体的な遺跡・遺物が、近年ぞくぞくと中華本土の中央部から発見されている。衝撃の知らせは、西安市からもたらされた。西魏・北周・隋・唐と、一連の「拓跋国家」の都となったかつての長安城。その北側に張り出した唐の大明宮（だいめいきゅう）の遺址の西北およそ三〇〇メートルのところから、北周時代の安伽墓（あんかぼ）が見つかったのは、二〇〇〇年五月であった。さまざまな遺物のなかでも、石榻（せきとう）（石造のソファ）の左・正面・右の背もたれ部分の板に刻出・彩色されたソグド貴族の姿は、豪奢な生活ぶりを偲ばせてあまりある。①はその一部。上半部で絨毯に座す主人公は、音曲・舞踊などに興じつつ、おそらくはガラス杯の酒を傾ける。下半部では騎乗した人物が弓矢で獅子を狩り、槍で猪を仕留めようとする。ともに勇者のあかしとなる至高のスポーツであった。さらなる衝撃は、二〇〇三年六月、今度は未央

②

①

宮遺址の東北およそ一・六キロメートルから発現した史君墓であった。ソグド語と漢文が刻された石板から、墓の主である史ウィルカクなる人物が西魏の文帝（在位五三五―五五一年）の時にはすでに来住しており、ソグド本地の史国にて薩保（サルトパウ）であった祖父以来の地位をひきつぎ、北周治下でもソグド人たちの指導者であったことがわかる。②は、石堂（石造の霊屋）の壁面に刻出・彩色された図像の一部。火の祭壇を鷹足有翼の神がつかさどる。

ソグド本地での美しき肖像

サマルカンドやブハラを中心とするザラフシャン河の流域は、ソグド本地ともいうべきところで、上流域の都市遺跡ペンジケントとともにソグド文化の栄華のあとが残る。③は、現在のサマルカンド市の北郊、広大なアフラシアブ遺跡のうち、宮殿跡の七世紀後半の壁画の一部。駱駝に乗ったふたりの人物は、ともに南方のチャガニアン地方からの使節団の随行員とみられる。むかって右の人物は、赤茶色の顔に白い頬ひげと口ひげを生やしている。かたや左の人物は、白い顔に黒い髪・頬ひげ・口ひげである。彼らのファッションや連珠文の描かれた鞍じきなど、まことにハイセンスなだけでなく、コバルト・ブルーを背景とする色づかいをはじめ、この壁画全体が卓抜な技倆を示している（サマルカンド歴史博物館蔵）。一方、ハープ奏者を描く④は、ペンジケント壁画のなかでも突出して美しい場面（タジキスタン科学アカデミー付属A・ダーニシュ記念歴史研究所蔵）。なお、ペンジケント遺跡の年代は五―八世紀にわたり、この絵の時期も限定しきれない。あるいは、イスラーム東進のなかでソグド本地の「最後の砦」たるペンジケントが滅ぶ直前かもしれない。①②の両図より、③④の両図のほうが多分は新しいことに注意したい。

③

④

に一刻でも早く迫りたいための、なかば覚悟のうえの決断ではなかったか。洛陽入城後の安禄山の行動は、いまや終焉を迎えんとする自分の人生を装飾するためにのみ、ひたすら注がれているように映る。

洛陽という町は、特別なところであった。もともと、古くから「土中（どちゅう）」、すなわち大地の中央と観念され、中華のなかの中華といってもいい土地柄のうえに、唐という国家から見ても、王朝基業の地である西京（せいけい）・長安が政治・軍事要因に傾くのにくらべ、政治性はもとよりのこと、経済・交通・文化などの諸面において、はるかに立ちまさった重地であった。さらに、とりわけ則天武后はこの地を重視し、女性であって皇帝というみずからの立場を正当化するねらいもあり、洛陽を新王朝の中心となる神聖な王城として美々しく飾った。

長安は、北周・隋以来の古き「王権」の拠りどころ、かたや洛陽はまさに、多人種・多文化にあふれるコスモポリタンな東方世界の中心都市であった。たしかに、新しき国家の誕生を宣言する地としては、洛陽こそがふさわしかったであろう。

建国と頓死

その洛陽で、あくる年の正月元旦、安禄山は皇帝の位についた。一月一日は、安禄山の誕生日でもあって、重ねての「聖なる日」と、ことさらに意識してのことでもあったのだろう。

ともかく、入城後、わずか一八日のことであった。あまりの短時日で、しかるべき威儀をはたしてととのえられたのかどうか、実はそれさえも定かでない。ようするに、ひどく急いでいたのである。そうせざるをえない「なにか」があった、というよりほかはない。

あらたなる国の名は、「大燕」。もとより、自分の根拠地の古名、「燕」にちなんだ命名であった。また、年号を「聖武」とした。これは、長安にいる旧主で、打倒すべき当の対象である玄宗の尊号の「開元天地大宝聖文神武証道孝徳皇帝」と連動する。よほど、「聖武」の二字は好まれた。

ちなみに、日本国の聖武天皇は、これより七年まえにむすめの孝謙に譲位していた。彼に

「聖武」と諡されるのは、天平宝字二年（七五八）のことである。それは、玄宗の皇帝号のなかの二字を真似たとされる。のち、「反乱者」の安禄山が「聖武」を年号としていたことが伝えられ、当時の淳仁天皇以下の宮廷政府は大あわてになった。

すでに、この時点で安禄山軍の快進撃は、急速に影をひそめていた。というよりも、洛陽を手に入れて、急停止した。即位・建国・建元のセレモニーとともに、安禄山本人がくずれた。首脳部は統制能力を失い、将兵は洛陽の町に惑溺した。かくて、天下の要衝たる潼関を間において、長安の玄宗政府とは睨み合いの状態になっていった。「河北二十四郡、国に殉ずる義士一人なきか」と、玄宗がなげいた当初とは変わり、戦線は膠着した。

河北では、平原太守の顔真卿と常山太守の顔杲卿の抵抗が史上に名高い。ふたりは、いとこ同士であった。唐側は、なるべく遭遇戦になるのを回避し、城郭にこもってひたすら固守する方策を採った。こうなると、ひとつひとつ虱潰しにすることもできず、安禄山軍は次第に苦況におちいった。とはいえ、唐側にも決定力はなかった。

そのなかで、潼関を守っていた哥舒翰ひきいる多種族混成の二一万八〇〇〇の大軍が、挑発に乗って出撃した。六月八日のことである。哥舒翰は、父がテュルギシュ（突騎施）、母がイランないしソグドの混血児で、安禄山のライヴァルでもあった。歴戦の哥舒翰は、潼関の守りこそすべてと考えていた。しかし、彼を恐れる楊国忠が玄宗をたきつけて、出撃を命じた。無理矢理の寄せあつめの唐軍は惨敗を喫した。両陣営のバランスは一挙にくずれ、長安は陥落し、六月一六日、玄宗は四川に蒙塵した。楊国忠らとともに、楊貴妃が縊死させられたのは、この時である。

唐朝は、ほとんどここで滅亡した。河北・河東で軍事展開していた郭子儀や李光弼も後退した。唐側の大失態のお蔭で、八方手づまり状態の安禄山陣営は、一挙に展望が開けたはずであった。だが、そうはならなかった。

今度は、安禄山の方が崩壊した。精神錯乱に近い状態になっていた安禄山は、翌年正月五日の夜、後継者の地位が危うくなったと考えた息子の安慶緒ら三人によって洛陽の宮廷内の寝所にて暗殺された。直接に手をくだしたのは、キタイ族の近従の李猪児であった。『安禄山事迹』によれば、ときに、安禄山は五五歳。蹶起から、わずか一年二ヵ月にもみたなかった。

ウイグルの野望

失点ゲームのようなやりとりの挙句、洛陽の安慶緒と霊武（現在の寧夏回族自治区の銀川）に臨時政府をつくった玄宗の子の粛宗という二代目同士の争いとなった。しかも、安禄山の驍将として威望の高い史思明が、范陽にて自立した。かくて、三すくみとなった状況のなかに、さらに別の勢力が本格的に参入してきた。建国より一三年目、モンゴル高原に拠るウイグル遊牧国家であった。純軍事的に見れば、范陽・洛陽・霊武のいずれよりも上回っていた。最強の軍事力が、はたしてどれと手を組むか、焦点はそこにこそあった。

記録のうえでは、すでにこの前年、すなわちまだ安禄山が在世していた七五六年の陰暦九月、霊武の粛宗政府はウイグルに援軍を求めるべく唐王室の敦煌郡王・李承宷とテュルク系

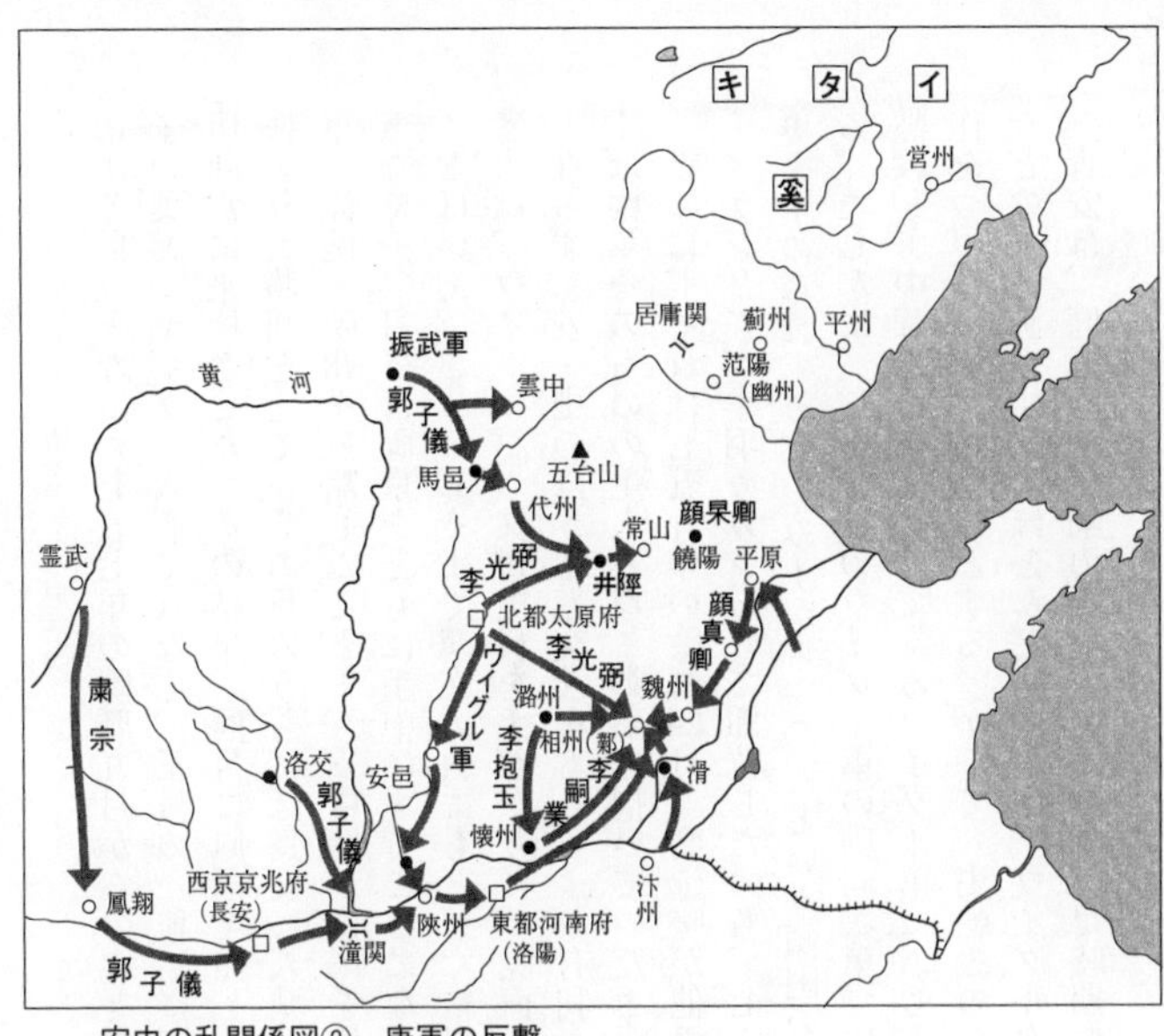

安史の乱関係図②　唐軍の反撃

の驍将・僕固懐恩(ぼくこかいおん)などを北行させ、翌一〇月にはウイグルの本営たるオルホン河畔のオルド・バリクにて第二代カガンの磨延啜(まえんてつ)(ウイグル語でおそらくモユン・チョル)と会い、提携を約した。それにもとづき、まずウイグルの別働隊二〇〇〇騎が安禄山の本拠・范陽を襲い、一二月には磨延啜みずから南下して郭子儀と共同で河曲方面を制圧した、とされる。ただし、磨延啜の南進については、確定しがたいところがある。

ここで記録というのは、唐朝の立場で編述された漢文文献をさす。それらによれば、ウイグル軍が唐側に立って本格的に動いたのは、安慶緒・史思明・粛宗の三極による鼎立となった七五七年の陰暦九月からのことであった。すなわち、磨延啜カガンは太子の葉護（ヤブグ。人名ではなく、王号の一種）に四千余騎をひきいて、長安回復をめざす唐陣営に来援させた。その結果、同月に鳳翔を発した唐軍は、ウイグル軍や僕固懐恩の活躍により大勝利をえて、その月のうちには長安に入城し、さらにつづいてウイグル軍や郭子儀軍が潼関・陝州を攻略したことで、安慶緒が洛陽を捨てて河北に後退したため、まことに呆気なく一〇月には両京をともに手中にすることになった。

とはいえ、これはあくまで漢文史料にもとづく結果論である。ウイグル史を研究する森安孝夫は、ウイグル語の文書史料を手がかりに、見直しを求める。ウイグル側は、実は唐側のみならず、安・史のほうとも交渉をもち、より有利な側に与せんとした。さらには、あわよくば中華そのものの主人となる野望も抱いていたと。

とくに、それは七五九年の陰暦四月、磨延啜が他界し、曲折ののちその末子の移地健（イディケン？）が牟羽カガンとして即位したのち、七六二年に史思明に代わった史朝義から援軍を求められ、カガンみずから一〇万という傾国の大軍をひきいて南下したときに集中する。たしかに、このときのウイグル軍の動向次第で情勢はどうにでもなった。唐側は要請を黙殺して中華本土を南下してくるウイグル軍にふるえあがり、文字どおり必死に抱き込み工作をつづけ、やっと味方とする。かくて、史朝義の命運は尽き、ウイグル軍と僕固懐恩の子などの力で滅亡する。ほとんどすべては、ウイグル次第であった。

森安は、磨延啜・牟羽の両カガンがひきいた時期のウイグル遊牧国家は、中国そのものへの意欲をもっていたとする。とりわけ、牟羽は七七九年には中国征服をめざしたが、部内クーデタによって挫折したにすぎないと考える。十分にありえるストーリーだろう。ともかく、このあたりなににつけ、「本当の事実」はまことにつかみがたい。後世のわたくしたちは、漢文史料にしるされていることをほとんどの情報源とするほかはない現状を、よくよく見つめざるをえない。

それにしても、後述するように、安禄山・史思明らがからむ記録は、見事なほど徹底して唐王朝の立場で貫かれている。ウイグルに関しても、まさにそうである。唐にとって、あからさまに、それとわかるような不都合な記事は載せにくい。ところが、それであってもなお、たとえば安禄山が洛陽で皇帝を称した年の五月、すなわちその栄光の頂点にあったとき、キタイと奚の両族が、北から范陽を襲ったとの記事がのこる。キタイと奚の行動は、かなりなダメージを安禄山陣営にあたえたらしい。はたして、偶発的もしくは自発的な行為と片付けられるかどうか。

唐側のぬきんでた名将として、まことに目ざましい働きをくりひろげる李光弼（りこうひつ）は、そのじつキタイ族の出であった。おりしも、河東すなわち山西から出撃して、河北を転戦し、敵方の本拠地である范陽を南からうかがわんとしていた。李光弼とキタイ・奚との間に連絡がなかったとするほうが、むしろむずかしい。

安・史の側も唐側も、どちらも多種族混淆の顔触れであった。潼関で一敗地に塗（まみ）れた哥舒翰（かじょかん）も、そのときもはや半身不随で野望のもちようもなかったが、彼が壮健であればどうだったか。その配下には、次代に浮上する朱邪や沙陀などもいた。また、安禄山の側でも、テュルク王族の流れである阿史那従礼は、長安占領のおり、自立をはかって逃亡し、以後ひどく攪乱させる。そもそも、唐とウイグルの仲介人となったとされる僕固懐恩もまた、みずからのために活動し、その挙句、やがて唐へ反旗を翻すことになる。

こうして見ると、ウイグルはもとより、旧突厥勢力、キタイ・奚集団、朱邪・沙陀など、大中小の多様な集団がそれぞれそれなりの政治単位をなして活動していた。安禄山も哥舒翰も、そのなかの際立つ「領袖」であったと見ることもできる。そこに、草原と中華の確たる区別がはたしてあったのかどうか――。おそらくは、そうした前提に立つこと自体が、愚かしいことなのかもしれない。

ユーラシア史の地平のなかで

これでも事態はなお、あくまでアジア東方域にとどまるかに見える。しかし、それよりさらなる大きな地平が、かかわっていた。安禄山の没後、その衣鉢を事実上で継承した史思明の新国家運動も含めて、従来「安史の乱」と中華風に呼ばれる大動乱とその余波のなかで、ティベット高原を中心に「王国」とも「帝国」ともいわれる領域を形成していた吐蕃、すなわちトゥプトは、混乱を衝いて西から迫り、長安をしばらくながら占領した。唐が有名無実となっていることは、もはや誰の目にもあきらかだったのである。

ところが、もっと西からの波があったらしい。安・史の動乱において、アラブの軍兵が唐側に参陣していたというのである。漢文史料、すなわち唐側の記録にしるされる断片的な記事をよりあつめ、当時の中東イスラーム情勢とも睨み合わせながら、この新見解を提出したのは、中央アジア・中東の歴史をインド亜大陸をも視野に入れつつ研究する稲葉穣（いなばみのる）である。

ふりかえって、安禄山の挙兵に先立つ四年まえの七五一年、中央アジアは天山北麓のタラス河畔において、高仙芝（こうせんし）ひきいる唐軍がアラブ・イスラーム軍に敗れた。東西両勢力の衝突、それにともなう紙の製法の西伝という、まことによく知られた事件が起きている。この戦役そのものは、両陣営のその後になんらかの「足跡」をほとんど残すことなく、ある種の歴史上のエピソードのように語られがちであった。だが、事実は、どうやら違っていたらしい。なお、朝鮮半島方面の出身とされる将軍、高仙芝は、洛陽の攻防のさい、安禄山軍に敗れて斃死（へいし）する。

唐側には、ウイグル遊牧国家やアラブの軍兵に限らず、まさに多種族・多地域の兵力が広範囲から応じていたことになる。しかも、繰り返し触れてきたように、漢文史料は安・史の側については、援兵などの「利敵」記事は、たとえあっても基本的に言及しないという体質をもっている。本当に、アラブをはじめ諸国兵は唐の側のみに呼応したかどうか、確たることはいいがたい。前述のトゥプトの侵攻も、本当に単独行動であったかどうか。ともかく、この動乱は、はじめから一貫して、現代風にいうなら、ある種の「国際戦争」の色合いを濃密に帯びている。

さらに、この前後で注目すべきは、中東イスラーム世界で大激震がおきていることである。すなわち、ウマイヤ朝に対する抵抗運動というか、「反乱」がおこり、それが成功してアッバース朝という名の新型権力が出現するのである。預言者ムハンマドの叔父にあたるアッバースという人物の血を引くイブラーヒームなるものが、シーア派の支持をとりつけ、反ウマイヤ運動の指導者となった。それを機に、東部イランのホラーサーン方面への工作がさかんになされた。イラン人の解放奴隷アブー・ムスリムが送りこまれ、アッバース家の正統性が宣伝された。

かくて、ホラーサーンのイラン系の人間を中心とする革命軍が組織され、一気にイランの地を席捲してイラクに進攻し、ウマイヤ朝の軍団を撃破した。革命は成功し、七五〇年、サッファーフを初代のカリフとするアッバース朝が成立した。ちなみに、かのタラス河畔の戦いは、その翌年というまことにあわただしいなかで起こったことであった。

世界史上に名高いこの変動については、五年後に東方で勃発する安禄山の新国家運動とのかかわりが、おのずから浮上してくる。ともに、イラン系のものたちが主体となって起こした革命運動だからである。両者の連関を直接に語る史料は、今のところ見当らない。しかし、ホラーサーンは、かつてアラブ・イスラーム軍の侵攻にサーサーン帝国が崩壊するさい、その王族・貴族を中心とする「亡命政権」が形成されたところである。結局は、それも維持できずに、さらなる東方へ、大量のイラン系の人びとが到来することとなる。唐朝治下のイラン風文化の流行は、もともとあったイラン系・ソグド系の基礎のうえに、サーサーン帝国の解体という大波がくわわったものであった。

くわえて、アッバース朝革命をになった「張本人」ともいうべきアブー・ムスリムは、革命の成功後もホラーサーンを握って、独自の「王国」をつくっていた可能性が高い。バグダードの新カリフ政権の力は、ほとんど及ばないに等しかったと考えられる。イラン系の人間を中心とするこの「ホラーサーン権力」が、アム河から東の旧ソグド地域を含む中央アジアに対して、はたしてどれくらいの影響力をもったのか、残念ながら定かにわからない。唐に参陣した「アラブ兵」の素性も、混沌たるその渦のなかに求められるのだろう。

西のアッバース朝の出現、東の安禄山・史思明の新国家運動——。西は成功し、東は失敗するかたちとなった。だが、アジアの東方も、中東・北アフリカも、新しい時代の扉がともどもに開かれてゆく。その東西の連動現象は、東西文献の史料のはざまに入りこんで確たる証拠は残念ながら見出せないが、歴史上のきわめてありうべきこととして、わたくしたちに投げかけられている。

分権化の長い時代へ

反乱は終わったのか

恐縮だが、確認のためもあって、ここでいくらか振り返ってみたい。かの史思明は、傾いた安慶緒を倒してその勢力もあわせ、范陽の地にて大燕（だいえん）皇帝を称した。安禄山・安慶緒とおなじ「新国家」であると認識していたのである。そして、キタイ族の李光弼と戦いつつ、七六〇年、洛陽を「回復」して都とした。

ところが、なぜかまた史思明は、洛陽にて変調をきたす。狂躁・横暴となって人心を失い、妾腹の子を立てんとして、長子の史朝義と不仲となり、その部下にくびり殺された。大燕皇帝、洛陽入城、不可思議な変調、息子とのいさかい、それによる暗殺、そして都合一年あまりの洛陽での夢――。あまりにも、盟友・安禄山とおなじ軌跡を辿る。これを歴史の暗合というべきか。あるいは、そこに唐側の記録の、事実をこえたことさらな作為を感じ取るべきか。

唐側が、ともかくも史朝義から洛陽をふたたび奪回するのは、それより一年余をへたのちであり、先述のようにそのときもやはり、ウイグル軍のお蔭であった。さらに、北の本拠地に追いつめられた史朝義が、部下の裏切りで自滅するのは、唐側の年号で宝応二年（七六三）正月のことであった。安禄山の挙兵より七年あまり、「反乱」はここに終わった、とされる。

いわゆる王朝史観ならば、それでいいのかもしれない。しかし、はたしてそうか。これで、「こと」は終わったのか。

安禄山・史思明の以前と以後とでは、事態はまったく様変わりした。まずは、動乱のなかで、節度使はどんどん新設され、それらは独自の軍事力として、そのまま各地に割拠した。河北三鎮を筆頭に、世襲化した中小の権力は「藩鎮」という名の軍閥と化して、唐朝はそれらあまたの自立勢力と折り合いながら、名目上、そのうえに乗るかたちで生きなければならなかった。全体は、唐朝という外皮をよそおいつつ、そのなかが多極化したというか、唐という「看板」のもとに、「寄り合い所帯」もしくは「雑居ビル」のような状態をなして、しかもそのひとつひとつが蠢きつづけた。

陰画の世界

「こと」は、それにとどまらなかった。唐朝そのものが、極端に空洞化した。安禄山への反攻拠点を提供し、粛宗以下、代宗・徳宗にいたるまで一貫して唐の血脈をかついだ軍閥の領袖、郭子儀が事実上の独裁者となった。彼は、タングト族をはじめとする自前の戦闘力をもって、唐という名の「地方権力」を握った。天子は名ばかりで、いつ郭子儀とその一族がとって代わってもおかしくなかった。その状況が、固定した。

ようするに、郭子儀による中型程度の軍事権力が、そう実力の変わらない各地の軍閥に対して、唐の帝脈という旗印を利用して、建前のうえで上位に立とうとしたにすぎない。逆にいえば、郭子儀も、その他の軍閥たちも、安禄山はもとよりのこと、史思明ほどの力さえも、もちあわせていなかったのである。

安史の動乱以降の状況は、決定力のないもの同士の竦み合いが、そのまま固着したといってもいい。もしくは、「反乱」状態が日常化したと見ることもできる。さらに、節度使という名の事実上の「王」たちが、中小の「王国」に分かれあって共存したといってもいい。つまりは、「分立」がひとつのシステムとなったのである。

とはいえ、これは中華という枠を設定した場合のことである。現実は、中華も草原も、段差・仕切りのそうないかたちで動きつづけた。そこにおける決定力は、ウイグル遊牧国家にこそあった。名義上の唐という「政権」、およびその名のもとの分立集団のかたまりという「国家」は、事実において、ウイグルの庇護国と化した。

唐側は、動乱のなかで、ウイグルを抱き寄せるため、二万匹の絹を毎年さしだすとの約定をかわしてしまった。ウイグルのほうは、乱後、当然のごとく使節団を送り込み、定額の絹をうけとるほか、馬をもちこみ、それを絹と交易した。そうして入手した絹を、みずからが握る内陸ルートの国際貿易にのせた。ちなみにこの点、世上にいう「シルク・ロード」交易のかたちを、実は史上でめずらしく文字どおり展開したといっていいのかもしれない。もとより、シニカルな意味でだが。

ところが、その馬はしばしば、老馬・やせ馬であった。交易を拒否すると、ウイグル軍が威嚇侵攻してきた。しかし、唐政府をはじめ、各地の軍閥にも逆らうすべはなかった。

こうしたことについて、ややもすれば、唐の立場から、ウイグルの横暴とそれに対する財政負担の理不尽さが語られがちであった。だが、そのウイグルの軍事力が背後にあればこそ、微力な唐朝が存続しえた。ウイグルの恐怖が、唐の支えであったとさえいっていい。軍事対価としての出費は、その実、王朝存立の根幹にほかならなかった。

こうして見ると、すべからく事態は陰画の世界を眺めているような心地がする。実際と明暗が逆になっている画像を、歴史像だとする錯覚はおそろしい。唐代後半という時代は、本当に「唐代」だったのか。たとえば文学でならば、中唐・晩唐という仕切りはわかる。また、唐王室とその周辺を中心に眺めるならば、いかにも唐代と見えてくるのだろう。正史やその他の文献・記録は、「中央」からの視線と価値づけでつくられているからである。だが、国家として社会として、その現実はどうだったのだろうか。そこに、思い込みはないか。

ウイグルの相対的な優位

ウイグルという決定力は、草原にオルド・バリクという小型の都城を築き、純遊牧世界だったところへ「町」なるものを持ち込む糸口を開きはしたものの、中華地域や農業地帯に対しては、ついに直接に領有することはなかった。「安史の乱」におけるウイグルの野望は、結果としては中華の間接支配であって、ことごとしく農地と都市をみずから管理することではなかったのかもしれない。それ以上の推測は、推測にすぎない。その意味では、匈奴帝国の冒頓単于が漢の高祖たる劉邦とその国家の命運を握りながら、「属国化」することで満足したのと軌を一にする。突厥もまた、北周と北斉の華北争覇戦争において、さらに唐朝の建国において、華北国家の「属国化」以上を望まなかった。

あるいはそれが、草原国家の伝統であったと考えるべきなのかもしれない。ウイグル遊牧国家としては、まさに漁夫の利をえて、唐室以下、中華に乱立する中小権力のうえに立ち、みずからの安全保障が維持されつつ、経済利潤があがるならば十分だったのではないか。安・史による「大燕」国家が成功して強力な軍事脅威が出現することも、また唐室がリニューアルして完全復活することも、さらには自分たちが打ち倒してからまだそう歳月のへていない突厥王権が風雲に乗じてふたたび蘇ることも、いずれも避けることができた。「玄宗王朝」の風下にいた東突厥のころにくらべれば、ウイグルの優位は、自他ともに歴然としていた。ウイグル遊牧国家としては、まずは満足すべき状況であったろう。

では、これをもってウイグルの時代といいきることができるかどうか。いや、かならずしも、そうとは断言できないだろう。ウイグルの優位は、これといった際立った強者が見当らず、中小の分権的な勢力がさまざまに割拠するなかでの、あくまで相対的なものでしかなかったといわざるをえない。他を圧倒しきるだけの「帝国」的パワーでもって、アジア東方を取り仕切ったというのではなく、草原と中華をつらぬく「多極化」の状況と、そこにおける多様な諸勢力のゆるやかな並存の継続という稀に見る時代のなかで、みずからの恵まれた境遇を享受したのである。

草原世界でも、たとえばキタイ族と奚とは、安史の動乱と直接・間接にかかわりつつ、唐にでもなく、またウイグルにでもなく、第三の道を選びゆく姿勢を見せはじめていた。具体的には、安禄山たちの「原郷」でもあった彼の営州一帯の地をも含めて、大凌河・ラオハ（老哈）河の流域からシラ・ムレンにいたるモンゴル高原東南部の優良な遊牧草原一帯を、自分たちだけの「固有の地」となしつつ、やがて来るべきみずからの道をじっくりと用意していた。

トゥプトの浮上

さて、こうした形勢のなかで、アジア東方の全域を見渡したとき、ウイグルへの対抗者として浮上してきたのは、なんとティベット高原に拠る吐蕃、すなわちトゥプトであった。トゥプトは、「玄宗王朝」が樹立されたころから、唐の西疆をしきりに侵犯した。

というよりも、唐にやや遅れて出現し、ようやくこのころ「国家」としての発展期を迎えていたトゥプトでは、漢字で「羌」とおおまかに総称されたティベット系の人びとを取りまとめるべく、領域拡大を本格化しだしていたのである。ちなみに、こうした場合、はたしてどちらの側に「侵犯」行為があったとするか、その問いそのものが意味をなさないだろう。

かえりみて、くだんの混血児の大軍閥、哥舒翰などは、もともと長年にわたる対トゥプト作戦で頭角をあらわし、その名を昂めた人物であった。しかも、その麾下にあったのは、まさに当のティベット系も含めた多種族部隊なのであった。「夷を以て夷を制す」とは、中華国家伝統の知慧だとよくいわれるが、そもそも唐朝そのものが鮮卑・拓跋出身の紛れもない「夷」なのであった。であれば、ここにおいては、この有名な決まり文句も実は、ほとんど無意味なトートロジーに傾くといわざるをえない。そのくらい、この時代の中華とアジア東方は、他種族いり乱れたボーダレスな世界なのであった。

拡大をはかるトゥプトにとって、七五一年、かのタラス河畔の会戦で高仙芝ひきいる唐軍がズィヤード・イブン・サーリフ指揮下のアラブ軍に敗れ、いったん唐の中央アジア経営が解体したことが、ひとつの好機となった。くわえて、安史の大動乱で、唐はトゥプトに備えている余裕はなくなり、西方辺境防衛は手薄くなり、さらには急速に空白状態に変じた。安禄山軍の快進撃とひきつづく長安侵攻をくいとめるため、唐側は後背地にあたる河西・隴右などに広く展開・駐屯する多種族軍団を引き上げて、東方前線にふりむけざるをえなかったからである。

唐側としては、やむにやまれぬ対応策ではあったが、トゥプトにとっては天与の幸いとなった。中央アジア方面のみならず、トゥプトの東方境域の全体、すなわち現在の甘粛・寧夏・陝西・青海・四川の諸方面において、視野は豁然と開けた。

二強の衝突

動乱が長期化すると、トゥプトは諸外邦に援兵を依頼する唐へ、助勢を表明する。なお、このとき唐の要請は、渤海国にさえも出されていた。よほど、弱りぬいていたのである。唐としては、背に腹は代えられなかった。危険を承知のうえで、トゥプトの申し出を受け入れざるをえなかった。かくて、トゥプトはなかば公然と、河西・隴右・四川へと兵をくりだすことができた。その挙句、既述のように長安をも占領した。

唐側は、なすすべなくトゥプト軍に蹂躙された。結局は、撤退したものの、トゥプトは唐の弱体ぶりを熟知した。以後、トゥプトは大きく勢力圏をひろげてゆく。甘粛方面では、涼州からさらには長安も目の前の隴州にいたるまで、トゥプト軍が進駐した。タリム盆地方面では、敦煌から現在のマザル・ターグにいたる地域も、確実にその版図となった。

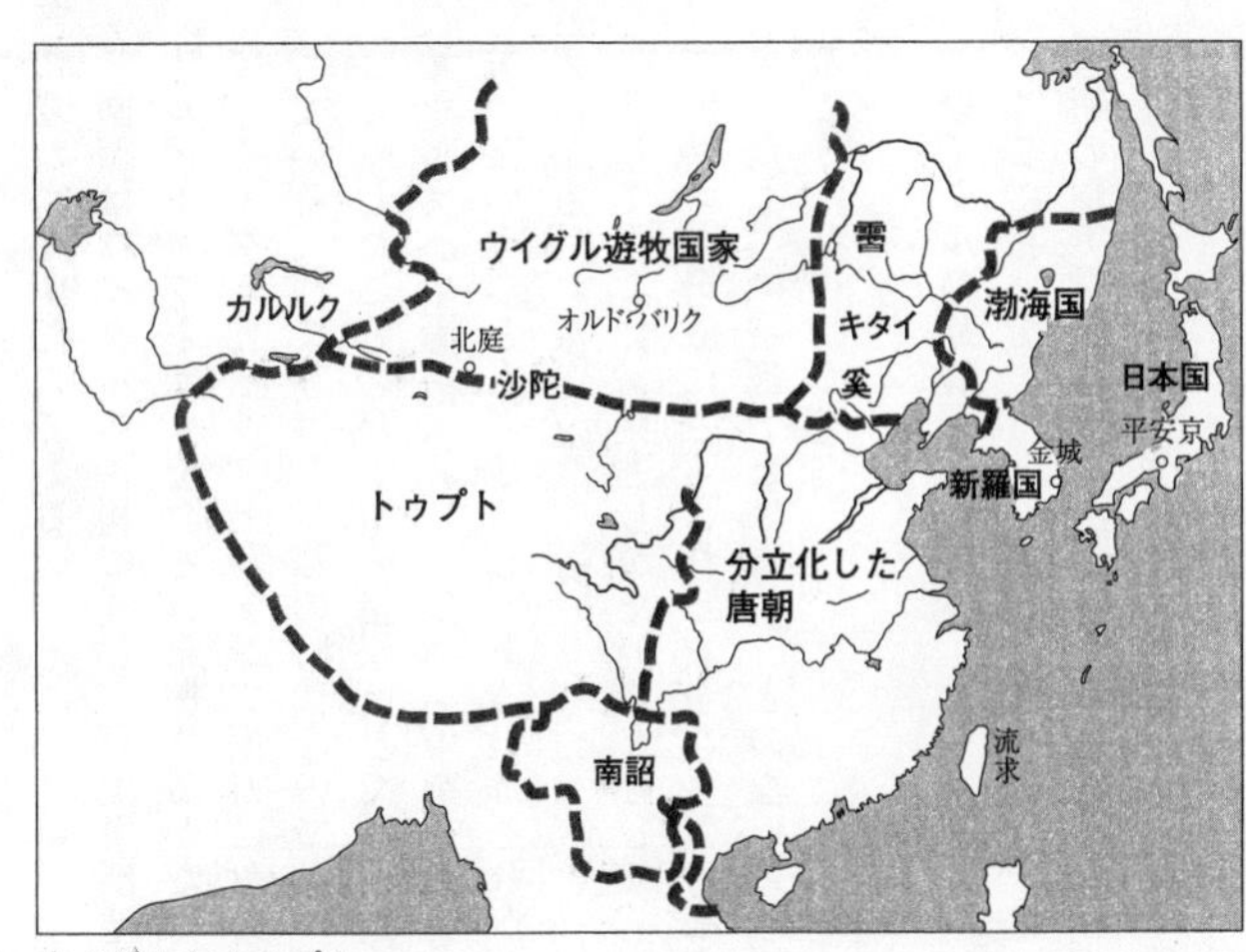

ウイグルとトゥプト

七八九年から七九二年にかけて、天山が東方に伸ばしたボグダ・オーラ北麓の要衝、ビシュ・バリクの地をめぐって、ウイグルとトゥプトが衝突する。漢語では「北庭（ほくてい）」と表記されるところである。トゥルファン盆地の北側、草原地帯がひろがり、東西交通の通廊（つうろう）となる一帯をテュルク語でビシュ・バリク、すなわち「五つの町」といい、その首邑もまた同じ名で呼ばれた。

そこが、ウイグル遊牧国家の西陲（せいすい）であり、トゥプト王国、もしくは帝国の北辺なのであった。モンゴル高原に根拠するものと、ティベット高原にもとづくものとが、天山北麓の帰趨（きすう）をめぐって争いあう――。それが、「時代」の現実であった。唐とアラブ・イスラームの衝突から、およそ四〇年。状況は、見事なほどに変わっていたのである。

衝突はウイグルの勝利に帰し、天山東部地方はウイグルが、河西・タリム盆地南辺・パミールはトゥプトが、それぞれ掌握するかたちで安定化する。このような経緯は、当時にあって、ウイグルとトゥプトがアジア東方におけるふたつの広域権力であったことを率直に物語っている。つまりは、二強の時代なのであった。

こうしたことのひとつの結果として、河西より西方一帯は、一三世紀のモンゴル帝国と大元ウルスの出現にいたるまで、「中華」なるものから離脱しつづける。時代をこえる「喪失」ということもできるし、あるいはそれが歴史の大きな図式のひとこまであったとも、いえるかもしれない。

そしてさらに、見逃しがたいこととして、唐王朝の本拠であるはずの長安は、以後、たえず西からの脅威にさらされる安全ならざる都市と化す。そうしたことのはてに、遂には二度とふたたび「帝都」とはなることのない辺域の拠点都市として、それをみずからの定めとすることになりゆく。

ウイグルの瓦解

ここにおいて、唐という「時代」は、すでに遥か彼方にすぎさっていた。率直にいって、唐朝の現実、内外の状況、歴史の趨勢、そのいずれにおいても、この時代を「唐代」などということばで表現しようとすることは、やや歴史ばなれ、現実ばなれといわざるをえないところがある。

それは、あくまで便宜上・慣例上のことにすぎないといっていい。あえて繰り返すが、唐代三〇〇年の大王朝などといったいい方は、キャッチフレーズならともかく、実際の歴史としては誤解以外のなにものでもない。ただし、名称すなわちネイミングというものがもたらす錯覚は、意外なほどに根強く、またおそろしい。その点で、中国史とアジア東方史は、なお古きよすがを色濃くとどめているのかもしれない。

唐朝というかすけき「なにか」が、より希薄に、より弱体化しつつ、ほそぼそながらも尋常ならざるしぶとさで余命を保ちゆくなかで、さらなる変動がアジア東方におこった。中華をこえて、内陸アジア世界の覇権を争いあうかに見えていたふたつのパワー、すなわちウイグルとトゥプトが、あいついで自壊するのである。事態は、一層の細分化・多極化へむかった。

ゆらぎは、まずウイグルに生じた。八四〇年、そのしばらくまえより天災がしきりに起きていたモンゴル高原では、牧民たちの動揺と内乱が波状的に繰り返され、遊牧民連合体の結束に大きなヒビが入った。そこにつけこんで、モンゴル高原の西北部にいたキルギス連合が、ウイグル国家の中枢をなすオルホン・トーラの地を襲った。権力の中核が失われた遊牧国家は、もろくも一気に崩れた。

史上でも稀（まれ）な怒濤のような崩壊であった。ウイグル遊牧国家の繁栄は、一〇〇年にすこし欠ける年月で消滅した。ウイグルの名のもとに、多重の連合体を構成していたそれぞれの勢力は、自己の安全と生き残りをかけて、てんでに散開して動いた。モンゴル高原に、そのまま踏みとどまることはむずかしい環境であり、政情であった。

ウイグル国家の中軸をなしていたものたちは、いくつかの群れにわかれて、南のかた中華の北境に到来し、あるいは西のかた河西地方や天山方面へと移住した。なかでも、河西の大オアシスの甘州（かんしゅう）を中心とする甘州ウイグル王国、そしてボグダ・オーラにまたがって、北側のビシュ・バリク一帯と南側のトゥルファン・オアシス近辺とをあわせもつ高昌（こうしょう）ウイグル王国（もしくは天山ウイグル王国）は、移動した先で再編成された牧農複合型の中小国家であった。

ようするに、遊牧民が、「町」へ行ったのである。ないしは、「面」たる牧畜と「点」たる都市との組み合わせというあたらしい「かたち」を、歴史上にまとまって刻印した、といってもいい。

この注目すべきあり方は、かつて鮮卑・拓跋集団が、モンゴル高原の南辺にして中華の北域にあたる「牧」と「農」との接壌（せつじょう）地帯にて、生みだした状態に類似する。ちなみに、拓跋集団は、そこを根拠地にして、じりじりと南進・拡大し、ついには北魏から隋唐におよぶ「華夷」をこえた混成体をつくりだした。しかし、現在の内モンゴルのフフホトや陰山あたりから大同の北側にかけて、そこにおける辺鎮という名の「町」と牧畜との組み合わせは、複数の世紀にまたがって、ゆっくりと実現されたものであった。ウイグルの場合のように、生活圏を大きく移動させ、かつはほとんど瞬時にちかい短時日でおこなわれた変身もしくは

ウイグル文マニ教徒祈願文（京都大学文学研究科蔵）　ウイグルたちは、内陸アジアに共通するテングリすなわち上天を崇拝していたが、その一方で熱心なマニ教の信者でもあった。これはトゥルファンより出土した断簡で、９世紀なかば以後の天山ウイグル王国時代のもの。朱墨を交互に用いる装飾的な技法が採られている

変動とは、意味合いを根本から異にする。

こうした事態を、別の角度で眺めれば、ゆるやかに組織化された大兵団の機動戦力をもって成り立っていた遊牧国家ウイグルが、国家としてのスケールを小型に仕立て直し、かつは複数のかたまりに分立しつつ、内陸ルートをつらぬく東西交易をもって立国のひとつのかなめとする通商国家に変身したということもできる。さらに、歴史の大きな図式として見逃せないのは、こうしたもろもろの動きがユーラシアにおける大きな「玉つき現象」の引き金となって、テュルク族の西漸とそれによる「テュルク・イスラーム時代」とでもいうべき歴史時代が、中央アジア・中東世界をつらぬいて、しかも千年にわたるタイム・スパンで訪れゆくことにもなる。ユーラシア規模で眺めれば、まさに、歴史の大きな変わり目であった。

【余録】 ウイグル解体の前提となる「天災」の重なりについて、なんらかの環境変動が、おそらくはその根底にある。ただし、遺憾ながら現在のところ、その輪郭さえ定かに把握できない。「歴史環境学」なるアプローチは、近年いろいろと目につくようになりだしてはいるものの、ユーラシア中央域に関しては、今まさに開拓の鍬（くわ）がくわえられだしたところである。

たとえば、二〇〇一年、大学共同利用機関として京都に新設された総合地球環境学研究所（略称は地球研）における多様な研究はそうである。とりわけ、わたくしもその一員となっておこなわれている二〇〇〇年単位の歴史時間軸における人間と自然の相互作用についてのアプローチは、いわゆる文系と理系を本格的に総合する新たな試みである。中国の甘粛と内モンゴルにまたがって、黄砂の飛来源として乾燥化と沙漠化の「最悪地」のひとつとされるところ、具体的には祁連山（きれんざん）とエチナの間の地における氷河からオアシス・沙漠・湖沼などの一連の変移をさぐるプロジェクト（略称はオアシス・プロジェクト）は、その第一弾である。そして、天山一帯とそこを貫流するイリ河を主軸にすえて、ユーラシア東西のかなめとなる中央域そのものを実は人類史上ではじめて総合的かつ科学的・学術的にとらえようとする次なるプロジェクト（略称はイリ・プロジェクト）は、ともにかつてない試みであり、おそらくは画期的な意義をもつ。こうした挑戦は、さまざまな困難さにあふれてはいるが、学術研究のあり方を根本から変える胎動であり、さらにそれなりのしかるべきパースペクティヴや成果が提出されたときには、人類史とこれからの地球社会への共通した知慧の土台となりえる。

ひるがえってこの場合、むしろ劇的なまでのウイグル遊牧国家の崩壊という疑いようのない突出した歴史事実について、氷雪コアのサンプリング解析などをはじめとする広義の理系データによって、はたしてどこまで歴史資料と連動したかたちで裏付けがえられるものなのかどうか、ひとつのポイントはそこにある。それがたとえば、今までそれとして知られていなかった甚大な環境変動を示しているものなのか、あるいは遊牧を基本とする社会・経済の「脆弱さ」を大きくは意味するものなのか。さらにはまた、ユーラシアにおける国家興亡の歴史のみならず、現代と将来における環境変化と人間社会のかかわり合いやそれへの対応について、なんらかの提言と示唆をあたえてくれるものとなるかどうかなど、ともかく次なるステップへの手掛りとなる可能性は大いにある。

過去にあったことがらを、ただ「死んでしまった過去」として眺めやるのではなく、人類が歩んできた経験と叡知の宝庫として今に蘇らせ、これからに生かしてゆくことは、とても大切なことだろう。歴史研究というものの存在意義のひとつは、あきらかにその辺りにある。ちなみに、ここでいう歴史研究とは、いわゆる文理の枠などをこえ、利用可能なデータや方法・手段をすべて駆使しておこなう総合学としてのそれである。

トゥプトの失墜

唐という、名ばかりの分権勢力の寄せあつめにとっては、おもいもかけない展開となった。頭上をおおっていたウイグルの突然の瓦解が、失われて久しい威信回復への好機とも映ったのは、当然のことである。唐室は、モンゴル高原よりやってきた旧ウイグル国の避難民の大群をどう処遇するかに苦慮しつつ、情勢を眺めた末に、キルギスとの連合による追討と制圧に決した。

しかし、キルギスも唐も、所詮は力不足であった。草原世界を取りまとめ、再統合する凝集力は、ついに出現しなかった。これ以前、ウイグル国家の影響圏やその縁辺にいた諸族も、それぞれ自分で自分を保持するほかに道はなくなった。草原もまた、分散割拠の時代に突入したのである。そのなかから、やがてキタイ族が次代をになうものとして抬頭してくる。その条件が、ととのったのである。

ウイグルの消滅のあとを追いかけるように、トゥプトの本拠地でも異変がおこった。かねてより、ボン教に傾斜していたトゥプトの王、ランダルマは、在来の仏教すなわちティベット仏教を弾圧した。しかも、その挙句に仏教側の反撥をかって暗殺されるという事件が出来したのである。

ティベット高原全域にとどまらず、周縁地域を大きく切り従えて、「帝国」ともいうべき領域形成を保持していたトゥプトは、こののちランダルマのふたりの子によって王統が分裂し、急速に衰える。そして以後ながらく、ティベット高原から統一が失われることになる。

この結果、トゥプトのもとに包摂されていたティベット系の諸集団もまた、やはりみずからのために歩みだすこととなった。のち、西夏国を形成することになる「ミ・ニャク」、すなわちタングト族も、そうであった。また、これものちのことだが、青唐（現在の青海省西寧市）を中心に、「アムド」（ティベット語で青海方面をさす）から黄河上源部にかけて、「青唐王国」とも呼ばれる仏教国家が形成され、西夏と争いあうことになる。こちらも、ティベット系のツォンカ（宗哥）族を主軸としていた。ティベット世界全体が、多元化していったのである。

かくて、九世紀のなかばにいたり、アジア東方からは、遂にこれといった統合的な大勢力は姿を消した。それぞれの地域・地方ごとに、あるいは種族・部族・集団ごとに、こまぎれに近い政治単位が肩を並べつつ、広汎に存在することとなった。分極化は、極限に達した。すべてが、次にくる「なにか」を待つ形勢となった。

薄れゆく唐朝の名のもとに

ひるがえって、唐室の衰微も、もはやどうにもならなくなっていた。そのなかで、会昌五年（八四五）、ともかくも「天子」ではある武宗という血気さかんな青年によって、「三武一宗の法難」のひとつに数えられる大がかりな仏教弾圧がおこなわれ、混迷に拍車がかかった。このとき、ゾロアスター教・ネストリウス派キリスト教・マニ教も、まきぞえをくらうかたちで禁断された。仏教に類似するものと見られていたのである。

ついで、当の武宗の逝去で一転、弾圧が中止され、かすかに残っていた唐室の権威さえも地に堕ちることとなった。混乱だけをもたらして莫迦莫迦しい騒動がおさまったあと、今度は蜂起と反乱があいついだ。八五九年、浙東に裘甫の乱、さらに八六八年、徐州で龐勛の乱がおこる。

もはや、まったく無力の唐室は、ここで突厥沙陀部の首長、朱邪赤心に命じ、龐勛を鎮定させる。テュルク系の沙陀族、および朱邪氏の集団は、かつて安禄山の進撃のさい、哥舒翰の配下で動員されていた。沙陀族は、もともと西突厥の別部である処月の系統であったとされる。東部天山のバルクル・ノールの東辺におり、そこに「大磧」があって「沙陀」と呼ばれていたことから沙陀突厥と号したという。ウイグル遊牧国家とトゥプト王国の北庭などをめぐる制覇闘争のなかで、いったんトゥプトに属することになった。しばらくはその先鋒として、騎馬の精鋭をもって勇名を馳せていた。さらに、トゥプトに疑われ、その麾下を離脱して、三万帳を数える集団ぐるみで、河套すなわち黄河屈曲部のオルドス方面に来住していたのであった。ちなみに、そのときトゥプトのツェンポ（王のこと）は激怒して、沙陀集団を追いかけて戦い、中華地域にまで「来攻」した。

臣従する相手を選ぶのは、彼らのほうであったのかもしれない。歴戦の武闘集団と騎馬戦士の威力は、小勢力がひしめく中華本地にあっては、まことに有効であった。唐室は、朱邪赤心を遊牧地域との接壌地である山西の北、いわゆる代北の地の節度使に任じ、唐の国姓をあたえて李国昌と名乗らせた。テュルクの浮浪者軍団は、唐の一族たる名分と定かな根拠地をえて、一挙に政局のゆくえを左右する勢力として浮上した。次の時代へのあらたなる「芽」は、ここにもうひとつ胚胎した。ようするに、ウイグルの解体がキタイ抬頭の要因となったのに対し、ウイグルと争ったトゥプトの衰えが沙陀の浮上の誘因となったということもできる。その点、キタイも沙陀も、いわば時代がのしあげた存在であった。両者は意外に似かよった運命にあった。

八七五年、塩の闇商人の黄巣と王仙芝が反乱をおこした。これが、中華本地の大半をまきこむ大騒乱となった。ことに黄巣は、華中・華南を南下し、広州では異邦人を含めた大殺戮をおこない、さらに北に転じて八八〇年には洛陽・長安をおとし、ついに皇帝となって「大斉」を国号とした。

四川に逃げた唐室は、またも李国昌のむすこ李克用を起用した。鴉軍、すなわち黒装束で身を固めた「カラス軍」という名の騎馬を主力とする戦闘部隊をひきいた李克用は、八八三年、山西から南下して黄巣軍を破り、長安を奪回した。だが、唐は朱温という黄巣から寝返ったものを対抗馬に仕立て、全忠の名をあたえて、おなじ年、汴梁すなわち開封の節度使とした。彼の手によって、まったく名のみとなった唐室が遂に断絶させられるのは、それから二四年後のことであった。

「時代」というものの姿

さて、このように、安史の乱後の変動を辿ってみると、時代はまさに分権化のなかにあったといっていい。しかも、その分権化は中華のみならず、草原世界からさらにはアジア東方を次第におおい尽くした。すなわち、八世紀のなかば以後、滔々たる歴史の潮流は、多極化・分極化にこそむかっていたのである。

くわえて、見逃せないこととして、そのトレンドは唐室断絶後もひきつづいた。いわゆる「五代」の名で呼ばれる半世紀ほどをも勘算するならば、都合二〇〇年におよぶ長い「分権化の時代」が中華を含めた広域世界に存在したと考えることもできる。そこにおいて、唐と宋との時代偏差など、あって当り前のことである。唐を巨大視し、かつ両宋をもって一個の時代とする奇妙な習慣は、中国正史にもとづく王朝史観以外のなにものでもないだろう。まして、唐代はおよそ三〇〇年、両宋時代も三〇〇年超という感覚は、歴史の現実にほど遠い。まして、歴史展開のあり方そのものが、中華なる枠組みのなんたるかを根本から問いかけている。わたくしたちは、仮想の中華ではなく、現実にあった歴史をこそ、見つめたい。

そうするとき、おそらくは中華なるものの輪郭や中身、そしていわゆる中国史なるものの実像も、より真実に近づくものとなろう。それはまた、中国の歴史を、人類史の脈絡のうえにきちんと位置づけることにも通じるだろう。そのことをもってまずは、ひとしきりの小結としたい。

第二章　キタイ帝国への道

海をこえる見えない糸

『将門記』は語る

天慶二年（九三九）、平将門は坂東にて「反乱」をおこした。京都の朝廷に対し、あらたなる権力を打ち立てんとした、とされる。新国家運動といえるなにかが、そこにはほの見えていたとの意見もある。

彼の一代記ともいうべき『将門記』には、驚くべき記述がのこる。みずから「新皇」として即位のかたちを践んだ将門は、時の摂政・太政大臣である藤原忠平の四男、左近衛少将・藤原師氏にあてた天慶二年一二月一五日付の奏状にて、まず自分の血統と半国支配の正統さを弁じて、「将門すでに柏原帝王の五代の孫なり。縦い永く半国を領せむに、豈に非運と謂わんや」といい切ったあと、さらに自分の勅として、つぎのように述べたという。

今の世の人、必ず撃ちて勝てるを以て君と為す。縦い我が朝に非ずとも、僉な人の国に在り。去ぬる延長年中の大契赧王（原文では赦契としるされているが契赧の誤字）の如きは、正月一日を以て渤海国を討ち取りて、東丹国に改めて領掌せるなり。盍んぞ力を以て虜領せざらんや。

――今の時代の人は、実力で勝ちとることで君主となる。たとえわが国のことでなくても、ともに人の国であることには変わりない。さる延長年間（九二三―九三一）の大契丹王はといえば、正月一日に渤海国を討ち取って、東丹国とその名をあらためて手に入れた。どうして力ずくで奪い取ったのではないといえようか――。

「大契赧王」とは、キタイ帝国の創業者、耶律阿保機のことである。前年の一二月、親征の軍旅にでた彼は、あくる天顕元年（九二六）正月、渤海国をくだし、国王の大諲譔を降伏させた。そして翌月、東丹国と改称し、皇太子の突欲（キタイ語は不明だが、おそらくはトヨクに近い音。なお漢風の名は倍）を「人皇王」に冊立して、その国主とした。つまり、『将門記』がつづる将門のことばは、紛れもなく歴々たる事実なのであった。

記録と真実、そして……

将門のいわんとすることは、明瞭である。「新たなる天皇」と自分がなるのは、まずはそもそも桓武天皇の五代の子孫という血脈なのだから、日本国の半分を領有したところで、「運に非ず」、つまり偶然ではなく当然のことだ。そのうえ、今の時代は実力主義である。わが国も他国も、変わりない。大契丹王の例を見よ。わが国となじむ渤海国を討滅して東丹国とした。実力による奪権でなくてなになのだ――。

帝王・桓武につらなる聖なる血脈という内的な正統性。くわえて実力による切り取りが、海をこえた時代の趨勢という外的な状況。その根拠となる実例が、キタイ帝国の耶律阿保機という図式である。理由づけの論理構成は、まことにわかりやすく明快至極である。

『将門記』という興趣あふれる魅力的な文献については、かねてよりさまざまな検討がなされている。『平将門資料集』（二〇〇二）を編集した福田豊彦氏によれば、東国に住んでいた人による事件直後の実録的な見聞記との見方から、事件よりかなりの時をへだてて調べ、まとめた文学的な作品とする見解まで、振り幅は小さくない。とはいえ、確実な資料をもとに記（しる）されており、将門の乱について第一に拠るべき史料であるのは疑いないが、現地の人の見聞録とはしえないし、また根源的な無条件の「生（なま）の原典」ではない、というのがおおよその共通したところである。

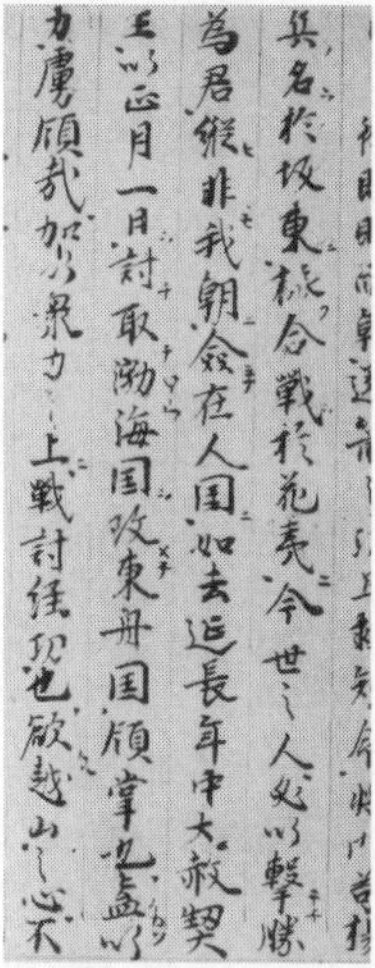

成立の時期については、上限を一一世紀の前期、下限をその末期とする。依拠すべき主要写本の「真福寺本（しんふくじぼん）」が承徳三年（一〇九九）に書写されたことは疑いないので、ともかくそれより降ることはないということになる。

ひるがえって、では、これをア

『将門記』（真福寺本）より天慶２年12月15日付の奏状

ジア史の立場から眺めると、どうなるか。「大契丹王」たる耶律阿保機の治世は、九〇七年から九二六年。とくに、渤海国の討滅と東丹国の設置は、その末年の九二六年のことである。かたや将門の「反乱」は九三九年。その間、わずか一三年。将門の「反乱」そのものに、キタイ帝国と阿保機の影響がなかったとはいいきれない。これがまず、第一点。

つぎに、『将門記』の成立がその最下限の一〇九九年であったとしても、それとは直接ほとんどかかわりなく、耶律阿保機の勃興とその征服活動、とりわけ渤海国に対するそれについては、平安日本はかなりな程度にその輪郭を知っていたことになる。渤海国征服の年月の正確さ、東丹国の新設という事実、そして「大契丹」というのが、このおそるべき新勢力の正式の国号であることも。

さらに、物語もしくは文学作品として『将門記』を眺めたとしても、ここで実はきわめて肝心なことは、耶律阿保機とキタイ国家の出現を「衝撃」としてとらえ、かつはその例をもちだすことで、将門の「せりふ」に〝もっともらしさ〟をあたえていることである。いいかえれば、耶律阿保機とその渤海国接収という「歴史的事件」は、『将門記』の作者のみならず、これを目にする読み手にとっても、しかるべく承知したことがらであったことになる。そうでなければ、このあたりの文脈は意味をなさない。

いま、まさに京都の宮廷に対して公然と反旗をひるがえす時であった。その場面において、将門をして「我が朝に非」ざる「力を以て虜領」する実例を語らしめることは、人をうなずかせるに十分な説得力のあることと認識していればこそそのことである。

東丹国の使い

さて、キタイ国家による渤海国の覆滅という、大陸におけるこの変動が、日本国においてよく知られていたとするのには、それなりの事実と背景が史料のうえで確かめられる。醍醐（だいご）天皇の長い治世の三三年目、延長七年（九二九）のことであった。ちなみに、平将門の「天慶（てんぎょう）の乱」に先立つこと、ちょうど一〇年まえである。

その年末の一二月、東丹国の使いが丹後に来航した。使節団の長である裴璆（はいきゅう）は、すでに延喜（えんぎ）八年（九〇八）と同一九年（九一九）に渤海国の使いとして日本にやってきていた経験と実績があった。当初、日本側はこのたびの使いも従来どおりのことと見なしていたが、裴璆は自分は渤海人ではあるけれども、今は降って東丹の臣となったといい、応答するうち、「契丹王」の罪悪をあげつらった。これに対し、太政官はいったん人臣となりながらこのようではと、裴璆を責めたて、「過状」をつくらせた。「東丹国、礼儀を失せり」としるされている（『扶桑略記（ふそうりゃくき）』延長八年四月一日の条）。

日本国はすくなくともこの時には、確実にキタイによる渤海国の滅亡を知った。あわせて東丹国というのが、その後身であることも。このおり、日本側が裴璆に冷淡な態度をとったことについて、「国際問題」を回避するのが当時の日本宮廷が身につけた冷徹な外交方針であったという。その当否は別として、では、この時にいたるまで、はたしてキタイという新勢力とその急速な拡大について、日本が無知であったのかどうか。

このことについて、いくつかの考えるべき「状況証拠」がある。たとえば、朝鮮半島の西南部に後百済を建国してすでに二〇年余の歳月を閲していた風雲児の甄萱は、東丹国使より遡ること七年まえの延喜二二年（九二二）、使者を日本におくって通交と同盟をもとめてきた。当時、朝鮮半島では、古き王権たる新羅に対し、高麗と後百済が独立し、「後三国」による戦争状態となっていた。日本に通じることで、甄萱は新羅国内の反乱者ではなく、後百済の「王」たるみずからの立場を「国際的」に認知せしめ、戦局を有利に導こうとしたのである。日本はそれに応じなかった。

だが、その交渉時において、甄萱側より大陸情勢の説明がなかったか。いや、日本側は大陸の激動を全く知らないままに、この野心家の使いに対応したのか。すくなくともこの時点では、「後三国」のなかで甄萱がもっとも有力であったのにもかかわらず。

甄萱の選択

それとおなじとき、耶律阿保機ひきいるキタイ国家は、四周の地にしきりに出兵を重ねて久しく、すでに広域の勢力圏を形成してアジア東方で最大となっていた。あまつさえ、動乱の華北政局にあって、その中心にいた沙陀軍閥の後継者、李存勗とは、この前年の九二一年の暮れより、河北の地に踏み込んで血みどろの対決をくりかえしていた。南北両雄による足かけ三年にわたる闘争は、草原と中華、さらには朝鮮半島を含む周囲のものたちにとって、次代のゆくえと自分たちの運命にもかかわる重大事に相違なかった。すくなくとも甄萱が、それを知らないはずはなかった。

キタイとの軍事対決がおおむね峠をこえだしていた九二三年、かねて父の李克用の代からの「晋王」をひきつづき名乗っていた李存勗は、ついにここに皇帝の位につき、あたらしい国号を「唐」とした。唐室よりの「李」をひきつぐものとして、その「復活」を旗印としたのである。歴史上では後唐と通称する。そして、その年の一〇月には、汴梁に拠る朱氏の後梁を滅ぼした。無力な唐室が、それゆえに仕組んだ李克用と朱全忠の対立から、なんと四〇年。宿命の対立・抗争は、沙陀の勝利でついに結着した。ここに、華北の地は沙陀族の天下となった。

この新情勢に対して、後百済の甄萱は、反応した。古き唐の名を継承しつつ、華北の覇者となった李存勗に将来を見たのか、あるいはただ好都合と考えたのかは定かにしえないが、ともかく彼のもとに遣使して、九二五年に後唐より「百済王」の号を認められた。ただし、それをもって、ライヴァルの新羅・高麗をだしぬく素早さであったといっていいのかどうか――それはなんともいいがたい。さらに、ここで大事なことは、甄萱はそれをひとつの背景として、例の東丹国使が来航するより半年以上もまえ、同じ九二九年の五月には、すでにふたたび使者を日本に送って、正式の「王」たる資格で通交をもとめていたのであった。その使節が、唐帝・李存勗の出現と彼からの「受封」、そして大陸情勢の推移に触れないはずはなかった。

平安日本は知らなかったのか

こうしたなかで、日本が大陸の激動を知らないままでいたとするほうが、不自然だろう。平安日本は承知の上で、「国際問題」に巻き込まれるのを避けたのか、ほとんどなにも知らずに海の外からの使いを適当にあしらっていただけなのか、その差は実に大きい。

この点、直接の挙証となる記録だけをつなぎあわせて、「こと」を理解しようとするのは、一見すると「実証的」だが、本当のところは、思考停止に近いことなのかもしれない。とりわけ国家の運命にかかわるような外交的な重事や、その局面ごとの判断・機微については、記録の表面にあらわれにくいのは当然のことだろう。それは時代を問わない。

それにくわえて見逃せないこととして、耶律阿保機は即位・建国より八年後の九一五年の時点で、すでに鴨緑江に進撃し、「魚を釣る」と称して、朝鮮半島に軍事圧力をかけていた。『遼史』、すなわちキタイ側に寄り添う正史という名の記録によれば、「後三国」のうち、新羅と高麗（なお、この高麗は、このときはまだ厳密には後高句麗であった）は阿保機のもとに遣使して、それぞれ贈物を進貢した。この両国は早々にキタイ国家に帰附するかたちを採っていたのである。後百済の甄萱がそれを知らないはずはなかった。むしろ、だからこそ甄萱は沙陀軍閥の後唐に権威づけをもとめたのである。

ようするに、平安日本をとりまく情勢は、平安どころではなかったのである。海をへだてる日本以外、半島と大陸を問わず、国々はその根底から大がわりに変わっていたのである。「時代」は、まさに急変の時を迎えていた。日本にその震動が伝わらないはずはなかった。

そのひとつの結果として、将門の「反乱」というかたちになってあらわれたとしても、けっして不思議なことではない。将門は「反乱」より以前において、摂関家に伺候し、京都に集まる内外の情報には詳しく通じていた。武力によるキタイの膨張と制覇、そしてその一齣としての渤海国の消滅という事態を、彼を含めた相当数の人びとが切迫感をもって眺め、かつ直接その肌に感じていたと考える方が、むしろ合点がいく。当然、藤原純友の「反乱」も、同じ脈絡のなかにある。ここにおいて、物語『将門記』は、物語たる域をこえ、一生の真実」を伝えているものかもしれないのである。

「遣遼使」は真実か

目を転じて、耶律阿保機についての根本史料である『遼史』劈頭の太祖本紀には、短いけれども、日本にとってはすこぶる重要な記事が載る。すなわち、キタイの天賛四年（九二五）の冬十月庚辰、「日本国、来貢す」とあるのである。これは一体、なにを意味するのか。「遣唐使」ならざる「遣遼使」を、日本はキタイ帝国のもとに送っていたのか。

その『遼史』によれば、日本国の来貢の前月、キタイ帝国の皇帝・耶律阿保機は、前年の夏より敢行していたタタル・タングト・吐谷渾・甘州ウイグルなどへの大規模な軍事侵攻を完了し、キタイ本地へ帰還していた。一年余にわたるこの西征によって、キタイ帝国の版図はモンゴル高原をこえ、中央アジア・河西廻廊一帯にまで拡大した。八十数年まえに瓦解したウイグル遊牧国家をふたまわりほど上回る領域であり、まさに内陸世界の覇者たる立場を

詔礱闢遏可汗故碑以契丹突厥漢字紀其功是月破胡
母思山諸蕃部次業得思山以赤牛青馬祭天地回鶻霸
里遣使來貢冬十月丙寅朔獵寓樂山獲野獸數千以充
軍食丁卯軍于霸離思山遣兵踰流沙拔浮圖城盡取西
鄙諸部十一月乙未朔獲甘州回鶻都督畢離遏因遣使
諭其主烏母主可汗射虎于烏剌邪里山抵霸室山六百
餘里且行且獵日有鮮食軍士皆給
四年春正月壬寅以捷報皇后皇太子二月丙寅大元帥
堯骨略党項丁卯皇后遣康末怛問起居進御服酒膳乙
亥蕭阿古只略燕趙還進牙旗兵仗辛卯堯骨獻党項俘

遼紀二　五

三月丙申饗軍于水精山夏四月甲子南攻小蕃下之皇
后皇太子迎謁於札里河癸酉回鶻烏母主可汗遣使貢
謝五月甲寅清暑室韋北陘秋九月癸巳至自西征冬十
月丁卯唐以滅梁來告即遣使報聘庚辰日本國來貢辛
巳高麗國來貢十一月丁酉幸安國寺飯僧赦京師囚縱
五坊鷹鶻己酉新羅國來貢十二月乙亥詔曰所謂兩事
一事已畢惟渤海世讎未雪豈宜安駐乃舉兵親征渤海
大諲譔皇后皇太子大元帥堯骨皆從閏月壬辰祠木葉
山壬寅以青牛白馬祭天地于烏山己酉次撒葛山射鬼
箭丁巳次商嶺夜圍扶餘府

『遼史』太祖本紀「日本国、来貢す」　今から30年ほどまえ『遼史』をめくりだして早々に、この記事を目にした驚きは、なお忘れられない

実現したといっていい。あたかもそれを祝賀するかのように、日本は来貢したのであった。

ここで興味深いのは、「日本国、来貢す」の記事の直前と直後に、はなはだ目を引く記載が見えることである。すなわち、まず直前のこととして、かの李存勗（りそんきょく）の後唐が後梁を滅ぼしたと来告し、それに対してキタイ側は遣使報聘（けんしほうへい）したとの記事がしるされる。これをそのまま受けとるならば、西征からもどった耶律阿保機は、つい二年まえまで戦いあった李存勗の華北制覇を、ともかくも慶祝したのであった。これはどう考えたらよいか。

ともに「皇帝」になったからには、かたちの上でも祝賀の意を表するのは当然のことではある。だが、後背地に不安の消えた阿保機としては、反対にもう一度、華北への大侵攻もありえたはずである。ところがそうはしなかった。されば、ひとつの大いなる可能性として、おそらくは、キタイと沙陀（さだ）の二強が相撃つ愚を阿保機と存勗はともどもに考えて、九二三年の春から夏の時点で、キタイと沙陀は北と南に棲み分けることを、いったんなりとも約したのでは

ないか。だからこそ阿保機は大西征へ出ることができ、存勗は朱氏の後梁を討滅できたのではないか。つまり、南北ふたつの強国は、暗黙かどうかは知らず、ともかくなんらかの提携をむすんだのではなかろうか。

北行か南行か

かたや、「日本国、来貢す」の直後につらなる記事は、「高麗国、来貢す」である。しかも、それは日本国の来貢の翌日、辛巳のことであった。さらにくわえて、翌一一月の己酉には、「新羅国、来貢す」としるされる。これら列島・半島の三国のあいつぐ「来貢」は、一体なにを語るのか。

これもまた、記録のままに受けとるならば、日本は朝鮮半島で競い合う高麗国・新羅国とほとんど同時に、キタイ帝国にむけ、使節を送っていたと考えざるをえない。高麗・新羅がキタイ帝国へ、それも今度はその本拠地へと直接に朝貢するのは、まことによく理解できる。一方、日本国内に、この「遣遼使」に直接かかわる痕跡が次項に述べる記事をのぞいて、今のところ見当たらないのは、どう考えるべきか。『遼史』の記事が投げかけるものは、日本史にとってもアジア史にとっても決して小さくない。

ちなみに、甄萱の後百済は、すでに述べたように、このとき李存勗の後唐に赴いたのである。南北二人の皇帝に対し、日本・高麗・新羅の三国は北行し、後百済のみ北行しなかった。くわえて、高麗と新羅は後唐にも使節を送っている。南北両雄のどちらにも好を通じるという「安全策」をとっていたのである。当然のことではあろう。とはいえ、これまでのいきさつも含め、半島北部の高麗や東南部の新羅がキタイの脅威をより多く感じざるをえず、西南海辺の後百済が両国への対抗上もあって後唐だけをえらぶのは、よくわかることである。だが、日本はなぜキタイだったのか。その示唆するところは、まことに鮮やかといわざるをえない。

寛建法師の派遣

さてここで、前述の『遼史』の謎めいた記事にかかわって、日本側に気になる記録がある。問題の記事の翌年、日本の年号では延長四年（九二六）のことである。すなわち、『扶桑略記』巻二四、醍醐天皇下の五月二一日の条によれば、興福寺の僧である寛建法師は修明門外にて唐の商人の船にて唐に入りて法を求め、あわせて五台山に巡礼したい旨を奏請した。醍醐天皇の宮廷政府は、これを許しただけでなく、旅資にあてるべく黄金小百両を給した。また、寛建の請いにより、菅原道真・紀長谷雄・橘広相・都良香の詩集あわせて九巻と小野道風の行書・草書各一巻をさずけて唐国に流布せしめようとし、くわえて三人の僧と四人の童子そして二人の通事を同行させることとして、当時の左大臣・藤原忠平にその旨を大宰府に伝えさせた。さらに六月七日には、勅命で黄金五〇両を寛建に給した。以上の記事は醍醐天皇の『御記』、すなわち日記にもとづくとしるされている。

寛建にかかわる記事として、これとは別に『日本紀略』には、翌延長五年（九二七）正月二三日、寛建らに大宰府の牒を賜い、大宋（唐の誤記）国の福州に赴かせんとした。五台山に巡礼させるためであった、としるされる。以上の記録から、『遼史』の「日本国、来貢す」の記事よりおよそ半年後、醍醐天皇政府は寛建ほか一〇人を大陸に派遣することとし、翌年正月にはおそらく中国船に搭乗して南中国の福州に渡らせた。冬の季節風を利用する順当な渡航であったことになる。

ふたつの記録にいう「唐」は、このとき華北に成立していた「後唐」をさすともいえなくはないが、一般的に中国をさすと考えていいのだろう。寛建らが本当に五台山に巡礼したかどうかはわからない。だが、五台山は山西の北部に位置し、後述するように耶律阿保機ひきいるキタイ国家と李存勗ひきいる沙陀権力が熾烈な争奪戦を展開した「山後の地」にある。キタイ領はほんの目と鼻のさきであった。かたや、福州は当時にあって独立王国を形成していた閩の首邑であり、ここから上陸して北行したとすると、それぞれ独立国の呉ないしは呉越を経由して沙陀権力の「後唐」がおさえる華北を旅することになる。もしくは、呉越国はすでに、海路にてキタイ国家と通好していたから、一気に船便でキタイ領ないしはその近辺に達することもありえた。

ともかく、五台山の巡礼は、混沌たる中華と草原の現状を観察するには格好の名分であった。とくに、九二六年には陰暦正月に渤海国が滅び、同四月に李存勗がクーデタで倒れ、さらに同七月には耶律阿保機が他界した。騒然たるさなかであった。その五月二一日の派遣決定であれば、あるいは渤海国の滅亡と後唐国の混乱の探査が直接の目的であったのかもしれない。もとより、急速に抬頭・拡大するキタイ国とは、一体どのようなものであるかを探ることも。

道真以下の詩文や道風の書を大陸に広めるなどといった「理由づけ」は、まことにかわいらしい「名分」「建前」であることは、いうまでもない。ふたつの関連記録ともどもに、五台山巡礼を明言しているように、キタイ国家もふくめた大陸情勢の直接調査に目的があったことは、ほとんど疑いをいれない。仏僧による求法と巡礼、そして文化交流という「名目」は、ようするに「公的」に政府関係者を派遣したのではないという「かたち」を採ったことになる。それを醍醐天皇以下の政府要人が直々に命じたのである。醍醐政権は、大陸に明確なる関心をもっていたといわざるをえない。

であれば、ひるがえって『遼史』の記事も、たとえば藤原忠平などの意をうけて、誰かが非公式に耶律阿保機のもとを訪れたのかもしれない。大いなるひとつの可能性が、そこにほの見えている想いがする。

謎めいた死と運命の明暗

そして、以上の経緯にくわえ、さらにもうひとつ、きわめて重大なことを述べなければならない。印象的な三国の来貢記事のすぐあとの一二月、キタイ皇帝・耶律阿保機は詔して、渤海国への親征を宣言し、今度は皇后の述律(じゅつりつ)氏、皇太子の突欲(トヨク)、次子で大元帥の堯骨（キタイ語はヤオグゥか。また耀屈之、曜屈之、耀渠芝などの表記もあり、それであれば、ヤオグゥチとなろう。漢風の名は徳光。中華王朝風の廟号は太宗）以下の権力中枢すべてを引具して、生涯最後の遠征に出立する。渤海国が、翌年正月に全面降伏するのは、すでに述べたとおりである。しかもその帰途の秋七月、扶余府(ふよふ)にて耶律阿保機は急逝する。ときに五五歳。二年まえの夏、西征を宣言したさい、「丙戌(へいじゅつ)の秋の初め、必ず帰(き)する処あらん」とみずからの死を予言したとおりであったと、『遼史』はしるす。丙戌は、天顕(てんけん)元年（九二六）のことであった。

　このあと、キタイ国家は後継相続をめぐって、あやしい影につつまれることになる。そして、旧渤海国をひきついだはずの東丹国も、その君主とされた東丹王の耶律突欲(トヨク)とともに、暗転する運命のなかで次第に姿を薄くしてゆく。そうしたやや謎めいた歴史展開の直前に、日本国および高麗・新羅の来貢があったとしるされていることは、あらためて十分に注意しなければならない。というのは、『遼史』は最低限度ぎりぎりに必要とおもわれる記事しか挙げておらず、それはとくに阿保機についての太祖本紀の場合にははなはだしい。つまり、ことばをできる限り減らしきったなかでの、それぞれの記事のもつ意味とそこにこめられたメッセージには、余程の「こと」がある、と考えて臨まなければならないのである。

　そうした一方、そのおりキタイに来貢しなかった渤海国は、たちまち武力制圧されて、その民の多くは、のちキタイによって遼寧平原へと移住させられ、また相当数のものたちは朝鮮半島内へと流亡する。ちなみに、やはりキタイを選ばなかった甄萱も、九三〇年に王位をむすこの神剣(しんけん)に奪われ、その神剣もまた九三六年に高麗に滅ぼされて、朝鮮半島は「キタイ派」をよそおった高麗のもとに再統合されることになる。運命の明暗は、見事にわかれた。

裴璆の悲劇

こうして見ると、裴璆が東丹国の使いとして来航するまで、日本は渤海国の悲運を知らなかったとは、いかにも考えにくいことである。というよりも、日本側が裴璆の言動を厳しく訊問し、「過状」というかたちの始末書さえつくらせたのは、裴璆の使節行そのものを疑っていたのである。実は、裴璆自身が渤海国滅亡の直接の原因をつくった当事者のひとりといってよかった。

北のキタイか南の沙陀か、運命の選択となった九二五年において、渤海国は南の沙陀を選んだのであった。しかも、その使節となったのは、なんと裴璆その人であった。すくなくとも、彼は渤海国滅亡への引き金をひく役回りを背負ったのではあった。

ではなぜ、渤海国は直接に境域を接する強大なキタイを、そのとき選ばなかったのか。いや、渤海当局の判断は、まともにキタイと向かい合い、その脅威を痛切に感じているからこそ、あえてもうひとつの雄たる沙陀とむすび、ともにキタイを挟撃する構えをとろうとしたのではあるだろう。すでに国内が乱れていた渤海国は、座視すれば、いずれキタイに呑み込まれることは、たしかに見えていた。であれば、覚悟のうえでの沙陀への遣使であったことにはなる。

だが、阿保機の反応は予想をこえていたのだろう。西征からの疲れをいやす間もなく、キタイ国家の全力を挙げて怒濤のように渤海国へおしよせた。抵抗する力はほとんどなかった。されば当然のことながら、日本はともかく高麗と新羅の選択は正しかったといわざるをえない。すくなくとも両国は、そう思っていたことだろう。

東丹国使としての裴璆の日本来航は、まことに複雑な色合いのなかにあったといわざるをえない。おそらくはそうした経緯を知っていた日本側が、裴璆を厳しく問いつめたのは当然というほかはない。裴璆自身もまた、煩悶のなかにあった。日本側に責めたてられて、「先主（渤海国王）を塗炭の間に救わず、猥りに新王に兵戈の際に諂う。況んや陪臣（東丹国）の小使を奉じて、上国（日本）の恒規を紊す」（『本朝文粋』巻一二）とみずから述べたのは、悔恨と懺悔のことばであったのだろう。

九二九年といえば、旧渤海国人と東丹国の間のみならず、東丹国とキタイ本国との関係も、すでに微妙な状態になっていた。そもそも裴璆がその罪悪をそしったという「契丹王」ないしは「新王」とは、いったい誰を指すのか。単純に、このときすでに他界していた征服者の阿保機としてよいのか、あるいは、旧渤海国人に直接のぞむ東丹王の突欲か。さらにはまた、第二代キタイ皇帝として、兄の東丹王とその国を圧迫していた堯骨か。真にさだかなことは、実はほとんどわからない。

重なり合うイメージ

ひるがえって、あらためて問うが、『将門記』が実力による奪権者として、「大契赧王」たる阿保機をひきあいに出したのはなぜなのか。すでに述べた渤海国消滅の衝撃、キタイ国家の出現と破竹の快進撃というもうひとつの衝撃——、これはいうまでもない。くわえて、『将門記』の成立を最下限の一〇九九年にまでひきさげたとしても、その間ずっとキタイ帝国は、アジア東方の最強国として磐石の存在でありつづけていた。はるかに遅れて成立した南の文化国家・北宋を、武力で圧倒しつつ、なお沙陀との南北並存のかたちをほぼそのままに保持する北の軍事大国のことは、平安日本でも知らないはずはなかった。

南かえりみて、日本もまた、京都の宮廷文化に対する東国の武力という図式ではあった。南北と東西のちがいはあれ、ふたつのものの並存は、どこか似かよう。将門の反乱そのものへの直接の影響があったかなかったかは、いまはさておくほかはない。将門自身は、藤原忠平とその近辺からキタイ国家と耶律阿保機のことは、よく知らされていた可能性が高いけれども。だが、ともかく記録・著作・物語の『将門記』に、キタイ王が将門の先行者として言及されるさい、両者の間になんらかのイメージの連動があったのではないか。

それは、両者に共通する戦う英雄像であったかもしれない。また、そこに武と文の二元世界の投影もあったのかもしれない。さらに、想像の彼方にはばたくならば、耶律阿保機の死にかかわる謎めいた部分が、新皇となってのち不意に突然の最期を遂げる将門の姿と重なり合う。そうした海をこえたイメージの重なりのむこうに、真実はあるのだろう。だが、今それはわからない。

帝国への助走

忘れられた英雄

キタイ帝国は、ほとんど耶律阿保機（やりつあぼき）という男の一代の「事業」であった。唐室が、ついにその命脈を絶たれる九〇七年に、三六歳にしてキタイの「カガン」となり、九二六年に五五歳で不意の死をとげるまで、前後二〇年。それまできわめてゆるやかな部族連合でしかなかったキタイ族を、一気に「国家」の域にまで押しあげ、東西そして南北に軍旅を重ねて、多種族・多地域をよりあわせた「帝国」をつくりだしてしまった。彼一代にして、キタイはもちろん、内陸草原さらにはアジア東方の状況は、一挙に大きく旋回した。

歴史上の特定の人物を「英雄」視することについて、慎重もしくは否定的な考え方が、とくに歴史研究者から発せられることが多い。たしかに、人間の歩みという名の歴史は、人間のかたまりが全体としてどうあり、どう動き、どう変わったかにこそ核心がある。とはいえ、それも時と場合による。その一個の人間がいなければ、歴史はそうならなかったといわざるをえない個人がままいることも、やはり一方のたしかな事実である。そうしたことを、その輪郭のままに素直に認めることについて、臆病になる必要はないだろう。

耶律阿保機は、まぎれもなく英雄であった。ただし、そうであるにもかかわらず、その事績、その人物像、そしてその歴史上の意味——、いずれをとってもその存在の実寸にふさわしい評価をあたえられているとはいいがたい。その名はともかく、その実像はほとんど知られていないに等しい。忘れられた英雄というべきか。

五代はキタイとともに

おおむねは、やはり中華王朝史観のためである。より正確にいえば、中華本土中心史観というべきかもしれない。多くの史家にとって、彼は「外」の人間なのである。中華と「塞外」をわけて考える気分は、まだなおかなり残っている。

そういう気分においては、阿保機によるキタイ国家の出現より、半世紀以上ものちに成立した北宋をもって、唐朝三〇〇年という「幻想」の疑いようのない後継者とする。逆に、キタイ帝国については、北宋の北辺にいた「野蛮な異民族」のひとつ程度にしか映じない。そうした論調の理解や記述は、かつては滔々とあり、現在もなおけっして絶えてみないというわけではない。素朴で紋切り型の、その意味でほほえましい見方である。しかし、歴史の現実としては、はたしてどうか。

モンゴル時代も末期に近く、いわゆる『遼史』『金史』『宋史』の三史の編纂よりそう遅れないときに、陳桱の『通鑑続編』があらわれる。唐室の消滅前後から、モンゴルの南宋接収にいたるまでの三八〇年におよぶ国家興亡の大流を、時間順に総述する。壮大な通史である。歴史上そうした試みそのものが、注目に値する書物といっていいが、耶律阿保機の出現とキタイ帝国の形成をもって、時代史をつらぬくその叙述を始めているのである。強烈で明確な歴史観・メッセージがそこにはある。『五代史補編』の作者でもある陳桱は、通常の中国史でいうところの「五代」の歴史にも精通していた。彼は『通鑑続編』において、阿保機から始まるキタイ帝国の歴史を中心に据えて、「五代」の興亡をまずは述べ尽くす。それがひとしきり済んだあと、次なる歴史の展開として、巻をあらためて九六〇年の趙匡胤による後周王権の簒奪とクーデタ即位、すなわち北宋の成立に言及する。

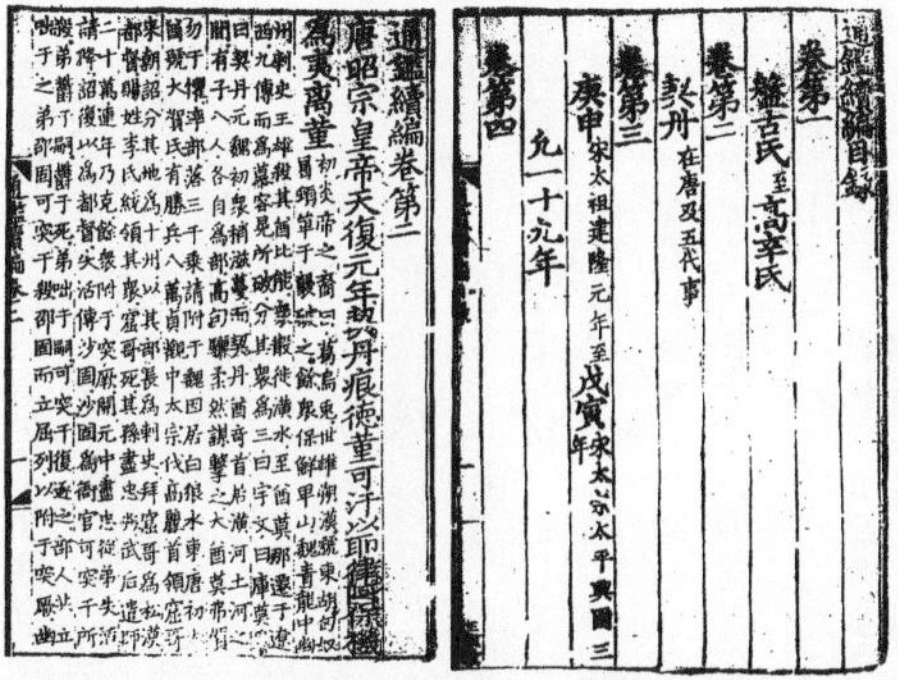

陳桱のこの歴史書自体は、冒頭におかれた「書例」においてみずから明言しているように、「華夏を尊ぶ」立場で貫かれている。つまり、モンゴル治下で普及・定着することになった朱子学とその大義名分論の影響下、あえて北宋・南宋の「両宋」をことさらに重んじる〝中華主義〟を、高らかに標榜しているのである。そうした『通鑑続編』においてなお、この構成なのである。

『通鑑続編』の目次と巻二の冒頭（台湾国家図書館蔵）
24巻からなる『通鑑続編』は、序で編纂の方針を述べたあと、巻一で人祖とされた盤古から始まる神代のことを簡潔に済ませ、巻二より本文に入る。すべてはキタイから、そして五代はそのついでというメッセージは強烈である

歴史における理念と事実主義

事実をあったままに眺めれば、そうするよりほかにない。歴史叙述として、『通鑑続編』は至極まっとうなのである。

ちなみに、陳桱はみずから重視を宣言している北宋についても、初代の趙匡胤（宋の太祖）の時期はもとより、その弟でおそらくは兄を殺して権力を奪った二代目の趙匡義（おなじく太宗）についても、その太平興国三年（九七八）までは、「五代と異なる無し」と切り捨てて、「北宋時代」のなかにカウントしない。北宋なる王朝国家の真の定立を、太平興国四年（九七九）から始まる北漢征討作戦と、それによる不完全ではあるけれども華北の大半の領有をもって、目安としているのである。歴史家としてきわめてうなずける態度といっていい。彼にあっては、理念や主義は別として、歴史を見る眼は事実主義なのである。

耶律阿保機とキタイ帝国が、「不当に」貶められ、逆に北宋が「過剰に」もちあげられてきた背景を考えると、日中両国を貫いて、ちょっとした文化論・文明論になるだろう。従来の中国史は、「実証」という名の個々の作業を要する細部の局面は別として、歴史の大きな把握において、ややもすれば理念的・思弁的・観念的に傾きがちであった。また、日本においては、かつて宮崎市定が述べたように、朱熹の『名臣言行録』が江戸期の幕藩体制における儒学教育の「教科書」めいた存在となり、そこで扱われる北宋の「名臣」たちが朱熹自身によることさらな「もちあげ」も手伝って、現実ばなれのした「偉人」「聖人」と崇拝されたことも見逃せない一因かもしれない。そうした教育を頭に刷り込まれ、教養の基礎としたた人びとにとって、北宋とその士大夫たちは麗しく文化の華咲く大国であり、きらめく英傑たちの世界でなければならなかったのである。

後世の歴史における過去の創作、もしくはナイーヴな心による「思い込み」といわざるをえない。そうしたところにあっては、阿保機やキタイなぞ、とるに足りないかすけき存在であった。北宋王朝をこまらせた「素朴な野性」か、もしくは「文明への侵略者」と見なされても仕方がなかったのかもしれない。横溢する文明主義が美しいロマンのようにおもわれた、古きよき時代のことである。

イルキンたる立場

さて、その『通鑑続編』では、唐室最後から二番目の昭宗の年号である天復元年（九〇一）に、キタイ部族連合の長である痕徳菫カガンが、耶律阿保機を「夷离菫」としたという記事から、すべてが説き起こされている。西暦一〇世紀は、アジア東方の諸国が、ほとんど総がわりする「変動の世紀」であった。そのちょうど最初の年に、耶律阿保機は歴史の表舞台に登場してくるのである。

「夷离菫」とはおそらく突厥における「俟斤」、すなわち「イルキン」に相当する遊牧的官制である。『新唐書』によれば、かつてキタイが突厥に臣属していたとき、キタイの君長を出す家系であった大賀氏は、「俟斤」として部民を率いた。キタイの近族たる奚においても、五部にひとりずつ「俟斤」がいて、部民を領導したとされる。『遼史』の国語解では、

「軍馬を統ぶる大官」としるされる。最高軍事司令官ということである。『通鑑続編』もまた、「夷离菫」の内容として「部族・軍民の政(せい)を掌(つかさど)る」と説明する。遊牧部族集団および軍・民を総攬するという。ようするにキタイ連合を構成する各部の長であって、軍事・行政の指揮官を意味すると見ていい。

キタイについてのまとまった根本史料である『遼史』の太祖本紀では、より明確に阿保機は「本部の夷離菫」であったとしるされている。ここでいう「本の部(そぶ)」とは、阿保機が出身した「迭剌(デレ)部」のことをさす。迭剌部は、キタイ族のなかで中核的な存在であったから、阿保機が迭剌部の首長であり、かつ痕徳菫カガンについで、キタイ連合のかなめとなる立場についたことになる。そのとき、ちょうど三〇歳であった。「英雄」的な人生のはじまりとしては、決してそう若くはない。

よくはわからぬ前半生

ひるがえって、唐の年号では、咸通(かんつう)一三年（八七二）に、阿保機は誕生した。その母親の述律(じゅつりつ)氏（なお、述律氏とはキタイ王族たる耶律氏の通婚相手となった集団。漢風には蕭氏といった）は、日が体内に堕ちる夢を見て妊娠した。生まれると、神光と異香が部屋に満ち、すでに体は三歳児のようで、すぐに匍匐(ほふく)した。祖母はこれを異とし、自分の子として育てつつ、常に別の天幕に匿(かく)したうえに、顔を塗って人に見せないようにした。三ヵ月にして歩き、かつ快活に話すことができた。これからおこることを予知しており、自分でも神人が守り助けてくれている、と述べたという。

「光」云々や天幕に匿されるあたりは、安禄山とも共通する。ようするに、内陸世界にひろがる「異人伝説」である。とはいえ、王朝の開祖にはありがちな奇譚の匂いも濃密に漂う。この場合、はたしてどれほどの意味をもつものか。

むしろそれより、長じてからのち身長九尺の大男で、三〇〇斤の強さの弓を引く猛者であったというほうが、遊牧武人・軍事指導者として大事な要素だろう。歴史上、目につく遊牧国家の創業者は、たいていみな大男ぞろいである。よき弓取りとともに、王者たる不可欠の条件だったのだろう。阿保機がそうした偉丈夫であったことは、十分に意味がある。

ところが、こうした逸話めいたこと以外、父の弟の述瀾（じゅつらん）かもしれぬ「伯父」（少し妙だが）を助けて活躍したらしいことがわずかに述べられるだけで、イルキンになるまでのことは具体的にはあまりしるされない。後述するように、キタイ名門のそれなりの「御曹司」だったらしいことが推測されるものの、阿保機の前半生については、語るべきさしたることがないのかどうか、ようするによくわからない。この点は、他のさまざまな国家草創の英主たちとは、あきらかに一線を画している。

なお姓の耶律、名の阿保機、どちらもキタイ語でなんと発音したのか、正確には知りえない。キタイ語については、これまでかなりな数の内外の学者が挑戦してきたが、解読・解明に至っていない。キタイ帝国時代に大小二種の契丹文字がつくられ、とくに表音文字である契丹小字に関しては、墓誌銘（ぼしめい）など漢字とのバイリンガル資料も近年かなり発見されつつあり、そう遠くない将来に判明する日がくるかもしれない。ちなみに、あくまでこれは蛇足だが、名の阿保機については、モンゴル時代のペルシア語による世界史の『集史』のなかで、アラビア文字で「アーバーキー」と音写されている。日本語の「あぼき」という音に、意外に近かったのかもしれない。

闇に沈む先祖たち

まして、よくわからないのは、阿保機の先祖たちである。ふたたび時を溯ることになり恐縮だが、諸書に断片的にのこる記事をつなぐと、おおよそ次のようであったらしい。

「契丹」の名は、まず中国正史のひとつ『魏書』の契丹伝にあらわれる。北魏のはじめころというから四世紀後半のこと、すでにキタイ族はシラ・ムレンとラオハ両河の地に遊牧していた。庫莫奚、すなわちのちの奚族とも、やはりすでにゆるやかな連合関係にあった。

登国三年（三八八）、北魏軍に撃破されたのが、紀年をもった最初の記録である。キタイ族にあふれる独立不羈の気概は、はじめからのことなのであった。なお、この時点で、キタイ諸族は八個の集団に分かれており、それが阿保機にまでいたるひとつの伝統となった。

キタイの存在が注視されるようになるのは、隋そして唐の出現からである。「帝国」的な拡大政策がとられるなかで、四万をこえる騎兵を擁するキタイ部族連合は、厄介な「不安定要因」となった。

八部からなる大賀氏の集団を中心に、キタイはいったん唐に通じ、国姓の「李」を授けられて慰撫された。しかし、万歳通天元年（六九六）には大挙して兵を動かし、力ずくで討滅しようとする則天武后の派遣軍を次々と撃破して「周」王朝を驚懼させた。だが、ついに敗れ、首長を殺されて、東突厥になびいた。ところが、権力闘争で東突厥の国内がゆらぐと、玄宗政権となっていた唐にふたたび附して、首長の李失活は松漠都督の号をえた。開元二年（七一四）のことである。このあたりから、かの安禄山の人生と、微妙な重なりあいが生じてくる。

安禄山とのえにし

キタイ連合の内部では、しばらく内紛があいついで大賀氏の支配が終わり、かわって遥輦氏を中核とする時代へと移りゆく。そのあたりの経緯は混乱をきわめ、十分にとらえがたい。

ともかく、遥輦氏による第二代の首長として、阻午カガンが出現し、それは涅里なる実力者に擁立されたものだったという。この涅里が、『遼史』にいう阿保機の直接の先世である雅里と目される。ここで、ようやく阿保機の先祖の影が、おぼろげながらに見え出す。

玄宗朝が長期化するなか、天宝四載（七四五）、阻午カガンは国姓を授けられて李懐秀と名乗り、松漠都督の号をうけた。あきらかに懐柔策であったが、阻午カガンのもとにまとまったキタイ連合は唐の思惑どおりにはならず、その年の内に「叛去」した。ここで范陽節度使として登場してくるのが、これに先立つ長い開元年間に、幽州長史の張守珪のもとでキタイ征討戦の経験を積んでいた安禄山であった。

キタイと安禄山は、不思議な「えにし」でつながれていた。安禄山ひきいる唐軍は、阻午カガンの「反乱キタイ軍」を撃破した。玄宗は、別の部長である楷落を封じて「恭仁王」とし、松漠都督の地位をあたえて統制しようとしたが、楷落自身は「契丹王」、すなわちキタイ王と称した。自立の姿勢は、やみがたかった。

玄宗の寵をあつめていた安禄山は、さらに帝意をむかえんとしてキタイ討滅を上表し、范陽・雲中・平盧・河東の兵十余万を動かし、奚を先導に立てて北伐、キタイの本拠シラ・ムレンの南で会戦して大敗を喫した。以後、キタイと安禄山は、たがいに幾度もたたきあい、まさに無条件の宿敵となった。そのなかで、安禄山は軍事パワーを拡充させ、キタイ・奚の騎兵もとりこんで、遂に蹶起するのである。

だが、両者の因縁は解けず、すでに述べたように、洛陽に進んだ安禄山の背後、すなわち幽州とその一帯をキタイ・奚連合はおびやかしつづける。とりわけ、安禄山・史思明にとって「瘤」となった唐側の名将、かの李光弼はキタイ族であっただけでなく、実はなんと「キタイ王」たる楷落のむすこなのであった。唐と対立姿勢をとったはずのキタイが、父子ともに唐を救ったかたちとなった。それだけ、直接にむかいあった安・史の范陽軍閥とは、ぬきがたい宿怨のなかにあったのである。

同時に浮上するキタイと沙陀

安・史の動乱はキタイの自立への大いなる導因となった。以後、中国各地に割拠する藩鎮は、辺防どころか、みずからの縄張りに安んじることだけに熱心となって、キタイは自分たちから侵攻することはあっても、分立・弱体化した唐側から軍事脅威をうけることはほとんどなくなった。ようするに、キタイ連合の欲するままに行動できる時代を迎えたのである。

キタイと奚の両族は、衰えた唐室の足許を見すかして、数十人の部酋たちで群れなして長安に到り、賜与をもらって戻るのを常とした。その下のものたちもまた、数百人単位で辺境の要地である幽州に逗留した。八四〇年、ウイグルが瓦解すると、耶瀾カガンを称するキタイの屈戍なる首長は、従来ウイグルからもらっていた王印を唐からの新印に切り換えたが、それは賜与ねらい以外のなにものでもなかった。

唐の年号では、咸通年間（八六〇―八七三）の末、習爾（もしくは習爾之）なるキタイ王が巴剌カガンを称して立つと、キタイ連合は次第に強力となって領域をひろげ、「土宇、始めて大いなり」としるされるに至った。すなわち、かの沙陀族の首長の朱耶赤心が龐勛の乱を鎮定し、歴史の表舞台に登場する八六八年とそう変わらぬころ、キタイも拡大を開始した。次代を開く沙陀とキタイの浮上は、同時期だったのである。

沙陀は山西地方、キタイはその東北方のシラ・ムレン一帯と、その根拠地もほとんど隣り同士といってよかった。ただし、「出来合い」に近い新勢力の沙陀は、唐室の「李」姓を奉じつづけた。かたや、唐も含めて長い拓跋権力との葛藤の歴史を歩んできたキタイは、キタイであることを誇りとして、あっさりと「李」姓を捨てた。キタイ連合の盟主は、拓跋・柔然・突厥・ウイグル以来の内陸世界の伝統たるカガンをもって、みずからの称号とした。「とき」を背負うライヴァルの両者は、唐室と中華に対するスタンスにおいて、対極にあった。似て非なる存在であったといわざるをえない。

阿保機への道

さて、諸書の記述をつきあわせると、習爾の「族人」であった欽徳という人物こそ、阿保機を「イルキン」とした痕徳菫カガンに、相当すると考えざるをえない。彼のもとで、習爾以来のキタイの上昇は、ひきつづいた。だが、痕徳菫カガンの首長としての時間というか、「在位」の時期は、あきらかに阿保機自身の権力掌握とからんで、諸書の記述はさまざまに喰い違う。

阿保機自身にいたる直接の系譜は、阻午カガンを補佐した雅里なる人物ののち、毗牒・頦領・耨里思・薩剌徳・匀徳実・撒剌的のあわせて七代が挙がる。それぞれが、阿保機が出身した迭剌部の「イルキン」であったという。ただし、個々人の事績は、具体性をひどく欠く。

撒剌的の長子が、阿保機であった。ふりかえって、阻午カガンが「李」姓を受けたのが、七四五年。であれば、そこを起点に一代およそ二〇年と見て、概算で一四〇年。咸通一三年(八七二)の生まれであった阿保機の先世としては、父と曾祖父の名がほぼ同音なのが気になるほかは、格別に不都合な点はみられない。

以上の記録がそれなりの事実を伝えているならば、阿保機はかなりな有力家系に生をうけたことになる。遊牧民は、血筋・家系・身分に実はうるさい。一介の人間からのしあがってゆくことは、漢族の場合よりもはるかにむずかしかっただろう。その点、阿保機は王者となりゆく資格と条件は備えていたといっていい。

だが、その一方、キタイは、あくまで八部のゆるやかな連合体であった。「大人」という名の各部の長が協議して、三年ごとに代表者を選出した。「キタイ・カガン」は、選挙制なのであり、しかも交代制であった。ひとりの人間に、君主の位を固定する方式ではなかったのである。そこに、耶律阿保機が乗りこえるべき最初の大きな壁があった。

キタイと沙陀

国づくりへの布石

迭刺部イルキンとなった阿保機は、痕徳菫カガンのもとで、北の室韋、南隣の奚、東の女真へと外征に明け暮れた。九〇二年の秋七月には、兵四〇万をひきいて西のかた河東・代北を伐ち、九万五〇〇〇の人間をはじめ大量の駝・馬・牛・羊を虜掠した。河東・代北は、沙陀軍閥の本拠地であった。四〇万の軍兵とは誇張にすぎるが、イルキンとなっての阿保機が、とりわけその二年目に強力な沙陀の所領に対して相当数の軍勢をもよおして大攻勢をかけ、しかもかなりな成功をおさめたことは注目される。

遊牧民にとって外征は、戦利品の獲得に直結する「ビジネス」であった。大型の遠征を企画・立案・組織化し、本来は個々別々の各部隊を有効に進軍・展開せしめて、しかもなるべく「出血」することなく、大量の収穫をえて帰り、立場と兵数そして戦功をきちんと把握・勘案して衆人が納得ゆくように分配する、――これが遊牧民の指導者に求められる最も大事な要件であった。阿保機は見事にそれを果たしたのだろう。

前年、阿保機はイルキン就任の一年目に、やや征討しやすい室韋や奚などをまずたたいて、有能なところを見せていた。沙陀は手ごわいが、河東・代北への侵攻は大きな利得が期待される。さらに、目の前の「もうけ話」だけでなく、強敵の隣人である沙陀を一撃しておくことは、キタイ全体の安全はもとより、今後の雄飛にもつながりうる。先代カガンの習爾（シル）以来、上昇気運に乗っていたキタイ部族連合が、新しい壮年の指導者である阿保機のもとに結集したのは、まことによくわかる。河東・代北作戦の敢行と成功は、阿保機の将来に大きなステップとなった。

くわえて、同年の九月には、シラ・ムレンの南に龍化州（りゅうかしゅう）という囲郭（いかく）都市を築き、中華本土からの民をそこに置いた。さらに、沙陀軍閥を裏切って、安禄山の故土たる「燕」の地に自立していた劉仁恭（りゅうじんきょう）の「政権」に対しても、攻撃を開始する。この前後、燕の地の人々や軍士たちは、多くキタイのもとへ身を寄せ、農業適地に居住して開墾し、あるいはキタイの軍団に合流した。安禄山以来、中華本地の東北隅に蓄えられてきた多種族社会の力は、その多くが上昇期に入ったキタイに継承されたのである。

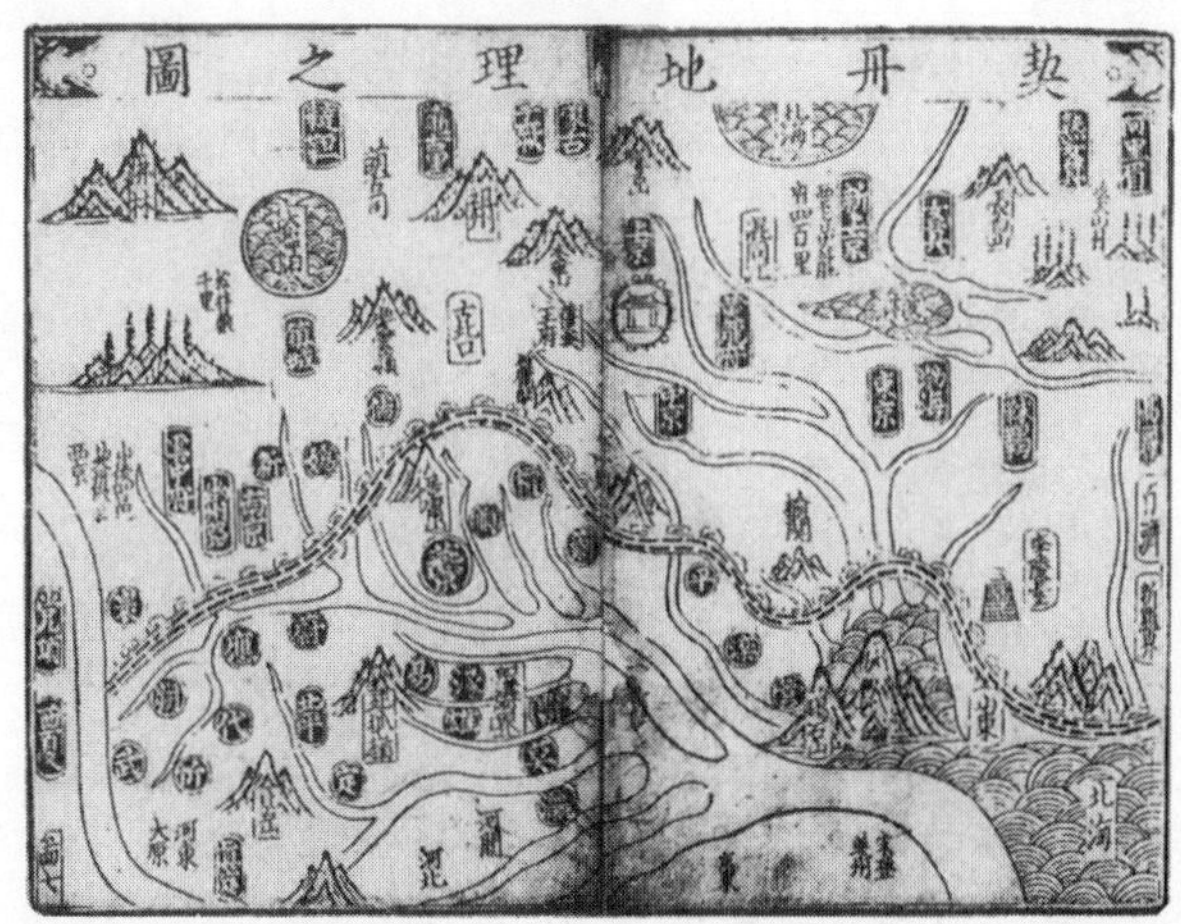

葉隆礼『契丹国志』（元刊本）に載る「契丹地理之図」（北京図書館蔵）
『契丹国志』は妙な書物である。キタイ通史の一読には便利だが、記述は『資治通鑑』などの寄せあつめ。異様に虚構を好み、信用しにくい。南宋末の士大夫たちの気分を知るのに役立つくらいだが、この図は上京・祖州・燕雲十六州など、なかなかおもしろい。上辺の北海は一体何を指すのだろう

こうした「国家づくり」へのプランナーとなったのは、やはり燕の人である韓延徽（かんえんき）、さらには韓知古（かんちこ）といった男たちであった。耶律阿保機は、彼らの智謀を信頼し、参謀やブレインとしてなにかにつけ相談し、その意見に従った、とされる。もともと「大本営」であるカガンの幕営とは別に、「国家」の中枢となる固定施設の政庁を設け、大小の城郭を築き、町や村落をつくって漢族たちを安住させた。草原地域は、やがて牧・農・都市の複合体と変じていった。四方への軍事進攻と並行して、歴史と景観を一変させ

るプロジェクトを推進したのであった。阿保機ひきいるキタイの急激な勃興の背景には、長期的な見通しに立った明確な「国家戦略」があったのである。

雲州会盟

イルキンとしての阿保機の新路線が軌道に乗りだした五年目の九〇五年の秋七月、沙陀軍閥をひきいる晋王・李克用は、おそらくはソグドの血を引く通事の康令徳（こうれいとく）を阿保機のもとに派遣して、盟約を結ばんことを乞うた。沙陀がおさえる地へ、この年もキタイの大侵攻がおこなわれ、まずはそれを回避するため、「連和」することがはかられた。しかし、それだけではなかった。その前年、朱全忠は唐室を洛陽に移し、八月には昭宗を殺害して最後の哀帝（あいてい）を立てていた。朱全忠の汴梁軍閥の優位は年々歳々あきらかとなっていた。

片目が小さかったため、独眼竜と呼ばれて勇名を轟（とどろ）かせた李克用も、すでに五〇歳。武略はあっても政略に欠ける彼は、唐室の不幸に慟哭（どうこく）しても、居城の晋陽（しんよう）（太原のこと）にまで攻め込まれる頽勢（たいせい）はいかんともしがたかった。誇り高い李克用は、内心で歯がみしつつ、あえて膝を屈して一六も歳下のキタイの新星・耶律阿保機に助力を求めたのであった。

冬一〇月、阿保機はそれに応じて、騎兵七万、もしくは族衆（ぞくしゅう）三〇万ともいう大軍を挙げて雲州にいたり、その東城で李克用と会した。安史の動乱後の長い分立化のはてに、浮上したキタイと沙陀のふたつは、ここに草原と中華が接壌する雲州、すなわち大同の地において、直接に向き合うこととなった。

両雄の会談は、なごやかにすすんだ。ふたりは、ともに帳のなかに入って酒をくみかわし、たがいの手を握りあって歓を尽くした。やがて、宴もたけなわとなったころ、李克用は「木瓜澗の役」の報復のため、兵を借りて「燕」の地を握る劉仁恭を討ちたいと語った。

話は、それより八年前に遡る。李克用が朱全忠の汴軍と全面対決していたおり、李克用より幽州一帯をまかされていた劉仁恭は、兵を徴そうとする克用からの求めをはねつけ、あまつさえ彼の使いをとりことした。怒った李克用は、大挙して仁恭を討たんとしたが、安塞という地の陣中にて荒飲し、したたかに酔ったところを敵騎に急襲された。李克用は、酩酊しつつ、ほとんど本能的にみずから敵のまっただ中に突進したものの、自軍の歩兵部隊がたじろぎ退いたために、大敗を喫した。その地が、木瓜澗であった。木瓜が目に映じる谷あいの地だったのだろう。

自分の油断のため、数々の主だった武将を失い、さらには劉仁恭の自立を許したうえに、今に直結する苦境を招きよせることとなってしまった敗戦は、みずからを不世出の軍将と信ずる李克用にとって、このうえなく忘れることのできない生涯の恥辱であった。酔いからさめたあとの、とりかえしのつかない悔恨、そして本拠の太原までの悲惨きわまりない大潰走――。李克用は、阿保機に胸の想いを率直に語ったのだろう。

李克用の提案

西からは、李克用ひきいる沙陀軍団、北からは阿保機ひきいるキタイ軍団、騎兵を主力とする両軍ではさみうちにして一気に「燕」の地に迫れば、劉仁恭も窮するにちがいない。南の朱全忠は大勢力だが、歩兵を主力としており、救援に急発進しても、まずは間にあわない。されば、劉仁恭をすりつぶしたのち、局面は大きく変わる。沙陀にとって、腹背(ふくはい)の敵であったふたつのうち、ひとつの劉仁恭は消滅し、もうひとつのキタイは友軍となる。沙陀の視界は開け、逆に朱全忠は「友邦」を失って孤立する。――これが、おそらく李克用の計算であった。

それはキタイの代表者である阿保機にとっても魅力的な提案といえた。すでに、キタイ軍は二年前の九〇三年に、「燕」の要地のひとつ薊(けい)の町の北辺をかすめ、人畜を俘獲(ふかく)して帰還した。そして、前年の九〇四年、キタイの西北に隣りする「黒車子室韋(こくしゃししつい)」(七つあった室韋のひとつ。のちのモンゴル連合体の一員を構成することになる遊牧集団。このころはまだ、未組織状態に近かった)を伐(う)とうとする阿保機に対し、劉仁恭は数万の兵を発して介入してきた。仁恭にとっては、北隣のキタイ連合の上昇・拡大は、直接の脅威以外のなにものでもなかった。前年の虜掠(りょりゃく)事件は、キタイ騎兵軍団の恐怖をまざまざと見せつけられるものであった。北進する燕軍に対し、阿保機は伏兵を設けて殲滅し、室韋の制圧にも成功した。だが、劉仁恭は阿保機にとっても、もはやあきらかに排除すべき存在となった。また、キタイ国家の建設のためには、「燕」の地の人とものは、不可欠の資源であった。

李克用と阿保機の利害は、一致した。李克用は、阿保機が賛同することを見こして提案したのだろう。それに、そもそも、沙陀とキタイがたたきあうことは、劉仁恭や朱全忠を益するだけというのも疑いないことではあった。おそらくふたりは、劉仁恭を制圧したのちのこと、すなわち「燕」の地をどうするか、その「戦後処理」についても話しあったことだろう。それが、はたしていかなるものであったか、歴史の闇のなかにあるというほかはないが。

さらに、李克用はもうひとつの提案をした。「唐室は賊の簒するところとなっている。吾は、この冬に大挙しようとおもう。弟よ、精騎二万をもってともどもに汴梁と洛陽を収めようではないか」。劉仁恭をたたいたうえで、そののち期を約してともにかの朱全忠を撃たんとすることであった。キタイと沙陀の連合による汴梁軍閥の打倒、すりつぶしである。李克用にとって、これが本当の、そして最終の目的に相違なかった。

阿保機は、李克用の申し出に同意した。ふたりは、それぞれの外袍と乗馬を交換しあい、約をむすんで「兄弟」となった。ここに、いったんキタイと沙陀の同盟は成立した。より正確にいえば、成立したかに見えた。一〇日間の滞留ののち、それぞれの本拠へと帰還したが、別れにあたって李克用が用意した金と絹はまことに手厚いものであり、かたや阿保機もまた、一〇〇〇〇頭の馬と万を数える牛羊をもってそれにむくいた。

阿保機の心がわり

だが、同盟はならなかった。いや、阿保機は劉仁恭に対する攻撃についてはその年のうちに開始し、つづいて数年にわたり出兵した。その限りにおいては、約のなかばは果たしたといっても、あるいはいいのかもしれない。しかし、肝心の朱全忠への大攻勢は、実現しなかった。

歴史上に、しばしばある「切所」のひとつではあった。「わかれ道」ともいえるこのあたりの事情について、諸書の記述は微妙に異なる。たとえば、『新唐書』は、冬のうちに、ともに大挙して黄河を渡るべく、たがいに期してはいたが、唐室の昭宗が殺害されたため、やむなくとりやめになったという。ただし、同書は会盟そのものを一年早い九〇四年のこととしており、そうだからこそ可能となる理由づけではある。もし、それがキタイの出兵回避、すなわち「破約」の理由だとするならば、服喪ののち、キタイと沙陀の連合が見られてもよかったはずだが、事実はそうならなかった。

両者の会盟を九〇五年とするその他の史書においては、説明の仕方は、おおむねふたつの方向にわかれる。ひとつは、阿保機は帰還後、約に背いて使者を梁王・朱全忠に送ったという「事実」のみを、そのまましるす『新五代史』『契丹国志』である。そのいっぽう、『旧五代史』や、あきらかにそれを踏まえる陳桱の『五代史補編』と『通鑑続編』においては、次のようである。

会盟のおり、阿保機が提案をすべて許諾したあと、左右のものはみな、李克用に隙をねらって阿保機をとらえるようにすすめた。しかし、李克用はゆるすことなく、「讐敵が滅んでいないのに、信を夷狄に失うのは自亡の道だ」といい、礼を尽くして帰らせた。阿保機は、雲州を離れてからそれを聞き、そこで盟約に背いて今度は朱全忠の方に附した。そのため、李克用はこれを怨みとした、という。

じつは、我がかどわかされる虞れがあったことに阿保機が怒り、そこで破約したというストーリーは、いかにももっともらしい筋立てではある。しかし、所詮のところは、真因はわからない。ただ、ここで見逃せないのは、『唐太祖紀年録』によれば、阿保機は雲州を去るにあたって、むすこの骨都舎利と首領のひとり沮稟梅なるふたりを人質として留め置いたとしるされていることである。

見切りと自存

とりわけ、骨都舎利は、鍵となる。「舎利」はキタイにおいてイルキンや「于越」に準ずる重要な遊牧的官制であった。族長家の出身者や王族がこれにあてられた。骨都舎利なる人物が、『旧五代史』契丹伝にみえる「舎利王子」、そしておなじく『遼史』太祖本紀の「皇弟舎利の素」（もしくは蘇。モンゴル語の「スウ」に相当するならば威福・威力の意）であるのならば、阿保機の末弟で、九〇九年に幽州軍閥への派遣軍の主将となる当時の重要人物であった。阿保機の近親者を見渡し、当時の状況を勘案すると、彼である可能性がもっとも高い。

反乱ばかりおこすほかの四人の兄弟とはちがい、末弟の素だけは裏切らず、また優秀であり、阿保機はこの弟をもっとも愛した。阿保機の二〇人の「功臣」のうち、第一に位置づけられた。もし、そんな弟を人質としてのこしたのであれば、阿保機は、けっしてこの会盟を軽視してはいない。それなりに期待し、それなりに本気であった。ただ、彼の意に反するところがあったのである。それでも、彼はむしろ下手に出て、沙陀一党を安心させて帰還したのであった。

そのことを含めて、この会盟を客観的に眺めてみると、すべては沙陀ペースというか、李克用の主導ですすめられている。かたや、阿保機のほうは、みずからを守るためもあって、大軍をひきいて相手側の雲州にまでわざわざ出掛けてきた。それだけの取り組みを示したにもかかわらず、帰還後すぐに、朱全忠と連絡をとったのは、結局のところ沙陀と組むことについて、彼はプラスよりマイナスを感じたということを意味する。

それが、陳桱などが述べるような、沙陀側の不穏な動きが作用した結果かどうかはわからない。ようは、沙陀のいいなりになるのを、阿保機は嫌ったということである。さらに、すぐさま朱全忠と通じたのは、沙陀の再生・強大化を好まなかったということである。もし、李克用の提案どおりに、ことがすべてうまく運べば、華北は沙陀によって統合され、国家建設途上のキタイは呑み込まれてしまいかねない。

阿保機は、この時点ではまだ、キタイ全体を自分の統令下に掌握しきっているとは、とてもいえない状態であった。だいいち、まだキタイの「カガン」ではなかった。くわえて、これから当分の間、阿保機は自分の兄弟たちの反乱に苦しみつづける。彼には、時間が必要であった。それには、中華が分裂・抗争しているほうが都合がいい。

また、李克用の提案は、よく出来ているようで、その実、あまりにも沙陀本位であった。

阿保機は、なかば本気、なかばポーズで会盟に応じ、わが目で李克用と沙陀の実情をつぶくと眺めたのである。ゆっくりと様子を見た、といってもいい。そのうえで、阿保機は、李克用と沙陀の「心底」をよくよく理解し、かつは見抜いたのだろう。その挙句の心変わりであった。

逆転する組み合わせ

翌九〇六年の陰暦二月、朱全忠の使いは海路を通じて阿保機のもとにやってきて、書幣（しょへい）・衣帯（いたい）・珍玩（ちんがん）などの贈物をもたらした。かたちのうえでは、梁・キタイ同盟が成立した。すでに同月はじめ、阿保機は幽州の劉仁恭を攻撃した。

その前月、劉仁恭は「燕」の南に位置する有力藩鎮「魏博（ぎはく）」の地をねらって歩騎一〇万の大兵を動かしており、同じく同地を握ろうとする朱全忠もさらなる大軍をひきいて北行した。阿保機の動きは、あきらかにこれと連動していた。かたや、兵を欠いてどうしようもなかった李克用もまた、部下の李嗣昭（りししょう）になけなしの騎兵三〇〇〇をつけて、この「魏博」をめぐる騒動に介入したが、すみやかに同方面を制圧した朱全忠側によって、はねかえされてしまった。朱全忠は、さらに北進し、幽州の劉仁恭に肉迫した。瞬時だが、朱全忠による華北統合がなるかに見えた。

四周すべてが敵となった劉仁恭は、同年九月、なんと旧主の李克用に急使を送って出軍を乞うた。李克用は彼の反覆を恨んでいたが、むすこの存勗が勢力挽回の好機と説き伏せたため、これを許し、かつて不仲の原因となった徴兵を「燕」の地におこなってから、山西の南、黄河をへだてて朱全忠の本拠の汴梁をのぞむ「上党」の地の潞州を攻めれば、汴軍は背後が不安となって退くだろうとした。劉仁恭は、そのことばどおり、燕軍三万を李克用の本拠の晋陽に急派し、李嗣昭らの晋軍とともに沢州・潞州を攻め、一二月に同地を制圧した。かくて、沙陀はともかくも危機的な状況を脱して息をふきかえし、かたや北進中だった汴軍は翌九〇七年の正月、やむなく退却した。

雲州会盟と正反対の展開となったのである。かたちのうえでは汴梁とキタイ、山西と幽州という図式が成立するなか、四月に朱全忠はついに唐室を廃して帝位につき、国号を大梁、年号を開平とした。歴史上の慣例では、この政権を後梁と呼ぶ。

通常、中国史ではこれ以後を「五代」の時代だとする。しかし、ここから争乱が始まったわけでは全然ない。王朝史観による建前主義の時代区分である。現実は、長い争乱がなおもつづきつつも、むしろこれ以後はそれなりの中核となる政治勢力が華北に出現して、まとまりのある状況となり、次代への扉がはっきりと示されてゆくのである。

かたや、朱全忠の「皇帝宣言」にいきどおりながら、李克用は一〇月に病いに伏し、翌九〇八年の正月に晋陽で他界した。五三歳であった。黄巣の反乱軍の鎮圧に起用されてから二十数年、千軍万馬のなかに生きた驍勇の人生は、ほとんど燃え尽きるように、ひっそりと終わった。のち、彼の生涯が伝説化してゆくのも、当然のことだったろう。

三本の矢の遺言

『五代史闕文』には、次のような逸話が伝えられている。李克用は死に臨んで、むすこの存勗に三本の矢を渡し、こう述べた。――「一本の矢で劉仁恭を討て。汝は、まず幽州をくだすことなく河南を図ってはならぬ。一本の矢で、キタイを撃て。そもそも阿保機は吾と腕をとりあって盟し、結んで兄弟となり、唐家の社稷を復さんと誓った。しかるに今、約に背いて賊に附した。汝は必ずやつを伐て。一本の矢で朱温を滅ぼせ。汝が能く吾が志を成すならば、死すとも憾むことは無い」と。存勗は、三本の矢を克用の墓廟の庭に納めた。

三本の矢の遺言である。まことによく出来た話といわざるをえない。李克用は、劉仁恭を許してはいなかった。いったん彼との連合を許したのは、あくまで窮地を脱するため、そしてライヴァルの朱全忠の制覇を阻止するため、であったといわんばかりである。ついで、阿保機については、ことば数がもっとも多く、もっとも怨みが深いことを示す。その口調は李克用の一本気で肩肘を張った律儀さと、その反面の独善的で偏狭な人柄、そして思い込みの強さ、さらには駆け引きや政略には、はなはだ不向きな性格がよくあらわれている。朱全忠に対しては、意外なほどにことばが少ない。

結果として、李存勗は五年後の九一三年に幽州軍閥を制圧して、むすこの劉守光に幽閉されていた劉仁恭を見つけだし、翌九一四年の正月に晋陽へと連行して、父の克用の陵前で心臓を刺して文字どおり血祭りにあげた。ふたたび『五代史闕文』によれば、燕への出軍のさい、李存勗は廟にそなえものをして敵への出征を告し、くだんの三本の矢のうち一本をとりだして錦の袋に入れ、親将にもたせて前駆とした。凱旋すると、俘虜としたものの首とともに、矢を廟に納めた。キタイとの戦いや朱氏政権を滅ぼすときも、そうであったという。

【余録】 ちなみに、三本の矢の遺言というと、日本では毛利元就の話が名高い。七五歳で死に臨んだ元就は、一代で築きあげた大版図と毛利家を保持させるため、後継者となった直孫の輝元、そしてそのふたりの叔父たる息子の吉川元春と小早川隆景を枕元に呼びよせ、少年・輝元に矢を一本あたえて折らせ、それが三本ならば折れないことから、毛利・吉川・小早川の三家が仲良くして結束を守れば大毛利は安泰だとさとしたという話である。これ自体は創作らしいが、ところが元就自筆の書状がのこり、そこでは養子にいった元春と隆景へ長男の隆元に協力して毛利の家名を保つよう戒めているそうである。それなりの「もと」となる事実はあったことになる。

　かたや、話の筋立てというかプロットは、イソップ物語の「農民と子ども」からの翻案である。農民の父親が、いがみあう子どもたちを仲直りさせるため、木の若枝を折らせ、幾本も束ねれば折れないことから、仲良く協力しあえば、どんな敵にも負けないと教えたというストーリーである。一五九三年に、ローマ字で書かれた『天草本・伊曾保物語』が日本で出版されており、そこからの「本歌どり」が江戸期におこなわれて毛利元就の遺訓ばなしになったと考えられているようである。

　ひるがえって、イソップ物語においても、矢ならぬ若枝は「三本」に限定しているわけではない。であれば、ひょっとして『資治通鑑』などを通じて、中国史上の有名人である李克用の「三本の矢」の話がとりこまれ、元就・イソップ・李克用の三者が連想・合体して、くだんの話となったのかもしれない。なお、『資治通鑑』で三本の矢の話は、胡三省の注記のところにしるされている。すなわち、モンゴル時代以後の『資治通鑑』でなければ見ることができないわけである。『資治通鑑』胡注本は、日本では江戸から明治にかけて、かなり読まれた。

真の権力者へ

阿保機の即位

雲州会盟の不成立ののち、翌九〇六年になると、幽州の劉仁恭、山西の李克用、汴梁の朱全忠が激しく戦いあう。そのなかで、阿保機ひきいるキタイだけは、ひとり「高みの見物」をきめこんで、南隣の奚や北隣の霫といった近族や東域の女真族などのまだ帰附していないものたちを制圧し、足許を着実に固めていた。

なお、阿保機は沙陀を捨てて朱全忠とむすぶかたちをいったんはつくったが、現実に全忠からの使者が再度キタイ国にやってきて盟約の履行を求めると、あれこれいって、遂に実行しなかった。あくまで当座の汴梁通好にすぎなかったことになる。その意味では沙陀を裏切ったわけでもなかった。阿保機の自在な駆け引きと慎重な行動、そしてキタイ自存への強い意志は、きわめて印象ぶかい。

かくあってのち、『遼史』太祖本紀によれば、同年の一二月、痕徳菫カガンが没し、その「遺命」を奉ずると称して阿保機が推戴された。阿保機は、型どおり三たび辞退してから了承し、翌九〇七年の正月に「皇帝の位」についた。

群臣は、阿保機に尊号をたてまつって「天皇帝」といい、皇后の述律氏については「地皇后」とした。「天皇帝」とは、かつて唐の太宗らが内陸草原の君長たちから呼ばれたという「テングリ・カガン」におそらくは相当する。そして、「地皇后」とは、キタイ語に近いとされる後世のモンゴル語でいうならば、「エトゥゲン・カトン」であった。

阿保機の即位について、従来さまざまな見方や意見が出されている。というのは、これより九年後の九一六年の二月に、ふたたび尊号をたてまつる儀式がなされ、阿保機を「大聖大明天皇帝」、述律氏を「応天大明地皇后」とし、かつ大赦をおこない、初めて建元して「神冊」といった。ふたりの尊号のうち、天皇帝と地皇后は同一であり、それにそれぞれ四字ずつ、美称が冠せられたのである。つまり、阿保機は二度の「即位」をおこなった格好になる。そのそれぞれは一体なんだったのか、そのことについて議論が当然ある。

かつて論争の核心となったのは、九〇七年と九一六年、いずれをもってキタイ国家の「建国」もしくは「成立」とするかであった。この点について、島田正郎はこういう。九〇七年のいわゆる第一次即位のさい、「柴を燔し天を告す」、すなわちしばを燃やして天をまつるという古式にのっとり君長位についたというのは、とりもなおさず遊牧連合組織の大君長である「カガン」として臨んだことを意味する。この「燔柴告天（はんさいこくてん）」の儀式は、のち歴代のキタイ皇帝が即位のおり、国風の尊号を受けるための「上契丹冊儀（じょうきったんさくぎ）」（キタイの冊書を上（たてまつ）る儀式）となった。そのさい、中華風の尊号を受ける「皇帝受冊儀」（皇帝が冊書を受ける儀式）とセットでおこなわれることから逆に推測して、九一六年のいわゆる第二次即位は、中華的な帝王号と年号を発布するものであったことになる。つまりは、阿保機によるキタイ国家そのものは、九〇七年に成立したと考えてよいのだろうという。このことは、そのとおりだろう。

前述の二種の「冊儀」は、別のいい方をすれば、遊牧国家の組織・システム・体質・伝統を基本としつつ、長城線の内外に展開する農耕社会をもとりこんだ複合国家キタイならではの両面性をしめすものであった。阿保機以後のキタイ帝国の歴代君主にあっては、カガンと皇帝のふたつの「即位」手続きを同時になしえたが、草創の祖たる阿保機の場合、まずはキタイ遊牧部族連合体のカガンとしてその最高権力者の地位につき、ついで中華風の名乗りと容儀をもととのえて新たなる至高の権威者として立ち現れるという、二段階の政治過程を踏まねばならなかったのである。それだけ、阿保機は、すぐさま独裁的な権力を手中にしたわけではなかったことになる。

――**【余録】**なお、まことに細かいことで恐縮だが、案外に大事なことだと考えるので、ここで若干の注記めいたことを記しておきたい。九〇七年のいわゆる第一次即位における阿保機の君主号についてである。無条件にキタイ寄りの『遼史』では「皇帝」、そして「天皇帝」としるされる。しかし、『新唐書』の契丹伝と『契丹国志』では、ただ「王」という、『旧五代史』契丹伝では「国王」、『新五代史』四夷附録にいたってはそれとして明示する表現を回避している。以上の諸書に共通するのは、それをどう呼び、どう表記していいのかわからないというか、非漢語でしめすのをあえて避ける態度である。

ところが、『通鑑続編』は「可汗」、すなわちカガンとはっきりしるす。陳桱は、事態をよく見抜いていたのだろう。というよりも、モンゴル時代にあっては、非漢語に対する嫌悪・忌避は愚かしく、またほとんど意味のないことだったのだろう。ちなみに『遼史』にいう「天皇帝」の称号を、『旧五代史』契丹伝・『契丹国志』はともに、「天皇王」とする。ただし、いずれも第二次即位の九一六年ないしはそれ以後のこととして述べている。

称号のことなど、どうでもいいというむきもあるだろうが、「皇帝」なのか「王」なのか、「カン」なのか「カガン」なのかは、中華と草原の両世界を見つめるうえで鍵となる。このあたりをぞんざいにすると、わかるはずのものもわからなくなるのである。

謎の多い奪権とあやうい史書

そもそも、九〇七年の阿保機のカガン即位そのものが、あやしい影につつまれている。これまた諸書の記述は、曖昧かつ不一致で、確実な真相といったものはきわめて割り出しがたい。そこに、阿保機の奪権の過程におけるあやうさ、もしくはある種のまがまがしさも含めて、けっして素直ならざる事情がさまざまにあったと考えざるをえない。

そのあたりのことについて、『遼史』太祖本紀は一切、触れることがない。だが、この場合、沈黙は雄弁である。しかも、それがいわば「内輪」の記録だからこそ、隠すべき「なにか」を感じざるをえない。いっぽう、のこる主な使える記録は、北宋と南宋において編纂されたものである。いわば、「敵性勢力」によって作られたものであるから、内部の人間ではしるしえないことにも言及できる反面、単純な誤解・誤記・無知・不足のほか、ことさらなる偏見・悪意・誇張・筆誅・捏造・創作も当然ながらにありえる。

実際、とくに北宋の名臣とされる欧陽脩が大義名分を重んじて、いわゆる「春秋の筆法」をもって編述した『新五代史』（原名は『五代史記』。一〇五三年の完成）と『新唐書』（一〇六〇年の完成）は、以後よく読まれたが、事実誤認も多いうえに、よくもわるくも「意識」が高く、癖の強い記録である。同じ北宋期の編纂といっても、薛居正らによって九七四年に成立した『旧五代史』（原名は『梁唐晋漢周書』、もしくは『五代史』）が、率直・素朴・雑駁で、そのためかえってわたくしたちにとっては、しばしば「史料性」がたかいことがあるのとは好対照をなしている。既述のように、北宋のはじめは「五代」のつづきで、九七四年ではまだ、北宋王朝の将来は定かではなかった。キタイ帝国と北宋が平和共存をつづけて、すでに半世紀がすぎ、まさしく安定期にあった欧陽脩がらみの両書とは、まるで状況がちがっていた。

まして、南宋末期の一三世紀なかばから後半にかけて、三百数十年の時をへだてて成ったとおぼしき葉隆礼の『契丹国志』は、今は見られない諸書を引用して便利だけれども、しばしば誤記・誤解・錯乱が見られ、「史料価値」は部分ごとに異なる。そもそも、著述の真のねらいは、モンゴルと南宋の交渉に警鐘を鳴らすため、北宋と大金国の「海上の盟」がおこなわれたキタイ帝国末期の事情にこそ、執筆の焦点がある。反対に、キタイ初期のことなど、実はさして関心もなく、記述も粗漏で、散漫といわざるをえない。ようするに、阿保機の奪権についての史書の記述そのものが、まことにあやういのである。

三年交代制の打破

すでに述べたように、阿保機の奪権への「障壁」は、カガンの選挙制と三年交代制にあった。欽徳、すなわち痕徳菫カガンは、『新五代史』四夷附録では「遥輦」と置きかえられているように、代々キタイ連合の首長を出す遥輦氏の家系であった。かたや、そのイルキンとして、事実上の政柄を握った阿保機の属する迭剌部は、所伝がただしければ、実力のある古くからの名門ではあったが、キタイ全体の君長を出す家柄とは認められていなかった。『新五代史』が、阿保機のことを「其の何の部人なるかを知らざるなり」というのは、あきらかに承知の上での曲筆・貶めではある。その点、『旧五代史』契丹伝が、「欽徳の政の衰えるに及んで、別部の長、耶律阿保機なる有り。最も雄勁なるを推せられ、族帳漸く盛んとなり、遂に欽徳に代わって主と為る」というのは、率直でほぼ事実を伝えているといっていいだろう。遥輦氏の欽徳ではおぼつかなくなったので、「別部」すなわち迭剌部の長である阿保機が「雄勁」であることで推挙され、イルキンとなった。その結果、キタイが上むきに変じ、そのまま欽徳に代わったという説明は、大局としてはその通りである。問題は「代わって主と為る」あたりにあった。

　ここでは諸書をひとまずとりまとめて示すと、もともと、八部に分かれていたキタイでは、各部の長は「大人（たいじん）」と号せられ、そのうちのひとりの大人を推挙して、旗鼓（きこ）を立てて「主」とし、八部全体を統括させる慣わしであった。旗と鼓は、軍事権の象徴であり、その人物を軍事指導者とすることをいう。キタイ連合に災害があったり、牧畜が衰えたりすれば、八部が「集議（しゅうぎ）」して次を選んでいた。そうでないふつうのときは、三年ごとに選挙して交代するさだめであった。ところが、阿保機が「主」になるに及んで、強勇であるのをたのみとして、交代をうけつけず、ついに国王と自称した――。ようするに、阿保機のカガン位の継続ないし独占が問題なのであり、それは実力を背景にした交代拒否の産物であったというのである。

　これに関連して、三種類のきわめて興味深い話が伝わる。まず、賈緯（かい）の『備史（びし）』によれば、くだんの雲州会盟のさいに、次のようなやりとりがあったという。阿保機が「我（わ）が蕃中の酋長は、旧法では三年で罷（や）めることになる。もし他日（たじつ）に公（あなた）に見（まみ）えたとき、またかようにもてなしてくれるかどうか」というと、李克用は「我（わたし）は朝命を受けて太原に鎮しており、遷移（せんい）の制（せい）というものもあるにはある。しかし、代わりを受けいれなければいいだけだ。どうして罷めることを気にしようか」と答えた。かくて阿保機は、李克用の教えを用いて、諸族の交代を受けつけなかった——。李克用も節度使として、建前上は「遷転制」の任期があるのだが、無視して居すわればそれまでだというのは、藩鎮権力のあり方を偲ばせて、妙におかしい。俺も実はそうなのだから、阿保機おまえも頑張れといったというわけである。まことに、うがった話である。役者も状況も時期もそろっているが、事実かどうかはさだかでない。

ついで、趙志忠の『虜庭雑記』には、まずこうある。太祖は番名を阿保謹といい、生まれながらに智かった。八部の主たちは彼の雄勇なるを愛で、遂にその旧主である阿輦氏（遥輦氏のこと）を退けて本の部に帰らせ、太祖を立てて王とした、と——。阿保機の襲位そのものは、彼の有能さにもとづく平和交代であったとするのは、先掲の『旧五代史』契丹伝とほぼ共通する。ちなみに『編遺録』には、九〇八年の陰暦五月に、朱全忠の後梁政権のもとへキタイ王の阿保機と前国王の欽徳が方物を貢したとあるから、平和交代と前王の無事はたしかだと見ていい。

だが、『虜庭雑記』はまた、こういう。災害がなく、畜牧がさかんであれば、人びとは安心して、王も交代はしなかった、と——。状況に恵まれ、人びとの支持さえあれば、三年で交代するとは限らず、ひきつづき王でありえたことを述べる。前王の痕徳菫カガン、すなわち欽徳も、その在位時期から見てあきらかに三年任期を複数回つとめているから、カガン位の継続そのものはありえたのである。つまりは、阿保機の王位独占こそが問題なのであった。であれば、前記の李克用のアドヴァイス云々は、おもしろいが、つくり話ということになる。

さらに、『虜庭雑記』はいう。当時キタイのもとには、韓知古・韓穎・康枚・王奏事・王郁などがいた。みな、中華の人であった。彼らはともどもに阿保機にすすめて、交代を拒否させたと。――これまた、いかにももっともらしい。カガン位の独占、いいかえれば王位を阿保機に固定することを、中華からの人間たちが進言したというのである。キタイ数百年の伝統をここで打破し、特定の人物とその血統に王位が継続しつづけること、すなわち「王権」と王統の確立こそが肝要であるとすすめたのである。中華文明の人ならば、当然の発想であった。彼らが求めたのは安定した「国家」を築くことであった。それは、阿保機の考えとおなじであった。こうした話は、さらに次に引く『新五代史』の記述と連動するところがある。

諸部大人の謀殺

以下の話の時期は、かの幽州軍閥の劉仁恭が、むすこの劉守光にはかられ幽閉されたのちというから、九〇七年以後のこととなる。ともかく、そのままに訳すると、このようである。

――劉守光は暴虐で、その管下の幽州や涿州の人たちは、多くキタイに逃げ込んでいた。くわえて、阿保機は隙をねらって侵入し、城邑を攻略してはその民を俘獲して連れ帰り、キタイ領内に囲郭を築いて、そこに住まわせた。そうした漢人が、阿保機に「中国の王は代立することはない」とつげたので、阿保機はますます諸部を威制して交代しようとしなかった。かくて、阿保機が立ってから九年、諸部は久しく交代していないことを、ともどもに責めたてた。そこで阿保機はやむなく、君主権の象徴である旗鼓をかえしていうには、「わたくしが立ってから九年、獲得した漢人たちは数多い。わたくしは自分でひとつの部をつくり、漢城を治所としたいが、それでいいか」と。諸部はこれを許した。

その漢城は、炭山の東南、灤河のほとりに位置し、塩・鉄の利があった。すなわち、かの北魏の滑塩県の地であった。そこは五穀が実り、阿保機は漢人を率いて耕種し、幽州のやり方のように城郭・邑屋・廛市をつくったので、漢人たちは安住して帰ろうとはおもわなくなった。かくて、阿保機はこうした民衆が役に立つことを知るいっぽう、妻の述律氏の策を用いて、使いを出して諸部大人に告げさせた。「わたくしが保有する塩地は、かねて諸部が食しているものだ。ところが、諸部は塩を食する利点は知っていても、塩には主人があることをご存知ないが、それでよろしいか。わたくしのところへやってきて、ねぎらうべきでありましょう」。諸部はそのとおりだとして、ともどもに牛と酒を携えて塩地に会した。阿保機は、兵を塩地のそばにかくし、酒宴がたけなわになると、伏兵を発して諸部大人を皆殺しにした。かくて自立して、二度と交代することはなかった——。

はたして、どこまでが真実で、どこまでが説話・伝承か、さらにはどれほどそこに創作・脚色が入っているのか、今となってはさだかにわかるべくもない。ただし、話の筋立てそのものは、『資治通鑑』の胡三省の注に引く『漢高祖実録』『唐余録』と同一である。『新五代史』のこの部分は、あきらかに「後唐」の高祖、すなわち李克用にかかわる今は伝わらない両書などを踏まえてしるされている。欧陽脩独特の述作・脚色・文飾の目につく『新五代史』ではあるけれども、ここについてはそれなりにきちんとした典拠をもって語られていると見ていい。なお、さきに引いた『備史』も『虜庭雑記』も、通鑑胡注に引かれている。胡三省の引用、そしてそれにもとづく考証なくしては、後世のわたくしたちは如何ともしがたいところがある。

とはいえ、これまで、この話に注意した人たちはほとんど、阿保機の権力確立を粉飾を交えつつ正当化するねらいをもった逸話であるとしてきた。そして、こうしたことがらがあったとしても、阿保機の第一次即位以前におきたことだとして疑わなかった。だが、はたしてそうか。

実は、話の要所要所はきわめて具体的で鮮明なのである。劉守光によってしめされる時間限定、その暴虐による人々の北走。これは紛れもない事実である。また、漢城の存在、それが炭山と灤河にかかわることは、モンゴル時代の一大史料源である王惲の『秋澗先生大全文集』、とりわけそれに収められる「中堂事記」に明言されており、たしかなこととして実証できる。その附近の塩地も実在する。

「九年」の意味

しかし、なによりすべてにまさって意味があるのは、「立ってから九年」という表現である。ちなみに、胡注が引く『漢高祖実録』『唐余録』も、阿保機のことばとして「我れ長と為りて九年」という。つまり、キタイ連合の慣習であった三年に一回の選挙と交代、それはもとより既述のように同一人が再選出されることも十分にあったにちがいないが、九年は三年を単位にして、ちょうど三回分であった。そして、ここでもっとも肝心なことは、いわゆる第一次即位の九〇七年から第二次即位の九一六年まで、ちょうど九年であったことである。

ちなみに、この九年間、阿保機は「内政」につとめ、対外活動は控え目である。さらに、注目されるべきことに、九一六年に先立つ九一二年から九一五年までの特に四年間については、まったく対外遠征はおこなっていない。あたかも足もとを固めるべく「内政」に忙殺され、「外征」など考えるゆとりもなかったかのようである。くわえて、外国・属国の来貢は、「初年」にあたる九〇七年の和州（高昌）ウイグルの来貢以外、神冊元年になるまでまったくないという事実も無視できない。

ここに、ひとつの可能性が示されている。阿保機は、九〇七年にキタイ連合の「カガン」となったものの、先代の痕徳菫カガンにまでいたる先行の歴代カガンたちとおなじく、あくまで三年改選を原則とする選挙交代制の君主であった。阿保機は、おそらく再選を繰り返したのち、キタイ諸部族の不満の昂まりをへて、自分とその血統に君主権を固定すべく、なんらかの行動に出た。それが、塩地での諸部族大人の謀殺であったのかもしれない。であれば、かれの奪権は、まさに血塗られたものであったことになる。

それくらい、六〇〇年ちかい歴史をもつキタイ八部体制の枠組みは、強力だったのだろう。阿保機の権力者へのステップは、九〇七年と九一六年の二段階をへて実現されたといわざるをえない部分が、否定しがたく存在する。欧陽脩の筆になる『新五代史』は、北宋の頭上にあって有形無形の圧力となっていたキタイ帝国を十二分に意識したうえで、その創業者・阿保機に発するキタイ帝室にとっては触れられたくない「建国」におけるまがまがしきことがらを、冷厳に述べているといっていいのかもしれない。

阿保機と存勗

「父」と「子」

さて、こうした一方、阿保機と沙陀（さだ）との縁が完全に切れていたかというと、実はそうでもなかったから、おもしろい。雲州会盟ののち、阿保機は自分の権力の掌握にいそがしく、また沙陀のほうも窮地からの蘇生、ほとんど精神的に「主」と仰ぐ唐室の消滅、ライヴァルの朱全忠の皇帝宣言、そして李克用の逝去と、こちらもあわただしかった。そしてともかくも、キタイの「カガン」となっていた阿保機のもとへ、翌九〇八年の正月、李存勗（りそんきょく）からの使節が訪れ、晋王・李克用の長逝が正式に知らされることとなった。

この遣使による「告哀（こくあい）」は、克用の他界と同月のことであり、ほとんど時をおかずに存勗は阿保機に通知したことになる。それに対し、阿保機のほうもまた、晋王を襲位した存勗のもとへ、ただちに使節を送って弔慰した。これもまた同月であり、沙陀とキタイの間をそれぞれの使節があいついで往来したわけであった。キタイと沙陀の関係は、切れているようで切れていなかったのである。克用の阿保機に対する憎しみは、むすこの存勗には伝わっていなかったのか。

あいつぐ遣使往来のなかで、まことに興味深いのは、二四歳で亡父のあとをついだ李存勗が、阿保機に示した新提案であった。『旧五代史』契丹伝に記述されるそのやりとりは、次のようなものであった。

それは、存勗からの遣使と告哀のさいのことであった。存勗よりの使節は「金繒」、すなわち黄金と絹とを阿保機におくり、騎軍をもって、かの朱全忠政権へのくさびである潞州を救ってほしいと求めたのである。これに対して阿保機は、驚くべきことばで答えた。「我は先王と兄弟となった。児は即ち吾が児である。どうして父がいるのに子を助けないでいようか」と。

存勗からの遣使は、阿保機との提携を求めるものであった。父の他界を伝える「告哀」は、いわばその口実であったといっていい。少なくとも、存勗はキタイ連合の「カガン」となった阿保機と事を構えたくはなかった。そこで、三年前の「旧好」を「父」と「子」というかたちで蘇らせようとした。かつては、李克用が「兄」、阿保機が「弟」で、沙陀が上位であった。だが、今回は阿保機が「父」、存勗が「子」で、キタイ・カガンとなった阿保機が無条件に上位であるのも好都合であった。

危機と打算

存勗が指導者となった沙陀には、危機が目のまえに迫っていた。「軍神」の李克用なきあと、年若い李存勗はどれほどの将か、この時点では誰もわからなかった。音律にくわしく、歌舞を好む文字どおりの「御曹司」くらいにしか見られていなかった。彼の異能と雄大な将才は、父の克用だけが知り、余人では朱全忠に殺された唐室の昭宗だけが見抜いていた。

かたや、朱全忠は自分の制覇をさまたげていた宿年の怨敵である李克用の他界を知ると、ただちに兵を動かし、両陣営の攻防の焦点に浮上した潞州を攻撃した。当然の、素早い対応であった。克用の逝去が正月四日、それからいくばくもないことであった。事態は切迫していた。

存勗には、喪に服しているゆとりはなかった。この危機に立つのが「孝行」だと監軍使の張承業に説諭され、存勗は全権を振るうことを決意した。有力者の叔父、李克寧に白分を推戴させるよう誘導し、ついでその心中の不満を察知して、翌二月には李克寧以下を誅殺して、沙陀の部内を掌握した。存勗が阿保機に遣使・告哀したのは、それよりも前、すなわち父の死から束の間の服喪をへて、汴軍来攻にふるい立ったまさにその時のことであった。キタイに背後を襲われては、万事は休す。逆に、阿保機の支援がえられれば、将来はある。存勗の提携と来援の申し出は、本気というか、必死のことであった。

阿保機は、存勗の捨身の提案を快諾した。出師の許可も、本気だったろう。李克用との

「盟約」とは、似て非なるものであった。阿保機はすでにカガンであるうえ、未知数の青年を庇護しつつ、その人物を指導者にいただかざるをえない沙陀を支援することは、沙陀軍閥をも間接的にコントロールし、さらには掌握・支配することにも通じる。場合によって、沙陀をそっくり「属国」化することもありえる。実際、これより二八年後の九三六年、阿保機の後継者の堯骨（ヤオグウ）は、後述するように沙陀軍閥の内紛にあたり、太原に駐留する領袖の石敬瑭（せきけいとう）を支援して、後唐の四代目の李従珂（りじゅうか）を倒すことに力を貸し、石（せき）氏による沙陀第二王朝の「後晋（こうしん）」を出現せしめて属国化する。

「父」として「子」を助けようという、阿保機のうるわしい言葉は、人を感動せしめる。また、実際に阿保機と存勗の間に、そうした感情がそれはそれなりに流れていた可能性は、これまた後述するように、実は大いにありえる。そうではあるものの、政略として阿保機にとって利点の多い提携ではあった。またもし、支援せずに看過して、朱全忠が沙陀を呑み込んでしまった場合、華北には幽州軍閥を父の仁恭から奪った劉守光しかのこらない。数は少ないけれども、沙陀の精強な武闘集団と騎馬兵を今度は「前駆」として、朱全忠が幽州にむかえば、幽州はどうなるか。そもそも、はたして抵抗するかどうか。

劉守光が不戦のままに合流した場合、朱全忠の華北制覇は一気になしとげられ、最悪の場合には、沙陀・幽州の両軍を先陣に立てて、朱全忠の梁軍が阿保機のキタイ国に向かってくるかもしれない。政略にとむ朱全忠ならば、キタイの背後にいる室韋（しつい）の七部族や東北の渤海国を動かすことなど、実はたやすいことである。それは、さあすべてはこれからといった新

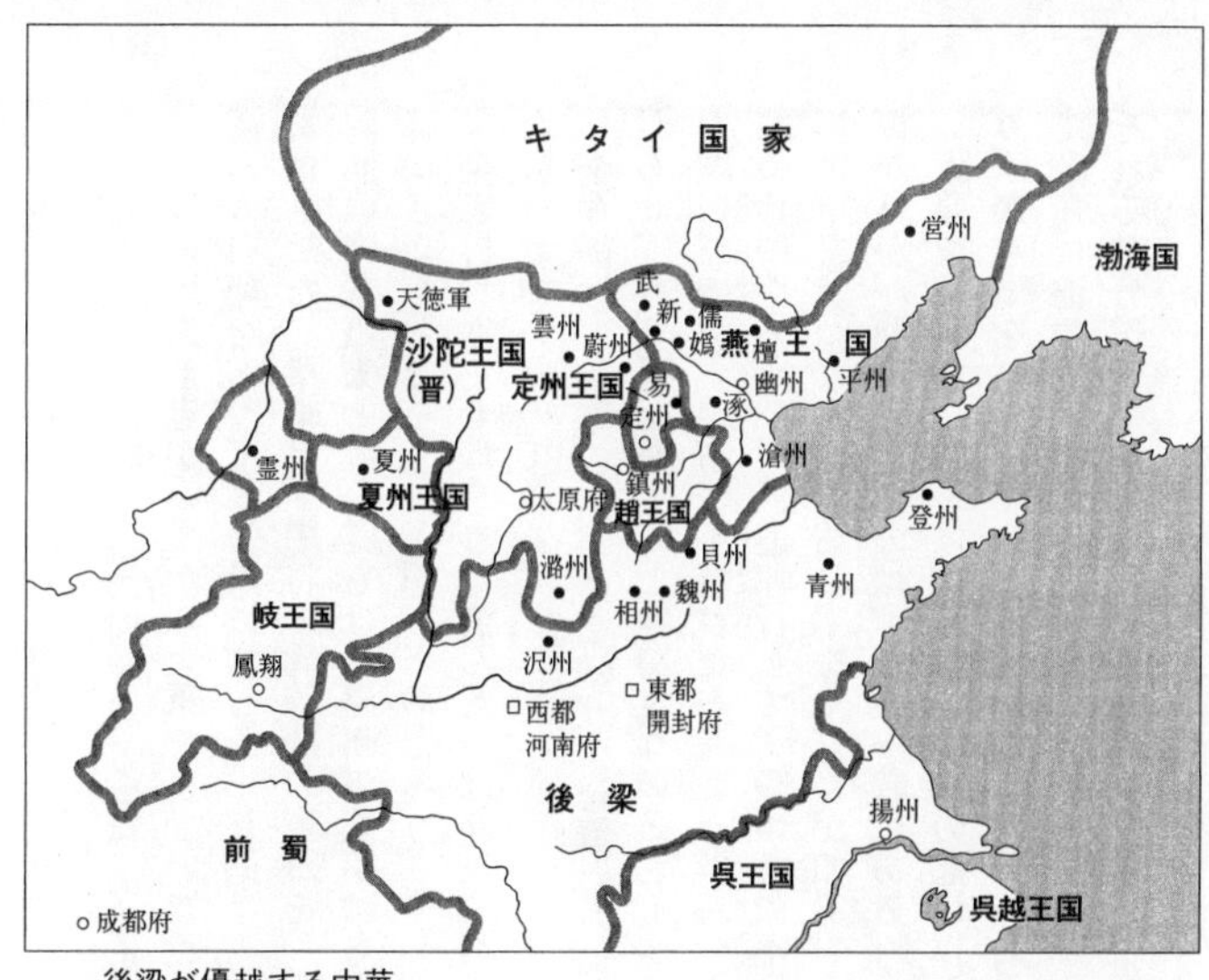

後梁が優越する中華

生キタイ国家にとって、悪夢以外のなにものでもない。阿保機の打算は、当然のことであった。

超新星の李存勗

実際のところ、朱全忠にとっては大いなるチャンスであった。玉つき式に華北をおさえ、あわよくばキタイ国家をも解体ないしは従属させて、ありし日の唐帝国のような勢力圏を復活させることも可能に見えた。そして強力な軍事力を有しない華中・華南の中小「王国」など、簡単にひれ伏すと考えていたに違いない。であれば、大梁帝国の出現である。

ところが、青年頭領の李存勗(りそんきょく)は、阿保機・朱全忠をはじめ、おそらくはすべての人の予想を裏切る軍将であった。潞州では、沙陀の将の周徳威と梁将の李思安が戦い合い、かつ睨み合い、三月になって、ついに朱全忠がみずから大軍をひきいて近傍の沢州に到来し、軍容を再編して、沙陀討滅の大布陣をとって長子県に営した。存勗は、敵中に孤軍となった周徳威の軍を太原に引きあげさせた。梁軍は、勇将・周徳威の還軍を、李克用の死去にともなう「大喪」のための沙陀側の戦意喪失と解し、もはや潞州の陥落はもとより、沙陀軍の出撃もないと見て、近々の降伏さえもおそらくは予想したのだろう、すっかり安心し切った。斥候を出すこともやめ、朱全忠自身も、もはや事は済んだとばかり、河を渡って洛陽に帰還した。存勗を、すっかりなめきっていたのである。

李存勗は、梁軍の無防備を知り、将僚たちにこういった。「汴のやつらは、われらに大喪があり、もう軍を興すことはできないとおもっている。そのうえ、わたしが年若くして晋王を嗣いだので、軍事に不慣れだと考え、驕怠のこころが生まれているに違いない。もし、手練の兵甲をえらび、倍道兼行して、やつらの不意に出、われらが憤激の衆をもって、かの驕惰の軍を撃つならば、枯れ木をくだくが如く、容易になしとげられよう。潞州の囲みを解くばかりか、覇を定めるのは、この一戦にある」。

太原を発した沙陀軍は、五日で潞州の北に達した。五月一日の夜明け、霧が深く、存勗はみずから軍をひきいて三垂崗に埋伏した。朝になっても、霧が天地を暗くして、それに乗じて敵陣に迫った。李存璋と王霸は従夫たちをひきいて敵寨を焼きはらい、周徳威と李存審はそれぞれ分道して進攻した。親衛軍をひきいる李嗣源は率先突撃して、かくて三方から梁軍を襲った。梁軍は恐怖にあおられ、南にむかって大潰走した。武器・武具は道に遺棄され、斬殺されるもの万余級、主将の符道昭をはじめ、大将格のもの三〇〇人、糧秣一〇〇万が虜獲されるという大敗北となった。

形勢は逆転した。朱全忠は敗軍の知らせを聞くと、「子を生むならば、このようであるべきだ。李氏は亡びない。吾が家の諸子は、豚・犬ばかりだ」と嘆いた。

この戦いにかかわって逸話がのこる。存勗が五歳だった一九年まえの龍紀元年（八八九）、父の克用は三垂崗に狩猟したが、岡の上に玄宗皇帝の廟があった。克用は、ほこらの前に酒をそなえ、楽をかなでさせたところ、「伶人」すなわち音楽師は「百年歌」を奏して玄宗の衰老した様子を語り、その声音はせつせつとしたものであった。李克用はひげをこすって幼い存勗を指さし、「老夫の壮心はやまない。二〇年後、この子はきっとここで戦うだろう」といった。はたしてこの戦役となり、克用のことばは的中した――。李克用と李存勗の父子には、ドラマ仕立てがよく似合う。

三極の運命

運命は、まことに不思議である。この一戦をもって朱氏の後梁は傾いてゆく。反対に、沙陀は李存勗というある種の超人じみた戦闘指揮官のもと、李克用の初期を上回る快進撃を見せ、華北政局の中心に立つこととなった。

阿保機はといえば、「出師」のつもりであったが、あっという間の潞州の戦いで沙陀を庇護するどころか、「子」であるはずの李存勗がとんでもない「超新星」であることが判明した。彼の打算は、うたかたの夢と消えた。

これから八年あまり、華北では存勗の縦横無尽の活躍ぶりだけが目立つ一方、一三歳の年長である阿保機のほうは弟たちや一族の反乱があいつぎ、その対応に忙殺されることになる。それらの「反乱」は、あきらかに阿保機の「奪権」にならおうとするものであった。キタイ・カガンの地位はなお不安定なのであった。九〇七年の第一次即位から九一六年の第二次即位まで、阿保機にとって君主権の確立は、依然として「茨(いばら)の道」であった。

かたや、朱全忠はといえば、財務を養子の博王(はくおう)・朱友文(しゅゆうぶん)にゆだね、行政・軍政は腹心の敬翔(けいしょう)にまかせて、自分は沙陀や幽州、そして淮南の楊行密(ようこうみつ)・楊渥(ようあく)父子との軍事対決に集中していた。潞州の戦いの三年後、全忠は洛陽で病床につくと、朱友文の妻の王氏に命じて友文を汴州からよびよせ、郢王(えいおう)・朱友珪(しゅゆうけい)を外に出そうとした。その背景には、朱全忠は諸子の妻を愛人とし、王氏と友珪の妻の張氏が競いあっていたというおどろおどろしい事情がからむ。恐怖にかられた友珪は、九一二年の六月、朱全忠を殺し、友文に罪をきせたうえで殺害して即位した。しかし、禁軍から反乱がおこり、それを機に全忠の第三子の友貞は、洛陽駐留の近衛軍団長の袁象先(えんしょうせん)と組んで友珪を殺し、かわって即位した。後梁の末帝(まってい)という。後梁という名の汴梁軍閥は、惨憺たる状況で自滅の様相を深くした。

さて、ふたつの巨星、阿保機と李存勗が、正面から激突するのは、九一六年からのことであった。それまで内訌(ないこう)の鎮圧など足もとを固め、大攻勢を仕掛けることなく存勗の発展を眺めていた阿保機は、この年の秋から一気に拡大路線に転じる。あらためて、九一六年の二月における「再即位」の意味がよくわかるといわざるをえない。すなわち、ようやくこの時に、阿保機はキタイ国家の真の君主として定立したのである。

不可避の衝突

李存勗は、おもに華北平原を舞台に後梁軍と戦闘を重ねて、次第に敵陣営を追いつめていった。とりわけ、まだ朱全忠が健在であった九一一年の正月、双方の主力決戦となった河朔(かさく)平原の真っ只中柏郷(はくきょう)一帯での会戦では、さきの潞州を上回る大勝利と大量の戦利品をえた。さらに、同年一二月からは、李克用が遺言で復讐を求めた例の幽州軍閥の劉守光と戦い、既述のように完膚(かんぷ)なきまでに撃滅して、燕の地を併合した。

かくて、くだんの九一六年となり、その年の三月までには梁軍との華北争奪戦が大きく峠をこえ、沙陀圧勝の形勢が誰の目にもあざやかとなった。そのかたわら、あわよくば一発逆転をねらって、存勗が不在中の本拠・太原を西南方から急襲しようとした王檀(おうだん)ひきいる後梁側の同盟軍も、ついに撃退されて、梁帝の朱友貞をして「吾(わ)が事去(ことさ)れり」と嘆かしめるにいたった。結局、この年のうちに、黄河の北側にあたる河朔の地はすべて、沙陀の手に入った。

わずかのうちに、「とき」の寵児ともなった存勗のもとには、勇猛で名高い従来の沙陀兵のほかに、「蕃落(ばんらく)の勁騎(けいき)」の姿が目についた。異族たる遊牧民騎兵のことである。彼らは、戦闘のたびごとに、自在の展開力を発揮して、騎馬兵団の威力を存分に見せつけた。李克用以来、司令官みずからが先頭突撃する熾烈な肉弾戦をもっておそれられていた沙陀軍に、もうひとつの切札がくわわっていたのであった。

かたや、ここに至るまでの久しい時期、豊富な財源を基盤に、十分な動員力と充実した輜重をふくめた物量作戦をもって、他の軍閥たちの上に立ってきた梁陣営は、「面」としての展開、「点」としての突撃、ともに可能な二種類の混成体と変じた新しい沙陀軍のまえに、圧倒されてゆくのも仕方がなかった。さらには、朱全忠が病いに伏し、ついで殺害されると、物心ともに中核を失って、急速に崩れ去るほかはなかった。

いかにも漢文風に、「部落帳族」「馳馬励兵」などと形容される新加入の遊牧系部隊は、かの九〇八年に存勗が阿保機と提携したおりに、同時に厚幣をもって「北蕃諸部」をいざなったものたちであった。室韋・吐谷渾のみならず、奚やキタイまでをも含むそれらの面々のなかには、阿保機の統合・建国・奪権の活動によって圧迫され、新生キタイ国家から割り出されていったものも、相当数いたと考えられる。

阿保機は、存勗の求めに応じたさい、結局のところ、彼自身とキタイ国家の軍団は直接に出兵することはなかったが、自分への不満・反対勢力も含めて、各種の遊牧系騎馬兵が存勗の麾下に入ることについて、あえて異議をとなえることもなく、またことさらに邪魔だてもしなかったことになる。阿保機は、その点、盟約を尊重し、沙陀の急難を間接的に救ったのではあった。さらには、九〇八年以後の存勗の急浮上についても、基本的に「好意」を保持しつづけたといっていい。

しかし、予想をはるかにこえて、存勗は強大化した。沙陀は、もはやかつての沙陀ではなかった。中華を制するあらたなる「中央権力」への期待を、沙陀のものたちのみならず、周囲の大小勢力もまた、否応なくかけるようになっていた。

かたや、阿保機のほうも、態勢はととのった。阿保機と存勗ふたりの個人的な感情が、はたしてどのようであったのかとは、おそらくほとんどかかわりなく、国家として組織として、キタイと沙陀というふたつの昇る朝日が衝突するのは、もはや不可避であった。草原と華北をつらぬく二大勢力の激突であった。

阿保機の南進と駆け引き

まず動いたのは、阿保機であった。九一六年も初秋となった陰暦七月、彼はテュルク・吐谷渾・タングト・小蕃沙陀にむかって親征し、これらすべてを降伏させて、それぞれの頭目と一万五六〇〇の民、そして九〇万余の武具・武器・軍装、無数の宝貨・騎馬・牛羊を俘獲した。一見すると、いったいどこへの遠征かと疑わしくなるこの軍事活動は、沙陀領内への侵攻の第一歩であった。

当時、これらの遊牧系諸族は、それぞれ小規模の集団にわかれて、草原と中華の間を遊弋していた。それらのうち、陰山一帯からオルドス、そして雲州の北境にかけて、なかば沙陀に属しつつも、独自の単位をなして動く複数の群れがいたのである。基本的に「未組織」にちかい武装勢力といっていい彼らは、おそらく沙陀軍閥にとって、遊牧騎馬兵の供給源のひとつであった。

阿保機は、まずはこれらの勢力をたたき、かつは自陣に吸収して、南進への不安定要因を除いたのである。そうしたのち、翌八月、沙陀の北のまもりの雲州を直撃する愚を避け、不意をついて、いったん黄河の西側の「河曲」の地、勝州や麟州へまわりこみ、そこから東へ渡河した。そして、おなじ大同盆地でも、やや後陣の朔州へと殺到した。

朔州には、振武節度使として克用子飼いの李嗣本が駐していた。彼は日ごろ、威信カガンと自称するほどの剛のものであったが、キタイ軍はたちまち朔州をおとし、李嗣本を捕虜とした。阿保機は、その武功を碑に刻すゆとりを見せつつ、孤軍となった雲州へと使いを送った。しかし、防禦使の李存璋は使いを切りすて、そのためキタイ軍は雲州を囲み、存璋は必死に固守した。朱邪赤心以来、沙陀ゆかりの地である大同盆地とその周辺は、一気にキタイの手におちるかに見えた。

河朔方面を安定せしめて、翌九月、本拠の太原にいったん帰還したばかりの李存勗は、雲州の危機の知らせにただちにみずから救援すべく北行した。しかし、朔州の南にあたる代州までいたったとき、キタイ軍の撤退を聞き、安堵して太原へもどった。だが、それは阿保機の陽動作戦であった。

冬が到来した翌一〇月、キタイ軍は大挙して東進した。一一月には、蔚州・新州・武州・嬀州・儒州の五州を攻め、斬首一万四七〇〇余をあげた。華北平原とモンゴル高原というふ

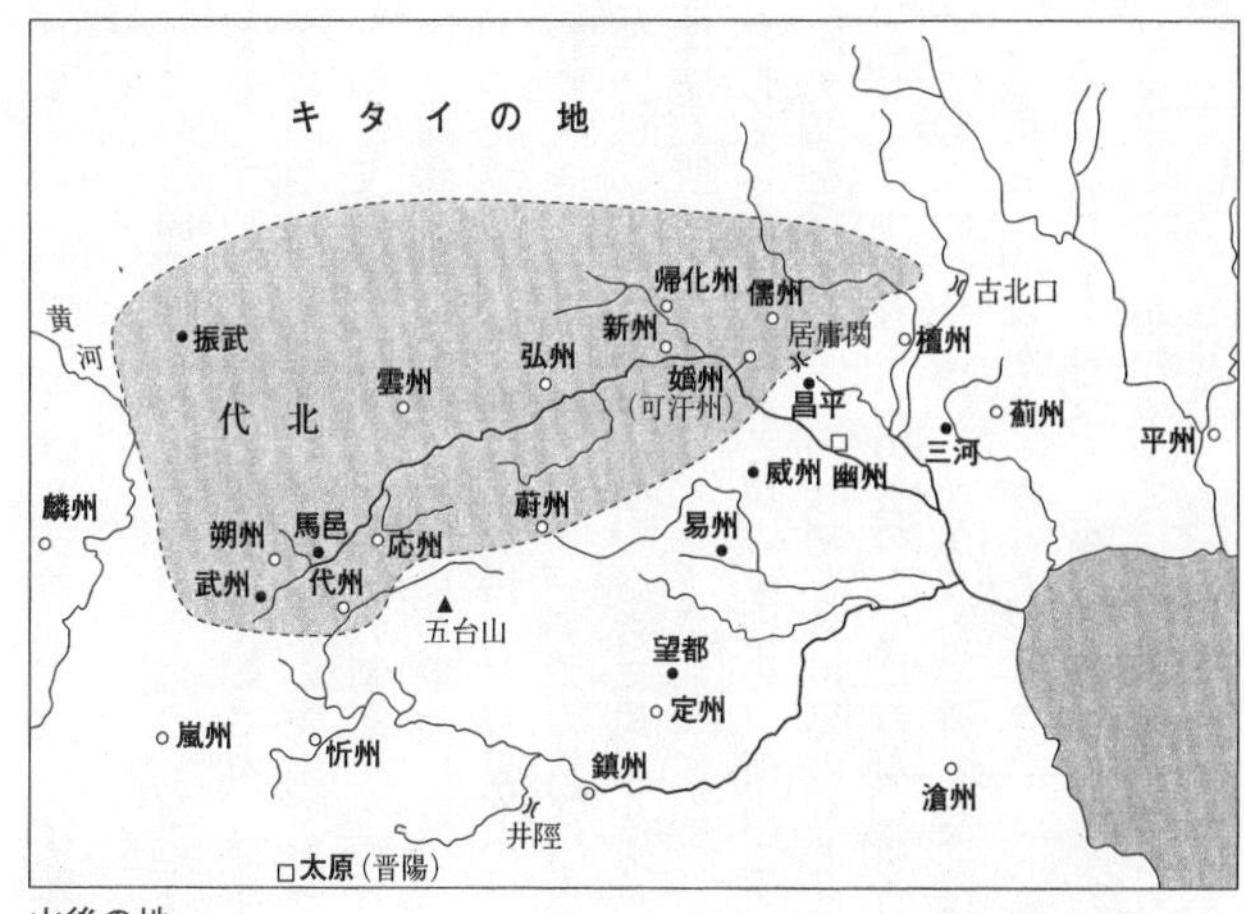

山後の地

たつの大きなフラットの間、ちょうど階段の踊り場のようにひろがる盆地状の一帯である。武州を帰化州、嬀州を可汗州とあらためたのは、この両州がキタイに攻略されて服属したこと、そしてさらに阿保機の直轄領となったことをいうのかもしれない。

かくて、ここに陰山・オルドスあたりから、いわゆるのちの内外長城線で囲まれた「山後」もしくは「山北」の地の多くは、いったんキタイ領となった。ちなみに、このときキタイ軍のもとには、後梁と呉越からの通好の使節が、ともどもに居あわせていた。阿保機は、かれらをいわば「観戦武官」として、キタイ軍の武力とその戦果を参観させていたのであった。

新州の崩れ

阿保機ひきいるキタイ軍は、北に帰還す

ることなく、そのまま同方面にて越冬したと見られる。あけて九一七年、局面はさらに動いた。

　この方面の沙陀側の最高司令官の李存矩（りそんく）は、威塞軍防禦使として新州にあってキタイ軍と対峙していたが、部下の反乱で殺され、謀主とされた有力部将の盧文進（ろぶんしん）は所部をあげてキタイに降った。李存矩は、李存勗の愛弟であった。沙陀陣営の衝撃はまことに大きかった。かねて李存勗は、幽州軍閥の劉守光をすりつぶしたあと、同地には驍将の周徳威を置き、その西隣、幽州を望む「山後の地」には弟の李存矩を配して、鉄壁の布陣をしいたつもりであった。しかし、存矩は驕慢にして怠惰で、管内の庶政を寵愛する侍女にまかせ、部下の信頼を大きく失った。くわえて、李存勗は梁軍との対陣のため、弟の存矩に命じて「山後の地」にて勁兵を召募させ、さらに民衆から無茶な徴発をおこなわせた。軍・民ともに、怨みは深く積もっていた。

　おそらくは、キタイ軍の東進の直前のころ、李存矩はもともと幽州軍閥からの降将である盧文進を将として五〇〇騎を南の兄のもとに送ろうとし、みずからも途中まで同道した。しかし、ゆかされる当のものたちはみな、遠方に赴くのを嫌がり、存矩もそのための特別な手当てもなにもおこなわなかった。将としてはもとより、前線要地の統轄者としても、まことに失格というほかはなかった。

　出征騎兵たちのうち、小校の立場にあった宮彦璋（きゅうげんしょう）は、夜半に士卒たちと相談した。「晋王は梁軍とたたかいあって、騎兵の死傷するもの少なくないとのことだ。われらは縁辺の人間なのに、父母や妻子をすて、あやつのために血戦し、千里のかなたの異郷にて死のうというわけだ。それなのに、太守は手当てもしようとしない。これは一体、どうしたことだ」。

かくて、衆議一決し、旅舎に李存矩のねこみを襲って殺害した。そのうえで、嫌がる盧文進をかつぎあげ、新州へともどったが撃退された。さらに、武州を攻めたが、そこでもまた敗れ、身のおきどころを失って、ついに盧文進以下こぞってキタイに投じたのであった。その投降が、九一七年の陰暦二月のことであった。

存勗の抗議

ここにいたって、李存勗は阿保機に書を送り、「父の李克用と盟して兄弟となり、急難たがいに救いあったにもかかわらず、このたび叛将をうけ入れたのは違約行為である」と責めたてた。これは、『旧五代史』に載るが、どこか奇妙ではある。事実においては、存勗は一方的に阿保機に助けられていた。反対に、阿保機にとっては、先代の克用以来、沙陀に救われた憶えは一度もなかった。つねに、沙陀側が苦境を打開するため、提携を申し出た。それに対する阿保機の反応は、そのときの状況次第であった。

もし、存勗のことばが事実ならば、存勗はよほど阿保機を頼りにしていたというか、はなはだ自己中心の身勝手な男といわざるをえない。もっとも、中華本位の記録であれば、「夷狄」の阿保機を非とするのは当然のことではある。だが、この文脈においては、かえって存勗に対して贔屓の引き倒しめいてもいる。ことの真偽はわからぬものの、存勗が阿保機の自在な駆け引きに翻弄され、くわえて愛弟の死もあって、どうやらヒステリー状態になっていたらしいことは窺い知れる。

李存勗は、稀有の人ではあったが、またあまりにも自信家で、かつはあまりにも名誉心が強すぎた。自分の策でないことで成功がもたらされても、部下の功績はすべて無視した。この前年、後梁側の王檀が太原を急襲したおり、留守部隊はごく少数で本当にあやうかった。しかし、参謀の張承業（ちょうしょうぎょう）らが、ここで太原が陥落すれば沙陀の夢は無に帰すとして、死にもの狂いで守備し、予備役で退休していた安金全（あんきんぜん）もふるい立って、からくも敵軍を撃退した。にもかかわらず、帰還した李存勗は、全くなにもなかったかのように、一切を黙殺した。

うぬぼれが強すぎ、人を人ともおもわぬ人柄は、実は李克用からのこの家系の体質であった。人から仰がれることを異常に好み、人をおもいやることには、はなはだ欠けた。戦場での尋常ならざる鬼神の如き働きと、平時にあっての心の平衡を欠いた無神経ぶりとは、表裏一体のものであった。とりわけ、李存勗の場合、政局に登場して以来ずっと敗北を知らぬままにきた。彼の精神が、年々歳々、人間ばなれしていくのはやむをえないことだったのかもしれない。

第三章　南北共存の時代へ

ふたつの昇る朝日

両軍の激突

キタイと沙陀の攻防は、ここで本格化した。土地勘のある盧文進は、キタイ軍の先導役となって新州を攻撃した。守将である刺史の安金全は、八年まえに太原の危機を救った人物であったが、キタイ軍の猛攻をささえきれず、城を棄てて逃走した。キタイは、文進の部将である劉殷を刺史として、新州を守らせた。

「山後の地」がすべてキタイの所有となった事態に、晋王・李存勗は、幽州の周徳威に燕の軍兵をはじめ、并（河東）・鎮・定・魏の五鎮の兵あわせて三万をひきいさせ、居庸関の西に出て、新州へとむかわせた。鎮・定・魏は、それぞれ沙陀権力と同盟する河朔の有力軍閥であった。そこからの援兵もあわせた周徳威の軍は、いわば連合軍といってよかった。阿保機もまた、みずから数万のキタイ軍をひきいて、三〇万と呼号しつつ東進し、新州の東郊にて両軍が激突した。キタイと沙陀が、正面から会戦する最初の戦いとなった。

結果は、圧倒的なキタイ軍団の力に、さしもの歴戦の雄たる周徳威も衆寡まったく敵せず、全滅に近い大惨敗となった。斬首三万余級という大勝利をえたキタイ軍は、敵の残兵を追って河北平原におりたった。阿保機は、皇后の述律氏のふたりの弟である阿骨只（阿古只）を統軍とし、実魯（室魯）を先鋒として一軍を派出して河朔の地を席捲させるいっぽう、みずからは主力をもって幽州を包囲した。このとき、キタイ側はわざと五〇万とも一〇〇万とも揚言し、恐怖をあおった。また、実際に幽州・薊州の北側一帯は、平原も山谷の間も、キタイ軍の幌馬車と天幕、そして羊と馬であふれかえった。

幽州の攻防

もともと燕の地の人間であった盧文進は、キタイに各種の攻城具や、飛梯という特別ごしらえのはしご、衝車という突撃用の戦車をつくるように教え、それらを幽州の城下にずらりと並べた。また、地下道をうがち、昼夜を問わず城の四面から一斉に攻めたて、それに対し城中のものたちは、穴があけられれば、油を燃やして投入しては応戦した。さらには、キタイ側が、土のマウンドをつくって城壁を乗りこえようとすると、城中は銅をとかしてキタイ兵にふりそそいだ。半月のあいだ、奇策百出し、日ごとに死者は千を数えたが、攻撃はやまなかった。幽州の軍民は疲労困憊し、からくも城を保つのみとなった。

周徳威は、間道づたいに使者を李存勗のもとにおくり、急を告げた。おりしも、存勗は梁軍と黄河をはさんで対峙しており、兵を割かんとすれば、おのずから援兵は少数となり、救うのをやめるならば、幽州は失われてしまうことに苦慮して、諸将に諮った。李嗣源・李存審・閻宝の三人だけが救援を主張した。存勗は喜んで、「むかし太宗（李世民）は、たったひとりの李靖だけで突厥の頡利カガンをとりことした。いま吾には猛将が三人もいる。もはや、なにを憂いとしようか」と述べた。

存審と宝のふたりは、「キタイには輜重がないので、長居はできない。食が尽きてもどろうとするのを待って、撃つにしくはない」とした。しかし、嗣源は、「周徳威は社稷の臣で

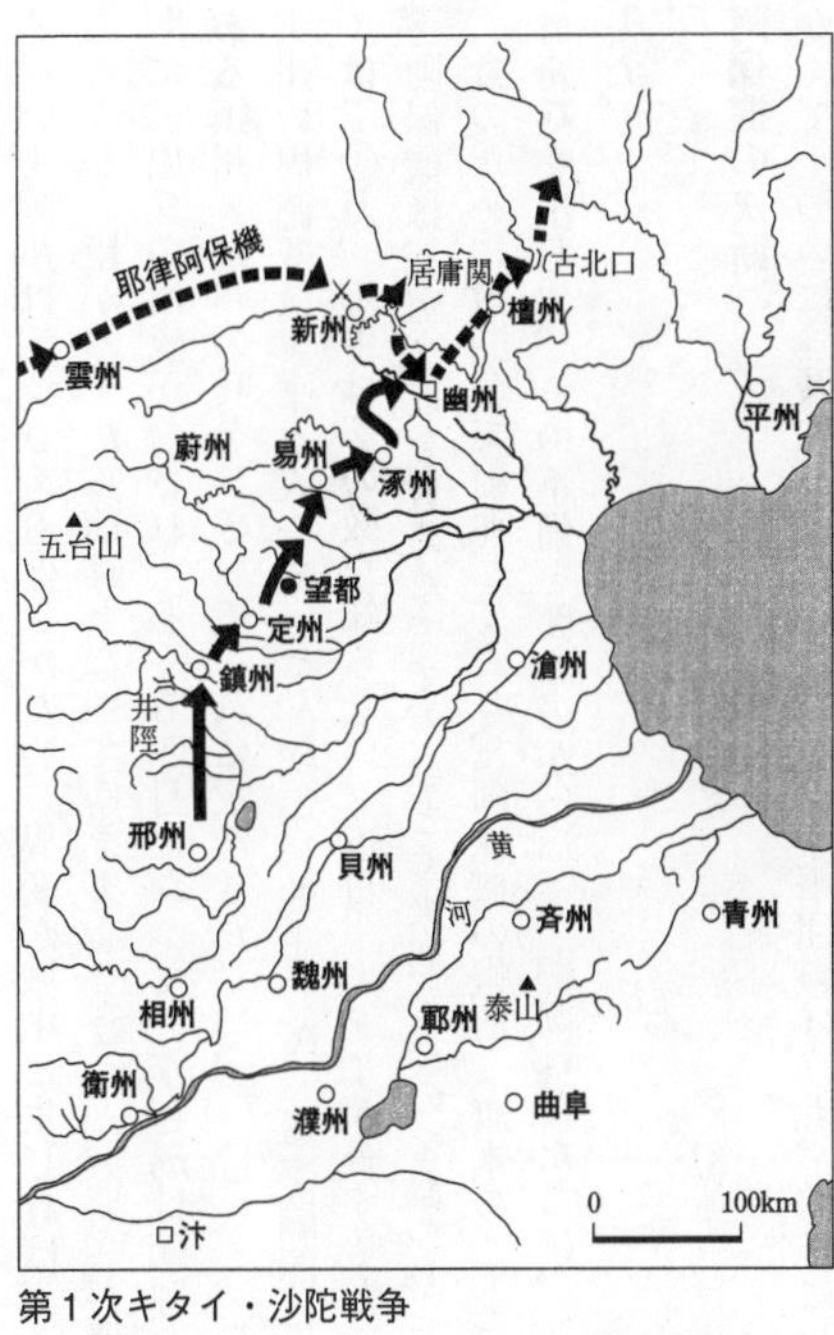

第１次キタイ・沙陀戦争

ある。いま幽州は朝夕(ちょうせき)さえも保しがたい。異変が城中に生じれば、キタイの衰えを待つ暇なぞあろうか。臣がみずから前鋒となってゆきましょう」といい、存勗もこれを是とした。ただちに、出兵の用意がなされ、あくる四月になって、李存勗は嗣源を先発させ、宝に同盟軍である鎮州・定州の兵をひきいてこれに次がせた。

幽州の周徳威は、また人をやって、次第に北上してくる李嗣源に次のように伝えた。「キタイは三〇万、馬牛はその数を知らない。近日、キタイが食するところの羊馬は半ばをすぎた。阿保機は、盧文進を責めたてて、ひどく来寇したのを悔やんでいる。キタイの兵たちは、食のために散開して射猟しており、阿保機の帳前(ちょうぜん)(旗本のこと)軍は万人にみたない。夜に奇兵を出して、その不備を襲うのがいい」。嗣源はただちに、そのことばを李存勗に言上した。

阿保機の決断

かくて、ついに陰暦六月となった。キタイ軍団のほうも、前年に兵をおこしてからすでに一年ちかくとなっていた。幽州はといえば、囲まれてから三ヵ月ほども日がたつのに、周徳威はなお力守して降らない。阿保機は、城中に煙火の如き気が満ちているのを眺め、当分これは攻略できないと判断した。

もはや夏もさかりとなり、おりしも炎暑と長雨がやってきた。阿保機は引きあげを決意した。幽州にこだわったまま、ぐずぐずと長居をするのは危険であった。すぐ南辺には、沙陀の李嗣源と閻宝が隙をねらっていた。

　阿保機は、幼少のときからの無二の親友で、最高指揮官を意味する「于越（オゲ）」（おそらくは遊牧官制のオゲ ögä に相当する）の地位にある「またいとこ」の耶律曷魯（イル）を、文字どおり自分の分身として攻城軍の主将に任じ、燕の地に精通する盧文進とともに残留させて、のこる全軍に総引きあげを命じた。彼の決断は、ただしかった。

彼我の違い

　それでも、幽州の困苦は日々にはげしくなった。初秋の七月、存勗は李存審に軍をあたえて北進させ、かねて幽州の南方に進出していた嗣源らと、易州に会せしめた。沙陀軍は、歩騎あわせて七万となった。

　存審はいった。「キタイは衆（おお）く、吾（われ）は寡（すく）ない。キタイには騎兵が多く、吾には歩兵が多い。もし平原であいまみえれば、キタイは万騎をもって吾が陣を蹂（ふ）みにじり、吾にはなにものこらない」。平原戦におけるキタイ騎兵の恐怖がよくわかる。沙陀側の将兵の気持を、そのまま代弁するかのような、率直な見解であった。

　しかし、嗣源は答えた。「キタイには輜重がない。吾が行（こう）は、必ず糧食を載（の）せてゆく。もし平原であいまみえれば、キタイは吾が糧を抄（かす）め、吾は戦わずして自潰する。山中より潜行して、幽州におもむくに若（し）くはない。もし中道にてキタイにあえば、険所に拠ってふせぐこととしよう」。

平原での遭遇戦は、たしかにおそろしい。そのいっぽう、この戦いの鍵は、食糧でもある。キタイ軍も、困りぬいている。その食糧をみすみすキタイにとられてしまえば、万事は休す。それであってもゆかねばならぬのだから、幽州の西山(せいざん)一帯に身をかくしつつ、ゆくほかはない。それなら、たとえ途中でキタイ軍に出会っても、山のなかだから、キタイ騎兵の威力は半減する。また、自分たちが戦いに利用する拠点や要害・陣地は、それなりに見つけられる。

状況の全般と彼我の違いとを冷静に分析しつつ、味方を勇気づける建設的な提言であった。そこで沙陀軍は、その策にしたがって嶺をこえ、谷あいの隘路を捜して前進した。

沙陀の大逆転

李嗣源は、養子の李従珂(りじゅうか)とともに、三〇〇〇騎をひきいて前鋒となった。これが、沙陀の切札となる騎馬の精鋭部隊であった。幽州まであと六〇里のところにて、キタイ軍と遭遇したが、想定したとおりのやり方で力戦してうちはらい、かつはねかえして、なお進んだ。山谷(さんこく)の出口に至って、キタイ軍は万騎をもって前方を遮断した。これを見て沙陀の将士は色を失った。

だが、嗣源は百余騎で突進し、冑をぬぎ鞭をあげて、キタイ語で叫んだ。「汝らは、故なくして我が境域を犯した。晋王は、我に百万の衆をもって西楼(せいろう)を直撃し、汝ら種族を滅ぼせと命じられたのだ」。西楼とは、キタイ国家の中枢にあたる固定施設で、この翌年に本格的に拡充されて、首都の上京臨潢府となった。李嗣源は叫びおわると、馬をおどらせて奮戦し、三度キタイの陣に突入して、キタイの頭目を斬りすてた。

よりすぐりの騎馬の精鋭で密集陣もしくは密集隊（いわゆるファランクス）を組み、くろぐろとしたひとつの固まりとなって敵軍に突攻・馳突する戦術は、沙陀の最強の武器であった。同じ騎兵とはいっても、ひろく散開しつつ自在に駆け回って弓射するのを得意とするキタイ軍とは、性格を異にした。そのキタイの大部隊とむきあってしまったからには、少数でも騎馬の密集編隊でもって決死の突攻をしかけ、敵軍の中央をずたずたに切り裂いてしまうしか、他に手はなかった。

李嗣源の捨身の攻撃は、見事に図にあたったのである。ともかく、これで窮地を脱した。かくて、沙陀軍は山口を出ることができた。

ただし、ここからは問題の平原戦が待っていた。李存審は、沙陀軍の主力をなす歩兵たちに命じて木を伐らせて鹿角とし、ひとりひとりそれを手にもたせて進んだ。キタイの遊兵がおそいかかろうとすると、兵をとめて、すぐさま鹿角で即席の木寨をつくらせ、そのなかに籠って四面より馳射してくるキタイ騎兵を、弩と弓で速射して片端から射たおした。

さらに、幽州もあとわずかになったところで、キタイ軍の主力がなお陣を列ねて待ち構えていた。こうなると、少数の密集騎兵による馳突程度では、ほとんど焼け石に水で、用をなさなかった。局面を打開しようにも、もはや万策つきたかに見えた。ところが、存審は歩兵を後陣において、動くなと命じたうえで、弱兵に柴をひきずり草を燃やさせて、キタイ軍にむかって進ませた。煙と塵が天をおおい、キタイ軍は沙陀兵がはたしてどれほどいるのか、測(はか)りかねた。そこで、存審は一斉に鼓を鳴らし、大声でわめきはやしたてさせ、あたかも大軍がいるかのような錯覚を誘導した。キタイ兵の動揺を見てとると、そこで後陣に配していた歩兵軍団を突撃させた。

トリッキーな作戦に見事にひっかかって、キタイ軍は大きく崩れ、われさきに古北口(こほくこう)の道をとって北去した。キタイ軍が遺棄(いき)した車帳・武器・羊馬は野に満ちた。こうして沙陀軍は、予想外の勝利をえた。李嗣源たちは、勇躍して幽州に入城し、周徳威とまみえるや、手をにぎりあい、涙を流しあってたがいの無事を喜び、沙陀の安泰をことほいだのであった。

【余録】「記録と歴史」 ここで、やや長めの余録を、あえて書きたい。現実的に眺めれば、阿保機の盟友たる曷魯(イル)がひきいるキタイ軍は、沙陀軍がおもいこんでいたほどには多勢ではなかった。そもそも、阿保機が引具したキタイ軍が、すべてでじつは数万。それが実数であったことは、当時の記録のひとつが明言している。

　キタイがみずから三〇万、もしくは五〇万、さらには一〇〇万といったのは、諸書が語るようにあくまで「呼号」、すなわち威勢づけのための掛け声であった。欧陽脩(おうようしゅう)の『新五代史』が「数十万」、司馬光(しばこう)の『資治通鑑(しじつがん)』が三〇万というのは、敵役は巨大で醜悪でなければならないという気分からである。前後の状況から推測すれば幽州攻囲のために残留したキタイ部隊は、最大限度に見積もって二万以内にとどまらざるをえなかっただろう。

もっとも、もし完全装備の騎馬軍が二万ほどあれば、近代以前の時代では、おそるべき威力を発揮したが。

かたや、北伐した沙陀軍は総勢七万。これは諸書ですべて一致している。この場合、沙陀側については現実も気分も、少なめにしるすことはあっても、虚勢を張って多くいう必要はない。また、「七万」という数字はいかにも中途半端で、揚言・声言のたぐいではないだろう。幽州の周徳威が全力を挙げて三万ほどだったというところから見ても、当時の沙陀の状況からして、かなり実数に近い数字ではないか。つまり、沙陀の北伐軍はその実、幽州にとどまった曷魯指揮下のキタイ軍をはるかに上回る大軍だったと考えざるをえないのである。

客観的には、沙陀が勝って当たりまえであったのかもしれない。そのうえ、土地勘もあり、そう疲れているわけでもない。ところがキタイ側は、長い軍旅を重ねてきたうえに、あきらかに糧秣ともに困っていた。羊のみならず、馬までも半分以上は食べてしまったというのだから、話半分でも深刻であった。よほど、キタイは幽州を含む燕の地がほしかったのだろう。

ひるがえって、キタイ軍が幽州から去ったのは、九一七年の陰暦八月辛丑。幽州包囲、「まさに二百日になんなんとす」という書きぶりはいかにも漢文風だが、五ヵ月くらいはたしかに籠城していた。ふつう、漢文文献では、擁護したい側の苦難を述べる場合、精一杯の「文飾」をこらす。籠城の叙述で、城内の飢餓は常套手段である。執筆者が喜び勇んで「工夫」をこらす場面といってもいい。

ところが、その幽州城内が食に困っていたとの記事は全くない。ちなみに李嗣源たちが携行した糧秣は、自分たち自身のものであった。幽州のひとたちのために、食糧を送り届けなければならなかったのなら、事態は全然ちがっていたであろう。その場合は、山中を潜行するなど不可能となった。つまり、周徳威以下の幽州の軍・民は、恐怖はあったけれども空腹ではなかった。

ところが、のちに述べるように、沙陀治下の幽州はこのころ南からの運糧なしにはやっていけないようになっていた。であれば、このとき幽州城内には、基本的に戦闘員となる人間たちだけで、「民」はほとんどいなかったのではないか。いいかえれば、周徳威は管下の人びとを城内に収容しなかったのではないか。というよりも、幽州一帯の人びともまた、城内に逃げ込む必要はなかったか、もしくはそもそも逃げ込みたくはなかったのではないか。そうしたもろもろの事情のうえでの籠城戦ではなかったか。ともかく、幽州城内に飢えは存在しなかった。

多分は、というよりもかなりの可能性をもって、攻め手のほうが、弱っていたかもしれない。軍兵の数といい、両軍の状態といい、キタイ軍と沙陀軍の実際は、北宋確立以後に成立した諸書が描くようではなかった可能性が高い。北の草原からの強大な侵略軍を、寡勢で撃退する「けなげ」な南の中華防衛軍という図式は、「粉飾（ふんしょく）」もしくは「創作」にちかいといわざるをえない。

記録は、もともと沙陀側に傾いてつくられている。事件より四〇〇年以上ものちに編纂された『遼史』は、本来キタイ寄りでしるされているはずなのだが、次章でも言及するように、モンゴル帝国治下で漢文官僚たちを主体に編纂された同書は、その本音においてキタイを立派に書きたくないというモンゴル政権のはなはだ屈折した「不純」な気持がそこにあった。まして、『遼史』以外の根本史料となる文献は、司馬光の『資治通鑑』も含めて、既述のようにことごとく北宋ないしは南宋で編述された。そこでは、キタイは無条件に「夷狄」であった。かたや、沙陀は「唐」を名乗り、その一連の「政権」のなかから北宋が誕生する。こちらは「中華」でなければならなかった。

「夷狄」と「中華」の単純なレッテル張りによるイメージ化は、以後ずっとつづき、現在も脈々としてある。ようするに、沙陀がつくることになる「政権」を、中華王朝だと考えたいのである。また、その「政権」の所在地・領域が華北だからでもある。「中原」をおさえ、おもてむき「中華」風のファッションをとった「権力」は「中華」なのだという考えは、単純明快でわかりやすい。ただし、それが根本文献そのものにおいても、そしてそれを史料として読む後世の人間にあっても、文字と文章をつづるさい、そしてその文献からなにかを受けとるさい、はじめから頭の前提につよくあるとするならば、そこから生まれるものは実際をこえて、より「中華」へと傾きゆく。

しかし、本当は沙陀とそこに集まる面々は、ひどく野蛮であった。平気で人を殺傷して笑いあうような人間たちであったことは、身贔屓（みびいき）のかたまりのような北宋・南宋期の漢文文献でも認めざるをえなかった。沙陀の集団について、事実のままにいうならば、そのほとんどはおよそ近代精神でいうところの「文明」などとは、ほど遠いところにいた。これをもって「中華」とするならば、「中華」とは建前だけ、掛け声だけの「絵空事」なのか。沙陀とキタイと、はたしてどれほどの違いがあったか。いや、キタイのほうが、まだしもかなり「文化」的だったのではないか。少なくとも、キタイは部内の人間や領内の住民を簡単に殺戮するような「蛮行」は、あまりおこなっていない。そもそも、数百年にわたる多部族連合の歴史をもち、よほどのことがない限り、部内・領内での人殺しは禁じ手であった。

かたや、沙陀のほうは、滅茶苦茶な群雄興亡のなかで生きのび、浮上した。生きのこりの決め手は、その強さにあった。強暴さといいかえてもいい。ようするに「暴力」が売り物だったのである。

キタイのような牧畜管理に根ざす生産社会の人間たちではなかった。沙陀の人たちの「生業」は、ただひたすら軍事だったのである。戦争は立派な（?）商売であった。彼らは、親子・兄弟・一族をあげ、集団をあげて職業軍人たちだったのである。もっとも、そうした「現実」は、近現代世界であっても、実はいくらでも例があるけれども。

沙陀にとって問題なのは、自分たちが少数であることであった。軍事力として、寡勢は致命的である。そこで朱邪赤心・李克用・李存勗の三代の「族長」は、これと見た少年や腕力自慢の若者がいれば、「人種」を問わず片端から取り立て、仲間に引き込んだ。そのさい、「父子」のちぎりをかわした。そうした仮の子、もしくは養い子を、文字どおり「仮子（かし）」「養子」「猶子（ゆうし）」「義子（ぎし）」「義児（ぎじ）」などと呼んだ。

これは、当時の華北全般において広く認められる歴史現象として、古くから中国史家の注目するところとなってきた。もっとも、闘争・戦争が日常化した社会では、おのずから発生しがちなあり方ではあり、古今東西で類例は大小さまざまに見られる。とはいえ、沙陀の場合に、とびぬけていちじるしかった。たとえば、李嗣源・李嗣昭・李嗣本・李存璋、みなそうであった。李嗣源などは、もともと代北に生まれた姓もない人間で（つまり少なくとも漢族ではない）、一三歳のときに騎射がうまいからと朱邪赤心に見出されて「近習」となり、ついでその息子の李克用の直臣となった。以後は、千軍万馬のなかに生き、一回りも年齢のかわらない克用から「吾が児は神人（わこしんじん）だ」といわれるほどの軍将となった。幽州救援のおり、すでに五一歳であったが、無類の強さは草原・中華を問わず鳴りひびき、「族長家」三代への限りない忠誠心と率直な人柄で、誰からも愛され慕われていた。そして、李嗣源自身もまた、これと見た人間がいれば、片端から自分の「子」とした。

そうした、いわば「ネズミ算」式の人間確保・仲間づくりは、沙陀集団にとっては不可欠であった。だが、その反面、沙陀集団が手のつけられないあらくれたちの寄せ集めとなるのも、いわば必然であった。そもそも浮上の最初のころ、すなわち李克用が黄巣反乱軍を打ち破り、「功は第一に居る」ともてはやされたとき、彼は部下の将士・兵卒たちの機団であった。

嫌をとって野放しにした。そのため、ただでも粗暴な沙陀全体が無法ものの集団と化した。官吏などは小莫迦にし、士民からは財産を強奪する、白昼堂々かっぱらい、酒とばくちと喧嘩は日常茶飯事、ともかくやりたい放題となった。指導者の克用をはじめ、口では「唐」の復興をとなえ、大義名分を好む風情をよそおいながら、その実、無秩序な暴力集団であった。

代北や太原などの住民は、沙陀軍が他郷に出撃しているほうが、よほど安心できただろう。もともと、沙陀は流れものとして、たまたま成り行きで山西北部にやってきた。当地の住民とは、縁もゆかりもなかった。だから、無法も気楽にできたのだろう。まして、本拠地の山西以外においては、どんな振る舞いとなったかは容易に想像される。沙陀がおそれられたのは、ただ精強であるためだけでは、おそらくなかった。李嗣源のような、実直・素朴で心やさしい人間は稀だったといわざるをえない。だからこそ、李嗣源は士庶を問わず人気があったのだろう。

ひるがえって、そうした沙陀を「中華」だとして美化する文献は、どこかおそろしい。この場合、ひとつには、北宋・南宋という時代がとびぬけて大義名分・建前主義を好んだ。この場合、ふたつの根本文献にかかわる欧陽脩などは、あきらかに意図して「中華」を宣揚した。よほど、北宋は素晴らしいといいたかったのだろう。内外にむけた一種の政治手段として、そういう文化政策を先頭に立って演出したといってもいい。後世まで「騙す」のだから、たいした人である。逆にいえば、北宋の士大夫官僚たちは、平和共存する北のキタイ帝国に、実のところは「風圧」を感じていたのではないか。それは、政治・軍事にかぎることなく。

北宋を文化国家だと持ちあげることについて、気持はとてもよくわかるが、無条件の賛成は控えたい。たとえば、ほんの一例だが、北宋時代はまだまだ野蛮で残酷であった。罪人を四肢から指の一本一本にいたるまで、こそげてバラバラにして殺す「凌遅（りょうち）」は近代語に入って「リンチ」となって、ことばとしては今も生きているが（なお「リンチ」は、ふつうアメリカの判事ウィリアム・リンチの名に由来するとされる。漢語「凌遅（リンチ）」とは、たまたま同音ないし類音だったのか。あるいは、音と意味がたがいに響きあって、イメージが連動してもちいられているのか。このあたり十分に心得ない。示教を乞う）、これは北宋時代にさかんにおこなわれた。ところが、唐律では「凌遅」の刑は存在しない。反逆の大罪でも、すぐに斬刑にするだけだった。また、のちのモンゴル時代でも、「凌遅」などありえなかった。それどころか、そもそもなかなか死罪にならなかった。モンゴル支配を野蛮で非文明と決めつけるのは、基本的に一九世紀以後のことである。

北宋時代の「凌遅」については、清代中期の大学者・大歴史家の銭大昕（せんたいきん）が、その箚記とも論文集ともいえる『十駕斎養新録（じゅうがさいようしんろく）』のなかで、その名もまさに「凌遅」というタイトルをかかげて見事に述べている。簡単にいえば、唐では存在しなかった残酷きわまりないこの殺し方は、野蛮な五代の時代に「法外の法」として特別に設けられた。北宋でも制度上は存在しなかったのだが、真宗以降、現実的に広まった。真宗は、まさにキタイと平和共存することになる皇帝であった。すなわち、ふつうには文化国家と賞揚される北宋の「全盛期」に、この極刑はおこなわれつづけたのであった。おそらく、銭大昕という中国史上で最高の学者は、北宋をもってなんでも「聖化」したがる清代の学者たちに冷水を浴びせたかったのである。思い込み、決めつけの愚かしさこそ、彼のいいたいことであったのだろう。

ともすれば、記録という文字のつらなりをもって、事実としがちな歴史家・歴史研究家は、純朴な心の持ち主なのだろう。しかし、ときとして、事実は正反対のこともある。たとえば、現代人という名のもとに、そのじつ十数個程度の先進諸国のなかで「現代文明」を享受して生きているごくひと握りの人間たちほど、人類史上、幸せで暢気(のんき)な存在はないだろう。わたくしも、そのひとりである。しかし、現代であっても、たとえばアフリカの子どもたちはどうか。地球社会などといいながら、「地球市民」とはほど遠い苦界に生きざるをえない人びとのほうが、むしろなおまだ多いのではないか。

過去の人びとは、おおむねは、もっと露骨な「生」のなかにいた。たいていの場合、ヒューマニティなどとは縁遠い「生」であった。過去を美しい姿で描こうとすること自体は、うるわしい。だが、真実は美しくもあり、醜悪でもあり、そしてしばしば残酷すぎる場合も多い。

およそ文献史料というもの、とりわけ「中華」なる文明がつくりつづけた漢文記録というものは、おそるべき表現力にみちている。誤解をおそれずにいえば、ギリシア・ローマの文字世界がつくりだす虚構は、それにくらべるとまだしも柔らかく、その度合いも随分と少ないように見える。また、その子孫だと自称するヨーロッパとその亜流たる「新大陸」における文字表現も、創作力と想像力、そして論理という名の構築力は大したものだが、限りなく醜悪なことでも、いとも簡単に美しく仕立てあげてしまえる漢文文献の豪腕ぶりと細緻さにくらべれば、「一籌を輸する」程度の差ではないだろう。屈指に古い伝統をもつペルシア語の文献もまた、虚構は凄まじいし、装飾・粉飾は見事なもので、誇張や捏造にあふれてもいるが、やはり「中華」のそれには及ばない。まして、日本語の記録など、あまりに正直すぎて、この列島には「文明」なぞなかったのではないかとおもえるほどである。

漢文文献のおそろしさは、他に類例がない。美化・聖化しようとすれば限りなくうるわしく、貶めとさげすみ、さらには卑猥に徹しようとすれば、これほど醜悪に表現できるものもない。大きくは、漢字という具体性・伝達性にとみすぎた文字のなせるわざでもあるのだろう。しかし、史料としてみると、これほど「性悪」の記録も、ちょっとない。歴史文献を扱うものにとって、まことに厄介きわまりない記録なのである。

南北並立の図式

盧文進という中間項

キタイは、幽州からの撤退で遠征の成果をすべて失ったかというと、そうでもなかった。いったん手に入れた「山後の地」と幽州近辺は、たしかに握れなかった。しかし、阿保機は盧文進に幽州留後、ついで盧龍節度使の名分をあたえ、一軍とともに幽州・薊州の東に位置する平州(へいしゅう)に置いて、燕の地の全域支配をねらいつづけた。つまり、燕の地の東側三分の一は確保した。いわゆる長城ラインの南側に、今後の橋頭堡となるくさびは打ち込んだのである。

幽州攻防戦からそう時をおかないころ、盧文進はふたたびキタイ軍の先導役となって、「山後の地」の要衝、かの新州を攻撃した。これ以後、文進はキタイ軍とともに毎年やってきた。そして、燕と山後の両地の士女をキタイ領に連れかえり、機織りや工芸を教えて、「中華」のものならなんでも、キタイ国内でつくれるようにしてしまった。

もともと、燕の地は劉仁恭・劉守光の父子以来の、山後の地は李存矩一代の、それぞれおそるべき暴虐な統治で人心が荒れ切っており、かねてよりキタイ領へ逃げ込む人が多かった。ようするに、軍事しか考えない沙陀系列の支配下で滅茶苦茶になってしまっていたのである。かの周徳威も、戦闘官としてはすぐれていたが、反面、勇を恃むばかりで、行政・民政への視線・配慮はなきに等しかった。盧文進は、そのあたりをよく知っていて、この両地の人間をキタイ側に引き込むことで、支配の実質をとったのであった。このことをもって、司馬光の『資治通鑑』が「吏民を殺掠した」と非難するのは、事実をすりかえたことさら「粉飾」といわざるをえない。

文進はさらに、奚族の勁騎をひきいて電撃的に河朔北部を席捲した。幽州は次第に孤立し、民衆の影は、一帯から限りなくうすくなっていた。当然、食糧の自給はむずかしくなった。沙陀側は、一軍を涿州に駐留させ、ひとつのボーダーをなす南の瓦橋からの運糧を涿州経由で幽州に送りこんだ。それを毎年くりかえしたが、途中のルート上には勁兵・猛将を配して糧車を護送せざるをえなかった。しかし、それでも文進ひきいる奚の鉄騎におそわれて、糧秣をかすめとられた。沙陀側は、奔走させられつづけ疲れはてた。幽州という軍事上の「点」を保持するために、支払う代価は大きかった。盧文進にふり回され、彼ひとりのためにいいようにされたのであった。

ちなみに司馬光は、前述の文章にひきつづいて、燕の一帯が「残弊」したのは盧文進とキタイのせいだと述べる。しかし、『通鑑』に注したモンゴル時代の胡三省は、当該箇所について、この地方はもともとゆとりがあったのだが、沙陀になってからは毎年運糧しても足りなかったのはなぜかと自問して、あからさまな表現はさけつつも、ようするに沙陀の支配が駄目だったからだといい添えている。

沙陀は、民衆からとりたてるばかりで、統治者・経営者としては全く失格であった。燕の人びとは、ほとんど自発的にキタイ領に赴いた。住民にいれずみを強制して奴隷視する沙陀治下よりも、手ひどい戦乱も過酷なとりたてもなく、安全に生活できるキタイ治下のほうがはるかにましだったからである。「中華」と「夷狄」の建前にこだわりがちな司馬光の述作は、しかけが単純なだけに簡単にネタ割れすることが多い。

幽州の教訓

ひるがえって、代北(だいほく)・山後一帯の席捲、新州での会戦、幽州の攻防という一連のキタイと沙陀の戦いのなかで、阿保機は平原戦における優位のいっぽう、攻城戦の困難さをあらためて思い知った。そして、数万規模の大兵団を催して「中華」に長期駐留することの大変さも痛感せざるをえなかっただろう。とりわけ、春から夏に侵攻するのは、当たり前だが避けねばならぬことも。

かたや、沙陀のほうはどうかといえば、キタイ騎兵軍団の恐怖は、否応なく実感せしめられた。沙陀を代表する勇将の周徳威の兵団が、平原戦では呆気なく殲滅されてしまった記憶は、強烈であった。幽州攻防戦における李嗣源・李存審らのことばは、恐怖のイメージとなって沙陀たちに刷り込まれていたことを証する。ただし、接近戦・肉弾戦ならば、沙陀の密集騎兵はやはり無敵であることも、ひとつの自信とはなっただろう。攻城戦が大変なのは、草原集団も華北集団も変わるところがないのも確認できた。つまり、キタイ騎馬軍の高速展開を許すような場面をつくってはならない。城郭か防御陣地のなかに固守する方式をとりつつ、接近戦にもちこんで勝敗を決することが望ましい。——これらが教訓であっただろう。

なお、幽州以後でとても興味深いのは、翌九一八年の二月、「皇都」すなわち上京臨潢府の拡充工事を開始した阿保機のもとへ、かねて通好している後梁と呉越のほかに、晋王・李存勗をはじめ渤海・高麗・回鶻（ウイグル）・阻卜（タタル）・党項（タングト）がそれぞれ遣使来貢し、さらにはなんと幽・鎮・定・魏・潞などの州からも使いがやってきたのであった。幽州以下は、それぞれ華北における軍事単位で、幽・潞は沙陀そのもの、鎮・定・魏は沙陀との友邦ないし同盟の関係をひとまずは保持していた。つまり、前後一年と一ヵ月にわたるキタイ・沙陀戦争から半年後、李存勗麾下の沙陀軍閥とその与党は、それぞれの構成単位ごとに分かれつつも、うちそろってキタイ皇帝・耶律阿保機に使節を送ったのである。かつてないことであった。

キタイ・沙陀戦争の顚末は、直接の当事者たちのみならず、中華方面のさまざまなものたちにもきわめて鮮烈な印象をあたえた。最強は、沙陀ではない。少なくとも、沙陀の動向だけを見つめていれば済む話ではなくなった。ここに、キタイ国家は、中華の諸勢力にとっても、もっとも警戒すべき存在となった。様子見もふくめて、とりあえず通好しておくにこしたことはない。李存勗自身も、これ以上、キタイと事を構えたくはなかった。

存勗の南伐

沙陀軍閥などからの遣使が阿保機のもとより帰還していったあと、おなじ九一八年の秋八月一日、李存勗は黄河もほど近い魏州の郊外にて兵を閲した。沙陀の所轄と友邦からなる華北の十鎮の諸軍にくわえ、河曲・代北・山後などからの奚・キタイ・室韋・吐谷渾の遊牧騎馬兵もあわせて十余万もの大軍勢は、中華において近年にない壮観さであった。存勗としては、渾身の大軍団を組織したのである。

半年まえの阿保機への集団通好は、後梁に対するこの大攻勢の了解を求めるものでもあったことになる。阿保機は、それを承認したのである。奚・キタイなどの遊牧軍は、以前から存勗が取り込んでいたものたちではあったろうが、阿保機が認めなければ動かしにくいのも事実であった。このとき、はたして阿保機からの助兵があったかどうかは分からない。

ともかく、この存勗の南伐行は、かねての「父子の盟約」を前提とするものではあったろう。先年の阿保機の大侵攻のおり、存勗自身は阿保機と直接に戦ってはいないことも、盟約の履行を求めやすくはしただろう。少なくとも、阿保機はこれからしばらく、「中華」にむかって兵を動かさなかった。阿保機と存勗のふたりは、不思議な関係にあったといっていい。

追いつめられた後梁「政権」は、必死となった。麻家渡（まかと）に営した沙陀軍に対し、後梁側は濮州（ぼくしゅう）の行台村（こうだいそん）に陣した。たがいに、野戦陣地を構築してにらみあうこと百余日、存勗は膠着状況を破ろうと、みずから数百騎にて突出し、伏兵にあって重囲に陥り、李存審の来援でからくも脱した。このあたり、勇将と暴将は紙一重であった。存勗は、つねにそのあやうさのなかに生きていた。

一二月、李存勗は敵の本拠の汴（べん）を直攻せんとして陣地を破却して進み、追尾してきた梁軍と胡柳坡で会戦した。いったんは撃破したものの、沙陀側の輜重部隊が敗北と勘違いして潰走したため、沙陀軍は大敗を喫し、幽州の驍将・周徳威がここで戦死した。しかし、存勗はくじけることなく、小高い土の山にて休憩していた梁軍を襲い、ついに大勝をえた。このとき、沙陀軍は幽州での戦いとおなじく、役徒を使って柴をひきずり塵を揚げさせて梁軍を混乱させた。常套手段の戦法であった。

この一戦で、梁兵のうち汴に帰還しえたものは千人に満たず、大勢はほぼここに決した。翌九一九年は、黄河の渡し場をめぐって、舟いくさとなるなどしたが、後梁の衰勢は動かしようもなく、九二一年正月には「伝国の宝」が出現して、存勗の即位がしきりに勧進される状況となった。ちなみに、「命を天に受け、子孫これを宝とす」と刻された伝国の宝は、魏州・開元寺の僧の伝真が、八八〇年に黄巣軍で混乱する長安において手に入れ、四〇年のあいだ秘匿してきたものであったという。伝国の宝、もしくは伝国の璽は、中国史を通じ政治上の必要に応じて出現するという癖をつねにもっている。

激突への伏線

キタイと沙陀の二度目の激突は、おもいがけないことが発端となった。伝国の宝があらわれた翌二月、沙陀の友邦であった鎮州軍閥の総帥、「趙王」の王鎔は、麾下の大将・王徳明に謀られて死に、王氏一族は族滅させられた。徳明はもとの姓名にもどして張文礼と名乗り、翌三月、自分の承認を求めて連合軍のリーダーたる晋王・李存勗に使いを送った。

ちょうど諸将と酒宴の最中であった李存勗は、盃を投げて悲泣し、腕をとりあって同盟を誓った亡き趙王のために敵討ちせんとした。しかし、将僚たちは、今はまだ後梁と争っているときであるから、すぐ脇腹に新しい敵をつくるのは得策でないとして、おしとどめた。張文礼は存勗によって叙任されたものの、不安がもたげ、平州の盧文進に密使を送ってキタイの支援を求めた。さらにすっかり衰えた後梁の末帝・朱友貞にも密使を出して、北のキタイと南の後梁と連動しつつ、ともに沙陀を倒そうと提案したが、こちらは断られた。

八月、もはや張文礼を放置できなくなった李存勗は、故・趙王の部将の符習に命じて鎮州・冀州の兵をもって文礼を討たせ、かつ宿将の閻宝に助軍させ、さらに蕃漢総管として勇名の高い史建瑭に前鋒をつとめさせた。ところが、鎮州の北東に位置する定州の総帥・王処直は、鎮と定は唇歯の関係で、鎮州が滅べば定州は孤立すると考え、張文礼と協議して、新州防禦使の要職にあった自分の子の王郁にひそかに連絡し、北の阿保機を動かして南伐を求めさせようとした。事態は、複雑かつはげしく展開した。

符習をもりたてる沙陀軍は、北上して趙州を開城させ、鎮州城下にいたった。張文礼は以前から腹部のはれものに苦しんでいたが、属下の趙州の刺史が降伏しても、存勗からそのまま現職を認められたことに衝撃をうけて、沙陀軍が迫るなか、急死した。その子の張処瑾は、その死を秘して沙陀軍に抵抗した。九月、鎮州の攻防戦で、沙陀の前鋒将軍の史建瑭が流れ矢にあたって戦死した。この報に激発した李存勗は、南方にいながら、みずから北行して鎮州を攻撃せんとしたが、黄河の渡河をめぐって対陣する後梁軍がこれを察知し、激戦となった。だが、存勗直属の三〇〇〇の鉄騎の奮闘で後梁軍はまたも敗れ、いよいよ最終段階までに追いつめられた。

定州の愛憎劇

長らく興亡乱離がつづいた華北は、いよいよそれなりの統合にむかって次なる地平へと移ろうとしていたのであった。そして一〇月、定州でさらに異変がおこった。定州節度使の王処直は、養子の王都(おうと)によって幽閉され、乗っ取った王都は沙陀に通じた。ここで、おどろおどろしい話が伝わる。

かつて王処直は子がなく、妖人の李応之(りおうし)は劉雲郎(りゅううんろう)という子供をえて、処直に「この子には貴相がある」といって養子とさせた。ところがその子、すなわち王都は成人すると、べんちゃらとウソばかり、しかし処直はすっかり騙されてしまった。処直には、別の子がおり、王郁といった。彼は父に可愛がられず、そのため沙陀に身を投じた。李克用はむすめを彼にめあわせ、昇進を重ねて新州防禦使にまで立身してしまった。それが阿保機に通じようとしていた王郁であった。

王処直は、併合をねらう沙陀の手より定州の地を守らんとしたときに、王郁こそが頼りとなると悟ったのである。その王処直が、かねて寵愛していた王都に権力を奪われたのだから、皮肉であった。王都がクーデタをおこした理由として、父の処直がキタイに通じようとしたことに定州の軍府のものたちが賛成しなかったからだとするのは、どこかウソめいている。というのは、王都はクーデタのさい、処直の子孫と腹心の将僚たちを皆殺しにしているからである。定州の中核にいるものがキタイを嫌い、沙陀を選んだというのが本当ならば、皆殺しは必要なかったはずである。だが、李存勗は王都のうりこみを大歓迎した。沙陀の制覇に役立つならば、悪人も可であった。なお、このあたり、司馬光の『資治通鑑』が妙に詳しい。

河朔の地において、鎮州と定州をふたつの焦点とする大騒動がくりひろげられているさなか、「中華」側の最北境といっていい山後の地、さらにその北の彼方にひろがる草原との間で、やりとりがなされていた。そして、キタイ国家の年号では神冊六年（九二一）の冬一〇月一日、沙陀側の新州防禦使の王郁は、自分が管轄する山後の地の兵馬をあげて阿保機に内附を表明した。王郁は世話になった沙陀を見限ってまで、父とキタイに自分の運命を賭けたのである。沙陀軍閥にとっては、華北制覇の寸前で要衝の鎮と定があいついで離反し、さらに北辺防衛のかなめである新州が総帥みずからキタイに寝返ってしまったのであった。

当惑するふたり

すでに幽州は盧文進のために人影蕭然たる曠土と化し、沙陀を代表する軍将の周徳威も、いまは亡かった。さらに、今度は山後の地のすべてが、敵となった。沙陀の北域は、古くからの拠点である代北のほかは空洞化し、北のまもりはほとんど崩れたといってよかった。存勗にとって鎮州における張文礼のクーデタが、予想もしない事態に拡大してしまった。

人として、心のひだが多すぎて喜怒哀楽がはげしいうえに、急速に精神の安定を欠きだしていた彼は、この急変に激発しないではいられなかった。ただし、苦境に陥ると、かえって力が発揮されるのが李存勗という人物のおもしろいところではあったが。

かたや、阿保機にとっても、おもいもかけない成り行きであった。沙陀連合の乱れそのものは、歓迎することではあったろうが、反面でどこか当惑する部分もあったのではないか。というのは、李存勗の力が南の後梁に注がれている間、阿保機は、ひたすら国制整備をはじめとする「内政」に忙しかった。

まずは、新都・上京の荘厳につとめつつ、遼東に赴いて遼陽故城を修復し漢民や渤海の俘戸を移すなど、遼寧平原の開発に着手した。ついで、契丹大字（たいじ）を制定・頒布し、さらには信頼する愛弟の蘇を首班とする政府機構を再編し、法律を欽定して爵位を決めるなど、キタイ国家の基本骨格というべき部分を次々とつくりだしていった。草原の遊牧国家の伝統を踏まえながら、それにとどまらずに中華の国家方式を適宜とりいれ、草原でも中華でもないかたちとあり方を模索している最中なのであった。

しかし、阿保機の決断と切りかえは、すばやかった。王郁の内附が決定したおなじ一〇月の二四日には、定州にいる王郁の父の王処直に応ずべく、阿保機はみずから軍をひきいて南下し、おそらくは山後の地をいったん経由したのだろう、居庸関を通過して河北平原に出た。翌一一月の二一日には、要衝の古北口（こほくこう）をくだし、二五日にはキタイ軍を数隊に小分けして、幽州管下の檀（だん）州・順州・安遠・三河（さんが）から、さらに幽州より南の良郷・遂城（すいじょう）・満城をへて、定州もほど近い望都など十余城を席捲し、住民を俘獲してキタイ領内に移した。ようするに、このときは、山後の地の領有を直接に確認するとともに、幽州一帯を風のように駆けぬけて、問題の定州に迫ろうとしたのではあった。しかし、王都のクーデタがすでになされていたため、やむなくいったん戻ったのであった。一気に定州軍閥と合流して、さらなる展開をはかる目算は、この時点ではわずかの差でかなわなかった。

一二月、王都は部衆をあげて阿保機のもとにやってきた。阿保機は王都を「子」と呼び、手厚く賜与したうえで、彼の部衆をシラ・ムレンの南側にひろがる沃野に移した。キタイ本地の南隣に置いていたのだから、殊遇といってよかった。所部もろともに帰属した王都を信頼する姿勢を、内外に明示したのである。

司馬光の浅知恵

王都の来附にかかわって、やや奇怪な話が伝わる。王都は、阿保機にいった。「鎮州には、美女が雲の如く、金帛は山のようにあります。天皇王には、すみやかにいかれるならば、みなわがものとなりましょう。さもなければ、晋王のものとなります」。阿保機はそのとおりだとして、衆をこぞって南行しようとした。ところが、述律皇后は諫めた。「われらには西楼と羊馬の富があります。その楽しみは、きわめつくせません。どうして師を労して遠く出軍し、危険を冒して利を求めるのでしょうか。聞くところでは、晋王の用兵は天下に敵なしとのこと。もし危敗があれば、悔いても及びません」。しかし、阿保機は、ききいれなかった。

阿保機は、浅ましく卑しい男で、前後のみさかいもない愚かなやつ。そそのかす王郁は、口先だけの卑劣漢で、典型的な裏切り男。述律皇后は、莫迦な亭主に内心でなかば愛想づかしをしつつも、賢い女で、多少の嫉妬も手伝ってひきとめようとした。とはいえなにより、敵の皇后にもほめられるように、李存勗は素晴らしい名将であった。キタイの敗退は、女でもわかっていたのに、まことに莫迦な男がキタイ皇帝だったのだ。——どうも、こういいたいらしい。

この話は、『資治通鑑』がしるし、『契丹国志』はほとんど字を入れかえることもなく、そっくり引き写す。司馬光の心性は、中華主義というよりも、ほとんど子供のようである。というのは、司馬光が踏まえたらしい欧陽脩の『新五代史』は、ここまであさましく下品ではない。それによれば、こうである。

王郁の父の処直は、鎮州が亡びんとしているのを見て、そうなれば沙陀は定州も併合にかかると懼れ、そこで王郁によしみを通じさせた、とまず説明したうえで、王郁は阿保機にこういったとする。「亡き趙王は、趙の地に王たること六代、鎮州は金城湯池で、金帛は山積され、燕の姫や趙の女が宮廷を飾っております。張文礼はそれを手に入れましたが、沙陀に攻められ、死を懼れているばかり。ですから、みなすべて皇帝をお待ちしています」。阿保機は大喜びした。だが、その妻の述律は肯んぜず、いった。「われらには羊馬の富があり、西楼は娯楽となります。今、これを捨てて、遠く人の危急にゆかれる。聞くところでは、沙陀の兵は天下に鳴り、戦いには勝敗があります。後悔しても追いつきません」。

仕掛けの方向は同じだが、王郁の来附の次第、状況の説明、まだしもましである。用語や表現も、多少なりとも節度がある。とはいえ、この時すでに張文礼は死去して三ヵ月以上すぎており、話の全体が欧陽脩の創作なのは自分で証明してしまっている。なお、この話は先行する『旧五代史』には見えない。『旧五代史』と『新五代史』の段差はやはり大きい。

述律皇后が、男まさりの女傑で、阿保機にもいろいろ助言していたのは事実であった。それがのち、北宋になっても昔語りとして聞こえていたのはまちがいない。キタイ帝国は女性にすぐれた人が多く、そもそも男尊女卑のはなはだしい「中華」とはちがい、女権はきちんと存在していた。皇后に諫められる筋立ては、北宋では軽蔑すべき嗤(わら)い話となったが、遊牧社会のキタイではそうではなかった。ようするに、社会と文化の体質の差である。そのあたりを心得ていない人間の述作であることは明白である。欧陽脩のつくり話もひどいけれども、時代と状況の所産として、いかにもとおもわせるところがある。だが、それにしても司馬光の浅知恵はすこしみじめである。

喰い違う記録

十二月、キタイ軍は王郁とともに再度南下し、幽州を攻撃した。守将の李紹宏(りしょうこう)は、ひたすら固守した。キタイ軍はあえて幽州にこだわらず、南進して涿州を攻撃し、これを陥して刺史の李嗣弼(りしひつ)を捕らえた。さらに、易州から定州に進攻した。定州の王都を倒し、幽閉されている王処直を救出して、あわよくば華北情勢のころがりかた次第では、より大きな可能性もあると考えていたのだろう。

ところで、今回のキタイ軍の主将は、『遼史』によれば、皇太子とされていた阿保機の長男、突欲（トヨク）であった。のち、東丹王となり、数奇の生涯を送る人である。かたや、『旧五代史』も含めて、北宋・南宋での記録は、無条件に阿保機本人が親征したことになっている。

そして、もうひとつ、キタイ軍と李存勗ひきいる沙陀軍の会戦の時期について、『遼史』は九二一年の一二月のうちのこととする。いっぽう、やはり『旧五代史』以下の両宋での記録は翌年の正月だとする。それぞれかなり具体的にしるされている個々の戦闘場面に関しても、中身はおおむね同じ方向を語りながら、日付の干支は全く異なる。さらにつけくわえると、『遼史』のほうは九二二年になってからも、キタイ軍は二月、四月と河朔に出撃しているが、宋側の記録は黙して語らない。それぞれに具合の悪い事情があるのかもしれない。はたしてそれがなになのか、残念ながら定かにわからない。

阿保機が親征したかどうかについてさえも、いくつかの解釈のはばがありえる。結局、会戦そのものはキタイ側の敗北のかたちとなった。そのため、キタイ側の原記録にもとづく『遼史』は、なるべくならば阿保機の親征とはしたくない。逆に勝利をえた沙陀の側に立つ両宋時代の記録では、阿保機が出陣していたと是非ともいいたい。まずは、そういう心理が働いている。

ただし、このとき例によって戦闘の最前線に突出して頑張った李存勗とはちがい、前線に身をさらすことの極めて少ないとみられる阿保機が本当に軍に臨んでいたかどうか。少なくとも、沙陀側にはわからなかったはずである。いっぽう、皇太子の突欲(トヨク)は、九一九年の一〇月にキタイ軍が北の烏古部(うご)に出征したさい、先鋒軍をひきいて実戦の経験をつみ、翌九二〇年の九月には内政に専念する父の阿保機と叔父の蘇に代わって、迭剌部イルキンの汙里軫(うりしん)を副将として陰山方面へ出軍し、赫々(かくかく)たる戦果をあげて、その年のうちに帰還している。であれば、九二一年の一〇月から一一月にかけて、いったん華北へ出撃し、かなりの広範囲を席捲してきた父の阿保機になりかわり、翌月ただちにおこなわれた第二次出撃にあたっては、帰附してきたばかりの王郁を副将として、青年プリンスの突欲が主将となったとするのは、よくわかる話である。そのほうがことがらとして、あまり無理がないように見える。

そもそも、なににつけ慎重さの目につく阿保機が、新附の王郁を丸のまま信用して、皇帝みずからあえて危地に飛び込んだとするのは、はたしてどうか。李存勗ならば、たしかにみずから先頭に立たなければならなかっただろう。彼の場合は、代わりはいない。しかし、阿保機のほうは、「国家」としての体制もそれなりにととのっており、自分の名代として戦争を指揮することが可能な人物は、少なくとも子の突欲と堯骨(ヤオグウ)、そして実弟の蘇と、三人はいる。くわえて、阿保機はすでに五〇歳。老化の早い遊牧民であれば、短期間のうちに二度もたてつづけに遠征するとは、いささか考えにくい。それに、一回目の出撃のさい、定州は敵地となってしまっているのを、彼はその目で見ている。政権の保持・安泰のためにも、自分は本国で待機し、長男に遠征軍の指揮をまかせるというのが、自然なところではないか。決定的な確証はないが、『遼史』が語る突欲主将説のほうが妥当だろうと考える。

二度目の激突

さて、二度目の激突の具体的な経緯は、次のようであった。キタイ軍の定州来攻に対し、定州を乗っ取っていた王都は、急を告げる使いを李存勗に送った。難渋する鎮州攻囲にしび

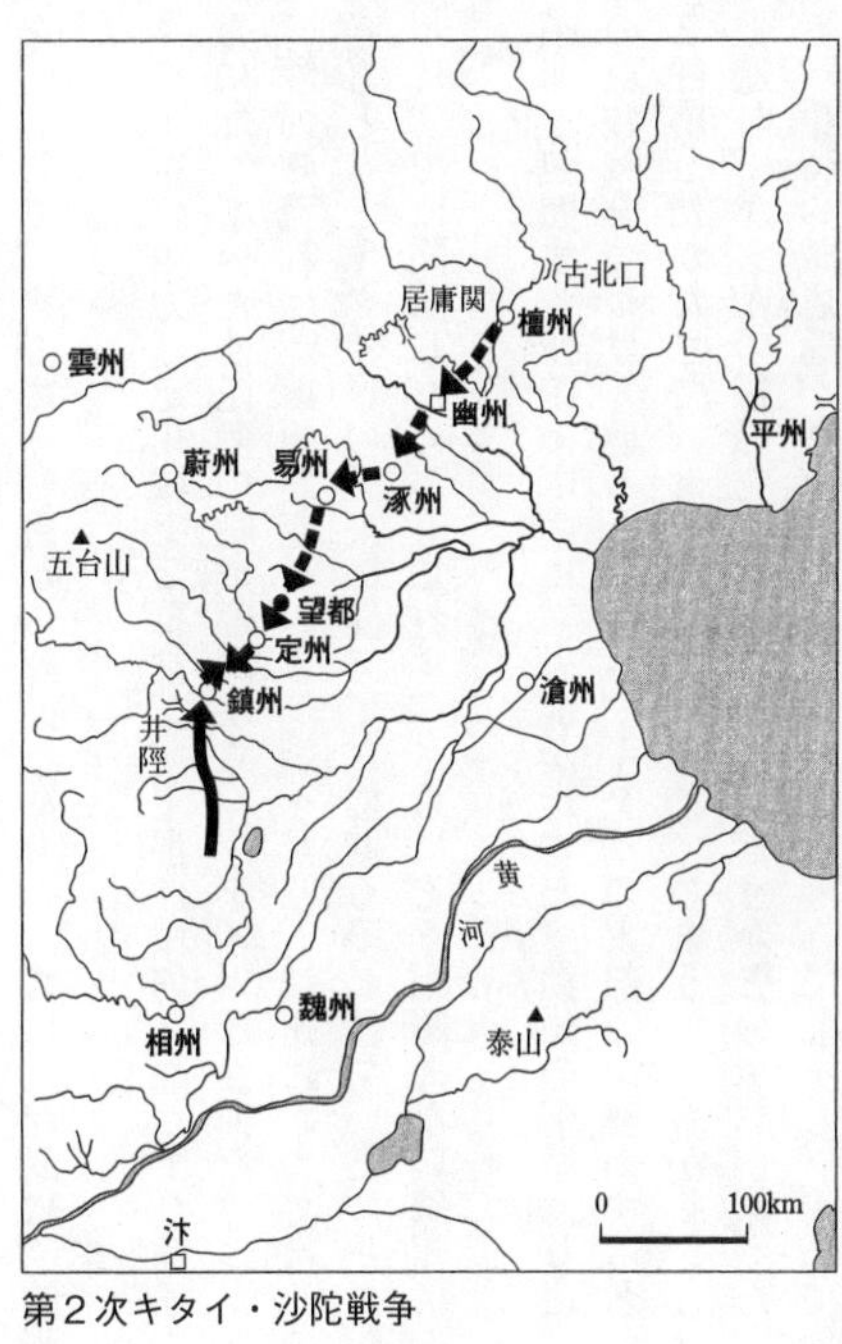

第２次キタイ・沙陀戦争

れを切らして、すでに一一月から陣頭指揮をとっていた存勗は、鎮州の行営（こうえい）にて知らせを受けた。

キタイ軍の主力は定州城下に幕営し、王都は城内に籠ってひたすら固守した。おりしも、前方に配していた沙陀側の哨戒（しょうかい）部隊から、キタイ軍は沙河を渡ったとの報が沙陀本営に入った。沙河の流れは、鎮州と定州のさかいをなし、鎮州にとっては北の防衛線といってよかった。もともとキタイ軍の襲来に備えて、楼壁も築かれていた。そこが突破されたとなると、定州はすでに陥落したのかも知れず、さらにそう距離のない鎮州にも敵鋒がすぐに及んでくる。

鎮州を包囲する沙陀の軍中に、恐怖が走った。鎮州の堅城ぶりにはねかえされて、悪戦苦闘の攻城戦をつづけているところへ、キタイの大部隊が襲来するとなると、鎮州城内の籠城軍と呼応したかたちで、はさみうちにされてしまう。ともかくここは、いったん囲みを解いて退避し、キタイの鋭鋒をやりすごしてはどうかとの意見があった。しかも、ちょうど南からも、梁将の戴思遠（たいしえん）が李存勗の不在のすきをついて北上し、かねて沙陀側が河朔経営の戦略拠点としていた魏州を急襲するという異変もおきていた。一気に八方手づまりとなって、沙陀は鎮州城外で野垂れ死にすることにもなりかねない。

みなが旋回を請うなか、李存勗はいった。「覇王が事を挙げるには、おのずから天道というものがある。キタイが我をどうにかできようか。われらが唐朝のはじめ、突厥が入寇して渭水（いすい）の北までおしよせてきたとき、高祖（李淵（りえん））は長安を捨てて東南へ遷ろうとした。しかし、太宗（李世民）は断固として拒否し、その雄武の才をもって数年ならずして東西ふたつの突厥を従えた。今、吾は数万の衆をひっさげている。使い走り風情の王徳明や、辺地に生まれ育った阿保機などから、逃げるわけにいこうか。それでは、民にあわせる顔がなくなってしまう。おまえらは、ただ馬に乗ってついてこい。吾が、敵を破るのを看よ」。『旧五代史』が伝えることばは、いかにも李存勗を偲ばせる。たしかに存勗は、みずからをもって大唐帝国の事実上の創始者たる李世民になぞらえていたのだろう。李存勗はテュルク系の沙陀、李世民は鮮卑系の拓跋。ともに「異族」をもって「中華」を呼号するあたりも共感するところがあったのかもしれない。英雄的な気分、雄才たる誇り、それが存勗をささえていた。

李存勗は、ただちにみずから鉄騎五〇〇〇を御して新城に至った。キタイの前鋒軍三〇〇〇は新楽をへて南下しつつあり、それと遭遇した。李存勗は、よりすぐりの精騎でもって得意の密集隊突攻をしかけた。桑の林から馳突したところ、天佑神助のごとく陽がきらさらと照り輝き、不意をつかれたこともあってキタイ騎兵は驚きあわて、分散退却した。

沙陀軍はこれに乗じて追尾し、うすく氷結した沙河におちて溺死するキタイ兵が多かった。定州城下に野営していたキタイ軍の主力は、敗兵が戻ってくると、定州にとどまるのを危険と見て、沙陀軍との距離をとるべく、その東北方の望都に退いた。主力を傷つけることなく、状況を眺めようとしたのである。近代戦とちがい、正確な戦況把握が困難であった当時、賢明な対処であった。

存勗は定州にいたり、危機を救われた王都は、馬前に出迎した。この夜、開元寺に宿泊した李存勗は、翌日ただちに軍をひきいて望都にむかった。キタイ軍の動揺をついて、一気に決着をつけようとしたのである。キタイ得意の平原展開戦にもちこませず、全軍による直攻・突撃の接近戦を挑むのが、ほとんど唯一の勝利への道であることを、さすがに存勗はわかっていた。

その途上、奚の族長・禿餒（トダイ）がひきいる五〇〇〇騎と遭遇し、存勗は親軍一〇〇〇騎で闘い合った。しかし、数と展開力にまさる奚軍に圧倒され、重囲におちた。存勗はみずから挺身突撃すること四度、だが打開できなかった。そこへ、克用以来の宿将・李嗣昭（りししょう）が存勗の危急を聞き、三〇〇騎をひきいて救援した。嗣昭は涙を流しながら奚軍に突入し、からくも存勗を救い出し、自陣に帰還した。

気押されたキタイ軍は、撤退に決した。ときに寒波が北からきたり、平地に五尺の積雪となった。芻糧（すうりょう）を欠いたキタイ軍は、人馬ともに道に斃（たお）れた。悲惨な撤退となった。存勗は、キタイ軍を追襲して幽州まで達した。ところが、その追撃戦の道々、キタイ軍が野営したところにいたるたびに、藁が地にしかれ、しかもきちんと方形の陣をなしていた。退去にともなう乱れのあとも、全くなかった。存勗は左右のものにむかって、「キタイの法令は、このようである。中国は遠く及ばない」と嘆じた。

幽州にいたっても、存勗は二〇〇騎をもってキタイ軍の様子を窺わせたが、逆に全員キタイに捕縛された。長城ラインに近い檀州にキタイ軍が野営すると、幽州の沙陀軍が来襲したれ、キタイ側はこれを撃退し、その裨将をとらえた。もはや、キタイ軍に打撃をあたえられないと見た存勗は追撃をあきらめ、今度は南方の梁将・戴思遠にむかって、倍道兼行して南下した。

なお、『旧五代史』『新五代史』ともに、キタイ撤退のさい陣中にあったとする阿保機は、このとき天を指さして「天、いまだ我をしてここに至らしめず」といって、兵を引いたという。沙陀の実力はせいぜいこの程度と見切ったうえで、自分には実力はあっても、天運がないのを嘆いたというのである。なお、キタイはこれ以後、「中国」を見くびるようになったといい添えている。

沙陀の唐王朝

第二次キタイ・沙陀戦争とでもいえるこの度の一連の戦闘について、客観的にはどうであったろうか。キタイ側はおもいがけない沙陀陣営の崩れで、河朔の地にひきずりこまれた。しかし、あわよくばの「野望」は、うたかたの夢に終わった。ただし、キタイ国家そのものはゆるぎもしなかった。

遠征隊の主力が、はたしてどれほど損傷したか、本当のところはわからない。というのは、所詮は記録のほとんどは沙陀側に立つ。戦闘の状況、積雪による斃死など、いずれもいわば沙陀から北宋に伝わった「主催者発表」にすぎない。欧陽脩の『新五代史』ですら、キタイ側の撤退が野営地の乱れもなく粛々としたものであり、陣中にいたかどうかわからぬ阿保機に『旧五代史』のいうままに余裕の言をはかしめているほどであった。おそらくは、そのあたりがことの真相だったのではないか。ようするに、キタイ側は、ほとんどの兵は実戦することがないままに、自損をできるだけ避けるべく、ゆとりをもって野営を重ね、ゆるゆると引いていったのだろう。

かたや、沙陀側はまさに必死であった。盟主たる李存勗個人も含めて、命を「まと」にして、なんとか急場をしのいだ。軍の損耗も、沙陀のほうが上回った可能性も大いにある。ともかく、キタイ軍との主力決戦にもちこまなかったことが「勝因」であった。とはいえ、沙陀の将兵は、荒ぶる軍神・李存勗の猪突猛進ぶりの凄まじさをあらためて認識するとともに、キタイ軍の快足展開のおそろしさ、そしてもっとも困難な雪中撤退をあざやかにやってのける統制力と組織性に、はるかに及ばないものを感じたことだろう。ようは、キタイと沙陀のいずれも深い痛手も大きな利得もなく、ほぼ現状追認のかたちで幕を閉じたのであった。

『遼史』によれば、このあともしばらく、キタイ側は河朔にむかって幾度も兵を繰り出した。すでに雪中撤退のさいでも、幽州北辺の檀州・順州の民をつれ帰り、遼寧平原に安輯した。つづいて幽・薊両州を攻め、キタイの年号では、天賛元年（九二二）の四月には、薊州をおとして刺史の胡瓊（こけい）をとりことし、さらに進んで王族の迭烈（迭列・迭剌とも書く。いずれも音訳字で「デレ」に近い音か）とおそらくはソグド系の将軍・康末怛（こうまつたん）をして沙陀軍が猛攻をくりかえす鎮州城下へと襲来させた。その感謝のため、翌月、鎮州の主将の張処瑾は、籠城中にもかかわらず、阿保機のもとへ人を出して敬意を表した。

すでに、この年の三月、沙陀側はいったん鎮州側に大敗していた。沙陀側の攻城軍の主将・閻宝は、鎮州をぐるりと取りまく堡塁をつくり、滹沱河の水を引きいれて水攻め・兵糧攻めにしていた。ところが、三月丙午の日、鎮州側はいつわりの投降兵五百余人を出して油断させ、一気に城中から打って出て、沙陀の築塁をこぼち、閻宝の営を火攻めにし、沙陀軍の芻糧を奪った。餓死寸前であった鎮州は、ふたたび息をふきかえし、李存勗は崩壊した戦線を立て直すため、数少ない切札のひとり李嗣昭を主将とした。しかし、李嗣昭は流れ矢にあたって戦死し、趙州に退いていた閻宝もまた同月、失敗を悔いつつ憂悶のうちに死去した。さらに同月、雲州の李存璋さえも他界した。次々と宿老たちがみまかるなかで、存勗はやむなく、振武節度使として代北の地に置いていた李存進を北面の主将として、鎮州攻略を続行させざるをえなかった。

このとき李存勗は、戦死した李嗣昭の遺児たちに、太原にて葬儀・服喪するよう命じたが、子のひとり李継能は立腹して、父の親兵数千をひきつれて戦線を離脱し、嗣昭一家の本拠地と化していた潞州に帰ってしまった。あわてた李存勗は、実弟の存渥を派遣して説得したが、嗣昭の遺児たちはさらに憤慨して存渥を殺そうとするほどであった。亡くなった李嗣昭は、かつて潞州を死守して沙陀の瓦解をくいとめ、ついでその地を見事に治め、しかも存勗の命を戦陣に救い、ついに鎮州で戦死した。勲労このうえない人物であった。にもかかわらず、李存勗は格別の手当てもついにすることがないままに、潞州の所領をとりあげて太原に帰葬せよと命じたのだから、兄弟の怒りは当然であった。こののち、李嗣昭の子らは、潞州で叛旗をひるがえし、後梁に通じた。

存勗の過剰な自信と自尊、そしておごりは、今や将士の心にすきま風をおこしていた。閻宝の死も、存勗の配慮のなさのためともいえた。また存勗は、軍事拡大に熱中するあまり、過度なとりたてを平気で領内に強制した。そのため、怨嗟の声は河朔をこえて広まった。そのひとつの結果として、八月には存勗が俳優から衛州の刺史に抜擢していた李存儒（りそんじゅ）は、主人のいいつけどおりに苛斂誅求したのではあったのだが、民から見限られ梁軍に襲われて俘虜となることとなった。さらに九月には、李存進さえ鎮州にて戦死した。やむなく、李存勗はのこる宿老の李存審を投入した挙句、鎮州側の食がついに尽きて、ようやく開城に至った。なんと、延々一年以上にわたる攻防戦であった。それだけ鎮州軍閥は屈指の力があった。張処瑾の一族・郎党は皆殺しにされ、塩漬けにされて食べられた。まことに殺伐とした気風が華北をおおっていた。

ともかくも鎮州がやっと片付き、李存勗は帝位に昇ることを決めた。キタイに備えるため、切札の李存審を幽州に配置した。すでに病いの床にあった存審は、やむなく輿に乗って幽州に赴任した。かくて、九二三年の陰暦四月、魏州に壇を築いて李存勗は即位した。九〇七年の唐室断絶以後も、その最後の年号「天祐」を沙陀はずっと使ってきていたが、ここに天祐二〇年をあらためて同光（どうこう）元年とした。国号は、もとより唐であった。区別のため、歴史上ではこれを「後唐（こうとう）」という。テュルク系の沙陀による唐王朝であった。

存勗の失墜

李存勗は、皇帝と称してから半年後、九二三年の一〇月、ついに後梁を滅ぼした。もう一人の切札である老将・李嗣源の活躍と謀臣の郭崇韜（かくすうとう）の作戦が効を奏した。存勗は、後梁の政府組織を接収し、それをほぼそのまま自分の政府とした。

しかし、存勗は降伏した旧後梁の関係者を次々と処刑・殺戮していった。およそ賢明とはいえぬ荒っぽい所業であった。彼の本性である残忍さと復讐心が、政治判断を狂わせ、そうさせた。朱全忠以来の後梁政権は、淫靡な気風にはあふれていたが、政治そのものは実利主義で、沙陀ほどの酷薄・無残さはなかった。出現したばかりの唐王朝は、みずから血なまぐさい陰惨な政権であることを内外に表明するかたちとなった。

後梁を滅ぼして華北の覇権を握った李存勗は、安心と慢心のため、急速に崩れた。二〇年近い血戦つづきの日々の反動か、父の克用以来の宿敵を倒し、念願の制覇をはたしたための気のゆるみか、ともかくあきらかに精神が弛緩（しかん）し、さらにいちじるしく変調をきたしていった。都とした洛陽とその一帯で、放蕩三昧に日を暮らし、宦官（かんがん）・伶人たちばかりを身の回りにはべらせて、彼らの言をきき、それまで沙陀をささえてきた宿老・臣僚たちのいうことには耳を貸さなくなった。

また、実際のところ、父の李克用以来の養子・義子たちは、「皇帝」となった存勗にとっては、使いにくく、うとましい存在であった。それぞれが、さらに養子・義子などを中核とするそれなりの武闘集団をかかえ、実力とこれまでの「功」を誇って政権のなかを我が物顔にのさばり歩いた。彼らは潞州の李嗣昭の子たちのように、あらたなる「藩鎮」になりかねなかった。李存勗と「養子」たちとの間が急速に冷却してゆくのは避けがたかった。また、彼らとの対立を巧妙にやりすごして、自分にやりやすいように仕組んでゆく知慧も度量も柔軟さも、存勗には欠けていた。

存勗は軍将ではあったが、政略家にはほど遠かった。戦場における緊張感・昂揚感が彼を駆りたてて「異常人」たらしめたが、着実さと冷静さが求められる平時の政治運営の場面では、その「異常人」ぶりはマイナスでしかなかった。存勗は、気分と感情のおもむくままに決裁し、そのたびごとに臣下と士庶の不信を買った。さらに、悪いことには、彼を含めて沙陀族長家に通弊の「ものおしみ」というか、名誉欲とともに物欲が異常に強く、とりこむばかりで周囲や部下に振るまうことを極度に嫌った。

後唐という名の沙陀王朝は、国家として、政権として、足もとを固めるべきその時を、ほとんど無為にすごした。というよりも、「国づくり」をしなかった。逆に、かの唐王朝の悪弊である宦官政治を復活せしめた。負の局面の多い政権となった。

李存勗の乱れは、政権全体のゆらぎとなった。謀臣の郭崇韜をはじめ、宦官・伶人たちのために非業の最期を遂げる要人たちがあいついだ。かくて、理不尽きわまりない存勗に憤激する部将や兵士たちの「反乱」が各地に湧きおこり、皇帝・存勗のまわりにはどんどん人がいなくなった。父の克用以来の沙陀の宿老・李嗣源は、将士・兵卒たちから慕われ、叛兵たちに求められて存勗打倒の旗印にかつがれた。

その混乱のなか、沙陀の年号では同光四年（九二六）の四月一日、禁軍からも見放された存勗は、襲いかかる兵士の流れ矢にあたって洛陽城内で他界した。ときに四三歳。皇帝を称してから三年、後梁を滅ぼしてからは二年半の「在位」であった。光と影の落差のまことにはげしい生涯であった。廟号では後唐の荘宗という。

存勗のあとは、結局、衆人が混乱のしずめ役と期待する李嗣源が、断りきれずに四月のちに即位した。六〇歳の老帝であった。周囲は、「唐」を不吉だとして、別の国号をすすめたが、嗣源は沙陀の恩顧を語り、「武皇（克用）の功業は、わたくしの功業、先帝（存勗）の天下は、わたくしの天下。兄（存勗）が亡んで弟（嗣源）が紹ぐ。義においてなにをいとおうか」といって、あえて唐をつぐかたちをとった。実際の年齢では、はるかに年上の嗣源が「弟」というのは、実子の存勗こそが「兄」で、養子の嗣源は他の数多くの養子たちとともに「弟」であったことをいう。そういう「父子」であり、「兄弟」なのであった。諸事になれた李嗣源の政治はおだやかで、八年ほどの彼の治世の間、沙陀の政権ははじめてそれなりに安定した。

阿保機の死

阿保機は、存勗の死を、渤海国を滅ぼしたのち、キタイ本土に帰還する途上の六月、慎州にて正式に聞くこととなった。沙陀の唐王朝を継ぐこととなった李嗣源が、供奉官の姚坤を阿保機のもとに派遣して告哀させたのである。天幕のうちに錦の袍をまとった阿保機は、九尺もの巨軀をあらわして姚坤を引見した。

阿保機は存勗の死を聞くと、声をあげ、涙を流していった。「我は河東の先世（李克用）と約して兄弟となった。存勗は吾が児である。近ごろ漢地の兵乱を聞き、甲馬五万騎を引具して、みずから洛陽に赴き我が児を救けようとおもったのだが、渤海いまだ下っていなかったため、我が児をここに至らせてしまった」。

しばらく泣きやまなかったが、やがて李嗣源はなぜ存勗を助けなかったのかと問い、さらにその帝位の正統性を尋ねた。そして、存勗の失墜は二〇〇〇人の宮婢、一〇〇〇人の楽人をかかえ、鷹を放ち犬を走らせては酒と女に溺れ、民衆からのとりたては容赦なく、政治は人まかせ、そのため天下の怒りを買ったのだといい、実はまえまえからそのことを聞いており、転覆するのではと危惧していたが、一ヵ月まえに来報があって存勗の不幸を知った。そこで、自分は一家をあげて酒を絶ち、鷹と犬をときはなち、楽人を罷めさせ、公的な宴会以外はとりやめにした。わが児の存勗のようなことをしていては、国が保てない。これを戒めとするばかりだと語った。

応答はつづいた。阿保機は自分と「漢国の児」たる存勗とは父子であったが、またたがいに讐敵でもあって、ともに害心を抱いていた。しかし、今の天子の嗣源とは旧怨はない。ともに盟約し、自分に幽州を譲れば「漢界」には侵入しないが、と提案した。また、阿保機は自分は漢語をよくするが、そのことは部内では秘しているとも語った。姚坤は三日間とどまったが、そのおり阿保機は傷寒、すなわち腸チフスもしくは急性の熱性疾患をわずらっていたという。そして、ある夕べ、星が阿保機の天幕のまえに殞ちた。それからしばらくして、阿保機はにわかに扶余城でみまかった。七月二七日であった。

阿保機の死去の事情は、実はよくわからない。不可解な影が暗示されている。そもそも扶余城は、キタイと渤海の国境上にあった。三月に帰還の途につきながら、なお四ヵ月ほども、渤海領内にぐずぐずとどまりつつ、ひどくゆっくりと西行したのはなぜなのか。新設の東丹国の左大相に任じられたばかりの弟の迭剌は、阿保機に先立つ一一日まえに他界した。そして、阿保機の没後、二ヵ月して、政府首班の愛弟の蘇もまた、逝去する。渤海討滅直後から妙に、キタイ国家には霧のようなものがかかっている。それがなにか、残念ながら今はわからない。

ふりかえって、阿保機とそのブレインたちが構想したのは、匈奴帝国以来の遊牧国家の長所・利点を生かしつつ、その短所・弱点を補い克服して、国家としての軍事力・機動性を保持しながら、あわせて安定性・持続性をも創出する道であった。具体的には、動く遊牧宮廷と動かざる首都のふたつからなる中央機構を中核として、多集団からなるキタイ族のみならず、奚・霫・室韋などの遊牧系諸部族とそれらの各地域、さらには領内にとりこんだ定住系の人びとやその固定施設をふくめた生活空間、そして人跡ほとんど消えうせていた遼寧平原の開拓・振興など、多重にひろがる多種族・多地域をひとつの大きなシステムとして連結・連関させることであった。これは、ほとんど新たなる歴史の創作とでもいっていいものであった。

ちなみに、こうしたことをもって、草原と中華の折衷と単純に決めつけるのは、はたしてどうか。まして、なにもなかったところに、中華のやり方をそっくり採り入れたのだなどとするのは、あまりの中華崇拝というか、草原世界の脈々たる国家システムについて知らなすぎる言である。

阿保機が扉をひらいた新しい道は、やがてキタイ帝国の歴史のなかで充実・定着してゆく。そして、さらなる大きな歴史のうねりのなかで、時代をこえ地域をこえた国家・社会のあり方となって、次代へひきつがれてゆく。阿保機の創業は、時代の創業でもあった。彼は、よくもわるくも素朴主義の英雄ではなかった。戦闘者・軍事指揮官といった軍事の英雄である以上に、政治と建設の英雄であったといっていい。それが、耶律阿保機という人物が歴史のなかで際立っている最大の理由である。

東丹王伝説

気丈な未亡人・月里朶

阿保機（あぼき）が長逝すると、その翌日の七月二八日、述律（じゅつりつ）皇后はただちにみずから軍事と国政の大権を代行することとした。彼女は果断であった。かつて、阿保機がタングト族を征討したさい、その虚をねらって室韋（しつい）のふたつの集団が来襲したが、知らせをうけた彼女は兵をととのえて迎撃し、大いに侵入軍を破り、その名は草原世界にとどろいた。国家の中心たる創業主が遠征先でみまかり、ひとつまちがえれば、一代できずきあげたキタイ国家と阿保機一家の王権とが、雲散しかねない事態であった。その危機に、彼女はまことに見事に対処した。一〇日あまり、人心の掌握と諸方への手配りにときをすごし、それから政府と遠征軍の主力をひきいて、阿保機のひつぎを守りつつ、ことさらにゆっくりと月余の日をかけて粛々としりぞきゆき、本拠の上京臨潢府へと無事に帰還した。

述律皇后は、その名を月里朶といった。まことに美しい字並びと響きの名をもつ女性であったが、そのいっぽう激しすぎるほどの気性の持ち主でもあった。父方の四代前は、実はウイグル人。キタイ国家と通婚する述律氏の一族は、ウイグル系とさえいっていいものであった。そして阿保機の叔母にあたるキタイ王女を母とする彼女は、夫とはいとこ同士であり、その覇業を兄の敵魯、弟の阿古只と実魯ともどもに助けあった。

キタイ国家は阿保機と月里朶のふたり、および阿保機の弟の蘇をふくめて、この夫婦を核とする「いとこ」たち、ないしは「またいとこ」たちの所産といってもよかった。かの李存勗もまた、彼女を「叔母」と呼んで敬意を払ったのは、たんに阿保機との盟約によるポーズだけでのことだったわけではないだろう。この後の事態を眺めても、阿保機の後継者は、なかばまで実のところは未亡人となった月里朶そのひとであったとさえいうこともできる。

ようするに、阿保機の後継者えらびは、月里朶の手の中にあるといってよかった。阿保機と月里朶のあいだには、渤海国あらため東丹国の主とされたばかりの長男の突欲、「大元帥」の名のもとに阿保機の末年における華北出兵などの主将となった次男の堯骨、そして末子として溺愛された李胡、以上の三人の嫡子がいた。月里朶が選んだのは次男の堯骨であった。

それは「皇太子」であったはずの突欲をあえてはずし、強引になされた後継指名のようでもある。その一方、記録の表面を追うだけならば、ある程度まで既定の路線ではなかったかとおもわせるところもある。突欲か堯骨か、キタイ国家の命運とその継承にかかわって、のちのちまで大きく影響する選択となった。

東丹王・突欲の不運

これには、渤海国の征討が深くかかわっている。やや溯って、渤海国の大諲譔の再度の降伏を受けいれた翌月、すなわち九二六年の二月、阿保機は陣中で青牛と白馬でもって天地を祭るキタイ伝統の儀式をとりおこない、大赦して「天顕」と改元するとともに、渤海を平定したことを李存勗の後唐に通知する使いをおくった。

そして一四日後、渤海国をあらためて東丹とし、その首都の忽汗城を天福となしたうえで、皇太子の突欲を「人皇王」に冊して国主とした。父の阿保機が「天皇帝」、母の月里朶が「地皇后」であるのに対して、天・地・人の順番で三番目に位置づける特別な称号をもって遇したのである。建前では、突欲はさらなる別格の立場になったといってよかった。

その同じ日、新しい「東丹」王国の首脳部があわせて定められ、阿保機の弟の迭剌が左大相、渤海の老相が右大相、渤海国の司徒であった大素賢(だいそけん)が左次相、キタイの耶律羽之(うし)（阿保機のまたいとこ。本名は寅底哂。おそらくはインディシェンに近い音か）は右次相とされた。キタイと渤海の王族と要人それぞれふたりずつ、あきらかに両者を接合する「新国家」を意図した構成であった。ちなみに阿保機は、渤海国王の大諲譔(だいいんせん)を一族もろともにキタイ本土につれ帰り、上京臨潢府の西に城を築いてその居城とするとともに、諲譔には「烏魯古(ウルグ)」、その妻には「阿里只(アリチ)」というキタイ名をあたえることとした。

　大諲譔たちには不本意であったにちがいないが、反面、被征服者である国王以下、王族・臣僚を殺戮するわけでもなく、それはそれなりの「殊遇」をもって応じたのではあった。阿保機らキタイ首脳部は、単純な力による併合ではなく、キタイと渤海を融合する一種の連合王家、もしくは連合王国となさしめようとしたかに見える。もとより、キタイを主人公とし、渤海はあくまで従たる立場の連合ではあったが。

　キタイはもともと、奚(けい)と古くからゆるやかな部族連合の関係にあったうえ、阿保機の建国ののちは、さらに明確な連合政体を形成していた。五部構成の奚の複数の「部族王権」のうえに、八部構成のキタイを束ねた阿保機の「統合王権」が乗るかたちであった。阿保機たちは、これと似たあり方を渤海王家との間につくろうとしたのではないか。

　旧渤海領内の東丹国は、まさに両者の複合国家そのものとして。そして、キタイ本国においても、渤海王家・臣僚たちがキタイや奚の王族・族長・貴顕たちと共につどいあう複合権力体として。ようするに、キタイ・奚・渤海の三者をつらぬいて、阿保機の血脈が共通の君主となる多元複合の広域国家を構想したのである。一種の「同君連合」に近い発想であったといってもいい。

くわえて注目すべきは、四人の相のほか、東丹国の百官たちが新設されたうえに、突欲には天子の冠服がさずけられ、「甘露」と建元して、歳ごとに一五万端の布と一〇〇〇匹の馬をキタイ本国に貢ずるよう定められたことであった。理窟のうえでは、東丹国主の突欲は「天子」であり、キタイ本国の新年号「天顕」とは別の年号を備える独自の国家を形成し、しかもそうでありながら貢納の義務をもつ「属国」として位置づけられたことになる。

新国家の基本スタンスを定めた阿保機は、「この地は海に瀕し、久しく居るべきではない。そなたを留めて撫治させる。民を愛するわたしの心を見せてやってくれ」といい、さらに別れにあたっては「そなたが東土を治めてくれるのならば、わたしにはなんの憂いもない」と語り、突欲は号泣して退出したとされる。

阿保機と突欲との間には、不都合なところはひとつも認められない。というよりも、この父子は、一貫して信頼しあっていたように映る。沈着冷静な突欲であればこそ、風土も気風も伝統も、まったく異なる渤海の地の統治を、阿保機はまかせたのではないか。それがきわめて困難な「茨の道」であることも重々に承知したうえで。父のゆるぎない評価と信頼。それが突欲にとって無上の幸せであり、それがまた、彼の不運の原因ともなったのであった。

くつがえる想定

それにしても、突欲にとって、あまりにも不運が重なった。まず、いったん東丹国というかたちがつくられたとはいっても、それは渤海国の宮廷・政府を改編しただけのことで、ありようは首都という「点」における政権交代にとどまった。キタイ軍の進攻以前から国内が混乱していた渤海領内では、その混乱が今度は東丹国への反乱というかたちとなってあらわれた。

そもそも、キタイの渤海攻撃は、ピンポイントを突く方式でなされた。キタイに対する渤海西境の戦略拠点たる扶余府をたたき、そこから一気に進攻して首都の忽汗城を直撃した。それに先立ち、扶余城を攻略したとき、阿保機が人口調査をおこなおうとしたのに対して、「いま、地を得たばかりなのに民を料ろうとすれば、民は必ず不安となりましょう。ここは破竹の勢いに乗じて、ただちに忽汗城にいたれば、勝利はまちがいありません」と上言したのは、ほかならぬ皇太子の突欲であった。それに従って、すぐさまキタイ軍は東進した。扶余城を抜いてからわずか六日後、阿保機の弟の安端と月里朶の弟の阿古只を将とする万騎の先鋒部隊は大諲譔の老相ひきいる三万の渤海主力軍を破った。さらに皇太子・突欲と大元帥・堯骨、そしてかの南府宰相の蘇らが引具する先乗り兵団は、そのままその夜、忽汗城を囲んだ。そして三日後には大諲譔が降伏を請うという、まさに電撃作戦で渤海王都を開城せしめたのであった。

もっとも、八日後に大諲譔は意をひるがえした。だが、それもその日のうちに忽汗城を実力で攻略し、阿保機みずから城内に入って文字どおり馬前にて諲譔に罪を請わせた。この間、阿保機は渤海国の諸州県に対して、首都の開城と王の降伏を知らせ、帰附をもとめる詔を送っていた。その結果、大諲譔の再度の降伏が確定した翌二月には、渤海領内の各地から軍将・領袖たちがやってきて、降付の意志をあきらかにした。渤海領内は、キタイの覇権を素直にうけいれるかに見えた。そうであればこそ、大赦・改元そして東丹国の改編という一連の政治的な手続きがなされることとなったのであった。かえりみて前年の閏（うるう）一二月の末に扶余城にとりついて以来、わずか二〇日間で大諲譔を再度降伏せしめ、さらにすべて五〇日で東丹国に切り替えてしまうという早業であった。

　しかし、であればこそ、渤海領内は不安定のままであった。阿保機たちは、最大の軍事拠点と首都とを制圧し、王家と政府という〝あたま〟をおさえてしまったのであるから、渤海各地はおのずとそれなりに靡（なび）くものと考えていたのかもしれない。しかし、その思惑ははずれた。いったん降付の意をあらわしたものたちも、次々と叛旗をひるがえした。さらに、始末に悪いのは、渤海国とその近縁には、自立ないしは半独立の諸部がひろがっており、濊（わい）貊（ばく）・鉄驪（てつり）・靺鞨（まつかつ）らはとりあえず来貢してきたものの、最強の女真諸部、すなわちいまだ統合されてはいないジュシェン諸族はキタイにくみしようとはしなかった。

　かくて、東丹国の名目はあっても実質に乏しく、キタイ軍は諸方に展開して制圧作戦をくりひろげざるをえなくなった。これには、かなりな苦戦をしいられることもあったらしい。東丹国の突欲は、首都たる忽汗城をあらため天福城を動くわけにはいかなかった。諸将のなかで、おのずから大元帥・堯骨が征討作戦の主将格となった。彼は、おもに北にむかい、女真

渤海国の国域

諸部のうち、もっともキタイ領に近い達盧古（ダルグ）部をおさえ、その後背にある完顔（ワンヤン）部をはじめとする女真集団を威嚇（いかく）・牽制した。実のところ、各部にわかれる女真諸部の潜在的パワーこそ、キタイ国家にとって東方で最大の軍事脅威なのであった。また、月里朶の弟の阿古只は、やや南にむかい、とくに鴨緑江方面からの大部隊を撃破し、さらに進んで回跋（かいばつ）城を破った。しかし、そのさいの手傷か、もしくは病いかで、他界した。

　ようするに、渤海国に対する軍事活動は、前半のあざやかな電撃作戦と後半のいささか苦しい制圧作戦とも、キタイ国家の中枢をなす阿保機と月里朶の近親者たちが、総掛りでおこなったものであった。それでも、渤海全土がキタイの勢力下に入りきることは遂になかった。なお、こののち渤海国の故土の東部には、「渤海」を称する勢力が細々ながら、それなりにありつづける。断片的な記録をつなぐと、北宋末期、すなわちジュシェン族によるいわゆる大金国（通称は金朝）の出現にいたるころまで存在した可能性もありえるだろう。

阿保機の真意

ある程度は覚悟していたとはいえ、ひどく重い荷と化した東丹国を背負ってしまった突欲に、さらなる不運が追い討ちをかけた。それは、ほかならぬ父の皇帝・阿保機の死であった。渤海国の中心となる部分をほとんど瞬時に打ち倒し、東丹国に切り替えた時点で、阿保機自身はまだまだ死ぬつもりなどなかったろう。いや、それどころか満々たる野望を燃やしていたのではないか。それは中華への南伐であった。

叛旗をひるがえした渤海領内の諸勢力に対して、掃討・鎮圧の軍が出され始めた九二六年の三月、阿保機は「班師（はんし）」、すなわち軍をかえすことにした。阿保機の弟の安端が、ひとまず制圧作戦の最初の成果といえるものを挙げて帰還してきたとはいえ、「反乱」諸勢力をおさえきるには、まだだいぶ時間がかかると見られたときであった。にもかかわらず、あえて承知のうえで阿保機は主力軍の旋回を命じたのである。それは、なぜか。答えはひとつしかない。混乱する沙陀政権、すなわちいわゆる後唐にむかって軍事介入するためであった。

そもそも前々年から前年にかけて大西征をはたし、さらにすぐさま東進して渤海を討ったのは、いずれ近い将来なされるはずの中華への大侵攻のための布石でもあった。ところが、華北の情勢は信じがたいほど一気に急変した。既述のように、李存勗の乱れは、成立したばかりの後唐全体の乱れとなった。渤海国にむかって、阿保機ひきいるキタイ軍の電撃作戦がおこなわれたそのとき、沙陀政権はすでに崩れ、崩れは日をきざんで激しくなった。その知らせは、遠征先の阿保機のもとへ頻々とはいってきていただろう。阿保機の想定をはるかにこえる新事態であった。

時運は、阿保機にほほえみかけていた。よくもわるくも、もはや渤海方面のことにだけゆっくりとかかずらっているひまはなかった。なによりまずは、主力軍をもって西に転じ、ともかくも天与（てんよ）の好機をのがさぬ構えをとっておかねばならない。さらに、華北情勢の展開次第では、一気に南進する。阿保機の生涯で、最大のチャンスが目のまえに開かれつつあるかに見えた。

だが、運命はさらに皮肉であった。西行する阿保機が、随行してきた突欲以下の東丹国の僚属たちと、最終的に別れを告げたのは、夏をむかえた四月五日のこと。ところが、中華情勢の変化はまことにすさまじく、かの李嗣源がやむなく挙兵・反乱というかたちをとったのは、ほんの前月のことであったにもかかわらず、その渦のなかで四月一日、すでに李存勗は命をおとしていた。あまりに呆気なさすぎる自滅であり、哀れなほどの無抵抗ぶりであった。李存勗にもう少しの意地といささかの堪え性があれば、以後の展開は全く違っていたことだろう。

沙陀と李嗣源にとっては、その不甲斐なさこそが幸いであった。もし、李存勗がそれなりに対応していたならば、沙陀権力は分裂し、華北は動乱のちまたと化しただろう。であればこそ、それはキタイと阿保機にとって幸いとなる。当時の状況からしても、またかつての李存勗の勇猛ぶりをかえりみるにつけても、むしろそう考えるのが自然だったろう。しかるに李存勗は、ひとりで勝手に横転し、自分で自分の幕引きをさっさとなして世を去った。その意味では、沙陀軍閥にも華北の民衆にも、結果として大きな迷惑はかけなかったといっていいのかもしれない。肩すかしを喰らったのは、阿保機であった。彼にとって、存勗は最後まではた迷惑な男だった。

想定外の死

阿保機のもとに、莫迦莫迦しいほど惨めな李存勗の自滅と、これまた別の意味で予想外なほどなだらかな李嗣源の即位とが知らされたのは、正確にはいつのことであったかは記録に明示されない。すでに述べたように、李嗣源のもとから皇帝・李存勗の他界を報じる使節団が、まことに手回しよく阿保機のところへ送りこまれてきたのは、六月のことであった。その使者の姚坤(ようこん)との問答において、阿保機は実は前月に知っていたと述べるのは、はたしてどうか。当時の緊迫した情勢と、キタイと沙陀のスリリングな関係からすれば、四月も早々に存勗の死を知り、むしろ阿保機は「その後」がはたしてどうなるか、模様眺めをしていたのではないか。ところが、華北全域が李嗣源のもとに急速に安定したのは、阿保機にとって失望以外のなにものでもなかったろう。

かたや、李嗣源ひきいる沙陀側も、阿保機の思惑を十分に知り、キタイ軍の南侵をもっともおそれていたからこそ、間髪を容れず、「告哀」の使者を北行させ、わざわざ野営の陣中にまでおしかけて、面会をもとめたのである。ようするに、姚坤は、阿保機の野望はもはやかなわぬことをいいたかったのである。かたや、阿保機のほうも、李嗣源の行為を所詮は簒奪ではないかと皮肉り、しきりに牽制しつつ、その嗣源に対してあらたなる盟約とその見返りとしての割譲をもとめて圧力をかけたのである。とはいえ、この時点でもなお、阿保機の手にはキタイ軍の大挙南進というカードは依然としてのこされていたはずであった。姚坤に述べた、華北に出掛けて嗣源と会見してもいいのだぞという言は、その意味である。

ところが、阿保機自身のなかに問題が発生していた。それが傷寒であった。ひとつには、前々年からの西征、そしてそれにひきつづく東征という長い軍旅の疲れもあったろう。くわえて、長男の突欲に語ったごとく、「海に瀕し、久しく居るべきではない」という渤海国東半の土地柄が、彼の肉体をむしばんだのかもしれない。まずはおそらく渤海作戦のうちに発病した。しかしながら、姚坤とのやりとりに示されるように、阿保機は病んでいるとはいえ、意欲はまだまださかんであった。彼は、渤海方面の制圧作戦を横目で眺めつつ、一方では華北の情勢推移を測りながら、キタイと東丹の境上あたりで夏営をかさねて体調の回復をはかっていたのだと考えられる。

死というものは、はかりがたい。みずからの死を、それとしてはたしてわかるのか。阿保機にとってもみずからの死去は、想定外だったのだろう。後継についての遺言はなかった。

もっとも、阿保機にとっては、すでに皇太子となって一〇年の歳月がすぎていた突欲を、自分が「はずす」といわぬ限り、突欲が後継者にならないという事態は思慮の外にあった。しかし、明確な遺詔がないままに父の阿保機が不意に死去したこと、これが、突欲にとっての第二の不運であった。

なお、例によって『資治通鑑』とそれを踏まえる『契丹国志』は、阿保機が他界したとき、次のようなことがあったという。月里朶は、諸将と族長のうち、制しがたいものの妻たちを召し出して、「わたくしはこのように未亡人となりました。あなたがたは、わたくしに倣ったらどうかしら」といった。ついで、その夫たちを集めて泣きながら、「あなたがたは先帝のことを思いますか」と問い、「先帝の恩をお受けして、思わないでいられましょうや」と答えると、「本当にそうなら、あの世にいってお目にかかりなさい」といって、皆殺しにしたとする。司馬光の作り話は、彼の精神のありどころをよく示している。溜息が出そうな話である。しかし、やはり例によってこの両書にしか見られない。

月里朶の選択

東丹王・突欲のさらなる不運は、母の月里朶との「不仲」であった。これは、ほとんど「定め」としかいいようがなかった。

月里朶の指揮下に、阿保機のひつぎを奉じたキタイ主力が扶余城を出立して西へむかうなか、八日後に大元帥・堯骨が制圧作戦を切りあげて、途次の行営地に合流した。さらに三日後、東方から人皇王・突欲は到着した。その西還の途上で、キタイ政府首班の蘇がみまかった。

阿保機のみならず、その愛弟の蘇、そして月里朶の弟の阿古只と、キタイ国家の心柱をなす三人を失い、この「いとこ政権」のなかで生きのこるのは月里朶ひとりとなった。九月、上京臨潢府における「もがり」をはじめ、一連の葬儀とそれにかかわる国事行為は、すべて彼女の主導でおこなわれた。かくて、天顕元年（九二六）は、キタイ国家にとって渤海国の留保つきの接収とともに、甚大なる翳りと不安につつまれて後継者の決まらぬままに暮れた。

月里朶は、状況をはかっていたのだろう。彼女自身もまた、実は誰を後継者にすべきか迷っていたのではないか。翌九二七年の秋八月、中華風の廟号では、太祖と呼ばれることになった阿保機の皇帝陵たる祖陵が完工し、阿保機の遺骸はそこに葬られた。そのさい、月里朶は殉死せんとしたが、まわりが押しとどめたため、みずから右腕を切断して、夫のひつぎのなかに納めた。亡き夫と一緒にいたいが、それでは、キタイ国家の行く末が危うくなる。そこで、右腕を身がわりにした。おそるべき猛女であった。

ともかく、キタイ内外の人びとは、ここにつどいあっていた。いよいよ帝位を不在のままに捨てておくことはできなくなった。隻腕となってまで、必死に代行として国家の大権をふるいつづけてきた月里朶の心は、堯骨に傾いていった。

堯骨は、よくもわるくも単純素朴、外見は威厳にみちていたが、中身はおおらかな人柄で、母のいうことはなんでもよく聴いた。母親にとっては、やさしい子であった。労をいとわぬ勇敢な武将であることも、雄略なことを好む月里朶には気に入っていた。

かたや、突欲は、幼いころから聡敏で学問を好み、将才もあった。一八歳で皇太子となってからは、沈着さはますます増した。父の阿保機や叔父の蘇、母方の叔父阿古只らとまじわって政務や実務にいそしむうちに、急速に大人びた。その分だけ母の月里朶にとっては遠くなった。他人のなかで生きることが好きな、「よその子」のようにおもえたのだろう。

くわえて、突欲は、沙陀との二度目の対決のさい、鬼神のごとき李存勗の働きに遭い、やむなきこととはいえ、敗軍の将となった。さらには、渤海征討後のあいつぐ「反乱」も、名義上の責任者は突欲であった。反対に、堯骨は戦功を重ねることいちじるしく、軍事においてはキタイを代表する人物となっていた。諸将の信頼も厚かった。将運は、あきらかに堯骨のほうにあった。

こうした月里朶の気分を察して、阿保機の股肱（ここう）の臣たる耶律迭里（デリ）は、「帝位は嫡長（ちゃくちょう）を先とすべきです。今、東丹王は来朝されているのですから、お立てになるべきです」と進言した。政府の要職にある身として、もし宰相の蘇や阿古只らが生きていればいうであろうことを、彼は率直に口にしたのである。しかし、月里朶は当たりまえのことを当たりまえとして、正面切って述べたてたこのことばに、かえって逆に激発した。東丹王に党附（とうふ）するたくらみだとして獄に下し、徹底的に痛めつけて、突欲に不利な自白を引きだそうとして果たさず、ついに殺害した。

ここに至って、月里朶には演技が必要となった。突欲と堯骨のふたりに命じ、ともに馬にまたがって天幕の前に立たせ、族長・部将たちにいった。「ふたりは、どちらもわたくしが愛する子です。どちらを立てていいかわからない。おまえたちは立てるべきものを択んで、その轡を執りなさい」。誰もが月里朶の気持をわかっており、争っていった。「元帥に事えることを願うばかりです」。月里朶は「みなが欲するのであれば、わたくしはさからえません」といい、かくて堯骨の擁立に決した。

さらに、演技は応酬された。突欲のほうもまた、キタイ国家の要人たちにむかって、「大元帥の功徳は、あらひと神のようであり、内外の期待が集まっている。社稷をゆだねるべきでしょう」といい、なんと群臣をひきいて太后の月里朶に請い、みずから譲位した。もとより、保身のための行動であった。月里朶はそれをゆるし、ここに堯骨が皇帝の位に即いた。九二七年、陰暦一一月壬戌のことであった。

東丹王の渡海

しかし、ことはそれで済まなかった。結局、新帝・堯骨と東丹王・突欲の間は、気まずさをとおりこして、次第にけわしく、さらにはただならぬことになっていった。

即位から一年あまりたった天顕三年（九二八）の一二月、堯骨は、おもいきった手に出た。東丹国をそっくりまるごと、キタイが本拠とするシラ・ムレンのずっと下流域、現在の遼寧平原に移動させた。そして、東平といっていた遼陽を「南京」という名の副都となして、兄の突欲をそこに居させたのである。東丹国の右次相に任じられていた耶律羽之(うし)の上奏にもとづくこの新方針は、旧渤海領内がおさまらないことが、理由のひとつであった。あわせて、当時の遼寧平原は、もともと沃野であったにもかかわらず、政治上の緩衝地帯と化したこともあって長らく人影の薄い地となっていた。阿保機は中華からの民をさかんにここに入植させていたが、今度は渤海の民をもって本格開発させようというわけであった。

理由そのものは、それなりにきちんとあって、抗しがたいものであった。しかし、不確実な東辺の放棄と東丹国の安定化、そして経済開発というもっともらしい利点のほかに、もうひとつのねらいがあった。もとよりそれは、油断のならない突欲を東丹国ごとキタイ本地の近くにひきつけて、行動を封殺することであった。突欲の動静は、堯骨のもとからつかわされた衛士たちが監視した。突欲は、籠の鳥となった。

なお、この結果、かつて「海東(かいとう)の盛国(せいこく)」とうたわれた旧渤海国の大半の地域は棄地(きち)となり、在りし日の繁栄のほとんどは失われた。ただし、既述のように、その「よすが」ともいうべき残存勢力は、その故土にかすかにつづいてはいたが。かたや、遼寧平原一帯には、渤海移民を中心とするコロニーが出現した。いわゆる「遼東」の地は、ここに蘇った。その首邑の遼陽は、のちキタイ帝国の「五京」のうちのひとつ東京となる。そして、さらに時代がくだると、渤海系の住民のみならず、ジュシェン・モンゴル・漢・朝鮮など、さまざまな人びとが混住する多種族社会となりゆく。モンゴル時代やヌルハチ出現期にいちじるしく目につきがちな遼東の「国際社会」状態は、東丹国の名のもとでなされた大量の渤海移民の集団

東丹王・耶律突欲が描いたキタイ貴族と馬（台北・故宮博物院蔵）

入植にさかのぼるのである。

突欲は、「新都」となった遼陽の西宮に書楼をつくり、「田園を楽しむ詩」を作った。世捨て人をよそおったのである。さらには、それでも不十分と、あらたなる国域の南辺にあたる遼西の名山、医巫閭山のいただきに望海堂という別の書楼をこしらえて、かねてより手許に蒐集していた万巻の書をおさめて、はるかにのぞむ海をながめて暮らした。山人か隠者のように。

ところが、突欲の場合、かならずしも、まったくのポーズだけではなく、正真正銘、抜群の文化人でもあった。かれは契丹文字と漢文に通じ、中華文化の教養にあふれていた。とくに、絵描きとして、すぐれていた。キタイの人物図や、動物・風景を描けば、稀代の名手とされた。中華の地より、商人がやってきて、きそって買いもとめたその絵は、開封や洛陽で、べらぼうな値段で売られたという。のちには宋朝の秘府にも、おさめられた。いまに伝わるそうした絵を見ると、たしかに、的確な造形力・描写力をもっている。

圧倒的な画才というわけではないけれども、どこか、澄明なセンスを感じさせる。ある種の才人ではあったのだろう。

しかし、突欲はおさまらなかった。母と弟に圧迫されて生きつづけるよりは、別の生き方もある。政治上の野心も捨ててはいなかった。九三〇年、ついに東丹王・突欲は後唐の李嗣源が、南からさしまわしてきた海船にのり、海上に浮かんだ。四十余人の随従と万巻の書、そして渤海系の高美人をともなって、突欲は山東半島の登州に上陸し、天子の礼をもって、むかえいれられた。

王が亡命したのである。李嗣源は大歓迎した。まず、姓を東丹、名を慕華と改めるよう、すすめた。ついで、すぐ、李賛華という姓名をさずけた。

名のほうは、わかりやすい。「華を慕う」も、「華を賛う」も、同工異曲で、どちらも中華を景仰する気分をあらわす。たしかに東丹王の亡命が、中華への憧憬を表向きの理由にしていたことは、間違いない。とはいえ、突欲が自分でそう名乗ったならともかく、李嗣源のほうからいいだしたというのだから、なんとも奇妙なおかしみが漂う。なかばからかい、茶化しているのかもしれない。多分に芝居がかった命名といっていい。

かたや、姓の「李」は、もとより沙陀王朝たる後唐の「国姓」であった。李嗣源は、とびこんできたキタイ皇帝の兄に、その「李」姓をすすめることで、自分たち「唐朝」の一族である、と犒ったのである。さらに、翌年には、反対意見を押しきって、滑州節度使とした。地方軍閥、いわゆる「藩鎮」である。後唐の「王族」の名分だけでなく、独立の軍事・行政権をもつ一種の〝大名〟としたのである。

間違いなく、厚遇であった。李嗣源のねらいは、あきらかである。キタイの有力者、東丹王・突欲を自分のふところにかかえこむことで、北の大国、キタイの堅陣にくさびをうちこみ、その脅威を、すこしでも削ぎ落とすとともに、押されがちな局面を押しもどして、情勢を有利にみちびこうとしたのである。なにより、月里朶と堯骨への牽制球になる。

突欲にとっても、「中華」への渡海は、いったん、一敗地にまみれた弟の堯骨にたいして、逆襲するねらいもあった。沙陀軍閥が変じた華北政権の力をもって北伐すれば、キタイ皇帝として、かれの返り咲きも、十分に可能と見えた。けっして、たんなる「慕華」や「賛華」ではなかった。後唐が、自分を歓迎するのを見越したうえで、海に浮かんだのである。

沙陀の混乱

渡海より三年後の九三三年、李嗣源が他界すると、後唐政権はたちまち混乱した。李嗣源の後継者となったその実子の従厚（じゅうこう）を、養子の従珂（じゅうか）が殺害し、洛陽で帝を称したのである。くだんの仮の父子関係による「義子」「義児」「仮子」のたぐいである。李嗣源の麾下で猛将として鳴らした従珂はその「義子」なのであった。

ところが、東丹王・突欲はここで、奇怪な動きをした。なんと弟のキタイ皇帝、堯骨に密報をおくり、「従珂は主君を弑（しい）した。どうしてこれを討（う）たないか」といったのである。骨肉の争いをして、他国に亡命しながら、その当のにくしみの相手に、亡命先から手びきして、

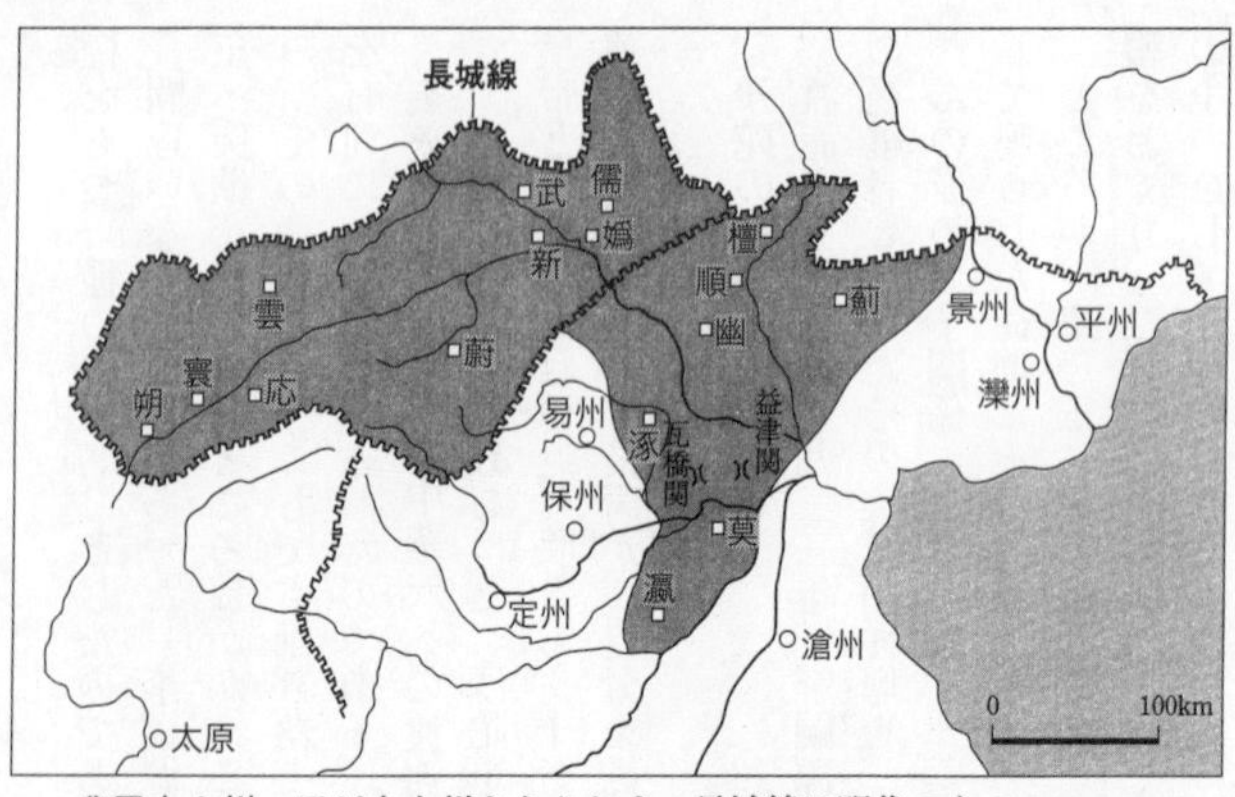

燕雲十六州　□が十六州をあらわす。長城線は明代のもの

その国の乗っとりをはかる。――父と子の違いはあるが、どこか日本の戦国末期における武田信虎とその子の晴信（信玄）をおもいおこさせる。

父の信虎は、隣国の駿河の今川氏のもとにむすこの手でおしこめられながら、当の今川義元が、かの桶狭間に倒れると、自分をおいだした甲斐国主のわが子に密使をおくり、駿河侵攻の絶好機であると伝えた。よく知られた逸話である。もっとも、江戸時代のつくりばなしかもしれない。ともかく日本の信虎は、むすこの信玄よりも、ながいきし、京都で、その訃報に接した。しかし、かの地の東丹王の場合、皮肉にも自分の命におよんだ。

さて石敬瑭（せきけいとう）は漢風の姓名をもつが、やはり沙陀族である。彼は、みまかった李嗣源の女婿であり、屈指の腹心でもあった。かねてより、キタイの南進にそなえる北面駐屯軍団の長として、沙陀軍閥のもともとの本拠、山西の太原に鎮していた。単独でならば、後唐国で、随一の軍事力をその手のなかに握っていた、といっていい。李従珂とは、いわばライヴァル関係にあり、もともとひどく不仲であった。それが、李嗣源の他界によって、一気に表面化した。いっぽう帝を称した李従珂にとっても、石敬瑭は、まさに目のうえの瘤(こぶ)であった。除かなければ、自分の政権が危うくなる。彼はただちに、兵を北にむけた。

かたや、石敬瑭はその攻撃をうけると、北の帝王、キタイ国主の耶律堯骨に援兵を懇願した。いかに強力な軍団を掌握するといっても、いまや皇帝の名分をえて、兵を発することのできる李従珂と、独力で争うのは苦しかった。まして、北のキタイ帝国と協同で、「はさみうち」されたならば、ひとたまりもない。もはや背に腹は、かえられなかった。

燕雲地域の割譲と、父子の礼をとることが、約束された。ようするに中華本土の北辺国境線の一帯の領土提供と、属国になることが、このとき、石敬瑭が申しこみ、耶律堯骨が了解した条件であり、合意点であった。史上に名高い「燕雲(えんうん)十六州」は、これ以後キタイ領となった。

キタイ帝国の野望

キタイ南進

堯骨は兄の突欲の密報もあり、父の阿保機いらいの宿願であった中華進出の好機とみて、沙陀政権の紛争に介入することを決断し、みずから軍をひきいて急発進した。騎馬隊を主力とする五万のキタイ機動軍団は、黄塵をあげて黄土台地を南下し、九三六年の九月、太原を大きく取りまくかたちで布陣していた後唐軍の諸軍を撃破し、事実上ここで一気に後唐政権をたたきつぶした。

そして、同年一一月に、キタイ皇帝の堯骨に冊立されるかたちで石敬瑭は帝位についた。ほとんど傀儡の皇帝であった。さらに、翌閏一一月には、堯骨は父の阿保機と李存勗の故事にならって、年下の自分を「父」とし、年長の敬瑭を「子」とする約を直接にかわした。キタイと沙陀の因縁は、なおつづいていたのである。

それと同じ月、李従珂は、かの「伝国の宝」とともに、洛陽にて自刎して果てた。そのさい、東丹王を呼びよせて、ともに死のうとした。しかし、なお野望という夢の途中にあった突欲が、「帝」とはいえ、李従珂ごときと心中するはずはなかった。東丹王は、当然に拒絶した。

絶望のなかで猛りくるった李従珂は、自分の「鉄砲玉」ともいうべき李彦紳を、開封にある東丹王の邸宅におくりこんだ。最後のおくりものであった。かくてキタイ・渤海・中華を股にかけた東丹王・突欲は、奇妙に賑やかな人生を、ここに閉じた。まだ、三八歳であった。

ところが、突欲は、死してもなお賑やかな人であった。開封の彼の亡骸は、ある仏僧がみつけて、いったん埋葬した。ついで、いまやキタイの庇護のもとに「中華」の主におさまった石敬瑭は、喪服をまとって泣哭（きゅうこく）の礼をおこない、王礼をもって仮の葬儀を挙行した。さらに名実ともに、アジア東方で唯一の真の帝王となった耶律堯骨は、兄の遺骸をひきとって、故人にゆかりの医巫閭山に改葬し、文武元皇帝とおくり名した。敬瑭も堯骨も、立場こそちがえ、まわりを意識したポーズであることはおなじであった。ここに東丹王の劇的すぎる生涯は、伝説となりゆくこととなった。

沙陀の属国化

ひるがえって、石敬瑭の権力は、李存勗の政権、つづく李嗣源の一族の政権のあとをうけ、現実には沙陀第三王朝というべきものであった。沙陀軍閥による政権のたらい回しといってもいい。沙陀軍閥のもともとの本拠地である山西地方の太原＝晋陽を基盤としたことから、中華風には「晋」の国号をとり、歴史上は「後晋（こうしん）」と呼ばれるが、そのことからこの権力を「中華」と見なすのは、はたしてどうか。石敬瑭は、もともと李存勗配下の一部将で、とくにその宿将たる李嗣源の組下で密集突撃を得意とする騎馬隊長であった。粗暴・野蛮な沙陀の頭目のひとりという点では、所詮、李嗣源とその実子・養子たちと変わるところはなかった。

ここでもっとも肝心な点は、沙陀政権はキタイ国家の属国もしくは衛星国家となったということである。その点、キタイから見れば、渤海国あらため、東丹国と基本的には同じ立場である。繰り返すが、この時期のことについて、中華と夷狄などという図式で考えるのはやめたほうがいい。それに沙陀権力は、李嗣源のときに三司使という財務機関をつくり、侍衛親軍という皇帝親衛軍を置いたといっても、それらはのちの北宋期の制度的な淵源をなすというだけにすぎず、ついにこれといった「国づくり」はしないままに、仲間うちで不毛な奪権闘争を繰り返していたのである。

九三七年、石敬瑭は都を洛陽から開封へもどした。しかし、それとほとんど同時に、政権の基盤となるはずの華北各地でさえも、有力軍閥たちの反乱・自立があいつぎ、とても「統合政権」などといえるものにはなれなかった。というよりも、もともと寄せ集めの沙陀軍閥が、さらに数個から一〇個ほどのかたまりに回帰しつつあった。

まして、呉・南唐をはじめとする江南の中小王国たちは、混乱する華北をあきらかに見くびっていた。ようするに、中華地域の実態は、どこをとっても統合などというものとは、はるかに遠いものであったといわざるをえない。アジア東方において、広域国家らしい存在はキタイしかなかった。これが現実である。

大同の夢

「皇帝」とは名ばかりの哀れな石敬瑭は、九四二年の五月、帝位についてからわずか五年半で病没し、宰相の馮道と実力者の景延広は、幼子の重睿を指名していた敬瑭の遺志を無視して、敬瑭の兄の子の重貴を擁立した。そして延広の指導のもとに、キタイからの自立路線がはかられた。これに対し、キタイ皇帝の堯骨は実力制圧に出た。まず、九四四年に二度にわたり兵を出し、沙陀側の北半を席捲した。そして九四六年の七月、みずから大挙南伐することを決意し、兵を領内に徴した。

翌八月、秋をむかえたキタイ本土を発し、いまやキタイ南辺の中核都市となった幽州、あらため南京析津府(なんけいせきしんふ)にて陣容をととのえなおして、一一月に河北平原を一気に南下した。弱体な後晋軍は、ほとんど抗することができなかった。華北各地の有力軍閥らは、自守をはかって、ほとんど後晋政府を助けようとはせず、見殺しにする態度に出た。唯一の頼みは、黄河の流れであったが、キタイ軍に守備の手薄な滑州の白馬津(はくばしん)を衝(つ)かれ、一二月に開封は呆気なく無条件開城した。みずからの権力掌握にうぬぼれて、現実を無視した無謀な強硬路線を推進した責任者の景延広は、上京臨潢府に送致される途上で自殺した。事実上、わずか一ヵ月あまりで潰え去った後晋政府の百官たちは、そのままキタイに仕えることとなった。

翌九四七年の正月元旦、堯骨は駕(が)をととのえて開封に入城し、百官たちの賀を受けた。叔父以上に哀れな皇帝の石重貴は、阿保機が他界した扶余府、あらため黄龍府(こうりゅうふ)へと送られた。翌二月一日、堯骨は国号を「大遼(だいりょう)」とあらため、大赦するとともに「大同(だいどう)」と改元した。「大キタイ国」という従来の国名を中華風に「大遼」としたのは、中華世界をあわせもつ大帝国の出現をみずから宣言したのである。あわせて年号の「大同」は、草原と中華の地と民を大同せしめる意をそこにこめていた。阿保機以来のキタイ帝国の野望は、ここについに果たされるかに見えた。堯骨は有頂天であった。

よくもわるくも単純素朴な根っからの武人である堯骨の欠点が、肝心なところで露呈した。占領行政にもっとも必要な慎重さ、周到さ、配慮といったものが、堯骨にはまるでなかった。あまりの短時日で後晋が自滅したことも、逆にマイナスとなった。堯骨は例を見ない成功に心が浮動し、足もとを忘れた。それに、後晋政府そのものが華北をきちんとおさえていなかったことが、今度は占領軍たるキタイにふりかかった。あたかも、渤海国征討における光と影の拡大再現のような事態となった。

「大遼」と名乗ったその同じ月、沙陀軍閥の領袖のひとりで山西を任地としていた劉知遠(りゅうちえん)が自立して「帝」を称し、国号を「漢」とした。これだけならば、実はどうということもなかったが、キタイ騎馬軍の草糧が不足し、堯骨は切り取り勝手をゆるした。そのさい、芻粟(すうぞく)の徴収のみならず、キタイ兵による暴行・強奪・殺戮が放置された。こうした「打草穀(だそうこく)」の兵たちの蛮行のために、華北民衆の激しい抵抗・反発をまねいた。

また、諸事しかるべき対応をはかるべく、開封政府の冗員整理をおこなったが、根ぐされしていた官吏たちは、全く機能しなかった。さらに、各地の軍閥たちの取りまとめにも配慮を欠き、軍事面でも安定移行に失敗した。それに、もともとキタイ本国では、母の月里朶をはじめ南進に慎重論があり、遠征軍のなかでも、駐留が長びくにつれ、疑問と帰還をもとめる声がふくらんだ。

軍事にすぐれ、統治に甘く、成功の頂点に立ったところで、大こけにこけるところは、どこか李存勗に似かようところがあったといっていいかもしれない。中華本土の中央で、孤軍と化した堯骨麾下のキタイ軍は、占領わずか三ヵ月ののち、九四七年の四月一日、開封を発して北行した。しかし、その途上で堯骨はにわかに不豫（ふよ）となり、欒城（らんじょう）にて急逝した。四六歳であった。彼がおもいえがいた大同の夢は、一瞬のきらめきとともに消えた。

東丹王の血

皇帝・堯骨が不慮の死を遂げた遠征軍中では、従軍していた東丹王・突欲の長子である兀欲（ウヨク）が擁立された。堯骨の不明瞭な死も含めて、事実上ほとんどクーデタであった。兀欲は、自分を子のようにいつくしんでくれた叔父・堯骨のひつぎの前で、帝位に即いた。そして「新帝」兀欲をいただく遠征軍は、今度はキタイ本土へむかって進撃することとなった。

堯骨他界、兀欲即位の報はただちにキタイ本土にもたらされ、月里朶は激怒した。おなじ

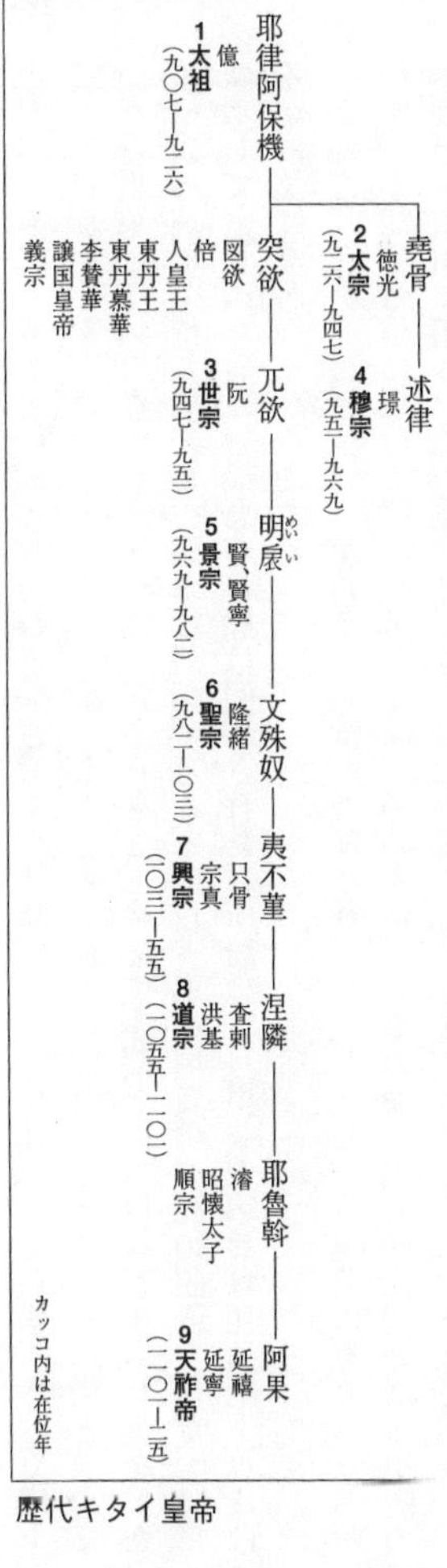

歴代キタイ皇帝

四月のうちに、愛児の李胡に兵をひきいさせて、兀欲麾下の「反乱軍」を迎撃するべく南下せしめたが、六月、南京析津府をへて北上してくる兀欲軍に敗れた。すでに六八歳となっていた月里朶は、気力なお衰えず、みずから兵をととのえて李胡とともにシラ・ムレンをわたる横渡の地にて待ち構えた。両軍は対峙すること数日、耶律屋質の必死の説得工作がついに奏功して、骨肉あいはむ最悪の事態は回避された。所詮は、月里朶の軍兵は兀欲麾下軍にははるかに及ばなかったからである。

かくて、キタイの帝位は、東丹王・突欲の血脈に移った。しかし、月里朶の怒りはなお解けず、李胡を帝位につけるべく画策したが、孫の新帝・兀欲の命で夫の阿保機の眠る祖陵の奉陵邑・祖州に遷された。彼女は、さらに七年そこに生きて、九五三年に七五歳で他界し、祖陵の夫のもとに葬られた。キタイ帝国にとって、ひとつの時代がここに終わった。

なお、このあとキタイの王統は、クーデタで兀欲が殺され、ふたたびいったん堯骨の長子の述律にうつり、さらにその述律も暗殺されて兀欲の次子の明扆が帝位についた。それ以後は、東丹王・突欲の血が六代つづいて、キタイ帝国の安定期を迎えるのである。

澶淵の盟

キタイ軍の撤退のあと、空城となった開封には山西軍閥の劉知遠が棚ボタ式に入城し、歴史上では「後漢」と呼ばれる政権をつくったことになっている。沙陀第四王朝といってもいいかもしれない。しかし、その実体たるや、はなはだうろんなものであった。劉知遠はたった一年で、他界し、その後のハチャメチャな経緯のなかから、たまたま漢人出身の軍閥・郭威が権力を握り、九五〇年クーデタで即位した。歴史上では「後周」という。権力の系譜としては沙陀軍閥の脈絡のうえにあった。

「後漢」の正統をつぐと称する劉崇は、またしても太原の地で自立し、争いあった。これを歴史上で「北漢」と呼ぶ。この山西政権は、キタイに頼り、事実上その前線基地もしくは衛星国家となった。後周では、郭威ののち、皇后の甥で養子の柴栄があとをついだ。雄武の誉れ高い世宗である。彼について詳述したいが、そのゆとりは残念ながらない。柴栄が覇業の途上で、九五九年に三九歳で他界すると、おさだまりの近衛軍クーデタがおこり、九六〇年に趙匡胤が即位する。北宋もふくめ、この間の政権は、いずれも権力としての正統性など、どこにもなかった。

　さて、その成り立ち具合からいっても、北宋は沙陀軍閥からの連続のなかで出現したというほかはない。それなりに政権として定まるのは、せいぜい九八〇年代のことであった。北宋が先行するいくつかの政権のように超短命にならなかった理由は、もとよりまずは柴栄という下敷きがあったことにくわえ、趙普という大変な国家づくり、政権づくりのプランナーがいたからである。彼なくしては、趙匡胤やその取り巻きたちのごとき粗暴な軍人では、政権の舵とりをはじめ、国家運営など不可能であった。

　ひるがえって、キタイ帝国は北宋よりもはるかに先行して国家形成をなしとげ、はるかに安定・確立していた。国家としての歴史・伝統・経験・備えもくらべものにならなかった。

そもそも、趙普による北宋の「国づくり」も、キタイという実例に、そのじつ学ぶところが大きかったのではないか。ようするに、北宋は後発国だったのである。この単純な事実から目をそむけると、見えるはずのものも見えなくなる。

北宋の真の定立は、一〇〇四年のキタイ帝国との和約、いわゆる「澶淵の盟」以後のことである。父の明扆までの内訌状態をしのいだキタイ帝国の第六代皇帝・文殊奴（漢風の名は隆緒。中華王朝風の廟号は聖宗）は、キタイ帝国のさらなる拡大をはかるべく本格的な南進策に出た。文殊奴ひきいるキタイ騎馬軍は河北平原を南下、北宋側の守備隊は、昔からの城郭に閉じこもる方式でやりすごした。キタイ軍は一気に黄河北岸に接近した。廟号で真宗と呼ばれる北宋の三代目の趙恒は、気が弱いのに虚勢を好む男で、キタイ軍来襲の報にあわてふためいた。北宋宮廷政府の面々も、南遷論が多かった。ここでもし、しり込みすれば、北宋という政権は雲散霧消したかもしれない。

しかるに、実力者の寇準は、断固として出撃を主張し、嫌がる真宗をなだめすかして、黄河の渡河点の軍事要衝の澶州までなんとか出張らせた。さらに、黄河の両岸の双子要塞のうち、南岸の南城にとどまろうとする真宗を強迫し、北岸の北城までひっぱった。これが図に当たった。恐怖にふるえつつも、真宗が「渡河」したことで、北宋軍の士気はあがった。まことに妙な具合であった。ほとんど戦わずして黄河北岸に達してしまったキタイ側は、後方に不安があった。また、阿保機の時代から、よくもわるくも輜重をほとんど携えることなく、快足進撃するのを旨としてきたキタイ軍は、長期対陣は避けねばならなかった。その一方、おそらくはキタイ側は北宋側を完全に見くだし、なめていた。かつて、堯骨が「後晋」を一気に接収したように、北宋皇帝が迎撃のために出掛けてくるとは考えていなかったのだろう。それぞれ理由は異なるけれども、それぞれに戦いたくない両陣営は、北宋側からの和平提案で交渉に入った。

かくて結ばれた盟約は、「澶淵の盟」と呼ばれる。毎年、北宋は絹二〇万匹と銀一〇万両をキタイに贈り、両国国境は現状をもって定め、軍事施設をつくらないなどが眼目であった。この皇帝どうしによる平和共存の条約関係は、のち大金国の勃興にあたり、利に走った北宋側が一方的に破棄するまで、一〇〇年以上の長きにわたって継続した。世界史上まれに見る事態であった。

軍事的にも弱体な北宋は、これによって存立が保証された。北宋の文化発展の最大の原因は、まずはなによりこの条約にある。澶淵システムとでもいっていい国家間の平和共存方式は、こののち、後述する西夏と北宋、さらには次代の金・南宋・西夏などにおいても適用されることとなる。

南北共存の一〇〇年

真宗という人間は、現金な男であった。安全保障が確立されたと見るや、すっかり安心し、たちまちのぼせあがった。澶淵の盟から四年後の一〇〇八年、自分を中華歴代の大帝王になぞらえるショーに熱中する。それを演出したのは、宰相の王欽若（おうきんじゃく）であった。首都の開封の門上に「天書」をふらせ、それを記念して大赦し、年号も大中祥符（大いに祥符に中るの意）とあらためた。さらに始皇帝以来、時々におこなわれた盛事である東岳・泰山での「天の祭り」たる封禅の儀式を、国の上下をあげて大騒ぎでとりおこなった。

おもしろいのは、真宗はその許可をキタイ皇帝・耶律文殊奴にもとめていることである。今度、自分のところではたいそうなお祭りをするが、だまって見逃してくれといったのである。まことに浅ましく、そしてまた、どこかひどくおかしい男であった。そして、これがキタイと北宋の「国際関係」の現実であった。キタイが許さなければ、国家の祭典もあやうかったのである。このあと、真宗は山西西南部の汾陰にて「地の祭り」も実施する。ドンチャン騒ぎは、おなじであった。北宋と真宗は、よほど嬉しかったのである。

北宋も、真宗のころはまだ程度は低かった。キタイとの平和共存を当然の前提としたうえで、士大夫官僚たちがあれこれいいだすのは、まだ少しさきのことであった。その全盛期が典型的だが、北宋という王朝国家は、いうなれば文化ないし文化意識による統合体であった。さらに、あえていえば、漢文を共通項とする支配層の人たちの統合体であった。そこに属する人は、漢文とそれがささえる文化意識、およびある種の教養をもちあわせていれば、僻陬の出であろうが、蛮族・異族の裔であろうが、今でいう人種・民族は問われなかった。その点は、唐も宋も、そう変わりはなかった。

かたや、中華の只中にいたとしても、被支配の人びとはこの統合体の一員とは基本的に考えられなかった。文字が読めなければ、民なのであった。文化は、支配層の人間が演出した。それは、おのずから中華文化を宣揚するものとなった。被支配の人びとは、それを否応なく押しつけられた。

「教化」という説教・押しつけは、北宋・南宋時代にとても目につく。それは、もともと漢文化と縁遠い「蛮地」とされた江南、さらには嶺南が本格開発されだし、支配層も被支配層も「漢化」（シニフィケイト）に熱心たらざるをえなくなったからだろう。だが、それらの地域の人びとが「漢族」となるのは、もっとずっとあとのことでしかない。

一方、キタイも澶淵の盟よりのち、すっかり穏やかになる。北宋とキタイの宮廷政府による南北共存の時代は、まことに暢気（のんき）な時代であった。だが後述のように、北宋のほうは西夏に苦しみつづける。しかし、キタイ帝国はどこからも脅威を受けることなく、千年余の夢を享受しつづけた。

なお、文化や美術のうえにおいても、たとえば、耶律羽之の墓や吐爾基（トルキ）山墓など近年のさかんな出土文物を見ると、キタイは国家成立の当初からきわめて高い文化水準とユーラシア各地からの多様な文化交流のなかに生きていた。北宋をもって単純によしとする固定観念は、いまや豊富な実物そのものによって、根底から見直しを迫られている。ようするに、アジア東方の一〇世紀から一二世紀は、キタイが主導する時代だったのである。

第四章　失われたキタイ帝国を訪ねて——歴史と現在を眺める

千年の時をこえて

ささやかな旅

昨年二〇〇四年の八月三一日から九月九日まで、中華人民共和国の内モンゴル自治区の東部一帯、かつてキタイ帝国が繁栄したその本拠にあたる地域へ、七人の仲間と共同調査におもむいた。ごく短い、ささやかな旅であった。

現在わたくしが属している京都大学文学研究科で推進中の「二一世紀COEプログラム」の一環というかたちをとり、「遼(りょう)文化と慶陵(けいりょう)一帯の歴史・現状・環境に関する学術調査」というのが、この旅行団の公式の名であった。出発直前に台風一六号、帰国直前には一八号が襲来し、日本列島各地に甚大な災厄をもたらしたが、わたくしどものフライトは幸運なことにほんの数時間から半日ほどの時間差で、いずれもほとんど影響をうけなかった。現地でもまた、一日だけ移動の車中で雨に遭ったほかは、めずらしいほどの快晴に恵まれつづけて、予想以上に、実りの多い調査旅行となった。

では、なにをしたかといえば、「眺めた」のである。政治・経済ともに、いちじるしく存在感を昂めつつある巨大国家・中華人民共和国の心臓部として、時々刻々の変化を遂げている北京より、北のかた四〇〇～六五〇キロメートルにひろがる農牧地域、大きく見ればモンゴル高原の東南辺の一隅が、調査の目的地であった。その「奥地」へと足を踏み入れて、キタイ帝国とその文化という九〇〇～一一〇〇年前の「過去の歴史」の一端をまさぐった。だが、それは同時に、いままさに拡大する中国経済の大波が、否応なく急速かつ激烈におしよせている中国北域の「現在の歴史」の一幕をも、ともどもに垣間みることでもあった。

もとより、いつの時代であれ、歴史はつねに現在とともにあり、現在はまた歴史とともにある。とはいえ、今回の踏査の対象地域においてはことに、歴史と現在の交錯は顕著なものがあったといわざるをえない。遺跡・遺構・遺物を訪れつつ、そこであわせて目にするのは、当地の農業開発・社会変化の実態・現実であった。好むと好まざるとにかかわらず、結果としてわたくしどもは、「ふたつの歴史」のウォッチャーというか、どこか「時」をこえた旅人たらざるをえなかったのである。

はじめて見る「キタイ本地」

わたくしごとで恐縮ながら、かつて中国をゆるがした文化大革命が済んだあと、一九八〇年代の前半に幾度か中国各地への調査行にくわわり、一九年前の一九八六年には半年間、妻子とともに内モンゴルを中心に中国で暮らした。しかし、内モンゴル自治区といっても、実は日本列島全体をそっくりひと回り太らせたくらいの「大領域」であって、その西部に位置

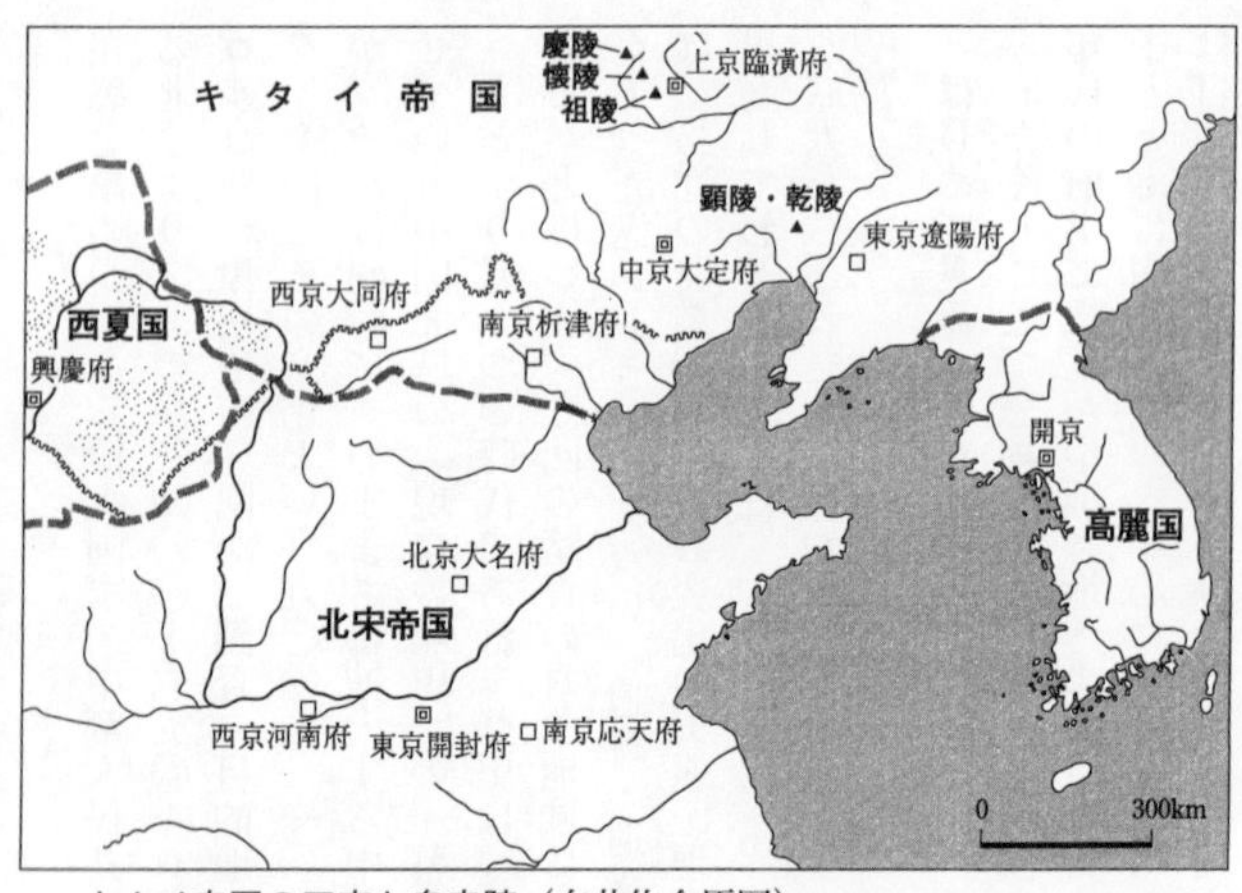

キタイ帝国の五京と皇帝陵（向井佑介原図）

する「省都」のフフホト（呼和浩特）やその北方草原・西辺地域にて調査活動するにとどまった。その後は、海外活動の力点を、ヨーロッパ等におけるペルシア語史書の古写本調査に移したこともあって、現地踏査そのものがまことに久しぶりのことであるうえ、そもそも内モンゴル東部におもむくのは、これが初めてであった。

北京を夜行列車でたって以後、見るもののほとんどが、わたくしにとっては新鮮であり、またそれぞれに相応の意味があり、ようはおもしろかった。内モンゴル東部草原のうるわしさ、そしてフフホトあたりとは格段に異なる濃密な湿り気には驚いた。もちろん、場所にもよるが、これなら適地を選んで農業もできる。あきらかに、他の地域の草原とは、異質の世界であった。

これは存外、大事なことだろう。国家と

してのキタイは遊牧とともに、農耕や都市への傾きも顕著に備えていた。史上で目につく牧農複合、さらには牧農・都市複合とでもいえるようなあり方は、ひとつには、その本来の土地や環境がしからしめたものかもしれない……。五つの異なる地域と人間をよりあわせた多重の連合体であるキタイ帝国の、その中核をなす「キタイ本地」とは、こんなところだったのか——。そんな程度の、まことに他愛もないことも発見であり、喜びであった。

歴史的な遺跡・遺物に限らず、当地の地勢・風光・植生を目にすることで、在りし日のキタイ帝国のありように関して、これまでもやもやとしていた数々のことがらの多くに合点がゆき、また解決へのヒントや手掛りがえられた。さらに、わたくしにとっては、後述するように、「衝撃的な発見」もあった。ようするに、聞くと見るとは大ちがいなのであった。

慶州の白塔

調査行の重要な対象地であった慶州・白塔(はくとう)・慶陵などについても、書物や映像での理解をはるかにこえる強烈な印象とともに、多面にわたる知見と着想をえることができた。とりわけ、事実上の調査初日にあたる九月一日、二〇〇キロメートルあまりマイクロバスにゆられたすえに、夕暮れのなかに突如として出現した白塔の姿には、茫然とした。

キタイ帝国の消滅後、慶州・慶陵一帯が遊牧民にとって、きわめて美地であるにもかかわらず、記録上では、ひきつづく金代初期にほんのしばらく慶州が使われたのを最後に、あたかも歴史上のエア・ポケットのように、数百年以上にわたって、ほとんど手つかずのまま置かれたかに見えるのははたしてなぜなのか――。それが、当地の歴史をつらぬく見逃せないキー・ポイントのひとつであった。

あくまでひとつの可能性ながら、この一帯がある種の「聖地」と見なされたからではないかと考えてはいた。白塔は、モンゴル語で「チャガン・スブルガ（ン）」（白い仏塔）と呼ばれて、清代でもティベット仏教の「霊廟」が附設されていた。つまり、信仰の対象として、人びとがつどっていたことが逆証される。その人びととは、土地柄から、モンゴル牧民たちではあったろう。

だが、そうした文献上の知識や歴史的な推測などよりも、わが目で見た白塔のおそるべき荘厳さは、圧倒的に雄弁であった。慶州城そのものは、わずかに昔日をしのばせる一部の城壁を別にすれば、城内に存した各種の施設や構造物の基壇が累々たる土のマウンドの集合体と化して長い眠りのなかにある。それにもかかわらず、白塔だけがひとり、異様なまでに静かに神々しく輝いて聳（そび）え立っていた。

やはり、清代になるまで白塔改修の明証は、今までのところは定かに判明していない。だが、微妙ないい方にならざるをえないが、おそらくはモンゴル時代をはじめ、歴代の重修という名の修復作業がそれなりになされた結果として、今このようにあるのだろう。したがって、塔の下に存在するはずの地下宮殿は別として、現存の白塔の外装はもとより、塔内のあり方・副納品とも、単純にキタイ時代に属すると決めつけてよいか、軽々にはいいがたい。ともかく、それだけこの方面の牧民たちの崇敬と心のよりどころとなり、時代をこえて大切に護持されてきたのではある。

いかにも「辺域」の開発最前線らしい、いささか趣きのありすぎる旅舎にともかくも荷物をおろして、白塔めざして急いだ。夕映えに天地が染まりゆくなか、白塔のまえに南面するかたちで立ったとき、そこからのぞむ四方の景色はほとんど「浄土」に近いものとなった。さしわたし、四〇キロメートルから五〇キロメートルはあろうかとおぼしき皿状の小世界の

慶州白塔　秋天に映える慶州の白塔。澄みわたる紺青の空、そしてなお緑の色濃い草原と山並み。すがすがしい秋気のなかに聳え立つ八角七層の白塔は、息を呑むほどに美しい。かつてキタイ帝国は、屈指の仏教文化の国でもあった。キタイ本土の「中軸線」の奥つ方に現存するこの塔は、キタイ帝国の盛時を今に伝える文化遺産であり、歴史を生きぬいた「証人」でもある

全体が、五彩にきらめく光のなかにつつみこまれていたのである。震えるような感動が身をつらぬいた。白塔とそれを取りまくこの景色こそが、キタイ時代からその後ずっと、すべてを動かした理由であり、根本的な力であることは疑いようもないように見えた。もはや、そこに言葉はいらなかった。

なぜ今、キタイか

では、今なぜキタイ帝国の調査かといえば、それなりの前史がある。一九三〇年から三回にわたり、日本の鳥居龍蔵（とりいりゅうぞう）とその一家が内モンゴルの奥地にわけ入って、忘れられた遼代文化の遺構をさぐり、慶陵と呼ばれる皇帝陵を綿密に調査した。地下につくられた墓室には、まことに美しい壁画が描かれており、それらを模写し、かつは写真撮影もおこなった。ついで、一九三九年には、田村實造（たむらじつぞう）・小林行雄（こばやしゆきお）をはじめとする京都大学の派遣隊が、より本格的な現地学術調査を敢行した。その彼方、北境の地で、いわゆるノモンハン事変（旧ソ連やモンゴル国でのいいかたはハルハ河戦争）が勃発する、まさにそのおりという状況のなかでのことであった。

人びとの記憶から失われて久しかったキタイ帝国の姿が、おもに日本の学者たちの手で蘇った。それはまた、日本が大陸に国家展開し、満洲国という異様な人工物をこしらえてしまう時代のことでもあった。帝国主義、日中戦争、そして第二次世界大戦――。学術と政局は、近くて遠く、遠くて近いかかわりのなかにあった。

キタイの武人像（京都大学総合博物館蔵）　いわゆる慶陵は、東陵・中陵・西陵からなり、中興の英主たる聖宗・耶律文殊奴を中心に、東にその子の興宗・耶律夷不董（イブキン）、西に孫の道宗・耶律涅隣（ネリン）を配す。1939年の京大隊の調査のおり、すでに東陵しか入ることができなかった。写真はその東陵（永興陵）の墓道西壁に描かれたキタイ武人。興宗の葬列に並ぶひとりであったと考えられる。「門衛図」と表現する人もいる。ほぼ等身大とおもわれ、であれば堂々たる偉丈夫であった。筆使いは雄渾で、キタイ・北宋を通じて突出した壁画である

戦後、京都大学文学部は調査の結果を『慶陵―東モンゴリアにおける遼代帝王陵とその壁画に関する考古学的調査報告』Ⅰ・Ⅱ（Ⅰの研究篇は一九五三年、Ⅱの図版篇は一九五二年）という大冊にまとめて刊行した。反響は、内外ともにまことに大きかった。ただし、人民共和国成立直後の中国には、伝わらなかった。その後、日中関係は途絶した。かくて、日本の大陸研究、ことに中国とその近域にかかわる学術研究は、現地での体験をもたないかたちで長らく推移せざるをえなかった。

そのため、たとえば京都大学は文学部も人文科学研究所も、文系を主体とする現地学術調査は、戦後は久しくイラン・アフガニスタン・パキスタンなどの中央アジアないしは中東地域に向かったのである。バーミヤーンやガンダーラに象徴される考古・美術的な調査活動も、もとよりその脈絡のなかにあったといわなければならない。中国にはいきたくても、いけなかったのである。中国への想い、それに反比例する中国への「距離」。それは、歴史・考古・美術など、いずれもそうであった。だが、いわゆる文革の終了と改革・開放政策への転換は、中国を大きく変えた。それからおよそ四半世紀――。時代は変貌した。

一九三九年から六五年の歳月をへだてる昨年、京都大学文学研究科のメンバーが慶陵をはじめとする遺跡探訪の旅にでたのには、いくつかの想いがあった。なによりも、はるか遠いキタイ帝国とその時代への熱い想い、そして歴史のまなざしが静かに、だが着実に内外で再び盛りあがり、新しい研究展開への気運が昂まっていったことが、大きな前提としてある。六五年まえの調査の記憶と知見とが、目には見えないかたちで蓄積されていた京都大学において、あらたなる眺望を開かんとするのは自然のなりゆきであった。

同時にそれは、もとより鳥居一家や京大の先学たちの調査を見つめ直し、それらを現場にてしっかりと検証しつつ、確実に今後に生かすことでもあった。さらには、ことは学術研究の領域や研究者の世界のみならず、中国のさまざまな人たちと広汎な交流をはかり、ともどもに学術上でも国際関係の面でも、次なるステップへの展望をひらかんとする想いもまた、その根底にあった。そのことを、ここに明記しておきたい。

つらさとおもしろさ

キタイ研究のつらさ

ところで、キタイ帝国とその歴史・文化についての研究は、すこぶる独特の歩みを辿ってきたというほかはない。それも、きわめて限定されたかたちで。

まずは、原典史料となる文献史料が、ひどく少ない。根本からの制約である。柱となるのは、いわゆる中国正史のひとつ『遼史』である。一一六巻というと、かなり大部なもののように一見おもえるが、その実、一巻ごとの分量はまことに少なく、記述の中身もしばしば中途半端なことが多く、はがゆいくらいに手薄い場合も少なくない。そのため、なんらかの分析テーマや課題を設定しても、表面的なことがらからいささかでも立ち入って、しかるべく検討・考察しようとすると、たいていの場合、たちまちに史料の壁につきあたることになる。

逆に、ひとつひとつの記載が、それだけ貴重だといえば、一面ではたしかにそうなのだが、所詮は断片的な記載をつないでいこうにも、質量ともに絶対的な欠乏は乗りこえようがない。たとえば仮に、卓抜なセンスと能力をもつある特定の個人研究者が、『遼史』全篇を縦横無尽に駆使したとしても、細部と全体像とを問わず、それなりに分析・解明でき、再構成できることはある限度にとどまらざるをえないだろう。

『遼史』以外の典籍史料も、なくはない。しかし、そのほとんどは、戦争と平和の相手国であった北宋側の記録で、『契丹国志』を除けば、初期の両国による戦争関連の記事をはじめ、おおむねは共存関係となってからの国交がらみの使節往来やその際の旅行記述などである。記述の総量も、ありていにいえば、ごく少ない。さらに、キタイの皇帝陵から発現した哀冊をはじめ、王陵・墓葬からの墓誌銘や、もしくは各種の碑刻など、その一点一点は重要だが、如何せん、今のところその数は限られている。

ようするに、二世紀をこす歳月と、東は日本海沿岸から西は中央アジアに及ぶ広域の「帝国」支配を形成したキタイ国家の歴史にひきくらべれば、おそるべき少なさだといわざるをえない。すべからく、余程の例外を除いては、研究の限界は悲しいほどにはっきりしている。ミッシング・リンクが多いというよりも、むしろ、わかることの方が少ない。歴史研究、いや文献史学による歴史研究としては、まことにせつない。

西のキタイは歴史の闇

　まして、これまでの慣例から「西遼」とも「カラ・キタイ」とも呼びならわしている「もうひとつのキタイ国家」、すなわち耶律大石によって中央アジアに再建された第二次キタイ帝国の歴史については、もはや史料不足というのもためらわれるほどの淵のなかに沈み込んでいるといわざるをえない。この、いわゆる「西遼」＝「カラ・キタイ」については、『遼史』の本紀の末尾に、「東方キタイ帝国」（ほとんど知られていないが、モンゴル時代の漢文碑刻に、「東遼」と表現しているものさえある）の最後の皇帝である天祚帝の記録に附加するかたちで、耶律淳の「北遼」とともに、わずかな記事としてまとめられ、略述されているにすぎない。「ないよりまし」だとはいうものの、これではまさにお手あげである。「西遼」もしくは「カラ・キタイ」の名称そのものはそれなりに知られ、たとえば大学受験科目の「世界史」でも必須の記憶事項とされながら、その実、国家・政権の大雑把な輪郭さえ、ほとんどつかむことができない。文字どおり、「歴史の闇」に属しているといってもさしつかえない。

　したがって、ふつうキタイ研究といえば、いわゆる「遼」、すなわち第一次キタイ帝国のことと、事実上でなってしまっている。それは、関連研究者にとって無意識に近い「暗黙の前提」と化しており、「西のキタイ帝国」については脳裏に浮かぶこともほとんどないのかもしれない。もちろん、それでいいわけはないのだが。

だからこその可能性

文献史料がこうであるからには、おのずから考古・美術的な資料・データ・試みへの依存・期待は高くなる。というよりも、考古学的な調査なしでは、根本的にはやっていけないとさえいえるかもしれない。鳥居龍蔵やかつての京大隊が、「キタイ本地」にわけ入って、苦難の現地調査を敢行したのは、ひとつにはそのためでもあった。それも、いわば必然のことでもあり、状況は今も基本的にはほとんど変わりがないといっていい。

ひるがえって近年、中国でキタイがらみの調査・発掘の報告が相次ぎ、今まで知られていなかった陵墓・墓葬・遺址や、そこからの文字資料も含めた各種の文物・壁画・墓誌・生活用品・木棺・陶磁器、さらには被葬者そのものにかかわるものなどにいたるまで、かなりな新知見がもたらされている。これらは、きわめて貴重なデータといわざるをえない。つまり、キタイ研究は、本質的に歴史・考古・美術・言語などの枠をこえた「総合学術研究」たらざるをえない側面を強くもっているのである。そのさい、当然のことながら明治期から戦前・戦中におよぶ大陸・日本での研究・調査の「遺産」のかずかずをも、その総体で丸ごと、体系的かつ周到に知悉(ちしつ)・継承していなければならないのはいうまでもない。そうした先業のなかで、鳥居や京大隊の仕事は、なによりもまず踏まえるべき基礎たる「古典」なのである。

ようするに、広い意味でのフィールド調査や遊牧・植生・地質など、関連する諸分野の知見も含めて、〝トランス・ディスィプリナリー〟(ディスィプリンをこえること、すなわち

「学融合」という訳語もある)としての取り組みというか、領域を超越したプロジェクト型のアプローチが不可欠となってくるのである。それも、単発的でない長期にわたるパースペクティヴとそれに対応する備え・陣容・展開、さらにはおそらく世代をこえた継承がもとめられる。いいかえれば、未来展望的な営為(えいい)とならざるをえない。くわえてもとより、さまざまな意味で、国際的な協力・共同は不可欠である。つまりは、ここにキタイ研究の制約・限界を裏返しにしたかたちでの、大いなる可能性が秘められている。

マイナス・イメージ

しかし、またいくつかの留意すべき点があることもある。たしかに、キタイ研究には独特の不思議な魅力がある。それは、「わかることが少ない」ゆえの、ある種の「謎とき」もしくは「未知なるものへの挑戦」めいたロマンへのいざないといっていいかもしれない。

だが、見逃せないのは、共存した南の北宋にひきくらべ、キタイ国家は従来ひどく見劣りがするイメージで語られつづけてきたことである。ようするに、歴史上の評価がきわめて低い。北宋は頭抜けた文化大国、かたやキタイ国家は、武力優先の素朴・野蛮な辺境王国という図式である。そもそも、そうした「思い込み」がはたして妥当かどうか。先入観が研究者を誘導するおそれ、それがこわい。これがまず、留意すべき第一の点である。

実際には、北宋・キタイの間にそれほどの段差があったかどうか、大いに疑問だろう。たとえば、まさに慶陵の壁画をはじめ、近年発現のものも含めて、キタイの絵画表現が北宋に見劣りするとはおもえない。北宋の高度な文化イメージを演出する陶磁器も、今やキタイの官窯の存在とその実態が判明するにつれ、北宋の優越は見直しを求められている。これは、まさに今後の研究課題のひとつでもあるだろう。

また、歴史学者の頭から離れない圧倒的な人口差も、一戸あたりの口数を記録のおよそ三倍に見たてる稀世の歴史家の、北宋一億三〇〇〇万人説によるものである。あくまで史料のままに従えば、北宋の登録された正式の総人口は五〇〇〇万を上回らない。いや、もっと多いはずだとの主張は、その他の王朝の場合でも、しばしばそういいたくなることがあり、北宋に限ったことではない。かたや、キタイ帝国については、登録数そのものが記録されておらず、戸数・口数ともにおおよその数字さえも算定しがたい。従来の諸説も、所詮は憶測の域をでない。とりわけ、遊牧人口の見積りはむずかしい。ようするに、圧倒的な人口差というのも、実のところはイメージにすぎない。北宋を巨大視し、キタイ国家を軽視するのは、中華主義というよりも、中華本土主義というべきものかもしれない。ただし、この時代の通史的叙述は、どうしても北宋に傾く。キタイ国家に触れることは、極端に少ない。北宋・キタイ両帝国並立という事実のままに、その全体を眺める態度が必要なのだが。

次に、キタイ国家についての文献史料が、ほとんど漢文でしるされていることに十分に注意したい。漢文文献が導く「無意識の中華主義」、それは本当にこわい。漢字表現を採ることによって、本来そうではないものも、〝漢化〟(シニフィケイト)して見える効果は無視できない。この点は、文献史料の質量ともの絶対的な欠乏とならんで、実は重大な留意点である。

キタイを書きたくないモンゴル

既述のように、キタイ国家についての文献史料の柱である『遼史』は、大元ウルス治下において、『金史』『宋史』とともに一三四三—四四年に国家編纂された。だが、その史官たちは、ウイグル族も加わっているとはいえ、基本的に漢文化の素養をもつ官員たちであった。編纂方針・利用資料とも、初めから漢文主義にもとづいていた。ところが、キタイ語を話せ

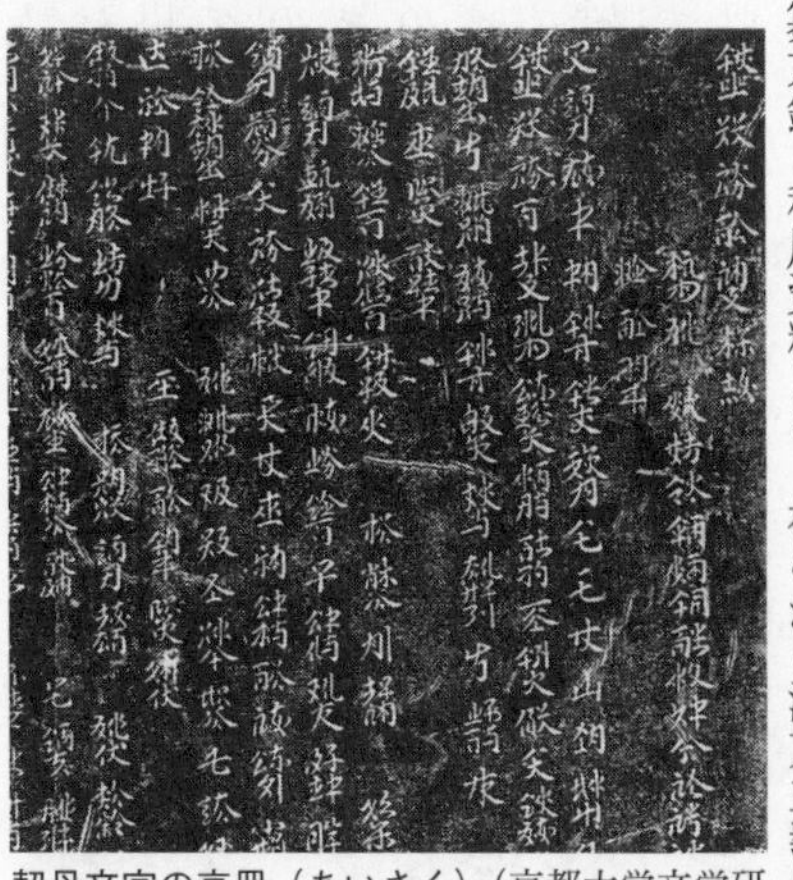

契丹文字の哀冊（あいさく）（京都大学文学研究科蔵）　いわゆる契丹文字には、キタイ帝国の創業者・耶律阿保機が920年に公布した契丹大字と、その弟の耶律迭剌が数年後につくった契丹小字の２種があり、ともにモンゴル語系のキタイ語を書きあらわした。写真は第８代皇帝の道宗・耶律涅隣の正室・宣懿皇后の契丹小字による哀冊の拓本。哀冊とは、皇帝・皇后などを悼む文章。乾統元年（1101）。137cm×128cm

る人は、モンゴル時代にはかなりいた。大小あるキタイ文字についても。また、キタイの実録は、このとき伝存していた。しかし、それをはたしてどの程度まで利用したか、あるいは利用できたのかは、今は知るよしもない。大元ウルス宮廷・政府は、キタイ国家について、キタイ本来の色彩をおそらくは薄めようとし、さらには量的にも質的にも、ことさら軽微なものに仕立てあげようとしたのである。

キタイ国家の実像は、あまり書きたくない——。おそらくこれがモンゴル帝国の本音だったのだろう。であれば、『遼史』の取り扱いは、くれぐれも気をつけなければならない。キタイ国家そのものは、伝存する文献史料が語る姿よりも、ずっと〝キタイ的〟であったに相違ない。そして、その国家・政権のシステム全般も、おそらくはより宏壮かつ充実したものであったと想定せざるをえない。

であればこそ、キタイ語でしるされた哀冊（あいさく）・墓誌（ぼし）・碑刻（ひこく）などは、少量とはいえ、きわめて重要な価値をもつ。とりわけ、近年、表音文字の契丹小字でしるされた文字資料の新出がつづいている。それらにもとづくキタイ語の解読は、不可欠・最重要の研究テーマといわざるをえない。キタイ語の確実な把握がすすめば、『遼史』以下の読み直しをはじめ、キタイ国家理解が根本から変化する。それのみならず、先行する突厥やウイグル遊牧国家、そして後続のモンゴル世界帝国との脈絡もおのずから見えてくる可能性が高い。いわゆる「ユーラシア国家」の体系が、より明確になることだろう。これが第三の留意点である。

キタイの国号

それに関連して、キタイの国号をどうあらわすかという問題がある。キタイ国家は、時期によって「契丹国」「大契丹国」「大遼国」の三種を称したと記録される。それぞれ、その背景には大きな政治事情があった。

たとえば、すでにあらあら述べたように、第二代の耶律堯骨（やりつヤオグウ）は、華北をおさえ、開封に入城して〝華夷〟にわたる大帝国を樹立せんとしたときに、新国号を「大遼」と宣言した。その時（九四七年）の新年号が「大同」というのと、命名のねらいはおなじ方向にある。ようするに、キタイ・中華を統合する新たなるものとして、意図して中華風の王朝名にする必要があったのである。ついで、中華支配に失敗したあと、もとの状況にもどったキタイ国家を中興せしめんとした第六代の耶律文殊奴（もんじゅど）が九八三年に「大契丹」と変え、「統和（とうわ）」を年号とした。発想は堯骨に似て、立場がキタイ主義であった点が異なる。どちらも、よくわかる。

文殊奴は、のち北宋と全面開戦し、ついで平和共存の道を確立する。この「大契丹国」と称した時期が、最も長いのだが、改称のたびに、わたくしどもがいちいち歴史上の呼び名を変えるのはわずらわしい。また、ペダンティクでもあるだろう。では、だからといって、この国家を「遼」と呼ぶのも、実は相当に奇妙ではある。建前はともかく、この国家自身が、自分たちを中華王朝の脈絡に位置すると本気で考えていたとは、とても思えない。

「契丹国」ないしは「大契丹国」のほうが現実にふさわしいだろうが、所詮はこれもキタイ語の翻訳にもとづく漢字表現ではある。あくまで、南の中華地域にむけての文字づかいでしかない。望ましいのは、前述のキタイ語資料にもとづいて、最も妥当な呼称（おそらくは「大契丹国」の原語）を採ることである。ただし、今のところ、その原語の綴りがかならずしも確定しきれない。

そもそも、キタイ語で「国」をなんといったかも、重大な問題である。ちなみに、わたくしが「キタイ」とするのは、あくまで便宜上の暫定案といっていい。先行する突厥碑文では、「キタヌィ」Qitanyとあり、後続のモンゴル帝国時代ではn音が脱落して「キタイ」Qitai～Khitaiとなるのを踏まえている。近い将来、より妥当な「歴史名称」が割り出せる日がくると望みたい。

旅の想い――中国は大丈夫か

山と草原

さて、具体的な旅の次第を、もうすこしくわしく述べたい。夏の熱気ののこる北京の西駅から夜汽車に乗り、長城をこえて北東におよそ四〇〇キロメートル。地方拠点都市として、いまや急速な発展過程にある赤峰（せきほう）（漢語ではチー・フォン。モンゴル語ではウラン・ハダ、すなわち赤い山崖。郊外に見事なほどに紅に染まった山塊があり、それにちなむ。赤峰もその訳名）市に着き、そこからはチャーターしたマイクロバスで北にむかった。

モンゴル語でシラ・ムレン、すなわち黄色の河と呼ばれる遼河を渡り、巴林（バリン）右旗・巴林左旗一帯の広大な山と草原の世界へと踏み入った。そこは、今まで見知っていたユーラシア各地の草原地帯とは、いささか趣きが異なっていた。いわゆる大草原ではないのである。ことばにすると現実と離れがちになるが、ようするに中小草原の連鎖といったらよいか。

山が、あるいはゆるやかな起伏が、大地を細かく仕切り、盆地状の草原がそれぞれ独立した小世界を形成している。岩石が露出し、峨々たる山容の「へだてる山」も多い一方、優美に裾をひく「草山（くさやま）」「芝山（しばやま）」状のうねりも目につく。そうしたところは、鳥獣をはぐくみ、キタイ時代には遊牧民の王侯たちの巻狩りや遊興の場所だった。なお、これは旅も終わりに近づいたころに、ぼんやりとわかってきたことだが、どうやら個々別々の単位をなしているこうした盆地状の草原のひとつひとつが、キタイ時代には連合体を形成するキタイ王侯たちのそれぞれに固有の王領ないしは分領ではなかったかと推測される。陵墓と都市がワンセットずつ、それぞれの小世界に見られるように考えられるからである。

それはともかく、おのずから旅程は平坦なところばかりとはいかなかった。ときに、わたくしたちは大きくゆれるマイクロバスのなかで格闘し、さらに山に倚（よ）ってつくられている王陵やそれを守護する奉陵邑（ほうりょうゆう）（陵墓に附設された小型の都市）に至らんとすれば、「山岳部」に変身せざるをえなかった。ついついランドクルーザーがあれば……と嘆息する場面にも出くわしたが、諸費節約の貧乏旅行のこと、高のぞみはできなかった。なによりも、行程の大半をつきあってくださった現地の運転手さんがまことに逞しく立派な人で、青息吐息のマイクロバスを巧みになだめすかして、幾度となく難所を乗り切ってくれたことに心から感謝したい。

ひまわりとコスモス・ロード

ところで、モンゴル高原の東を限る大山脈、興安嶺のゆったりとした山並みが北から迫る中国北域は、おそるべき単作地帯であった。いけどもいけども、ほとんどひまわりとトウモロコシばかりであった。正確には「両作地帯」というべきかもしれない。

たしかに、わたくしの経験でも、この二種はユーラシア乾燥域の東西にわたってひろく栽培されている。古い映画で恐縮だが、ソフィア・ローレンとマルチェロ・マストロヤンニ共演の「ひまわり」のワン・シーン、見渡すかぎりひろがる黄色のひまわり畑のなかを主人公があゆみゆく姿は、強烈な印象をのこした。その景色は、ロシア・東欧に限らず、トルコあたりから遥か東方にいたるまで、ユーラシアをつらぬいて目にすることの多い、いわばユーラシアのある種のスタンダードではあるのだが、中国では大豆・高粱・ひえ・麦・ソバなど、乾燥に強い穀物はいろいろとありえる。なにも、ひまわりとトウモロコシにこだわる必要はないはずだ。このあたり、植物や農業に全くうといので、さだかにはいえないが。

マイクロバスが路傍のコスモスをゆらして、「黄色の大地」をひたすら走る。ともかくも、道が舗装さえされていれば、幸せなドライヴであった。〝コスモス・ロード〟は、地上のひまわりと天空の紺青という、単純にして雄大な景観を貫いて起伏のままにうねりゆく。日本では味わいがたい爽快さであった。そんなおり、メンバーのひとりが、名曲「ひまわり」を口笛でくちずさむ気分は、まことによくわかった。

草原の危機

だが、道はしばしば険悪となった。波打つ汚泥や土ぼこりの悪路に苦しむとき、舗装道路が中国の流通経済にとってもつ意味を実感した。ある一日、午前の往路では、目下まさに舗装中のため、大きく迂回を余儀なくされたところが、目的を終えた午後の復路では、アスファルトも融けそうなほど新装なったばかりの舗装道路を疾走するということさえあった。それぞれの所要時間は、くらべものにならなかった。

それはさておき、車の窓から眺める風景は、先述のように、農耕適地もかなり目につくとはいえ、全体としては基本的に遊牧草原を示しているところが大半である。それにもかかわらず、あえて農民を南方から集団入植させ、あきらかに農耕に不向きのところまで、ほとんど例外なく実に大規模に開墾させているのである。路傍に連なるそうした農民たちの住居や暮らしぶりは、まことに気の毒なものであった。より「草原地域」と見えるところになればなるほど、しばしば宅地のみならず、農地や人工林までをも土壁で囲わざるをえない現実は、そうした場所での農耕がきわめてふさわしくないことを物語っている。

豊かな土壌が与えられているところであるならば、農耕と遊牧ないし牧畜は、チョイスの問題である。しかし、この地方にあっては、さらにとりわけ、そのかなりな部分を占める〝純草原〟での農耕は、明らかにマイナス・チョイスといわざるをえない。表土を掘りかじっているうちに、草原にもどすことさえ難しくなってしまう。いわゆる環境問題というか、黄砂の飛来源は、悪名高い甘粛地方に限らない。内モンゴル草原の劣化も、目をおおうものがある。ここも、その好例になりつつあるかに見えた。

農耕が、すなわち「良いこと」、遊牧は、逆に「悪いこと」「遅れたこと」という図式の思い込みによる失敗は、旧ソ連をはじめ、先例はあまたある。それを知らないわけでは、もちろんないだろう。というよりも、近年ことに中国内外で指摘され、あれこれと報道されているように、むしろ農業開発そのものに十分な注意を払っていないためではないか。かつての農業国から、健全な農本主義がうすらいでいる。現在のところはまだいいのだろうが、たとえばもし、雨水や地表水では足りないからと、地下一〇〇メートルをこえる地層に数百年間かかって蓄えられたいわば「なけなし」の水資源に手をつけてしまっているならば、危機はあるとき一気にやってくる。

現在をしのぐだけではなく、将来を展望した十全な農業政策を構築しないと、経済大国への道は足元からあやうくなる。今は、ひょっとすると、その瀬戸際にいるのかもしれない。少なくとも中国北域の現状は、それが赤ランプ状態に移りつつあることを物語っているかのように、素人目には見えた。

—【余録】そうしたことに関連して、なおいくらかを述べたい。ここ二〜三年ほど、中華人民共和国において急に目につきだした用語がある。国家政策のひとつであるとともに、ある種のスローガン、もしくはキャッチフレーズの類いといっていいかもしれない。それは「生態移民」という、やや聞き慣れない言葉である。

その意味するところは、きわめて明瞭である。本来の生態系を回復・保持させるため、その破壊の原因やマイナス要因となっている生業の人たちを別の土地に移動させることである。具体的には、黄砂の飛来源として、近年ことに悪名の高い内陸の各地域において、乾燥化・沙漠化の人為的な要因にあげられがちな「過放牧」に焦点があてられる。すなわち、牧民たちが野放図に家畜を放した結果、草原が沙漠と化し、生態系の破壊という重大な事態をひきおこした。そこで、牧民たちを移住せしめて、草原を蘇生させる——というのである。

話はまことにわかりやすい。グローバル・サイズで温暖化・乾燥化の危機が叫ばれている現在、生態系の保全と地球環境への配慮は、国境をこえた「大義」になっている。中華人民共和国は、地球化時代の人類社会の将来にむけて、しかるべき政策展開をおこなっているのだ、とのメッセージがそこにはこめられている。見事な四文字の成句である。

生態移民という言葉の響きは、まことにうるわしい。エコロジカルな雰囲気は、時代にふさわしく、国境をこえて人を魅了する。だが、問題は中身である。

中国の内陸部の乾燥化・沙漠化の進行は、疑いのない事実である。それも重大な事実である。中国にとってはもとより、世界にとってもそうである。しかし、その真因はなにか。牧民による過放牧は、よくいわれているが、はたしてそうか。もし仮に、それがある程度の事実であったとしても、当該の牧民たちを他所に移動させたのち、空地となった「あと地」はどうなっているのか。きちんと管理され、生態系は回復しているのか。つまり「その後」は、はたしてどうなのか。

「その後」についての報告・データは、限りなく乏しい。耳にする情報は、遺憾ながら、マイナスの方向にどうやら傾く。もちろん、現実は多様だろうし、努力はなされてはいるだろう。いや、きっとそうであってほしい。だが、中国北域の一隅とはいえ、失われたキタイ帝国への旅は、同時に胸がしめつけられるような農業開発が大展開している現場でもあった。本来、遊牧草原であるところが、大きく様変わりし、さらなる急変へとむかいつつあるかに映る。すくなくとも、鳥居龍蔵や京大隊が訪れたころは、実に豊かな草原であったのに。

一九九〇年代、南の長江一帯がしきりに大氾濫したとき、その長江に沿った傾斜地の崩壊を防ぐという名のもとに、大がかりな移民政策が実施された。「退耕還林（たいこうかんりん）」、すなわち耕作をやめて林にもどすという四字句がそのスローガンであった。そこから政策的な移民が本格化した。その北域ヴァージョンが、「生態移民」であり、対象の多くは牧民へと変じたとも見える。

「過放牧」をストップさせるため、という側面は機能しているのだろう。だが、その一方、「あと地」の利用における農業規制はうかがわれない。それがもし、特定の地域を囲い込んだ新たなる農業開発のいいかえであるならば、「生態」云々はどうなるか。

トウモロコシの拡大

ふりかえって、一九年前、妻子とともに中国の華北各地を歩いた。歴史資料となる碑文を訪ね求めるためであった。当時は今とは違い、中国の改革・開放政策もほんの途上で、よくもわるくも近代化には遠い現実がそこかしこにあった。

中国本土の中央部、かつての中華文明の中心地にあたる河南省でのことである。歴史上、キタイ帝国と並存した北宋は、まさに河南の地に根拠し、文化国家の典型のように語られがちであった。とりわけ、その首都の開封は、花咲く文化都市としてイメージ化されていた。だが、一九八六年の開封とその周辺一帯の現実は、書物のうえでしか知らなかったわたくしにとって、意外の感が強いものであった。

ようするに、ひどく土地が痩せているのである。小麦がポツリポツリと情けなさそうにはえているほかは、ひたすらトウモロコシばかりであった。正直、これは一体なんだろうとおもわざるをえなかった。北宋時代との偏差ははたしてどのくらいあるものなのか、歴史学者のはしくれとして、深刻な検討課題となった。

その後に赴いた山東・山西・陝西でも、トウモロコシの優勢は際立っていた。では、トウモロコシが新大陸から渡来する以前の中華地域は、はたしてどうだったのか。そして、清代における人口爆発の原因として、トウモロコシの普及を想定するのは、適正かどうか。そんな問いが、次々と頭に浮かんだ。

それから一八年後、昨年の旅で目にした、中国北域をおおい尽くすかのようなトウモロコシのひろがりは、なににもまして、すさまじいものがあった。その背景には、もとより近年の中国での大変化がある。

牧畜は消えるのか

中国はもともと、巨大な農業生産国だが、その一方で、いまや食糧輸入国に変じた。拡大する中国経済とは別に、食糧増産は国家として焦眉の緊急命題に浮上している。やみくもに見える農業開発は、実のところ、背に腹はかえられないためでもあるのだろう。相対的に安価で豊富な食糧供給が、さまざまな矛盾・問題をかかえながら突き進んでいる中国にとって、国内安定への見逃せない鍵となっているからには、なおさらのことといっていい。かたや、前述の中国本土の中央部一帯は、農村崩壊などもあって、いまや生産力の低下はいちじるしい。こと、農業開発となると、ドーナツ化現象といったらよいか、中国北域をふくめた「辺境地方」にこそ、期待の多くがそそがれているのが現状である。くわえて、人びとの生活水準の向上とそれにともなう肉食への嗜好・欲求のさらなる昂まりによって、食肉の増産と畜産の効率化とは、内陸部の諸地域に課せられた責務となった。

目を奪うトウモロコシの拡大は、畜産方式がいわゆる牧畜から固定の畜舎での家畜飼育へと移行していることを背景として、そこでの飼料にするためなのである。たしかに、生産性・効率性の点では、自然に寄り添い、ゆったりと草をはます遊牧や放牧とは異なることだろう。だが、遊牧草原を開墾してトウモロコシをつくり、そのトウモロコシで畜産をおこなうというのは、どこかに農耕至上主義の思い込みがないか。というのは、遊牧・放牧なるものも、秩序だったシステムのもとにそれなりの備えを十全にして管理するならば、基本的にはいわゆる「ネズミ算」式に家畜はふえてゆくものではあるのだが。

飼料としてのトウモロコシは、換金作物である。かたや、開拓農民の入植、彼らへの生産財の貸与、種トウモロコシの入手といった一連のことがらも、すべて現金がからむ。同様に畜産民のほうも、畜舎の設営をはじめ、飼料とするトウモロコシの購入など、一貫して現金が必要である。しかも、その現金といえば、いずれの場合も自己資金でまかなうのはほとんどは不可能であり、たいていは借金とのことである。

ひるがえって、かの生態移民の対象となった牧民たちは、移住先では畜舎を構えて、「定住」の畜産農家となることを求められるそうである。そうした挙句、現金経済の波のなかに、否応なく巻き込まれてゆく。かくして、開拓農民も生態移民も、最終的には以前よりもさらに貧困化しつつ、中国沿岸部の資金・資本の手のなかにとりこめられてゆくということになるのだろうか。

ふたつの英雄像

耶律阿保機の像

旅も五日目にあたる九月四日、調査地域の拠点都市といっていい林東にて一息つき、新たに建設されたばかりの遼上京博物館に立ち寄ったときのことであった。ちなみに当市の郊外には、かつてキタイ帝国の首都であった上京臨潢府の遺址がほとんど手つかずに近いままに、城壁・宮殿・建築群のいずれもが、あきらかにそれとわかる大・中・小の土のマウンドと化して、累々と横たわっている。博物館の名は、それにちなむ。むしろ林東の町はキタイ帝都の夢の跡を傷つけないかのように、そのかたわらに寄り添って立地しているといっていいのかもしれない。

もともとこの地の博物館としては、旧満洲国時代にさかのぼる巴林左旗博物館があって、長いあいだ機能してきた。わたくしども一行が訪問したときは、これからまさに新装なった遼上京博物館へと、多くの展示品とともに移転を開始しようといったところであった。宏壮な構えの新博物館は、林東一帯でも格段に大きく、新しい文化の息吹を漂わせるそれなりに麗しい佇まいではあった。その博物館のまえ、これはまた見事なほどにひろびろとした広場がしつらえられており、その大空間の只中に、その像がひとつ聳え立っていた。

キタイ帝国の創業の英主、耶律阿保機の巨大な銅像であった。馬にまたがったその姿は、

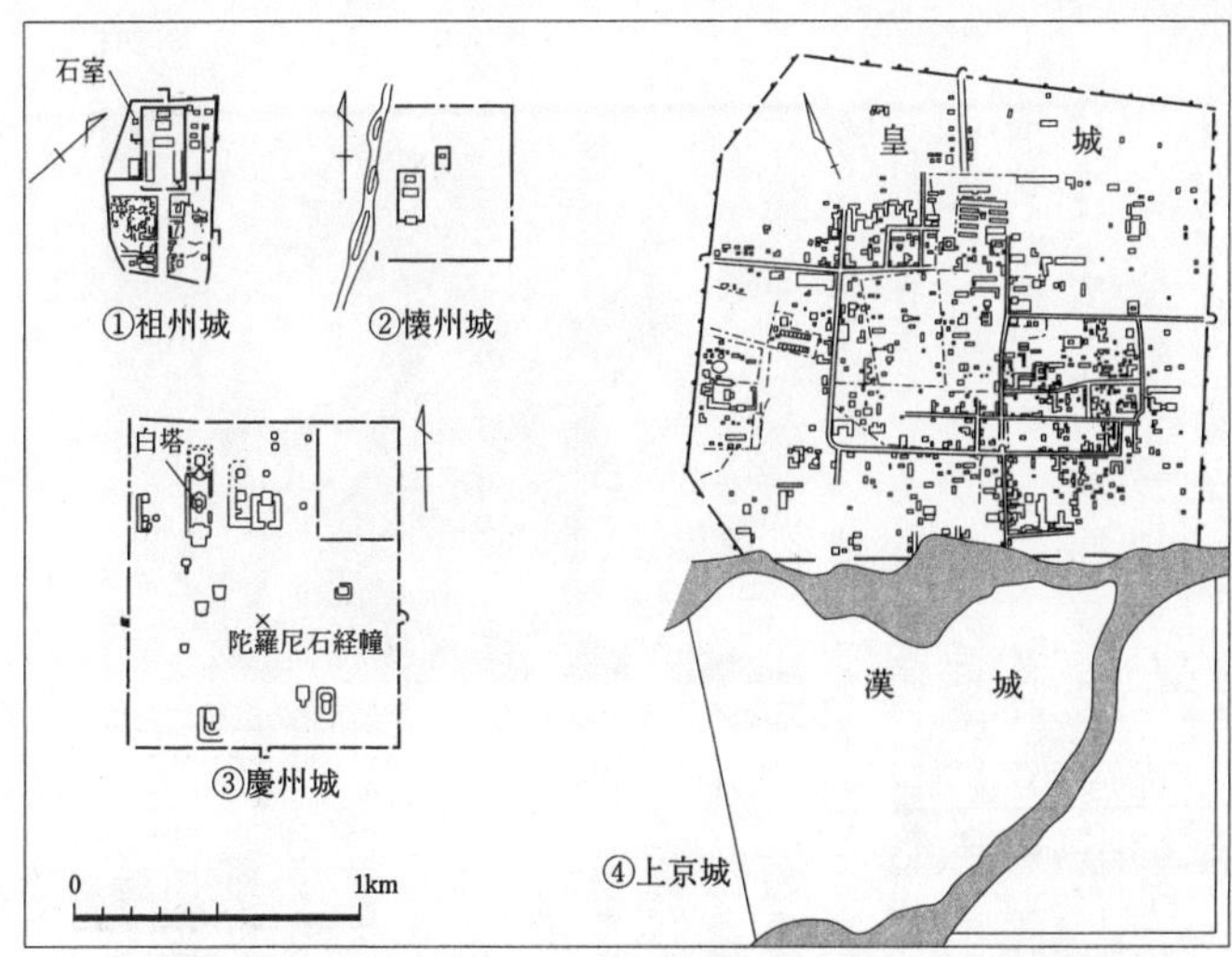

キタイ帝国の４つの城市　向井佑介の再トレース図にもとづく平面プランの概略図

たんに「郷土の英雄」をたたえるという程度のものではなかった。すぎさったキタイ帝国へ、当地の人たちがかける期待や想いが、そこに凝集している巨像であった。

近代化への問い

これには、いくらか説明がいる。林東の町とその一帯は、かつてモンゴル遊牧民たちの世界であった。清朝と通称されるダイチン・グルン（満洲語で大清国）のもと、満洲族とモンゴル族とは密接不可分の「支配層」として、ゆるやかな帝国統治の上部に位置した。彼らにとっては、ほとんど牧歌的な時代であった。

それが一九世紀になって「西洋の衝撃」（ウェスタン・インパクト）と表

耶律阿保機の銅像　遼上京博物館前の広場に立つ

現されたりもする欧米列強の世界展開・アジア侵略の時期を迎える。清朝皇帝のもとにあった中華本地・東北地方（西洋人のいうマンチュリア。満洲はそれに対応する）・内外モンゴリア・新疆・ティベット地方（現在の西蔵自治区にとどまらず、青海省のすべて、四川省の西半分などをつつみこむ本来のティベット）は、大きく長い「ゆらぎ」と「苦闘」の時代に入った。それは、場所によっては今もなお、つづいていると見ることもできる。

「近代化」ということばで括られてしまうには、あまりに多様な振り幅がありすぎた。そして、あまりにも複雑で筆舌に尽くしがたい困難で悲惨な事実がそこにある。事実と状況は、地域ごと、人ごとに異なる。現在は林東と呼ばれている一帯は、在りし日は巴林王というモンゴル諸侯の遊牧所領地として、清朝皇帝に属し、大清帝国のごくささやかな一員であった。体内に流れる血だけを問うならば、実はいろいろな人たちがいた。そもそも純粋なモンゴル人、満洲族など、はたしてどれほどいたのか、ありえたのか。ことは実は、広く漢族と総称される人びとにおいても、大きくは変わらないだろう。

しかし、「近代化」は区別しにくい人びとのおおらかなあり方に、ギリギリと切り裂き押し込むかの如く、区別と識別のメスを入れるよう求めた。定かな線引きや境界など、もともと成り立ちがたいところに、国家と国境という「人造の壁」を立てるべく強要した。いわゆる「国民国家」なるものが西欧の一時期の歴史過程から生まれた錯覚、もしくは「心の肖像」であったことは明白だが、結果として一〇〇年にあまる世界変動・アジア動乱をへたいま、「国際社会」と表現される現代のこの世界は、ともかく「国民国家」という名の国家単位でことがらが処理されている。そこにおいて、「国家」なるものの内実や中身は、基本的に問われない。「国家」とされたところはいい。「国家」以前、「国家」未満の地域・社会・人びとはどうなるか。わたくしは「少数民族」ということばが本質的にはらむ独特のセンスを問う以上に、「近代化」の一〇〇年余が「なかったものを創った」部分と、その結果としての現在を甘受して生きるほかない人びとについて、ひろく人類史の立場から見つめ直したい。

西のティムール像

説明が長くなった。さて、耶律阿保機像である。かの像をひとめ見て、瞬間、あるものを連想した。それは、中央アジアはウズベキスタン共和国の首都タシュケントに、ソ連からの独立後に建てられたティムール像である。やはり、馬にまたがる勇壮な英雄像として知られている。

モンゴル帝国の衣鉢(いはつ)をつぎ、中央アジアを中心にティムール帝国を樹立したティムールは、一四世紀なかばから一五世紀はじめを生きた。かたや耶律阿保機は、九世紀から一〇世紀にまたがって活動した。ともに帝国と呼ばれるものの創始者ではあるが、モンゴル世界帝国をはさんで、いわば先行者と後継者にあたり、五〇〇年に近いへだたりがある。

ティムールの銅像　ウズベキスタンのタシュケント市内

ティムールとその帝国は、ウズベキスタン共和国にとって、「国民統合」もしくは「国民創造」のための象徴なのである。モンゴル帝国以後の歴史展開のなかで、同方面のトルコ系ムスリムたちはロシア・ソ連の長い帝国的統治をへて遂に独立したとき、その共和国はロシア人も含め、多様な顔触れにあふれていた。領域内に、かつてティムール帝国のもとで繁栄したサマルカンドやブハラといった歴史的都城をかかえるウズベキスタンとしては、トルコ系そしてイスラームという不可欠の二大要素もあり、いにしえのティムールに国家アイデンティティのもとを求めたのは、自然の成り行きといっていいかもしれない。

レジェンドの彼方

いっぽう、耶律阿保機を開祖とするキタイ帝国と現在のモンゴルの人びととの間に、直接の血縁関係は主張しにくい。もっとも、モンゴル帝国の先人であるキタイ族は、言語・身体・習慣ともにモンゴルと酷似していたという。歴史上からいえば、チンギス・カンひきいる草創期のモンゴルは、遼と西遼というふたつのキタイ帝国の経験とノウハウをキタイ系の諸軍団とともに引きつぎ、世界帝国への道を開いた。であれば、現在モンゴルと呼ばれる人たちのなかにも、キタイの血はいくらかでも入っているわけで（なお内モンゴルのダフール族がキタイの子孫だとされ、また雲南省のミャンマー国境にほど近いところにモンゴル帝国時代の進駐キタイ軍の子孫がいる）、両者の関係は全く根も葉もないかというと、そうでもないことにはなる。

とはいえ、耶律阿保機像は、モンゴル族・漢族といった標識をこえた当地に生きる人びとの多くに共通する希望の星なのだろう。林東とその一帯には、上京臨潢府をはじめ、阿保機の皇帝陵である祖陵（そりょう）やその奉陵邑（ほうりょうゆう）の祖州（そしゅう）など、さまざまなキタイがらみの史蹟が散在している。つまりは、観光資源が豊かというか、地域振興の切札はキタイを前面におし立てた観光開発なのである。

林東の街は、目下まさにリニューアルのための建設ラッシュで騒然となっている。街全体が工事現場のようで、取り壊しと新築による塵（ちり）や埃（ほこり）、もしくは粉塵（ふんじん）とでもいったもろもろのものが朦々（もうもう）と立ちのぼって街をおしつつみ、息苦しいことこの上ない。たぶんはまちがいなく、体には良くない。印象ぶかいのは、街の中央部にあたるところに、「大契丹街」というショッピング・センターが華々しく新設され、さあこれからといった雰囲気であった。

西のティムール像は、いわば国づくりのためのレジェンド（伝説）であった。かたや、東の耶律阿保機像は、地域おこしのためのレジェンドである。だが、今後は、はたしてどうなるか。それは、「神のみぞ知る」といった決まり文句でもって済むことであるならば、幸いなのだが。

衝撃の皇帝陵

うるわしい聖地

ともかく、衝撃であった。九月四日の午後、キタイ国家の創始者である耶律阿保機の皇帝陵、祖陵を訪れたときのことである。わたくしは、歴史をくつがえされる想いがした。林東の街より西南におよそ二〇キロメートル。当初、はるかに望んだ岩の連山が、次第にその実寸で近づいてくるにつれ、周辺一帯とは格段に異なる緑の濃い沃地が目に入ってきた。舗装道路を離れ、土の道だが、種々の作物がまことによく実っているうるわしい農作地のなかを北西にゆっくりゆくと、山のうねりがほぼ東南にむかって口を開き、まるでわたくしども旅行者をその内懐へいざない入れるかのように見えた。その「谷間」や、それを守護するかの如き周囲の山々は、見事なほど緑の樹木におおわれていた。聖地というか、霊地というか、ともかく尋常ならざる雰囲気が濃密に漂っていた。いや、ここは、ほかとはまったく違う……。

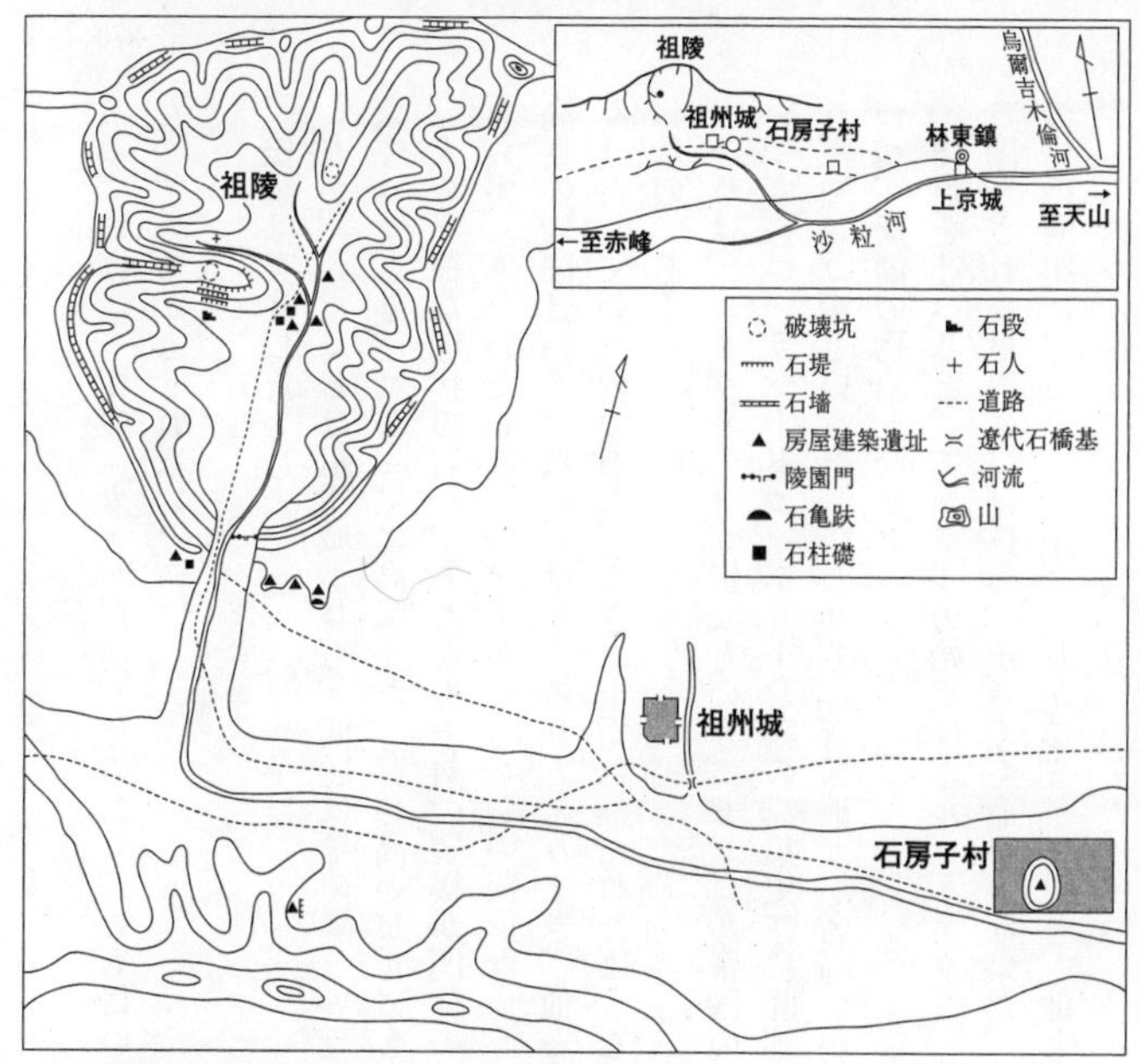

祖陵と祖州城および一帯の地形図　向井佑介の再トレース図にもとづく

　まずは、祖陵の奉陵邑である祖州城のあとが、この特別な「谷間」を守るかたちで、北側の山腹に位置していた。ごく小規模とはいえ、傾斜地にわざわざ造営・構築された城邑のねらいは、一見してあきらかであった。ひとつには、入ってくるものを上から見渡しつつ聖なる陵墓の地を看守するためであり、もうひとつには、入ってくるものたちからは、この城邑全体が重層構造の建築群をなしてその目に映ずるというヴィジュアルな効果を期待してのことであったに相違ない。つまり、見守り、かつ見せる城なのである。これは一種の「カン」だが、そのおり、ともにいた人たちも反対しなかったので、当たっているかもしれない。

伝説は実在した

だが、わたくしは祖州城よりも、問題はその隣というか、奥というか、祖陵の姿がほの見えてきたとき、胸が一気に高鳴った。背の高いビルにも相当するほどの大きさの、ふたつの巨大で異様な塔状の岩が、あたかも一対の望楼か門柱のようにそびえ立っていた。それのみならず、さしわたし五〇〇メートルくらいの円形ないしは環状をなして、ほぼ同じくらいの高さの峻険きわまりない岩壁がぐるりととりまき、他とは隔絶した一個の別世界をそこにつくりだしていたのである。まさに電雷にうたれたような衝撃が走った。伝説が、そこに実在したのである。

それは、エルグネ・クン伝説という。モンゴル帝国のペルシア語でしるされた「正史」といってもいいラシードゥッディーン編の『集史』に詳細に語られるモンゴルの開国伝説である。モンゴルというと、いわゆる「蒼き狼」が名高いが、それとは、微妙なかかわりをもちつつ、別箇の物語をなす。

要点を述べると、モンゴルの始祖はエルグネ・クン、すなわち「エルグネの崖」と呼ばれる閉ざされた世界に逃げ込み、からくも命をつないだ。そこは険しく登ることのできない鉄の岩の断崖にぐるりと完全にとりかこまれており、他との交渉は不可能であった。そのなかで次第に人間がふえ、ついに鉄を溶かす技術をえて岩壁をうがち、外の世界へとびだしていった。それが、モンゴルの祖先である――。

伝承・神話、そして実在

この伝説には、いくつかのプロットが重なっている。モンゴル以前にユーラシア各地に存した伝承・伝説をさまざまにとりこみ、継承しているのである。狼祖（ろうそ）伝承、閉ざされた世界、そこで生きのび、のち世界に飛躍するストーリー、そして鉄を扱うもの……など。閉ざされた世界から出現してくるイメージは、北魏（ほくぎ）の祖先がそこから出たとされる実在の嘎仙洞（かっせんどう）が名高い。

『集史』よりエルグネ・クン伝説
ラシードゥッディーン『集史』は、もともと絵入り本として作られており、この場面は鉄の山を溶かしてエルグネ・クンからモンゴルたちが出てゆくミニアチュール。馬や駱駝など、家財をたずさえている。岩壁の描き方にも、中国絵画の影響が見てとれる。パリ・フランス国立図書館蔵『集史』写本モンゴル語でエルグネ、すなわちロシア語でアルグン河は、嘎仙洞という岩の洞窟が所在する興安嶺北域を流れている。千年ちかい時のへだたりをこえて、北魏の伝承とエルグネ・クン伝説はあきらかに連動する。ついで、突厥(とっくつ)帝国になると、絶壁にとりまかれた閉ざされた世界の話に、狼祖伝説がくわわる。『周書』の突厥伝に名高いこの話は、二種のストーリー展開があるが、ともかくほぼエルグネ・クン伝説の仕掛けと同一といっていい。突厥の祖先は鉄匠であったという伝承とも重なる。ちなみに、チンギス・カンの本名テムジンは、周知のように「鉄を扱うもの」を意味する。

突厥帝国でととのえられた開国神話のかたちは、ウイグル国家にも継承されたことがモンゴル時代の史料で判明する。つまり、モンゴル帝国のエルグネ・クン伝説は、中央ユーラシアの遊牧民世界とそこに形成された国家に、ほぼ共通する「神話」の体系だと、わたくしも含めて考えてきた。そのさい、キタイは一体どうなのか、それが不明であった。ところが、「神話」どころか、エルグネ・クンそのままの姿が実在したのである。それも、キタイの開祖、耶律阿保機の陵がそうなのであった。驚愕するほかはなかった。

演出された聖性の力

では、ことはどう考えればよいのか。ようするに、耶律阿保機自身か、その後継者である耶律堯骨(ヤオグウ)は、自分たちの先祖が暮らしたまさに「本貫の地」たるところに、少なくとも突厥(とっくつ)帝国以来、さらには拓跋(たくばつ)氏以来の有名な「開国伝説」とそっくりの皇帝陵をしつらえたのである。もとより、そういう天然の特別な形状の場所がもともとあった、のではあるが。

とはいえ、祖陵を構成する岩の断崖というか、その山稜線には、ところどころに石積みを施して、文字どおり、より完璧な円形の「囲まれた世界」を演出している。つまり、祖陵は自然のままでは決してなく、それなりに手を入れ、加工したものとして存在する。ひょっとすると、上述の望楼のごとき巨大な岩柱も、加工してあるのかもしれない。ちなみに、山稜線がいくらか低くなったところに構築されている石積みをもって「防衛のため」などと解するのは、本質的に的はずれといわざるをえない。「完璧」ないし「完璧」にすることに、意義があったのである。

政治的な意味は、まことに重かったといわざるをえない。すでにキタイ国家誕生よりはるか以前から、ユーラシアの乾燥域の人びとには、「閉ざされた世界」がすべての発祥の根源とする神話・伝承は、よく知られたことであった。それをキタイ国家は、そのまま実現せしめたのである。キタイ国家の帝都である上京臨潢府からほど近く、そこからキタイ国家初代の陵墓に参詣する皇族・貴族・王臣以下のさまざまな人たちは、神話と現実を重ねあわせて眺めたのである。それは、北宋の使節や高昌ウイグルをはじめとする周辺諸地域からの来訪者もそうであったろう。さらには、モンゴル帝国の先祖たちも、そうして耶律阿保機とキタイ国家を崇敬すべく求められたことであろう。

祖陵は、キタイ国家のまさに精神的な柱というか、力の根源となる「神話の聖地」なのであった。祖陵と上京は、ふたつでワン・セットの政治装置であったとさえいえるだろう。逆に、モンゴル世界帝国におけるエルグネ・クン伝説は、直接にはこの祖陵の姿とその聖性をまのあたりにしてきたものたちによる「伝承」なのであった。キタイ国家の創始者たちは、みずからの国家を拓跋・突厥に溯る内陸世界の「正統」として、歴史のなかに位置づけんとしたことになるのだろうか。

さらに、祖陵とその奉陵邑たる祖州を起点に考えると、西北方向にほぼ一直線をなして、第二代カガンの耶律堯骨の懐陵とその奉陵邑たる懐州がまずあり、よりすすみゆくと、第六代の中興の英主たる耶律文殊奴とその子・孫の三代を葬る慶陵と慶州の一帯がその奥つ方に連なる。最奥の地たる慶陵の近くには、キタイ族にとって聖なる山とされた黒山もある。祖陵から慶州まで、およそ八〇キロメートル。阿保機をはじめ、堯骨・文殊奴という三人の特別な帝王が歴史の順に眠るこのラインは、キタイ帝国にとって最も枢要な地であった。広闊な平原の中央に構えた王城の上京を東に望んで、祖陵から慶陵にいたる一帯こそ、キタイ中軸線といっていいところではなかったか。ともかく、わたくしにとって、祖陵を眺めたこと、それがこの旅の最大の収穫であった。

キタイとタブガチュ、キタイとモンゴル

唐との連動

では、キタイ国家は、内陸世界の後継者としてのみ、みずからを任じたのであろうか。い

や、それだけではなかったのではないか。すなわち、唐の後継者としても。

唐とキタイの連動・類似について、いくつかの印象深い事実がある。まず第一に、すでに述べたように、九〇七年、唐室が消えたとき、耶律阿保機は、「帝位」を宣言した。だが、それにとどまらない。実は、皇帝陵のあり方も、唐とキタイ国家は共通する。

秦漢以来の中華国家は、帝陵を平地に営んだ。ところが、唐は山に倚って皇帝陵を設けた。〝中華王朝〟としては、際立って異例である。かたや、キタイ国家の帝陵も、まさに山に倚っている。さらに、慶陵の東陵・中陵・西陵は、いずれも岩が突起したその下に営まれている。そのことは、唐の事実上の開祖たる李世民（太宗）の有名な皇帝陵「昭陵」が、特異な奇岩を中核的シンボルとしていることと明らかに連動する。慶陵どころか、もっとも肝心な祖陵は「岩だらけ」というか、「岩そのもの」であった。残念ながら、二代目の耶律堯骨の懐陵は実見できなかったが、中国での報告を見る限り、懐陵はどうやら祖陵タイプの皇帝陵らしい。

つまり、キタイの皇帝陵は、程度の差はあれ、すべて岩とむすびついている。その他、帝陵ではないが、今回の旅の最中に幸いにして踏査の機会をえた韓知古一族の〝王陵〟（韓知古の家系は、準キタイ王族の処遇をうけた）も、慶陵に似た山容にくわえ、やはり岩がむすびついていた。ちなみに、祖州城内には阿保機の「もがり」の地とも解されている数枚の巨石からつくられた「チョロン・ゲル」（「チョロン」、すなわち古典モンゴル語でいえば「チラウン」は石の意。チョロン・ゲルで「石の家」。当地でいう「石房子」はその漢訳）があり、キタイは石ないし岩に特別の感情をもっていたらしいことの傍証となる。反対に、キタイ国家と並存した北宋の帝陵は、「中華型」である。皇帝陵に関して、唐はキタイによって継承されていることになる。

唐はタブガチュ

そもそも、唐は拓跋（たくばつ）・北魏以来の系譜を引く。代国（だいこく）・北魏・東魏・西魏・北斉・北周・隋・唐は、すべて鮮卑（せんぴ）・拓跋氏に属する一連の政権である。わたくしは、これを「拓跋国家」の名で一括して眺めた方が、よほど歴史の現実にあっていると考える。西方人は、これを「タブガチュ」と呼んだ。拓跋の訛音（かおん）である。隋唐が〝中華統一王朝〟となった結果、タブガチュは「中国」を意味することともなった。拓跋＝タブガチュ＝唐＝中国という名称と実態の連想が存したのである。

ようするに、唐は非漢族出身の「中華王朝」であった。その源流たる拓跋氏は、既述の嘎（かっ）仙洞（せんどう）に発源したとの「故事」をもつ。しかも、記録上で鮮卑・拓跋集団は、もともと興安嶺地方にいた「東胡（とうこ）」であったとされる。かたや、エルグネ・クン伝説に先行して「閉ざされた円形世界」を実現せしめたキタイはといえば、なんと、こちらも「東胡」より出たとするされているのである。キタイと唐、いやキタイとタブガチュは、そもそも大きく見れば、同系ないし同地域から発した人間集団であったのである。山と岩のことに限らず、両者の連動は当然のことなのかもしれない。

こうなると、中華王朝と北域国家の仕切りは一体どこに求めたらよいのか、ということにもなりかねない。「中華」と「塞外（さいがい）」などという区別は、多分に後世の人間がつくりだしたイメージにすぎないが。なお、これは純粋に蛇足だが、キタイの語は、秦（しん）に発する「チーン」、「拓跋」に発する「タブガチュ」とともに、周辺地域が呼んだ第三の「中国」の他称として、中央アジア以西のユーラシアで広く使われた。さらには、たとえばロシア語（キタイ）や、英語（キャセイ）などで、今も生きつづけている。

モンゴルの先導者

キタイの先行者がタブガチュであったとすれば、キタイの後継者はまさにモンゴルであった。すでにこれまで幾度か文章化したように、モンゴル帝国は、そのシステムの多くをキタイ国家から学んで世界化した。たとえば、史上に名高いジャムチ（駅伝制）など、キタイのひきうつしだろう。また、モンゴル時代に顕著なカガン（カアン）とカンの使いわけも、直接にはキタイをひきついだ可能性が大いにある。この種の実例を挙げていけばきりがない。

くわえて、第一次キタイ帝国のみならず、その解体後、中央アジアに第二次キタイ帝国が形成され、八〇年余の歳月にわたって、パミールの東西域に君臨したことが、モンゴルの東西拡大の直接の導因となった。それは、ほとんど疑いを容れない。さらにつけくわえれば、第二次キタイ帝国の構成分子の一集団がイランのケルマーン地方に走って、いわゆる「カラ・キタイ王朝」をつくり、最終的にイランにおけるモンゴル権力たるフレグ・ウルス治下で生きることになる。従来は、かならずしも十分に認識されていないが、モンゴルの先導者たるキタイの意味は、ユーラシア史上で格別のものがあるといわざるをえない。

ユーラシア史への問い

「キタイとモンゴル」というテーマで文章を綴れば、ただちに大部の書物を作れるだろう。とはいえ、ここではただ、モンゴル帝国治下でもキタイ軍団は多面の活動をくりひろげ、山西―陝西―四川―雲南方面にひとつ、中央アジア・イラン方面にふたつ、さらに遼東・朝鮮半島方面にもうひとつと、少なくとも四つの軍団が展開し、最後に挙げた集団はモンゴル襲来という名の日本遠征とも無縁でなかったことを述べるにとどめたい。

なお、モンゴルがつくったペルシア語による世界史の『集史』でも、キタイについての叙述は乏しく、とりわけいわゆる「西遼」＝「カラ・キタイ」についての記述は、『遼史』における「西遼」の扱いと同様にきわめて冷淡である（実は、「カラ・キタイ」とはキタイそのものを指す自称であって、「西遼」は第二次キタイ帝国に対するモンゴル帝国での漢称にすぎない）。モンゴル帝国は、その全体として、自分たちが編纂した歴史書のなかにおいて、キタイの影をなるべく薄めようとしたのである。もし、モンゴルがキタイについて率直にしるしていれば、もはやわたくしどもがキタイ研究に挑戦する余地はなかったかもしれない。逆に、そうであればこそ、キタイの歴史と文化へのアプローチは、中国史をこえて、アジア史、さらにユーラシア史への問いをはらむものとなろう。

第五章　アジア東方のマルティ・ステイト・システム

西夏と李元昊

西夏を語ることのつらさ

西夏の歴史を語ることは、まことにむずかしい。もっとも大きな理由は、これといったまとまった記録がのこされていないことである。西夏語でつづられた文書や各種の文献が多少はあるとはいえ、断片的なものが多く、歴史の全体像の再構成には大きな距離がある。そのため、おもに『資治通鑑』をふくむ中華側のさまざまな典籍史料にのこる記事をよりあわせ、間接的にうかがい知るというやり方を基本的には採らざるをえない。ようするに、西夏の立場からの歴史は、きわめてつかみにくい。そうしたことの責任の多くは、おそらくモンゴル帝国にある。

モンゴル帝国は、東においては大元ウルス政府が文臣たちを組織して、自分たちが滅ぼしたキタイ・金国・宋朝の歴史について、『遼史』『金史』『宋史』という三つの正史を編纂した。これを三史という（ちなみに、このうちキタイについては、なぜモンゴルがその正史をつくらねばならなかったのか、いぶかるむきもあるいはあるかもしれない。キタイ帝国を滅ぼしたのはモンゴルではなく、キタイ消滅よりモンゴル出現まで一〇〇年ちかい時のへだたりがあるかのようにおもえるからである。しかし、それはせまい中国史の感覚によるおもいこみである。もうひとつのキタイ帝国、すなわちいわゆる西遼は、まさにモンゴルによって滅ぼされた。当時の感覚において、西遼はまぎれもなくキタイ国家そのものであった。一二一八年に滅んだとされる東方キタイ帝国、いわゆる「遼」の直接の後身であり、別のいい方をすれば「東遼」と「西遼」は一連の国家であった。つまり、東西・前後ふたつのキタイ国家の歴史をまとめることは、まさにモンゴルの責務なのであった)。すでにいくらか述べたように、一〇世紀から一三世紀におよぶ中華と草原の歴史を、三史それぞれの「王朝史」という立場とかたちをとって時代をわけあい、時期はもとより内容上でも、たがいにしばしば重複しあいながら、折りあわせるような仕方で国家編纂した。

かたや、西においてはフレグ・ウルスの宰相ラシードゥッディーンの主編による『ジャーミウッタヴァーリーフ』すなわち『集史』という、モンゴル帝国史にして史上最初の世界史をつくりあげた。そして、そのときまでの壮大な人類史を総述せんとした。こちらも、やはり国家編纂であり、いわばモンゴルの『正史』といっていいものであった。つまりは、ユーラシアの東西において、漢文とペルシア語というそれぞれまったく別の言語と文明体系にもとづいて、しかしあるまとまった「時代史」もしくは「総合史」という点では実は意外に似たところもある歴史書ないし歴史書群がともどもに編述されたのである。そのこと自体、人類史上において空前にして絶後のことであったといっていい。

ところが、そのどちらにおいても、西夏の扱いはひどく軽微なものでしかなかった。東においては、『西夏史』もしくは『大夏史』なる正史は、ついにつくられようとしなかった。結果として、タングト族と西夏国の歴史は、全四九六巻というまことに大部きわまりない『宋史』の末尾に近く、外国伝の先頭にくるものとして、「夏国伝」上下が二巻を使って略述されるにとどまる。また、全一一六巻の『遼史』にあっては、最後尾から二番目の一一五巻に、「二国外記」のひとつとして高麗のあとに扱われる。さらに、全一三五巻の『金史』でも、やはり後ろから二番目の一三四巻に、「西夏伝」が立てられるにすぎない。

いずれも、ほとんど「まま子」扱いである。しかも、それぞれの記述内容はきわめて粗く、かつは断片的でしかない。そして、そのまなざしはどうしても、「もと」になった宋側

ラシードゥッディーン『集史』に描かれたチンギス・カン（フランス国立図書館蔵）　1225年、中央アジア遠征からモンゴル本土に帰還したチンギス・カンは、出迎えた２人の孫クビライとフレグと狩猟し、初めての獲物の脂を指に塗ってやった。よき狩人となる儀式であった。そののち、休むことなく西夏国への最後の遠征に出掛け、不可解な死を遂げる

などのデータを反映して、いちじるしく中華本位、もしくはキタイ・金国本位に傾斜する。おそらくは、なにによらずそれぞれの事実の片面しか述べていない。

いっぽう、西においては、『集史』冒頭の「モンゴル・テュルク諸部族志」のなかで、その当時あまた存在したユーラシア内陸部のさまざまな集団のひとつとして、「タングト」が立項される。しかし、その記述はわずかである。さらに、国家・王朝としての西夏国の歴史は、モンゴル帝国史の展開のなかに埋めこまれるようにして、あくまで事件史の叙述における「脇役」として、必要に応じてときおり姿を見せるにとどまる。

もとより東西を通じて、こうした国家編纂物においては、その原材料となる記録・文献がはたしてどれほどあったか、もしくはどの程度まで使えたのかにも大きく左右されはする。だが、西夏を直接に国ごと接収したモンゴルは、西夏自身による記録をまるごと引きついだはずである。西夏の記録が、滅却されたとはおもえない。そのいっぽう、モンゴル帝国は、キタイについてもあまり詳しくきちんと言及したくない体質をもっていた。西夏については、それがさらに徹底している。黙殺ではないものの、かぎりない低評価と、結果としての「貶め」に傾いているといわざるをえない。

鍵を握る西夏語研究

実は、それだけモンゴルは西夏を意識していたのだろう。さまざまな点で、現実にはモンゴルは西夏国から強い影響を受けている。来歴・由緒のことなる種々の人びとの混成体を、

西夏文華厳経（京都大学文学研究科蔵）　西夏国では仏典翻訳がさかんにおこなわれ、1227年に国が滅亡してからも、モンゴル治下でその波はひきつづいた。ここに見える西夏文華厳経は、成宗テムルの大徳6年（1302）に刊行されたものを、明初に木活字にて重刊した

いかに一個の国家としてまとめあげてゆくか――。モンゴルは、そのノウハウをキタイ帝国とその後裔たちからとは別に、西夏国からダイレクトに学んだ部分も多い。たとえば、モンゴル帝国にいちじるしく認められるティベット文化は、かなりな面でタングト族と西夏国を介して導入された。帝王クビライのときのパクパを皮切りに、史上に名高い国師・帝師の制度も、西夏国でのそれを模倣したものである。

モンゴル帝国の歴史過程を一瞥しても、チンギス・カンのとき側近中の側近である宿衛の長として大活躍したチャガンや、南宋の「流亡宮廷」を厓山の海に沈めた李恒をはじめ、武将・軍人・行政官・文化人・宗教者など、あまたの旧西夏人の姿が目につく。そもそも、西夏王家は、前記の李恒をふくめてモンゴル王権に寄り添って生きつづけ、西夏系の諸軍団もモンゴル帝国の各要地に配された。たとえば、現在でも安徽省の省都・合肥の一帯には、数千をこす西夏族の子孫が確認される。クビライ時代、南宋接収作戦のさいに同地に進駐し、そのままその地に定住して今にいたったのである。

もし、中国正史のひとつとして、西夏についての正史がつくられていれば、状況はまるでちがっていただろう。これを逆にいえば、いかに既存の中国史なるものは、中華王朝史観にもとづいているかということである。そして結局、それは正史がつくられたかどうかによる。ようは、「正史」史観といいかえてもいい。ありていにいえば、正史がつくられた王朝ごとの断代史、――それが中国史なるものの骨格をなしている。正史がつくられなかった国家・政権は、過小評価される。さらにひどい場合は、基本的な事実さえわからない。西夏は、まさにその代表格である。

ところが、アジア東方の歴史、もしくは内陸世界の展開を考えるとき、西夏国とそこにつどった多様な人びとのもつ意味は、ひとつの大きな鍵をなしている。しかし、その多くはなお、依然として謎とロマンのなかに属しているといわざるをえない。

西夏についての研究は、歴史の暗闇に切り込むことである。だが、その困難さは、アジア史のなかでも際立っている。ひとつの大きな壁は、西夏語・西夏文字である。これが十全にわかるためには、ティベット語をはじめ、さまざまな関連諸語に通じていなければならない。つまり、西夏について研究をこころみること自体が、すでにほとんど壮挙に近い。日本には、西田龍雄の大いなる貢献がある。そして、それをひきつぐ言語や歴史の優秀な研究者も、ひとにぎりだが出現している。さらに、近年においては、一九世紀末から二〇世紀に発見・調査されたさまざまな西夏語の文字資料も、ロシア・中国・イギリスなどといった国境をこえて利用できるようになってきた。くわえて、実のところ、そう少なくはない遺跡・遺構・文物・遺物などについての知見もよりあわせて、徐々にではあるが、解明への糸口がひろがりつつあるといっていいだろう。

さまざまなタングト集団

そうであるからには、以下に述べることは、西夏国をめぐる歴史のほんのあらましを、かすかな点と点をむすんで、最低限のデッサンをこころみるにとどめざるをえない。だが、それでもなお、西夏を眺めることは、キタイ国家の出現や沙陀権力の浮沈、そして北宋の展開といった「既知の歴史」とは別の視角で、多極化するアジア東方の姿を考えることになるだろう。

西夏という国は、ティベット系のタングト族を国家存立の中核としつつも、そのいっぽうで各種の羌族や吐谷渾はもとより、かなりな数のウイグルや漢族をも形成・拡大の過程でとりこみ、付け加えていった多種族国家であった。異族たちの混成体、それにもとづく複合国家・複合社会という点では、大きく見れば北魏から隋・唐におよぶ「拓跋国家」や、キタイ・金国とも似た構造であった。さらには、モンゴル帝国もふくめて、ユーラシアに興亡したかなりの国家とも共通する面をもっている。

ようするに、部族連合体による軍事パワー、それを「てこ」として広がる人びとのかたまり――。構造の原理は、そう大きくは変わりない。ただし、西夏の場合、主軸となるタングト族と、河西・オルドス・青海という地域性とに、その特徴の多くが存するといって過言ではないだろう。

タングト族の浮上は、その時期・あり方ともども、意外なほど沙陀と似かよっていた。漢字では「党項」としるされるタングト族は、もともと東部ティベットの高い山地と深く切れ込む河川がおりなす土地に暮らしていた。現在の省域でいえば、本来の四川地方という盆地状の世界よりも、激しく西方へ拡張するかたちで設定されている不自然なほどに巨大な四川省の西半分、その北寄りの一帯である。七世紀にティベット高原にトゥプトが成立すると、タングトの一部はこれに属した。

しかし、「拓跋」を名乗る集団をふくむ諸部族は、トゥプトに呑み込まれるのを嫌うかのように本来の住地を離れ、トゥプトの力の及びにくい東北方向へと移りゆき、唐王朝からすれば西北面にあたる一帯にいくつかの群れにわかれて散開した。現在の陝西・甘粛・寧夏の交会地から、いわゆるオルドスにおよぶ地域である。これらの集団は、唐朝の軍事力としても使われ、たとえば八世紀なかばのかの安史の乱のおりには、哥舒翰や郭子儀の組下においてその戦闘部隊となった。しかし、タングト族全体としてのまとまりには欠けた。なかには、キタイの征討をうけ、さらにはその麾下に属して、キタイ軍団の一部として生きるものたちもいた。タングト族といっても集団ごとにさまざまであり、生き方も運命もまちまちであった。

李元昊への道

新たなる歴史を切り開く中心となったのは、オルドス地方のタングト族、それもその南部の夏州を根拠地とする拓跋氏の集団であった。夏州は、かつて北魏の時代、独立の小王国「夏」を称した匈奴系の赫連勃勃が築城した統万城に由来する。そこからすぐ南は陝西となり、長安すなわち京兆府を中核都市とする、いわゆる「関中」の地がひろがっていた。往昔の北魏の後裔と称して、「拓跋」をみずからの姓とし、赫連氏の「夏国」にちなむ地に拠るこのタングト集団は、中華からは平夏部と呼ばれた。

九世紀後半、拓跋思恭なる族長は、名ばかりとなった唐室より黄巣の追討によって国姓の

「李」をうけた。以後、この族長家は李姓を名乗りつつ、定難軍節度使という名のもとに夏・銀・綏・宥・静の五州など、オルドスから陝西北境に広がる地を領して、事実上の独立王国を形成した。節度使を称する在地の「王」という点では、中華内地のさまざまな中小王権と変わりはない。ただし、この「夏州王国」は、固有の言語と文化をもつタングト族を人的基盤の中核としていること、そしてそれに立脚する精強な部族単位の軍事力を備えていること、くわえて東西南北の交通上の要地を扼する位置にあることなどの点において、際立っていた。ようするに、独立心の旺盛な「辺境王国」であったのである。

この形勢は、草原にキタイ国家が出現し、華北には沙陀権力が浮上して、「五代」の興亡をへて北宋が生まれても、そのまま変わらなかった。北宋はすすんで、この「夏州王国」とむすぼうとした。それは、山西に沙陀権力の生き残りである北漢が存在し、キタイ帝国の後援のもとに甚大な脅威となっていたからである。北漢は黄河を西にわたって、オルドス進攻の意志をみせたので、「夏州王国」にとっても敵となった。北宋二代目の趙匡義（太宗）が北漢を討滅したときも、族長にして「王」である李継筠は助兵した。九八〇年、継筠のあとを弟の継捧がついだ。ところが二年後、継捧はなんと自領を北宋に献じ、さらに親族とともに都の開封に移ってしまった。部内に継捧の相続に反対するものが多く、嫌気がさしたのである。

一〇〇年の歴史をもつ「夏州王国」の突然の消滅に、継捧の同族である継遷は独立を決意した。彼はオルドス方面のタングト族人をあらたに糾合しなおして北宋と戦い、キタイには後援をもとめて臣従した。ここに、キタイ・タングト同盟と北宋という図式が出現した。一〇〇二年、李継遷はやや西にむかい、霊州をおとして都とした。かくて、この新生タングト王国は、河西地方へと伸張する道を選んだ。西夏建国の基礎は、継遷によってすえられた。

翌一〇〇三年、李継遷は征戦の途上で他界し、その子の徳明が立った。一〇〇四年に、キタイと北宋が澶淵の盟をとりむすんだのを踏まえて、一〇〇六年、李徳明ひきいるタングト王国は北宋と和平した。李徳明は、安全と貿易の利のため、キタイと北宋に両属するかたちを採ったのである。そのいっぽう、徳明は河西の領有に専心した。苦闘のすえに、潘羅支らがひきいるトゥプト勢力から、牧馬の要地である涼州を奪い、さらにむすこの李元昊の力戦によって、甘州のウイグル王国を倒して、東西南北の交通路が交叉する大オアシスを手中にした。

李元昊の西夏国

一〇三二年、李徳明が他界し、その翌年、太子とされていた元昊が立った。ときに二九歳。彼の覇業は、継遷・徳明の二代のうえになされた。その意味では、創業主というわけではない。しかし、李元昊は祖父と父とはまったくことなる次元へと、この王国を押しあげた。それは、部族王国のレヴェルから、西夏国という新しい国家の建設であった。彼の生涯は、ほとんどそれにむかって費やされた。その意味でならば、まさに建国の英主であり、一代の男であったということができる。

彼は、英雄的な気概にあふれた人物であった。二五年にわたる徳明の対北宋臣属というかたちの和親策を捨て、独立の対等国たらんとした。かたや、キタイ帝国に対しては、その公主を妻に迎えて駙馬（皇帝のむすめむこ）の立場をとり、一段へりくだって親附する姿勢を崩さなかった。これが三者の力関係であった。李元昊は、北宋との開戦もやむなしとしたというか、北宋ならば十分にたたけると考えたのである。

ここに、仕掛けるタングト王国、防衛・対抗する北宋、それを高みから眺めるキタイ帝国という図式となった。澶淵の盟以来、しばらくおだやかだったアジア東方の政局は、李元昊の登場とともに、風雲まさに急を告げることとなった。時代を動かす主役は、まぎれもなく李元昊そのひとであった。

李元昊は、一気に国家体制をととのえた。興慶府（現在の寧夏回族自治区の首邑・銀川）を首都として宮殿をつくり、中華風の官制・儀礼を整備し、年号を建てて開運といい（一〇三四年）、兵制を定めた。官制・兵制ともに、「蕃」と「漢」と表現されるタングト系などの非漢族と漢族系の二大体系にわかれた。さらに、国字としていわゆる西夏文字（蕃字）を制定し、文字文化の面でも蕃漢二重体制をしいた。いずれも、先行するキタイ帝国での方式と共通する部分がある。また、軍事国家の根幹をなす軍隊については、タングト族の一五歳から六〇歳までの男はすべて兵となった。堂々たる体軀で名高いタングトの精兵が、やはり国のささえではあった。

この軍兵をもって、李元昊は沙州（敦煌）・瓜州に拠る帰義軍節度使・曹氏の小権力も併合して河西全域を制圧した。かくて、東は銀州から西はいわゆる敦煌にいたるまでの草原・

范仲淹の文集に描かれた西夏地形図　記載地名から北宋末の大観2年（1108）よりややのちの状況を示す。北宋側の手になるとはいえ、これほど詳密な図はなく、西夏研究の重要資料

オアシス・沙漠の地がその国域となり、多種族混淆の社会がそこに包含された。一〇三八年、李元昊は国号を「大夏」とし、みずから皇帝と称して独立を宣言した。「夏」とは、中華の雅称でもあったから、北宋はこの名を認めず、「西夏」と呼んだ。

ついに元昊は、関中の地と長安すなわち京兆の攻略を唱えて、北宋との全面戦争に突入した。北宋軍は、あいついで敗れ、劣勢となった。北宋の仁宗政権は、韓琦（かんき）や范仲淹（はんちゅうえん）らの有力文臣を前線に急派して防衛にあたらせ、数多くの防塞群からなる重武装地帯を構築して必死に危機をしのいだ。やがて、戦局は膠着した。

北宋側は、防守につとめるいっぽう、青海から洮河（とうが）流域に成立していたティベット系ツォンカ族の青唐（せいとう）王国の主人である唃厮囉と連絡して、西夏の背面を脅かさせた。唃厮囉とは、「仏の子」を意味する王号で、本名をティデといい、ティ・ナムデ・ウンツェンポとも称した。かつてのトゥプト王家の血を引くこの人物と李元昊の争いは、東西貿易をめぐる戦いでもあり、熾烈な戦闘がくりかえされた。しかし、結局は西夏をおさえきれなかった。

慶暦の和約

北宋側は、西夏の攻勢をしのぐため、西北面に五〇万から八〇万もの厖大な兵団をはりつけざるをえず、その財政負担は巨額となった。西夏もまた、長期戦は耐えがたかった。キタイ帝国はこの事態を奇貨として、かつて保有しながらも趙匡義の北伐で失われた瓦橋関・益津関以南の一〇県の地を北宋にもとめ、その「見返り」として首尾よく歳幣を増額せしめることに成功した。西夏側としては、頼みとするキタイとはいえ、どこか割り切れぬなりゆきであった。そのこともひとつのきっかけとなり、また当のキタイ帝国が両者の斡旋に乗りだしたこともあって、西夏と北宋の和平が協議された。

北宋の年号では慶暦四年、すなわち一〇四四年、西夏が北宋に臣礼をとることを条件に、両国国境線を画定し、毎年の歳賜として北宋から銀七万二〇〇〇両、絹など一五万三〇〇〇四、茶三万斤という巨額の財物が贈られることとなった。北宋は、体面だけにこだわった。西夏は実質を採った。これを北宋の立場から、慶暦の和約という。前後七年間にわたる消耗戦は、ここにひとまず終了した。

澶淵システム以後のアジア東方

澶淵の盟よりちょうど四〇年、北宋と西夏も、ほぼ同様の盟約関係に入ったのである。既存のキタイ・北宋関係およびキタイ・西夏関係とあわせ、キタイ・北宋・西夏の三国は独特のトライアングルをなして、鼎立することとなった。アジア東方は平和共存の時代となった。

ただし、おおむね安定していたキタイ・北宋間にくらべ、西夏・北宋間は相互に侵入や出入りがしきりにあり、北宋は一〇〇万に近い大兵団を陝西一帯に常駐させざるをえなかった。文化大国イメージが強調される北宋は、現実には大変な軍隊をかかえる軍事国家であったのである。それは北宋の政府財政はもとより、社会全体をも圧迫しつづけた。北宋は大きな重荷を背負った政権であった。結局のところ、西夏と北宋の不安定な関係は、のち女真族の大金国が華北を領有し、宋室は南渡するかたちになって、ようやく終わりをつげたのである。

「和約」という名の国際条約の締結から四年後、一〇四八年に、李元昊は四六歳で他界した。この手の「英雄」にはめずらしく、五尺余のやや小柄な体軀であった彼は、意志と意欲、知慧と創意のかたまりのような人物であり、それをいかんなく発揮して西夏国を強力にリードしつづける生涯をおくった。西夏国の二〇〇年になんなんとする歴史は、ほとんど李元昊の手によって定められたのであった。

ジュシェン族の連合体・大金国

国家としての光と影

アジア東方は、これ以後、キタイ・北宋・西夏の三極を軸として、東に日本・高麗、西に青唐王国・天山ウイグル、さらにはカラ・ハン朝など、そして南に南詔・黎朝といった多極化構造につつまれた。かつてないあり方であった。それが固着するかに見えたころ、一二世紀のはじめ、マンチュリアの北半、松花江の流域より完顔部を中心とする女真族連合体が、ほとんど突如として興起した。

「女真、万に満つれば敵しがたし」といわれた精強なジュシェン兵と騎馬の軍団とによって一気に浮上したこの新興勢力は、一〇世紀以来、政局の中心にあったキタイ帝国を打倒し、ついで北宋をも瓦解せしめて、大金国を樹立した。当初の正式国名は、「大女真金国」といった。女真語で「アムバン・ジュシェン・アルチュン・グルン」である。初代の皇帝は、完顔阿骨打（ワンヤンアクダ）。巨軀の猛将にして、大変な弓ひきであったところは、キタイ国家の創業者・耶律阿保機（やりつあぼき）をおもわせる。

ただし、短期間でアジア東方の中核国家に駆けあがってしまった大金国は、キタイ国家よりはるかにゆるやかで、よくもわるくもルーズな連合体であった。あまりにもキタイ・北宋が呆気なく倒壊したため、国家体制をきちんとつくりあげるゆとりもほとんどないままに、急激に膨張する国域と顔触れに対応するのが精一杯で、国権の中央にどっかとジュシェン諸部族が横並びに連なる状況を、根本的に変えることはできなかった。ジュシェン本地となったマンチュリアをはじめ、キタイ直接領の大半と淮水（わいすい）以北の北宋旧領という広大な版図を保有しながらも、野の匂いのするような牧歌的で甘やかな君臣関係は、ついに払拭できぬままに終わる。ようするに、国としてのまとまりや統制は、はなはだ薄かった。

皇帝はかならずしも皇帝ならず、おおむねはせいぜい連合体の盟主程度であった。国家としては、マンチュリアに崛起（くっき）し、内モンゴルと中華の地を席捲（せっけん）した勃興当初の強壮ぶりが目につくものの、数次にわたる大きな政治変動をへて、モンゴル侵攻による怒濤のような崩れで南遷し、しばらく黄河の南に逼塞（ひっそく）したのち、さらに長江もそうほど遠くない蔡州（さいしゅう）の地で窮迫して、ついに息たえる末路。——大金国の一二〇年の歴史は、光と影のコントラストがまことにいちじるしい。

『金史』世紀のおもしろさ

女真族、すなわちジュシェン族は、遊牧民のキタイ族や奚族はもとより、牧畜民にして住地を大きく変えて浮上した沙陀やタングトとも異なっていた。森林地帯に住み、トゥングース系のことばを話す狩猟・農耕・漁労の民であった。しかも、そうでありながら、騎馬による生活・軍事もそれなりに身につけていた。「血」のつながり、もしくは系統のうえからは、耶律阿保機につぶされた渤海国、そして当時も存在した国でいえば、高麗国に近い関係にあった。

女真族の起源・由緒・変転については、モンゴル帝国時代に編纂された『金史』冒頭の第一巻目、「世紀」につづられている。『金史』世紀は、大金国を樹立するアクダにいたるまでの一〇人の完顔部の歴代族長の事績を中心に、さまざまな伝承・逸話を織り込んで語られる「開国説話」である。いや、より正確には女真族の始祖・開国にかかわる「伝説」ないしは「神話」というべきものかもしれない。いわゆる中国正史のなかにあって、きわめて特異な一巻が『金史』の劈頭に置かれているのである。

そこで述べられることがらが、「生」のままの事実を伝えているとすることは、やはりできない。だが、世界各地に伝わる説話・伝承のたぐいがしばしばそうであるように、そこに仮託・接合・集約・凝縮されたさまざまな事実の断片がイメージ化されて物語られる。意識化され、観念化された世界でもある。そうしたイメージ・意識・観念・価値観は、そのこと自体において疑いなく「真実」である。そして、さらにここで大切なことは、『金史』世紀

本紀第一　金史一

勅修

世紀

金之先出靺鞨氏靺鞨本號勿吉勿吉古肅慎地也元魏
時勿吉有七部曰粟末部曰伯咄部曰安車骨部曰拂涅
部曰號室部曰黑水部曰白山部隋稱靺鞨而七部並同
唐初有黑水靺鞨粟末靺鞨其五部無聞粟末靺鞨始附
高麗姓大氏李勣破高麗粟末靺鞨保東牟山後爲渤海
稱王傳十餘世有文字禮樂官府制度有五京十五府六
十二州黑水靺鞨居肅慎地東瀕海南接高麗亦附于高
麗嘗以兵十五萬衆助高麗拒唐太宗敗于安市開元中
來朝置黑水府以部長爲都督刺史置長史監之賜都督
姓李氏名獻誠領黑水經略使其後渤海盛強黑水役屬
之朝貢遂絶五代時契丹盡取渤海地而黑水靺鞨附屬
于契丹其在南者籍契丹號熟女直其在北者不在契丹
籍號生女直生女直地有混同江長白山混同江亦號黑
龍江所謂白山黑水是也金之始祖諱函普初從高麗來
年已六十餘矣兄阿古迺好佛留高麗不肯從曰後世子
孫必有能相聚者吾不能去也獨與弟保活里俱始祖居

『金史』世紀　巻一の冒頭部分

の物語は、アクダによる大金国の成立以後にまとめられ、体系化されたうえで、文字として書きとめられたことである。その叙述のはしばしには、もともと口頭で語られたものであったらしい痕跡・匂いが色濃く漂う。つまり、世代と世代をつないで口伝えにうけつがれた過程がおそらくまずあり、そこでの「表象化」の装い(よそお)をさまざまに身にまといつつ、さらに政権による整序(せいじょ)と価値づけがなされているのである。ただの伝承・神話・伝説ではない。国家による「大いなる物語」なのである。

この「物語」は、完顔(ワンヤン)王室と完顔部の「正史」であるとともに、完顔権力のもとにつどいあったジュシェン諸部族たちの個々の立場や政権とのえにしも、当然のことながら投影されている。別のいい方をすれば、ジュシェン連合体にとって「現在」を過去に逆照射した「統合と結束の物語」なのである。もとより政治性は顕著とならざるをえない。その意味で、たとえばよく知られるモンゴル帝国における『元朝秘史(げんちょうひし)』、およびそれと一連の「物語」の場合と、きわめて近いところにある。

ペルシア語の『集史』や、『元史』劈頭の「太祖本紀」にもしるされるチンギス・カンとその先祖の「物語」は、チンギス家のもとに世界にひろがったモンゴルたちの富貴の源、そして栄華への道を、頭韻を踏む詩句としておそらくはうるわしいしらべとともに、まずは口頭で謳われた。雄々しく、かつは抑揚・陰翳にみちて語られゆくモンゴル開国譚を耳にしたモンゴルたちは、「先祖」たちの苦労に涙を流し、千軍万馬の功業に感動して、あらためてモンゴルたる結束を誓ったのである。そうした「語りもの」として成立・成長したものが、やがてウイグル文字モンゴル語で綴られ、さらにアラビア文字ペルシア語に翻訳され、漢字・漢語に直訳された。基本的にはそれとおなじ仕掛けで、これに先行するものが、『金史』世紀なのであった。

世紀の冒頭の説明によれば、北魏のさいの勿吉、隋における靺鞨が、女真のもとであった。その靺鞨から黒水靺鞨と粟末靺鞨にわかれ、後者が渤海国をつくり、未統合の前者はそれに服属する。ちなみに、黒水とは黒龍江、粟末水とは松花江をさす。渤海国が滅ぶと、黒水靺鞨たちはキタイに臣属し、その南半で戸籍に附されたものを「熟女真」、北半の未登録のものを「生女真」と区別し、後者が完顔部となった、とする。

そして以下、一〇人の始祖たちが描かれる。初代の函普は三人兄弟で、六十余歳にして高麗からやってきて、完顔部のシャーマンらしき賢い老女と夫婦になったのが、完顔王室の発端であったと述べられる。異様な話である。また、他の二人の兄弟も、それぞれジュシェン連合体にくわわる別派の祖とされる。「現在」の有力な集団・家系が、古くからの「縁者」であるとする説明は、以後の歴代においてもしばしば繰り返される。くだって、第六代の烏古廼（ウグナイ）からは格段に詳しくなり、実在の人物らしくなる。そして、アクダの父の第七代の劾里鉢（ハリボ）は、突出した英雄として特筆大書される。これは、当然だろう。さらに、その弟たちが後をつぎ、第九代の盈歌（インガ）にいたって、アクダの創業の基礎が定められる。これは、ほぼ実話と見てよい。最後の烏雅束（ウヤス）は、アクダの兄だが、高麗国との不正確な記事に終始し、アクダ政権との微妙な間柄がうかがわれるが、それ以上はわからない。

巻二で扱われるアクダの一代記でさえ、伝奇風の面影はなお漂う。こうしたことについて、戦前は日本の大陸政策や時代状況もあって、さかんに研究がこころみられた。そして近年、純正な文献研究として、あらたなるアプローチも出現している。実は、これに限らず、『金史』の全体にわたって、厳密な分析・考証がもとめられる。のちの清朝、すなわち大清（ダイチン）

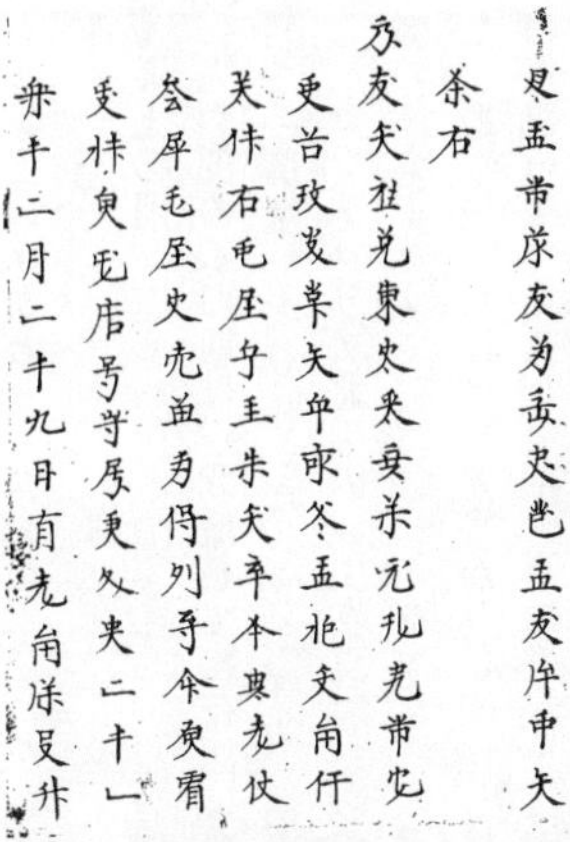

女真文字の例（東洋文庫蔵）　いわゆる女真文字には、大金国の創業者・完顔阿骨打が完顔希尹（キイン）につくらせ、1119年に公布した女真大字と、そのおよそ20年後につくられた女真小字の２種がある。契丹文字とは異なり、大字と小字で文字体系が異なるわけではなく、両方が混ざって使われている。女真文字は、大金国がほろんだあとも200年ほど使われた。写真は、明代の『華夷訳語』（乙種本）のうち、『女真館訳語』の「来文」の部分。女真語で明への上奏文がしるされている

グルンとのかかわりも含めて、これからに俟（ま）つところはなお多い。

海上の盟

完顔部の本拠地は、北流して松花江に合する按出虎水（アルチカ）の流域であった。按出虎とは、女真語で「黄金」を意味した。完顔部が、劾里鉢（ハリボ）―盈歌（インガ）―アクダの二世代のうちに徐々に抬頭し、マンチュリア北半の「生女真」たちの中心的な存在に浮上したころ、キタイ帝国は阿保機の創業よりすでに二〇〇年をすぎ、太平の世と安楽な暮らしに慣れきって、かつての猛々しい遊牧民たちは今やすっかり貴族化しはて、国家社会のすみずみまで弛緩していた。尚武の気風を失って久しいキタイの王族・貴族たちも、娯楽・遊興としての鷹狩りには熱中し、そのための「海東青鶻（かいとうせいこつ）」という鷹をもとめて、生女真の諸部を苦しめた。かねてより、キタイからの誅求（ちゅうきゅう）と抑圧に不満が高まっていたこともあり、一一一四年、完顔部の指導者アクダは公然とキタイに反旗をひるがえした。

キタイの討伐軍を国境線の要衝・寧江州にて粉砕すると、アクダはこの機をとらえて按出虎河畔にてすぐさま皇帝の位につき、年号を収国（しゅうこく）とした。いったん反乱に立ちあがったからには、女真諸部をうって一丸とする気運を盛りあげなければならなかったのである。そのためには、まずはなにより独立を宣言することであった。ともかく、ここに大金国が誕生した。

この時点では、まだ反乱軍の域にとどまっていた。しかし、その翌年、かの耶律阿保機が他界した拠点都市の黄龍府をおとしいれ、さらにキタイの天祚帝みずからが率いる公称七〇万という大軍を混同江（松花江のこと）の河畔にて撃破した。戦いになれぬ天祚帝が過度の大兵団を引具したこと、しかも多種族混成の親征軍内に反乱がおきたこと、ようするにキタイ側の自滅・自崩であった。とはいえ、途方もない大軍を率いながらキタイ皇帝が大敗したことは、内外ともどもに衝撃となった。

情勢は一挙に急変・緊迫した。キタイの威信は地に堕ち、マンチュリアの南半では渤海人たちが各地で蜂起した。アクダは混乱に乗じて「熟女真」の諸部を糾合し、渤海遺民たちをあわせて、遼東全域を制圧した。そして、さらにキタイ本土へと進攻する構えをみせた。かくて、攻守ところを大きく変えた。

こうした報は、北宋にもただちに伝わった。北宋の宮廷政府は、一〇〇年以上の平和共存のパートナーでありながら、キタイの腹背にジュシェンの新国家が出現し、はげしく対抗していることを喜んだ。そこで、一一一八年、海上より使節をおくり、遼東半島をへて按出虎河畔にいたらせて、両国の同盟にてキタイを倒そうと提案した。そのとき、キタイとの和議をすすめていたアクダは、これをいったん留保した。そして、キタイと北宋とを天秤にかけて模様ながめをしたが、キタイとの交渉がすすまぬのを見て、北宋と組むことに決した。これまで北宋からキタイにおくられていた歳幣を金国に渡すことなど、いくつかの条件が示された。この同盟を、海上の盟という。

かくて、大金国と北宋はそれぞれにキタイを攻撃した。一一二〇年には、金軍はキタイの首都・上京臨潢府（じょうけいりんこうふ）をおとし、西走する天祚帝を追って西京大同府（せいけいだいどうふ）をも攻略した。かたや、北宋軍は燕京（えんけい）に進撃したものの、キタイ軍に連敗し、主将の童貫（どうかん）は金側に助けを乞い、金軍は簡単に燕京を落とした。このなりゆきが、次なる導火線となった。

結局、かの燕雲十六州（えんうんじゅうろくしゅう）のうち、燕京以下の六州を金側は代償をうけて北宋に譲った。こうしたさなか、アクダは一一二三年に病死し、弟の呉乞買（ウキマイ）がついだ。ウキマイのもとで、天祚帝はとらわれ、キタイ帝国は、一一二五年に滅亡した。だが、既述のように、耶律大石（やりつたいせき）によって中央アジアに第二次キタイ帝国が形成される。

北宋では、燕京回復作戦の費用捻出のため経済が混乱し、反乱があいついだ。にもかかわらず、北宋は金国に対し挑発行為をくりかえし、歳幣なども送らなかった。さらに、金国に二重三重の陰謀と背信をおこなって、ためらわなかった。ウキマイは、キタイにとどめをさしたおなじ一一二五年のうちに、ついに北宋に対し問罪（もんざい）の師をおこし、大挙して開封に迫った。

以下の経緯は、ごく簡略にとどめたい。結局は、北宋は金国によって滅ぼされる。金軍は上皇の徽宗（きそう）と皇帝の欽宗（きんそう）以下、宗室・官僚など数千人を北に連行する。靖康（せいこう）二年、一一二七年のことである。北宋は、一六七年で消滅した。もし、澶淵（せんえん）の盟による平和共存システムがなければ、徹頭徹尾、軍事力の弱体だったこの王朝は、あるいはもっと以前に存在しなかったかもしれない。そんなことさえも頭をかすめる。

対等者のなかの中華

このの ちの金国は、長江の険をたよりに再建された南宋を攻めきれずにとり逃がす。その間、華北統治をめぐって、傀儡の楚・斉をたてるものの、最終的には直接統治に踏み込む。それにともない、大量の女真人たちが華北に移住する。だが、その顚末を述べる紙幅はもはやない。

一一四二年、金国と南宋の間で和約がなった。淮水をもって境界とし、南宋は金国に臣従し、年ごとに銀二五万両・絹二五万匹を贈るなどの条件つき和平であった。まさに一三八年前の澶淵の盟をしのばせる。これに先立ち、金国は西夏国に対しキタイ帝国での先例を踏まえて、臣礼をとらせて共存を確定していた。ここに「澶淵システム」は、再現された。国際条約にもとづく平和共存方式は、アジア東方が創出した歴史の知慧となった。

一一四九年、第三代の金帝・熙宗を殺害して皇帝となった完顔迪古乃（中華風の名は亮）は、真の中華皇帝たらんとして按出虎水の上京会寧府から燕京に遷都し、一一六一年に南伐の挙をおこした。しかし、北のマンチュリアで、反対派が従兄弟の完顔烏禄（中華風の名は雍）をかついで反乱をおこした。そのとき、瓜州にあって渡江をはかっていた迪古乃は、反転して北行せんとしたが、軍中で暗殺された。なお、皇帝でありながら、彼は没後に平民におとされて「海陵庶人」とされ、のちやや回復して即位前の「海陵王」の称号で呼ばれることになる。

金国の新帝・烏禄もまた、燕京を都とすることを決め、南宋と再講和をはかった。一一六五年に再締結された和約は、国境線は変更なく、君臣の関係を叔と姪にあらため、歳幣を

12―13世紀初めのアジア東方

銀・絹とも五万ずつ減額するものであった。南宋寄りにいくらか手直しされたのである。

この後、四〇年間にわたり、両国に平和がおとずれた。廟号の世宗で呼ばれることの多い金帝・烏禄（ウルク）は二八年も帝位にあり、名君とされる。だが、現実には凡庸で根暗い男であった。迪古乃（ディグナ）が反対派をおさえるため、片端から金室の人間を殺し尽くし、むしろ烏禄は平凡だからこそ生きのこれたにすぎない。金国の歴史の前半がよくわからぬのは、金国の独裁者となった烏禄（ウルク）が、みずからの名声だけを後世に伝えんがため、記録の多くを滅却せしめたからである。文献史家は、しばしばこの手の「演出」に騙されがちである。

一二〇六年、今度は南宋が大挙北伐し

た。南宋政権の権力者の韓侂冑（かんたくちゅう）が、モンゴル勃興などで窮していた金国の内情を知り、歴史に名をのこす絶好の機会と考えたからである。しかし、実戦すれば南宋軍はあいかわらず弱兵であった。弱りぬいていたはずの金軍に各所で敗れ、結局のところ文字どおり韓侂冑を「首」にして、南宋はゆるしを乞うた。国境線は従来どおり、叔姪（しゅくてつ）関係を伯姪（はくてつ）とし、歳幣を増額することで、一二〇八年に再々改定された。以上をようするに、二度の変事を例外として、「澶淵システム」は生きつづけたのである。

かえりみて、一〇〇四年の澶淵の盟から二百余年の間、アジア東方は二極ないしは三極の中核国家を軸として、いくつもの国家群が並存するかたちがほぼ固定した。こうした状況をとらえて、ドイツのアジア史家ヘルベルト・フランケは、「対等者のなかの中華」と表現した。巧妙ないい方である。「中華」なるものを北宋・南宋に限るならば、たしかにそうだろう。

いっぽう、たとえば西夏も、ある面では「中華国家」であった。金国もまた、その側面があることは否定しがたい。キタイ国家でさえ、中華色はそれなりにあった。さまざまな「中華」がありえたのである。

もとより、異様なほどに「中華」を純化して主張する北宋・南宋もあった。とはいえ、ことは「中華」云々をこえて、多重・多元の国家群が、たがいに攻伐することのはなはだ少ない時代がつづいたのであった。それはもはや、ひとつのシステムと化していたと見ればいいのではないか。すなわち、アジア東方におけるマルティ・ステイト・システム（多数国家による並存システム）とでもいうべきものであった。

第六章　ユーラシアの超域帝国モンゴルのもとで

モンゴルの出現

蒼き狼と光の子

あらためてふりかえって、一〇―一二世紀のユーラシアを眺めわたすと、草原と農耕、乾燥と湿潤の各世界を問わず、歴史を動かす動因・主役として、テュルク・モンゴル系の遊牧民が東西で大きく浮上していた。そのいっぽう、各地域の政局は規模の大小にかかわらず、多極化を深めていた。さらに、東からはテュルク系の人びとが西へ移りゆく形勢がつづき、西からは東地中海地域をめざして、「十字軍」の美名のもとにフランク人たちが押し寄せ、時代はますます流動化していた。別のいいかたをするならば、地域世界をこえたダイナミックなかかわりあいが徐々にうねりをなし、さらなる大きな動きへの扉が準備されていた。時代はきわめて可変的だったのである。

後世でいうモンゴル高原は、ユーラシアで最大・最良の草原がひろがる。そこでもまた、大小のテュルク・モンゴル系の部族集団が割拠し、混迷がつづいていた。森林と草原が交錯するその東北隅、狩猟民の影を残すモンゴルという部族がいた。蒼き狼と光の子という二種の先祖伝承をもっていたとされる。

そのさらに小部族に、ひとりの男子が生まれた。テムジン、のちのチンギス・カンである。生年は、一一五五年・六二年・六七年と、定まらない。父イェスゲイは、モンゴル部のなかのひとつ、キャト・ボルジギン氏のそれなりの有力者ではあったらしい。しかし、早くに毒殺され、テムジンは苦難に満ちた青少年時代を送らざるをえなかった。ここで確実なことは、わずかである。ほとんどすべては、一二〇三年の秋に幸運にめぐまれて優勢なケレイト部のオン・カン（またはワン・カン）を奇襲で倒し、モンゴル高原東半の覇権を握ってからとさえいっていい。

チンギス・カン（台北・故宮博物院蔵）『歴代帝后像』に載る肖像。これほどの著名人でありながら、彼の風貌・容姿に関する記録はほとんどなく、肖像画としては唯一といっていい。ただし、中華風に描かれており、どれほど実際を伝えているか不明

翌一二〇四年四月、テムジンはハンガイ山からアルタイ山のモンゴル高原西部を握るテュルク系のナイマン部を破り、重大な勝利をえた。それに先立ち、陰山（いんざん）北麓一帯のやはりテュルク系の有力集団オングト部は、ナイマン部からのモンゴル挟撃のさそいをきらって、テムジンに通報してきていた。ここに、高原のなかでテムジンに敵対する有力な部族集団は、メル

初期までは、黄河は山東半島の南側を流れていた

チンギス・カン以前のユーラシア（12世紀）　金代の12世紀から明代

キトを残すのみとなり、翌一二〇五年の春、テムジンは北進して、宿敵のメルキト部をついに征服した。こうしてわずか二年あまりで、テムジンは金国治下の熱河草原とその方面一帯をのぞき、モンゴル草原の大半を、一気に統合してしまった。

よくはわからぬ実像

チンギス・カンとその人生をめぐっては、のちさまざまな英雄伝説が語られた。しかし、彼の容姿もふくめ、実像は定かではない。戦闘指揮官としては、テムジンだけがとびぬけて優秀だったわけでは、おそらくない。

高原統合のとき、テムジンはどう少なく見積もっても、四〇歳にはなっていた。遊牧民では、かなりな年配である。ある程度の血脈の生まれとはいえ、下積みの時代も長かった。他人の言に耳をかたむける度量、それを生かす才腕があった。豊富な経験に裏打ちされた鋭い政治感覚と、人間や状況をみぬく能力。適度なバランス感覚にもとづく組織者・調停者としての素質。そして、果敢な実行力。こうした点において、テムジンはたちまさっていた。

彼よりまえ、長年の部族割拠により、各集団内部での身分秩序や社会関係は固定・閉塞していた。現状の打開を求めるものたちにとって、従来の部族関係や家格・身分にとらわれないテムジンは、わが身の運命を托するに足る領袖であったろう。そのため、テムジンのもとには、さまざまな履歴や出身の者たちが、一対一の信頼関係を取り結んで、集まってきた。

こうした遊牧首領は、テムジンのほかにもいたにちがいない。そのなかで、彼は最後にのこった「英雄」なのであった。くわえて、歴代つづけて高原に干渉してきていた金国が、章宗の治下で平和主義と文化振興に専念し、安全保障と軍備に気をとめなくなっていた幸運も無視できない。

一二〇六年の春、テムジンはオノン河の上源にある草地に大集会を開いた。そこで即位式を挙行し、チンギス・カンの称号を名乗った。人びとのかたまりを、モンゴル語で「ウルス」といった。まとまりの中核となった「モンゴル」の名をとって、あらたなる遊牧連合体を「イェケ・モンゴル・ウルス」といった。「大モンゴル国」である。

ただちにチンギスは、新しい遊牧国家の体制づくりに着手した。その第一として、麾下の全遊牧民を九五の千人隊集団に再編成し、創業の功臣や一門・勲戚をその指揮官たる千人隊長に封じて、それぞれを分割統治させた。各千人隊集団の内容や編成の由来は、さまざまであった。おおむねのところ、おなじ部族や氏族はおなじ千人隊集団に属するように配慮されている。その一方、制覇戦争のときに敵対したケレイト、タタル、ナイマン、メルキトなどについては、特別な個人の勲功者で千人隊長に任じられたものがいるほかは、集団としては姿を消している。牧民どうしの出身・由来を尊重しつつも、敵性勢力の温存は避けたのである。

モンゴル・ウルスの原点

つぎに、これらの新編成された千人隊集団のうち、一部を自分の子と弟に分け与えた。長子ジョチ、次子チャガタイ、第三子オゴデイには、平等に千人隊をそれぞれ四つずつ。次弟のジョチ・カサルには一つ。三弟カチウンの遺児アルチダイには三つ。末弟テムゲ・オッチギンだけは、母ホエルンのとり分も含めて、八つもあたえられた。破格の扱いであった。三人の息子の遊牧地は、モンゴル高原西方を限るアルタイ山方面に集中しておかれ、三人の弟の遊牧地は逆に東方興安嶺（こうあんれい）方面に数珠状に設置された。

三子の千人隊数を合計すると、一二。いっぽう、三弟についても合計すると同じく一二となる。チンギスは、モンゴル国家の草創にあたって、その東西に同量の一族のウルスを配置しようとしたのである。これらの諸ウルスは、その後それぞれ中央政権とはひとまず別の独自の勢力を形成する。そのさい、各ウルスに分属された千人隊集団は、その基幹部隊となった。そして、このときの配置が、その後の各ウルスの発展や命運を決定することになった。

諸子弟にあたえられた合計二四の千人隊をのぞく、のこりすべては、チンギスとその末子トルイに直属し、それらもまた東西の左右両翼にわかれた。この両翼の中央に、チンギス自身に直属する近衛軍にして宿衛も兼ねる一万のケシクがおり、チンギスの個人財産である四つの大オルドという天幕群とそれに付属する牧民たちが展開した。

各千人隊の内部は、百人隊・十人隊と、三段階に指揮官が任命され、彼らは千人隊長・万人隊長らとともに遊牧貴族を意味する「ノヤン」の称号で呼ばれた。千人隊のもととなるのは、厳密に一〇〇〇個の家庭（ひとつの天幕に住む人びと）というわけではなく、おおむねは数百ほどであったが、これを母体にほぼ一〇〇〇名の戦士が供出された。かつての部族に代わって編成された新しい千人隊群は、モンゴル新国家の政治・行政・軍事・社会など、い

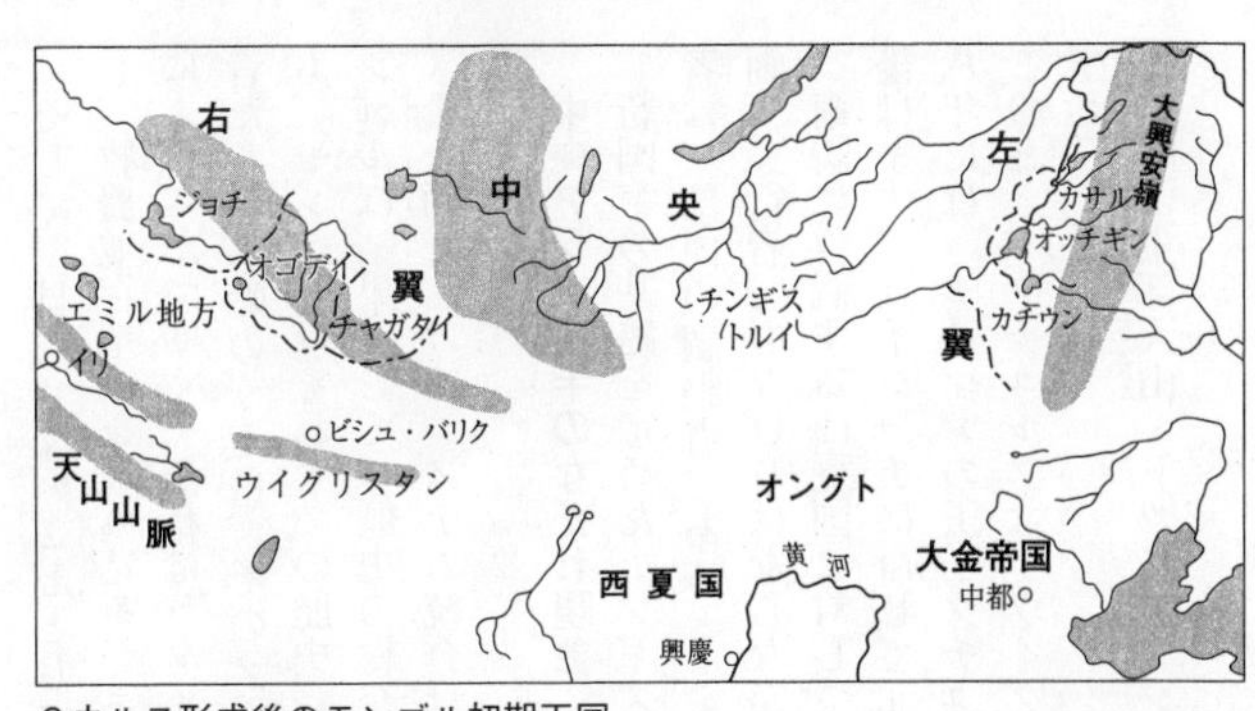

6ウルス形成後のモンゴル初期王国

っさいの基盤をなす組織であり、千人隊長は行政官であるとともに軍事指揮官でもあった。

十進法による軍事組織、左右両翼体制など、遊牧国家としての大枠は、匈奴(きょうど)国家以来の長い伝統でもあった。チンギス・カンの場合、それを徹底して自分を中心とする命令系統に整備し、麾下の全遊牧民をきわめてよく統制された軍事集団に変身させたのである。このとき成立した集団と組織が、その後のモンゴルの拡大の源となった。

ようするに、モンゴルは諸部族を統合・再編成した一個の「ウルス」として出現したときから、すでにほとんど出来あがった国家であった。きわめてよく組織された軍事権力体として、歴史の表舞台に一気におどり出た。一〇万をこえる騎馬戦力の機動軍団など、当時のユーラシアのどこにも存在しなかった。いや、実はユーラシア史において、ただの一度もなかったことであったかもしれない。モンゴルの膨張は、ほとんど約束されていたといってもいい。

そして、見逃せないこととしてもうひとつ。モンゴルは、こののちオアシス社会を吸収し、牧農並存地域を取り込み、さらにはより大型の定住地域を次々とあわせて、雪だるま式にふくらんでゆく。それはキタイ国家や西夏・金国・西遼・セルジュク国家群といった先行者たちの基礎のうえに、そのノウハウを自然のうちに受け継いでいたからである。あたかも、モンゴルはそれまでの歴史経験を順番に追いかけるようにして拡大した。つまりは、モンゴルは結果として、歴史の総合者としての役回りをになった。国家・社会をはじめ、さまざまな面におけるシステム統合は、モンゴルの運命であった。

中央アジア東半のなだれ現象

新国家の基礎を定めたチンギス・カンは、ただちに対外征服活動に打って出た。遊牧指導者は、部内の調整者であるとともに、統一組織ができあがってからは、対外獲得戦争の企画・実行者でもなければならなかった。

南隣に位置する西夏国に対しては、すでに一二〇五年の夏にひとあたり叩いていた。建国後はまず、長子ジョチに命じて北方の森林の民を制圧させた。北方を確定したのち、一二〇八年には、ナイマンの王子クチュルクらの残敵をアルタイ西麓に追撃し西辺を安定させた。このとき、クチュルクは、ウイグリスタンを経由して、チュー河方面の西遼領内へとおちのびた。

当時、東部天山・トゥルファン方面のウイグル王国は、モンゴル時代に西遼という名で呼ばれることになる第二次キタイ帝国の支配をうけていた。ウイグル国王バルジュク・アルト・テギンはモンゴル国家の抬頭を予見して西遼の代官を殺し、翌一二〇九年、チンギスに帰附を表明した。天山ウイグル王国の帰附は、モンゴル国家の将来に大きな影響をもたらした。唐代以来、ウイグルで蓄積された高度な政治・経済・文化、さらには豊富な情報と人材をまるごととりいれることができたのである。ウイグルの人びとは、こののちモンゴル治下の政治・行政・財務・軍事の諸方面で活躍し、モンゴルとほとんど一体化する。

天山ウイグル方面の西方、バルハシ湖の南のカルルク族も、西遼に服属していた。さらに、天山北麓のイリ河渓谷には、ムスリムのアルマリク王国があったが、どちらもキタイ族の仏教信仰をきらってモンゴルに投じた。

こうして、パミールの東西にわたり、ゆるやかながらも広大な勢力圏を形成していた第二次キタイ帝国のもとから、天山周辺の属国群がいっせいに離反した。あきらかに、モンゴル新国家のほうが西遼よりもはるかに強力だったのである。モンゴルは、その存在の迫力だけで、こののち中央アジア以西に巨大な発展をとげる足がかりをえた。西遼で蓄えられた統治の知慧や方式も生かしつつ。

金国作戦

ついで、チンギス・カンは金国との全面対決へとふみだした。一二一一年の春、チンギスは、ケルレン河畔にモンゴル軍を集結させ、わずか二〇〇〇騎をとどめ、のこる全軍馬をひきいて六年にわたる南征へと旅だった。

モンゴル軍は、まず陰山方面に軍を進めた。この方面に駐牧するオングト部族連合は、すでにモンゴル国家にくわわっており、そのオングト軍の手引きで、チンギス軍は南麓の沃野に駐屯する金軍を蹴散らした。そして、チンギス自身は、末子トルイをともなって内モンゴル草原を東に進み、現在のシリン・ゴール大草原に展開する金国の官有牧場をおそって、大量の軍馬をうばった。

これが、遠征の最初の目的であった。ユーラシア乾燥域の戦争では、所詮すべては馬である。そのために金国のほうも、陰山一帯からゴビの南辺をかすめて、はるか北東のフルン・ブユル草原にいたるまで「界壕（かいごう）」と呼ばれる土壁と空堀による長城を蜒々と引いて、軍馬牧場群を守っていた。そのすべてが、モンゴルの手に落ちた結果、たがいの優劣は決定した。

もともと機動力で上まわっていたモンゴル軍は、絶対有利の立場にたち、いっぽう金軍は開戦当初から機動力をほとんど失って城郭内にとじこもり、専守防衛せざるをえなくなった。モンゴル軍は、金の首都中都（ちゅうと）への関門である居庸関（きょようかん）の南口に一気にせまった。しかし、必死に首都をまもる金軍をみると、無理押しはさけ、兵をいったんすぐ北隣の内モンゴル草原に引いて駐留した。この年、かなりの数のキタイ族が、金をみかぎってモンゴルに内附した（第一次作戦）。

そのまま、内モンゴリアで越冬・夏営したチンギス軍は、翌一二一三年、秋を迎えると、ふたたび南下を開始した。今度は、居庸の険を避け、中都の西南方にある紫荊関（しけいかん）から河北平

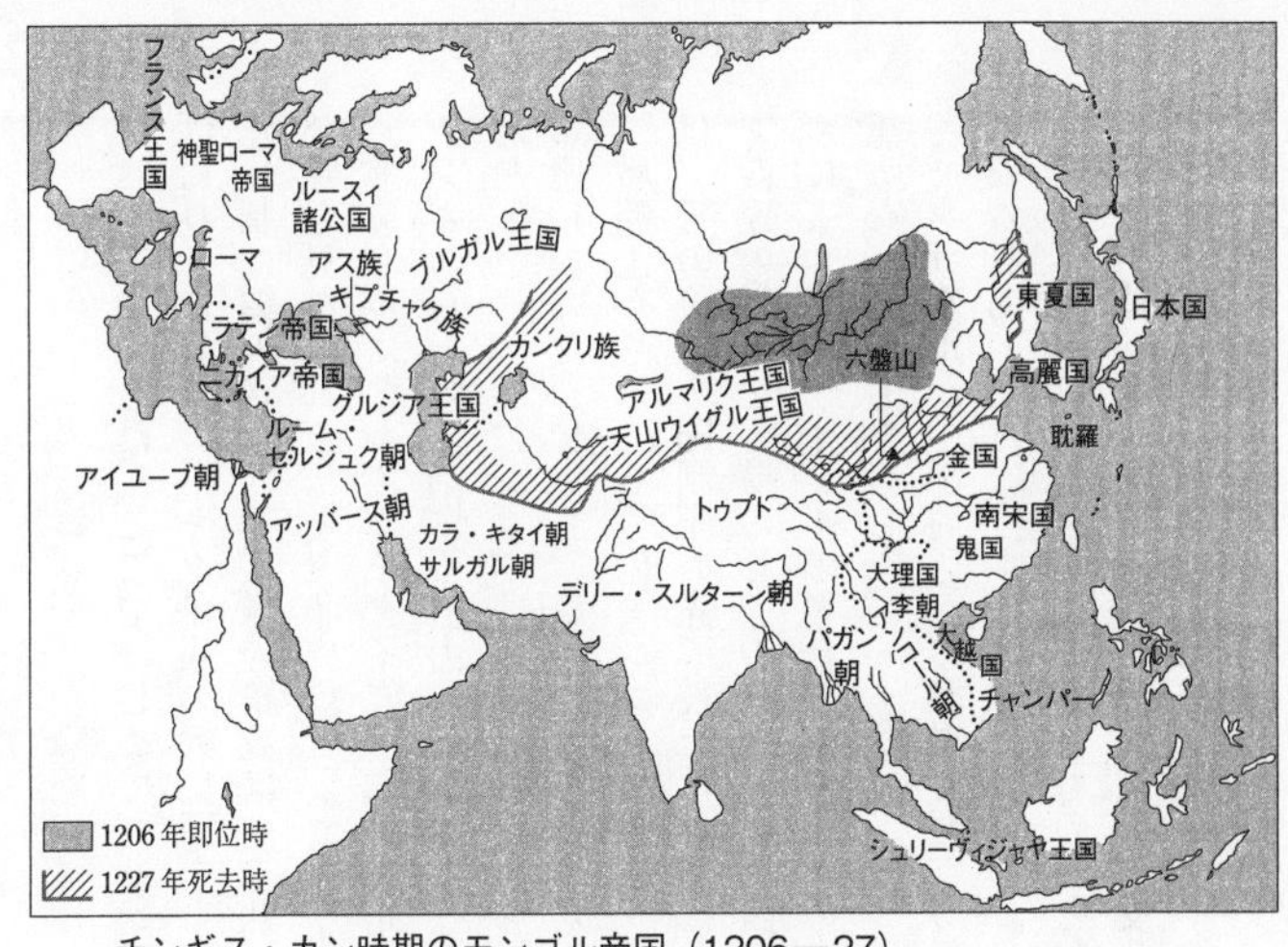

チンギス・カン時期のモンゴル帝国（1206—27）

原にでた。そこで、チンギスは軍を三手に分けた。そして、それぞれに華北と遼西・遼東を席捲（せっけん）させたが、作戦のねらいは金領の大半を荒廃させて、首都の中都を孤立させることにあった（第二次作戦）。

翌一二一四年の春、モンゴル全軍は中都に会し、これを包囲した。この間、中都の金国宮廷では政変がおこり、モンゴルに敵意を燃やす金帝の衛紹王（えいしょうおう）・允済（いんさい）が殺され、宣宗（せんそう）がたてられた。宣宗は皇女をさしだし、毎年こののち銀・絹などを貢納することを条件に講和を求めた。チンギスは、至極あっさりとこの条件をうけいれ、軍を内モンゴリアに引いた（第三次作戦）。

おそらく、チンギス・カンの予定では、対金国作戦はこれで十分であった。ほとんどの軍馬をうばって、金国の機動力を失わしめた。そして、肥沃な内モンゴル草原をすべて手中にした。ここではじめて、モンゴル高原全域の領有がなった。くわえて、この方面にひろがっていたキタイ族の大集団をも、吸収することができた。彼らは、そのまま千人隊体制に編入され、千人隊の総数は一二九にふえた。後世、ここまでがモンゴル国家の基幹部隊と見なされた。キタイ族は、「モンゴル」となったのである。

モンゴルにとって、キタイ族は偉大な先人であった。モンゴル系とみられるキタイ族は、チンギスらとの会話に不自由しなかった。それになにより、キタイ帝国と大金国の時代をあわせ、三〇〇年におよぶ豊富な経験をもち、草原と中華のどちらについても、政治・統治に熟達していた。しかも、このころキタイ人のほとんどは、漢語にも通じていたらしい。

戦略上からみても、内モンゴリアのキタイ族の合流は、二つの大きな意味があった。第一は、その後の中国制圧の先導役をはたしたことである。第二は、もうひとつのキタイ族集団＝西遼の併合を容易にし、中央アジア以西にモンゴルが伸びるのを導いた点である。モンゴルにとって、ウイグルの場合とはまた別の意味で、あるいはそれ以上に、キタイ族の帰属は重大な影響をもたらした。

モンゴル軍が中都周辺から撤退した二ヵ月後、一二一四年五月、金国は首都を黄河以南の北宋（ほくそう）の旧都・開封（かいほう）に移すことを決定する。このままでは、とうてい国を保てぬと判断したのである。宣宗以下の宮廷は、とるものもとりあえず、あわただしく開封へ向け南下した。そのとき、首都圏防衛の任にあった糺軍（ちゅう）が反乱をおこした。そして、中都の金軍残留部隊を混乱に陥れた。糺軍とは、金国北辺のキタイ族を含む諸部族混成軍であった。彼らは、中都のすぐ北、内モンゴリアの草原に駐夏していたチンギスのもとに援軍を求めてきた。チンギス陣営には、ついしばらくまえ、帰附したばかりのキタイ族がいた。それらのものたちも、中都への再進撃を強く求めた。

かくて、チンギス・カンは中都への進攻を認め、キタイ軍団と糺軍の呼応により、一二一五年の五月、中都は陥落する（第四次作戦）。こうした結果、黄河から北側の華北全域は、無政府状態におちいった。以後、金国は黄河の南に引きこもって、ときおり河北に出撃するだけにとどまった。

中央アジア遠征とチンギスの死

西遼に亡命したナイマン王子クチュルクは、モンゴルに敵意をいだく西遼に歓迎され国王の女婿となっていた。チンギスが金国遠征に旅だった一二一一年、クチュルクはかつて西遼の支配下にあったホラズム・シャー国のスルターン・ムハンマドと結んで、みずからは西遼権力を乗っとった。

こうした動きに、モンゴル側についたはずの天山ウイグル王国やアルマリクのカルルク王国は動揺した。チンギス・カンもまた、ナイマンが西遼を吸収して復活するのを好まなかった。そこで、金国遠征から帰還した一二一八年、部将ジェベに二万騎をあたえてクチュルクを追討させ、バダフシャンに追いつめて打倒した。モンゴル軍は、信教の自由を認めたので、キタイ族の仏教の押しつけ政策に苦しんでいたムスリムたちは、こぞってモンゴルの支配を支持し、パミール以東の西遼の旧版図は、自然のうちにモンゴル領となった。この結果、モンゴルはパミールまで領域をひろげるとともに、イスラーム地域と直接に境を接することになった。

一二一九年、チンギスは末弟テムゲ・オッチギンにモンゴル本土の留守をゆだね、ジャライル族ムカリがひきいる中華方面軍をのぞく全モンゴル軍をあげて、足かけ七年におよぶ大遠征に出発した。この遠征には、天山ウイグル王国などの属国部隊も動員され、まさに国家の命運をかけた勝負をいどんだのである。

モンゴルの来襲に対して、スルターン・ムハンマドはホラズム軍を集結させず、各城市に分かれて防衛する作戦をとった。しかし、モンゴル軍の攻撃は対金作戦とはまったくちがっていた。オトラル、ジェンド、ブハラ、サマルカンド、ウルゲンチなどの大都市を確実に包囲・陥落させていった。予想が狂ったムハンマドは、アム河をわたってホラーサーンへ逃走し、頽勢挽回をはかったが、国王のみじめな逃走に、もともと寄り合い所帯であったホラズム軍は急速に戦意を失った。都市ごと集団ごとに、てんでに行動をはじめ、開戦後ほぼ二年で、ホラズム・シャー国は事実上で解体した。遠征軍は、一二二五年の春にモンゴル本土に凱旋した。

帰還したチンギスは、休むまもなく、西征に参加をこばんだ西夏（せいか）を攻撃し、西夏国王の末帝・睍（けん）が首都の中興城（ちゅうこうじょう）を開いて投降する三日前に、六盤山（ろくばんさん）の夏営地で他界した。一二二七年、チンギスが死んだとき、モンゴルの領域は、東はマンチュリア、西はホラーサーンまでひろがっていた。チンギスは純粋の遊牧君主であった。彼の時点でのモンゴル国家は、あくまで草原の帝国と呼ぶにふさわしい。

史上最大の陸上帝国へ

金国の滅亡

チンギスが作ったモンゴル国家には、定まった相続制はなかった。ただし、末子のトルイは生前から父とともに行動し、チンギスの軍隊と財産の大部分を引き継いでいた。二年のあいだ、国政を代行していたトルイは、一二二九年の秋、ケルレン河畔に一族諸王・貴族・族長たちを集めて大集会を開き、その席でチンギス第三子のオゴデイが新君主に推戴された。

このクリルタイで、モンゴルは全力をもって金国を討つことを決定した。金国撃滅作戦には、新帝オゴデイをはじめ、一族の有力者が直接に参戦した。広大な領域を支えるため、諸軍は各地に散っており、この作戦に投入できるモンゴル軍はせいぜい五、六万程度であった。いっぽう、金軍は二〇万をこえ、しかも黄河に守られた首都の開封と陝西の京兆の二大都市に軍を集中して、そのあいだの潼関を固守していた。その重武装地帯に軍をいれて金国を倒すのは、いかにも困難とみえた。

モンゴルは、伝統となった三軍団方式を採った。モンゴル本土から西方にいたる草原地帯の留守役にはチャガタイがあたり、そのうえでトルイの右翼軍が陝西をへて南宋国境の山岳地帯を大迂回して開封の背後をつく。オッチギンのひきいる左翼軍は、河北・山東より開封東側の黄河にせまり（当時、黄河は南流していた）、オゴデイ自身の中央軍は、山西をおもむろに南下して、黄河北岸を移動しつつ機会をみて渡河し、北から開封をうかがうという方針であった。

もっとも困難をきわめたのは、トルイの右翼軍であった。まず、京兆地区を守る金国の大部隊を、単独で蹴散らした。そのうえで、陝西・四川・河南の交会地である山中の難路を強行突破して、一二三二年の正月には開封南郊の鈞州・三峰山に金軍主力と決戦におよんだ。トルイ軍は一万三〇〇〇、たいする金軍は十数万にのぼった。トルイ軍は馬からおり、塹壕を掘って金軍の攻勢をしのぎにしのいだ。ときに厳冬期にあたり、両軍ともに寒さと飢えの持久戦となった。大寒波と大雪が到来したのをとらえたトルイ軍は、塹壕を飛びだして金軍におそいかかり、一挙にこれを壊滅させた。主力を失い、金国の命運はここでつきた。

トルイと合流したオゴデイは、裸城となった開封の包囲のために、スベエデイの一部隊だけを残留させた。みずからは、トルイとともに北行した。当時、開封には少なくとも三〇〇万から五〇〇万の大人口が逃げこんでいた。金の哀宗とその周辺は、絶望状況がつづく開封を逃げだして再挙をはかった。しかし、黄河の北でうまくゆかず、ふたたび渡河して、南宋国境に近い蔡州に逃げこんだ。そこへ、モンゴルと協約をむすんだ南宋側の攻撃軍が来襲した。モンゴル側も、小部隊が来着した。両軍の攻勢により、一二三四年、金国は故土よりはるか南方の地で滅んだ。

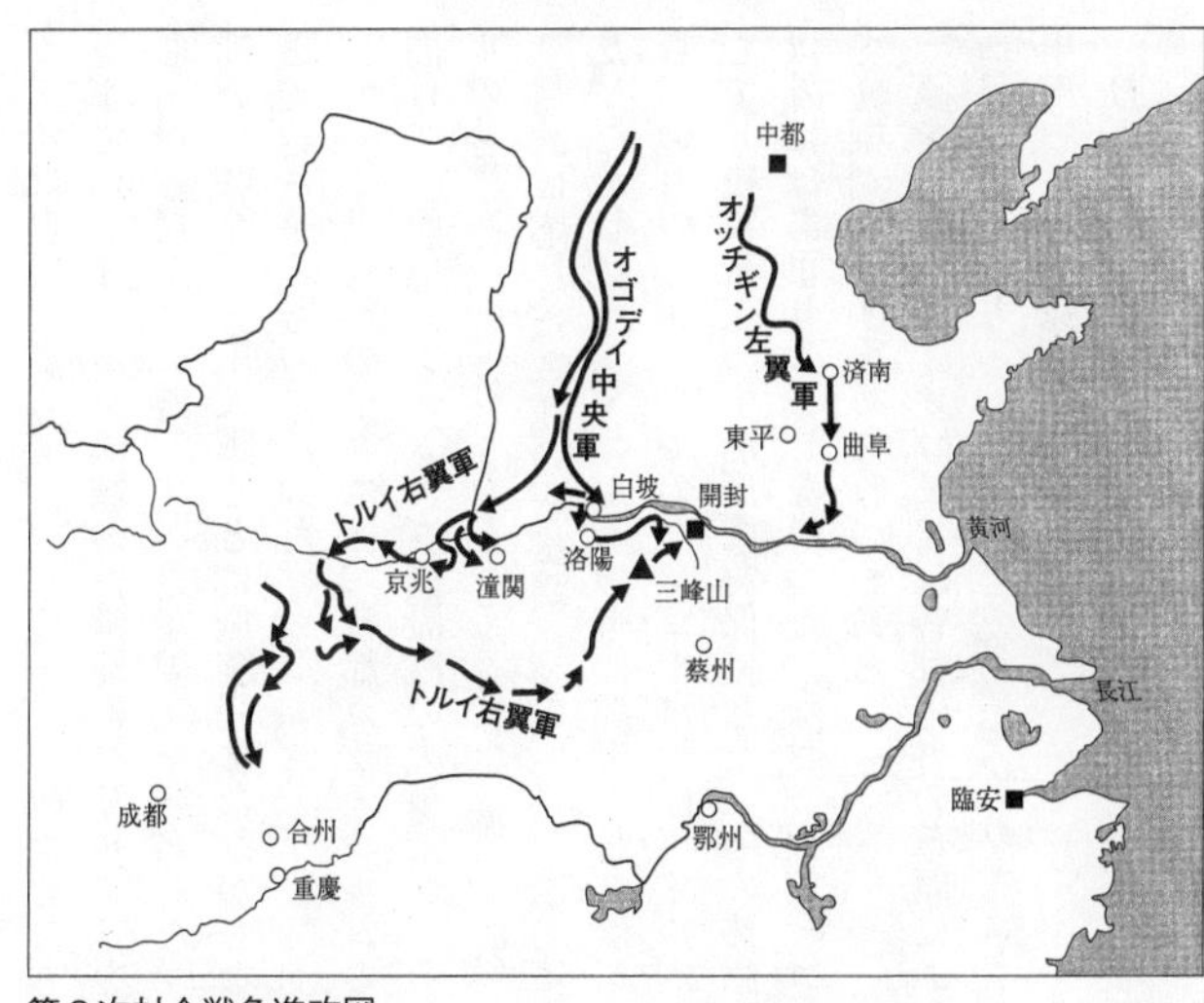

第２次対金戦争進攻図

オゴデイ政権の新企画

金国の滅亡は、モンゴル国家の転機となった。くわえて、開封作戦から北還する途上の一二三二年の九月、トルイが突然の病魔で他界した。トルイの他界は、オゴデイにとってまことに好都合であった。

チンギス以来の千人隊集団の大半を握るトルイは、モンゴル最大の実力者であった。そのトルイの死去によって、いずれおこる内部対立は未然に回避された。オゴデイは、トルイの未亡人ソルコクタニ・ベキが守ることになったトルイの旧部民も含め、全モンゴルの主人として、思うがまま力をふるえることとなった。

一二三四年から翌年にかけて、オ

ゴデイは自信に満ちて、つぎつぎと新政策を打ち出していった。まず、一二三四年の春から夏までに、オルホン流域の行営地にクリルタイを催し、一族諸王・功臣の労をねぎらったのち、遊牧民全体に遵行すべき諸規定を発布した。これは、チンギス・カンが定めた大法令を補い、各諸王・千人隊ごとに無統制になりがちなモンゴル部民に中央権力の枠内にあることを確認させるものであった。

翌一二三五年の早々には、新都カラ・コルムの建設を発表する。そこから全モンゴル領に向けて、駅伝（ジャムチ）網設置の大事業が、あわせ推進された。なお、史上有名なモンゴルのジャムチ制度は、もともと突厥（とっくつ）にも確認され、直接的にはキタイ国家での模倣であった。目的に応じた数種の駅伝網によって、広大な領域がカラ・コルムを中心に結びつけられた。ただし、カラ・コルムの町は都市としては、ごくささやかな規模であった。オゴデイから、のちのモンケまでのモンゴル宮廷は、オルホン・オンギン両河の河谷を南北に季節移動して、遊牧帝王の生活形式を保持した。その移動途上にあるカラ・コルムには、必要なとき以外にはあまり入城しなかった。なお、カラ・コルム遺跡は、現在モンゴル国とドイツの手で発掘調査がすすめられつつある。

夏を迎えると、オゴデイは新都郊外の草原にふたたびクリルタイを召集した。はじめの一ヵ月間は、「トイ」と呼ばれる宴会をくりかえし、そのあとで討議にはいった。そこでは、東西二つの大遠征が企画された。

ひとつは、ジョチの次子バトゥを総司令官とするキプチャクおよびブルガル方面への西征であり、もうひとつは、オゴデイの三男クチュを総大将とする南宋攻撃であった。これと同時に、東の高麗国と西のカシュミールへも、それぞれ一軍団の派遣が決定された。全モンゴルに対しては、十人隊ごとに二人を提供させ、一人はバトゥの西征に、一人はクチュの南征に行かせるよう指令がだされた。モンゴル本土の基幹部隊をそこなわず、新軍団を編成するためであった。すべてのモンゴルに平等に、遠征の負担も戦後の利益もゆきわたる方式は、これ以後の基本となった。

陸上の世界戦略

バトゥを主将とする西征軍は、チンギス四子の各王家から提供された部隊を中心に構成された。一二三六年の春、それぞれの幕営地を出発し、まずヴォルガ流域のブルガル王国を征服した。

翌一二三七年、春になると、ヴォルガから南ロシア草原一帯にひろく遊牧するトルコ系のキプチャク諸族を攻撃した。キプチャクは、いくつかの大集団に分かれ、強力であったが、モンゴル軍はその一部を殲滅(せんめつ)し、大部分を吸収した。モンゴル軍は、一挙に数倍にふくれあがった。なお、この西征ののち、南ロシア草原はジョチ家の本拠地となった。キプチャク族は、ジョチ・ウルスの遊牧戦士の主力を構成し、そのためこの草原はペルシア語でダシュト・イ・キプチャーク（キプチャク草原）と呼ばれ、その名はジョチ・ウルスの別称ともなった。

キプチャク族の征服とともに、カフカズ北麓のチェルケス族なども屈服させた結果、当初の目標はここでいったん達成された。西征軍は会議を開き、ルースィと呼ばれたロシアへの進撃を決議し、オゴデイの許しをうけた。こうして、史上名高いモンゴルのロシア・東欧侵攻が開始された。なお、以後の経過は、中華の地平をはるかにこえることでもあり、あえて省略する。ごく近々、別の機会にあらためて詳述したい。

ともかく、東欧を席捲し、ハンガリー草原から、さらに西へむかおうとしていたバトゥのもとに一二四二年三月、皇帝オゴデイの死去（一二四一年一二月）の報と西征軍の帰還命令がとどいた。西欧キリスト教世界は、破滅の寸前で救われたとされる。

西征軍のうち、チャガタイ家・オゴデイ家などに所属する部隊は、そのまま帰還していた。ところが、バトゥはモンゴル本土へむかうことなく、ヴォルガ河畔にとどまって、そこを自分の本営地とした。この結果、ジョチ一門の領域は、東は初代のジョチがさずけられたアルタイ山西麓のイルティシュ流域から、カザフ大草原そしてロシアをへて、さらにドナウ河口部にまでおよぶことになった。

いっぽう、クチュを主将とする南宋攻撃は、一二三六年からはじまった。それ以前、モンゴルと南宋国とは、金国挟撃と南北並存の約定を結んでいた。これも一種の澶淵（せんえん）システムといってもいいだろう。ところが、金国の滅亡後、南宋側は協定にそむいて軍を北上させ、開封・洛陽（らくよう）を占領した。少数のモンゴル駐留軍は、洛陽の南宋軍を攻撃したが、勝敗がつかなかった。しかし、そうこうするうちに、食糧を欠いた南宋軍は両都市を放棄して撤退せざる

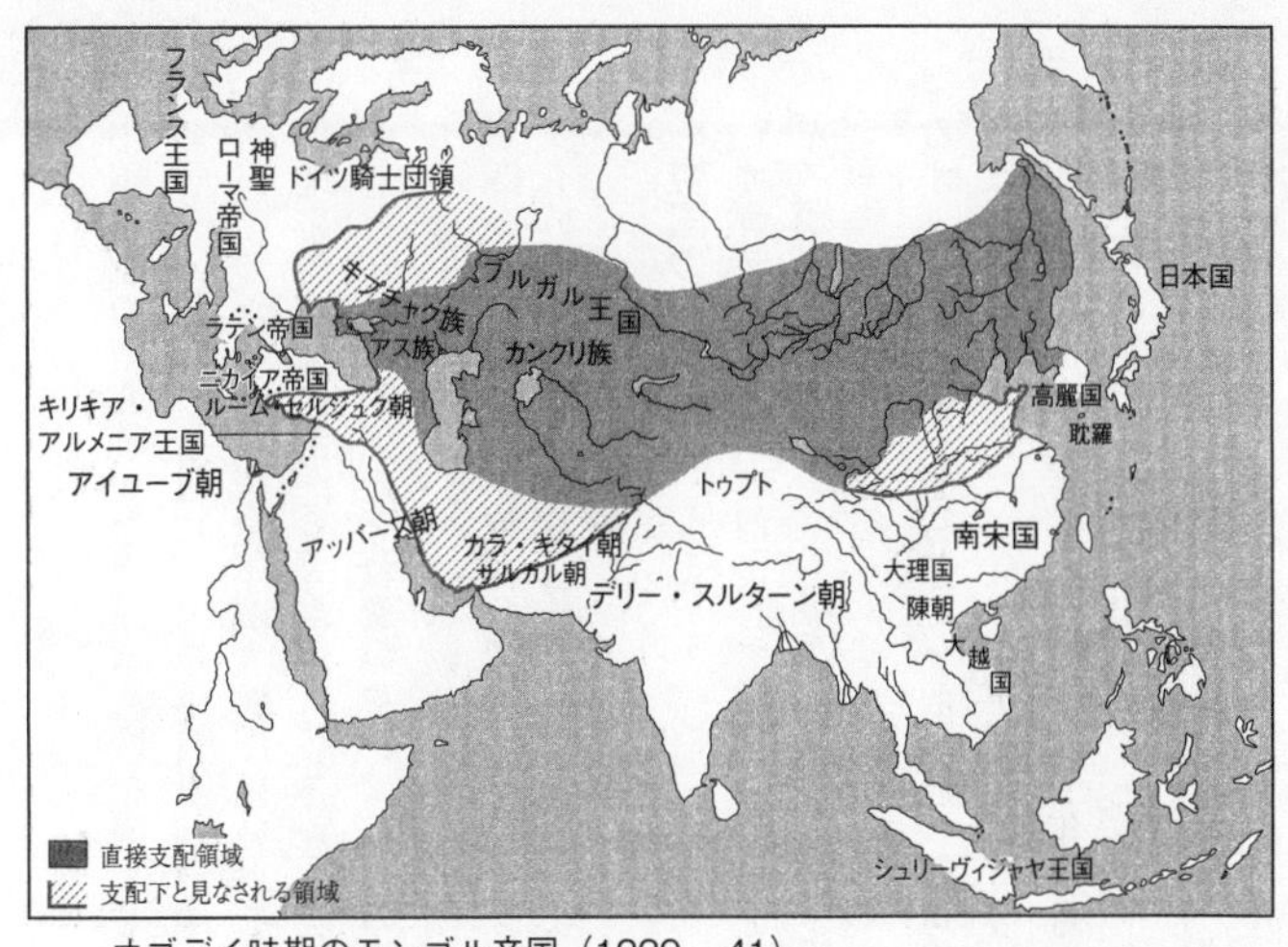

オゴデイ時期のモンゴル帝国（1229—41）

をえなかった。南宋の年号をとって「端平入洛の役」と呼ばれるこの戦役は、当初から人煙のまったくたえた河南の地、およそ四〇〇キロメートルを、片道の食糧だけで強行突破する無謀さが懸念されていた。はたしてその通り、みじめな撤退と敗軍となった。

ちなみに、モンゴル時代以後、中国読書人たちはこれを「モンゴルの違約」として、好んでさかんに非難した。しかし、南宋側の違約・暴挙であることは、当時の南宋政府内での論議から明白である。結果としては、そこでの北伐反対論者たちが心配したとおり、開戦意志のなかったモンゴルを、南宋との全面戦争に引きずりこんでしまった。南宋は、またしても自分で自分の墓穴を掘ったのである。

さて、主将クチュのひきいる中央軍は、

中華本土の南北をつなぐ漢水流域を南下して、長江流域に出る手はずであったが、開戦早々の一二三六年一一月に、クチュ自身が陣中で他界し、主将を失った中央軍は後退してしまった。そのため、作戦全体が大幅に狂い、モンゴル軍は統制を失って、各部隊がばらばらに国境地帯の南宋都市にとりつくなど、ひどく苦戦した。逆に、南宋側は名将というべき孟珙が、たがいに連係のとれないモンゴル軍の弱点をついて活躍し、失われていた諸都市をつぎつぎと回復して、ついには漢水中流の要衝襄陽とその南岸の樊城までも奪ってしまった。一二四一年になると、戦線は膠着した。モンゴルは有効な手だてを打ちだす前に、さらにオゴデイが他界して、南宋征討作戦は自然消滅のかたちとなった。

帝国のゆらぎ

オゴデイの死去と前後して、その治世を強力に支援していたチャガタイも他界した。チンギス嫡出の四子はすべてみまかり、帝国はチンギスの孫の世代へゆだねられることとなった。

一二四六年、有力者バトゥ欠席のままクリルタイがようやく開催され、皇帝権力を代行するオゴデイの第六皇后ドレゲネの強い意向に参加者たちは屈し、グユクが第三代の新皇帝に選ばれた。グユクは、父オゴデイが即位後におこなった金国親征にならい、みずからイラン以西への遠征を宣言し、翌一二四七年八月、その先遣部隊として宿将イルジギデイ指揮下の一軍をイラン方面に送り出した。そして、翌一二四八年四月、エミル河畔の私領に戻ると称して西方へ進軍中、クム・センギルという地で他界した。おそらくはバトゥが放った刺客の手による暗殺であった。

バトゥは、グユクへの臣従を名目として、ヴォルガ河畔を発し、このときすでにグユクからそう遠くないところまで接近していた。バトゥは、アラ・カマク山の夏営地でグユクの訃報をうけると、そのままその地に滞在し、軍の力を背景にグユクの正后オグル・ガイミシュに代行を命じるいっぽう、そこにクリルタイを召集した。オゴデイ一門の多くは、モンゴル本土での開催を主張して参加を拒否し、おもにジョチ家とトルイ家を中心とする帝室会議となった。

アラ・カマクの第一回会議でモンケが推挙されたが、オゴデイ家は承諾せず、また、グユクの支援でチャガタイ家の当主となっていたイス・モンケも反対した。二年間の説得交渉ののち、一二五一年七月、チンギス以来の駐営地ケルレン河畔に第二回会議が強行され、オゴデイ家の一部不参加のまま、ジョチ・ウルスの大兵団に守られてモンケが即位した。

モンケの光芒

第四代モンゴル大カアンとなったモンケは即位後、自分に反対したオゴデイ一門やチャガタイ家のものたちに対し、厳罰をもってのぞんだ。天山北麓一帯に連鎖状につらなるオゴデイ家の封地は細分され、軍隊はうばわれた。また、モンケはチャガタイ領をバトゥらのジョチ一門と分割した。チャガタイ家はイリ渓谷周辺を保つだけとなり、昔日のおもかげは失われた。

モンケは、全帝国内でオゴデイ派のあぶりだしと粛清を徹底しておこない、帝位を安泰にするとともに、一〇年間におよぶ無秩序と紊乱（びんらん）を引き締めようとした。それは表面では成功したようにみえたが、あまりにも強引すぎ、かえって帝室間のうらみを増幅した。皇族・将士を問わず、モンゴルどうしには独特の一体感があり、それが強力な政権と広大な領域を支える柱であった。しかし、いまや帝位は武力で争奪するものとなり、全モンゴルに流れる融和の感情はそこなわれた。家ごと人ごとに、利害で動くようになり、相互不信・疑心暗鬼がさきにたつ骨肉の争いが伏在した。モンゴルの内乱と分裂の火種は、モンケによって点火されたといっていい。

モンケは、新政権の各部門に強力な布陣を敷いた。帝国全体を四分し、中央アジアからロシアにいたる広大なジョチ・ウルス領はバトゥに一任した。のこる地域をトルイ嫡出の四人の兄弟で分担し、内モンゴル草原から南方の中華方面には次弟クビライ、アム河以西の西アジア全域には、第三弟フレグを配置して経略・統治にあたらせ、みずからはモンゴル本土にいて全体を統轄し、末弟アリク・ブケにはトルイ家領を守らせるという基本構想であった。

こうして、新体制を整えると、大規模な遠征軍を東西に送り出した。東方では、一二五二年にクビライを主将に宿将スベエデイの子ウリャンカダイを副将とする大部隊を雲南（うんなん）・大理（だいり）へ派遣した。東ティベット経由のルートを選んだこの遠征軍は、途中いくつかの大河をわたる危険をかさね、悪疫にも苦しんで、兵の一〇人に七、八人を失ったといわれる。ともかく、非常な難行軍のすえ、翌一二五三年に大理国へ到達し、国主の段（だん）氏を臣服させた。

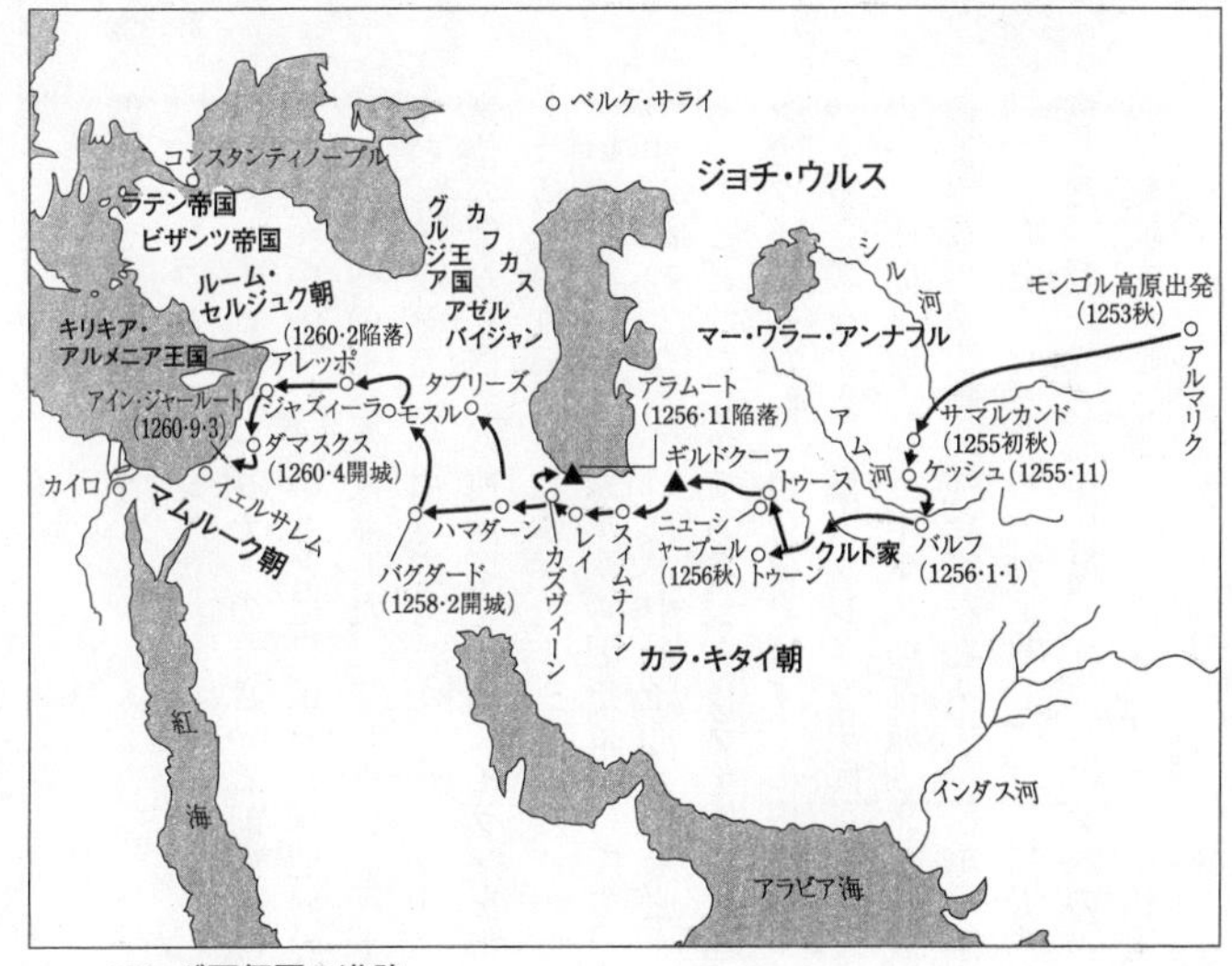

フレグ西征軍の進路

西方に対しては、一二五三年、フレグを総司令官とする軍隊を進発させた。ジョチ家などから提供された部隊も含む西征軍は、ゆっくりと進軍し、一二五六年の太陽暦一月一日を期して伝統的な「イーラーンの地」の東境をなすアム河をわたった。そののち、アルボルズ山中に点在するイスマーイール派の山城群を、交渉と実戦の両方で攻略し、同年一二月に教主ルクンウッディーン・フルシャーを降伏させた。ついで、ハマダーン街道を経由してバグダードを包囲し、一二五八年二月これを無血開城せしめて、投降したカリフのムスタースィムを殺した。アッバース朝は三七代をもって滅亡し、五〇〇年にわたりイスラーム世界の中心であったバグダードは、相対的な地位を低下させる。

ついでフレグ軍はシリアへ進攻し、一二六〇年二月アレッポをおとし、四月にはキト・ブカ（もしくはケド・ブカ）のひきいる前衛部隊がダマスクスを攻略した。ところが、アレッポに滞在中のフレグのもとに皇帝モンケ他界の知らせがとどいた。ただちに、フレグはモンゴル本土への帰還を決意した。フレグは、キト・ブカにシリア方面におけるモンゴル軍をゆだね、イラン方面へ引き返したが、タブリーズにおいて兄クビライの即位の報をうけると、帝位の望みを捨て、遠征軍を基盤にイランを中心とする西アジアの地に自分の勢力圏を樹立しようとはかることになった。

いっぽう、一二五六年から翌年にかけて、皇帝モンケと中国方面を委任されたクビライとの仲が微妙となっていた。中国経営と南宋遠征をめぐる路線の違いが、両者の対立の中心にあったことはたしかである。クビライは、大理国を服属させると、雲南方面の経略をウリャンカダイにゆだね、自分自身はすぐに内モンゴル草原の本営地に戻っていた。その後は、じっくりと腰をすえ、漢人ブレイン集団を使って華北の統治に専念し、一二五六年には本拠地の一角に開平府という中華風の都城さえ、建設していた。南宋国に対しては、オゴデイ時代のような短期決戦の強攻策をとらず、慎重な態度をくずさなかった。

こうしたクビライの方針に対して、一二五六年モンケはクビライをはずし、南宋親征を決意した。翌一二五七年には、オッチギン家の当主タガチャルひきいる左翼軍を先発させ、襄陽・樊城を攻撃させるいっぽう、クビライ私領の京兆（けいちょう）地区と河南地区に対しては中央政府か

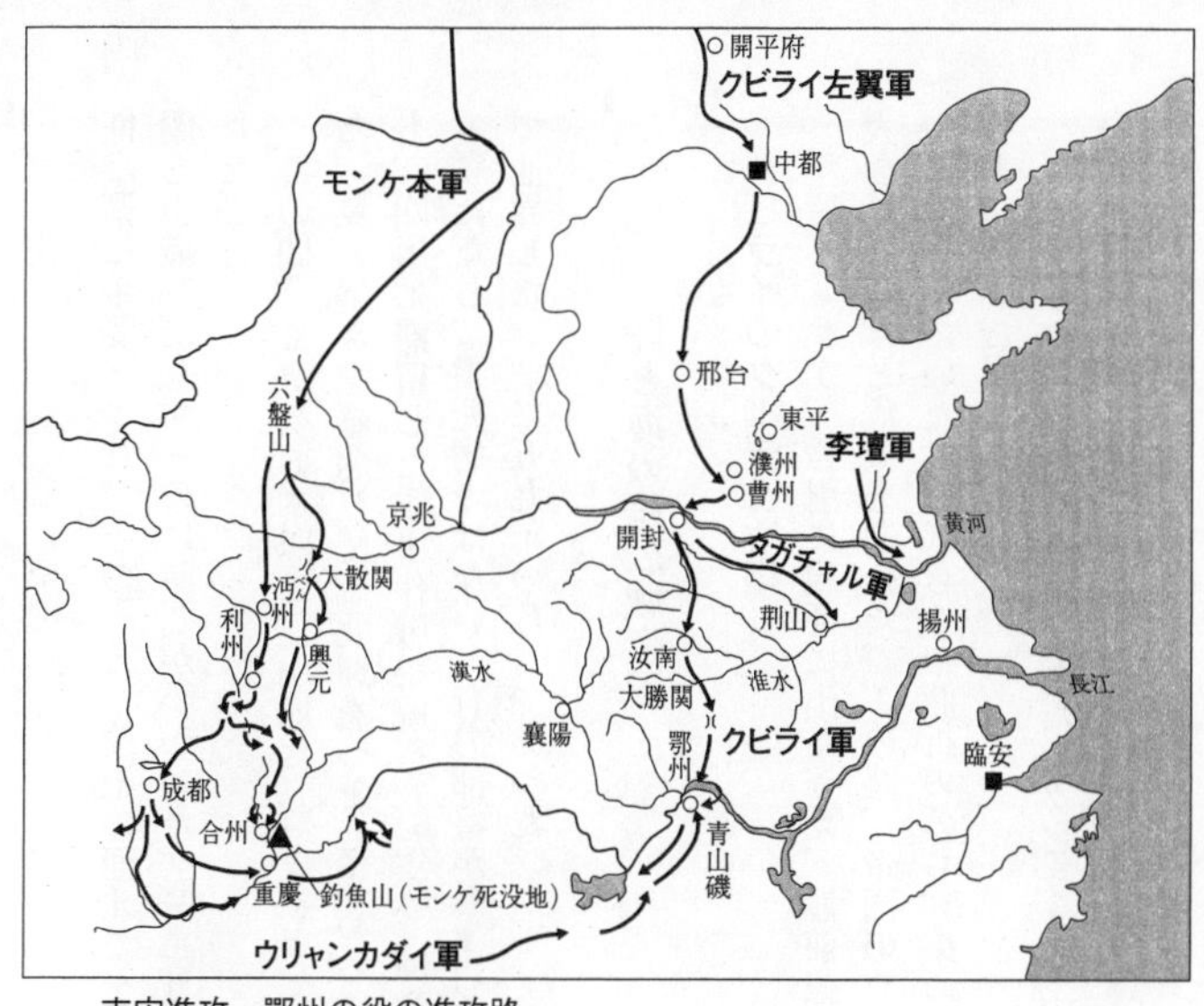

南宋進攻・鄂州の役の進攻路

ら腹心のアラムダルらを派遣して大がかりな会計監査をおこない、多くのクビライ漢人属僚を摘発した。

ところが、タガチャルの左翼軍は、樊城攻撃に戦果をあげないまま、すぐに退却した。モンケの作戦構想は、たちあがりから狂った。激怒したモンケはタガチャルを叱責し、彼にかわってクビライを再起用せざるをえなくなった。一二五七年もすえ、クビライは兄モンケのもとに出頭し、表面上では両者和解ののち、クビライを含めたかたちで南宋作戦がねりなおされた。

一二五八年、六盤山に夏営したモンケは、四万の軍勢をひきいて四川に侵攻した。いっぽう、クビライは長江中流の鄂州（現在の武漢）から南宋の首都杭州へ進攻する作戦であったが、出征準備に手間どった。そのうえ、途上の河北でタガチャルらの左翼軍と会合したり、漢人軍閥を組織したりするのに時間がかかった。一二五九年の八月、やっと淮水の北の汝南に到達した。

この間、モンケの本隊は、山城にたてこもる南宋軍に苦しみ、経略はあまり進まなかった。夏の暑さを懸念して、北還をつよく求める周囲の意見を、モンケははねつけた。なお も、四川に滞留したまま作戦を続行したが、陣営に疫病が発生した。コレラの可能性もある。ただし、黒死病ではない。有力部将がつぎつぎに倒れ、モンケ自身も釣魚山(ちょうぎょさん)近くの本営で他界した。一二五九年の八月であった。

陸と海の超広域帝国

クビライのクーデタ政権

皇帝モンケが、強引に親征に出たうえ、最前線で急死してしまった結果、モンゴル帝国は大きなゆらぎと危機を迎えた。この時、帝国の有力者はといえば、モンケの盟友バトゥはすでに他界していた。しばらくの曲折ののち、弟のベルケが継いで、ヴォルガ河畔のジョチ家の本営にいた。

西征中のフレグはシリア、かたやクビライは中華本土のほぼ中央部にいた。モンゴル中央・右翼に属する諸王・諸将の多くは、モンケ本隊として四川におり、タガチャルひきいる左翼諸王軍は淮水下流域の荆山に陣していた。モンゴル本土には留守をあずかるアリク・ブケだけがいた。情勢は旧モンケ政府首脳が支持するアリク・ブケに傾いていた。兄モンケとの対立から再起用されて間もないクビライは、後継争いのうえで、名目・兵力ともに劣勢であった。クビライは賭けにでた。なんと、北に帰らず、逆に長江を押しわたって鄂州を包囲したのである。鄂州は、予定では雲南を発してヴェトナム方面から南宋の敵中を中央突破してくるウリャンカダイ軍との約束の地点であった。

形勢は逆転した。タガチャルのひきいる左翼諸王の大部隊が、クビライ軍への合流を決意した。それを契機に、情勢のゆくえをながめていた中華方面の諸勢力がなだれをうってクビライ側についた。四川のモンケ本隊でも、モンケの遺骸を守ってただちにモンゴル本土に向かった部隊のほかは、予想外にも、かなり多くのものが結果としてクビライ側になびいた。モンケ本隊には、トルイの庶子で、その母がクビライの乳母となった同年のモゲがいた。乳兄弟として、クビライの分身ともいえるモゲが本隊の残留のとりしきりをゆだねられたことも、クビライに幸いした。

クビライ陣営は、またたくまにふくれあがった。一軍を残留させてウリャンカダイを待たしめ、クビライ本人は、急いで北上した。中都の東北郊外にある以前からの自分の冬営地にはいり、そこで自派の諸軍に集結を呼びかけた。クビライとその与党は、一二五九年から翌年にかけての冬をこの駐営地に大集団ですごしたのち、一二六〇年三月、内モンゴル草原の本拠地である開平府に自派のクリルタイを開催した。

来会した主要な顔ぶれは、タガチャルをはじめとする左翼諸王と、五投下などの左翼諸将であった。右翼王家からは、チャガタイ家庶流のアビシュカとアジキ兄弟やオゴデイ庶子のイェケ・カダアンなど、少数の傍系のものたちだけにとどまった。名目上も実力のうえからも、クビライ派はあきらかに、帝国東方の左翼勢力を基盤としていた。会議は左翼最大勢力をもつ実力者のタガチャルと、ジョチ・カサルの子で剛弓をもってなりひびいた帝国最長老のイスンゲとが、主導してすすめられた。六月四日、いわばお手盛りでクビライが即位した。ときに四六歳であった。

かたや、アリク・ブケ側も、モンケの葬儀とクリルタイの開催を呼びかけるいっぽう、旧モンケ政府要人を帝国各地に急派して、多数派工作と軍隊徴発をつづけた。クビライ派の敵対姿勢があきらかになると、クビライが即位した翌月、カラ・コルム西郊のアルタン河畔で即位式を挙行した。

アリク・ブケ側には、モンケの遺児たちをはじめ、チャガタイ家の女性当主オルクナやチンギス庶系のコルゲン家のウルクダイなど、帝国中央部と右翼の有力者が顔をそろえた。遠方のジョチ家も、当主ベルケがアリク・ブケの名を刻したコインを発行しているから、アリク・ブケの宗主権を認めていたことはまちがいない。名分上では、アリク・ブケが正統の大カアンであることは、だれの目にも歴然としていた。逆に、クビライ側は、その時点では反乱軍であった。

しかし、帝位は正統性とはかかわりなく、実力次第となった。開戦まもなく、クビライ軍はアリク・ブケ軍を蹴散らして首都カラ・コルムに進駐し、いったんはモンゴル本土を制圧した。もうひとつの主要戦場となった陝西・甘粛方面でも、クビライの懐刀ともいえる名参謀のウイグル人の廉希憲（れんきけん）が活躍し、京兆と六盤山の二大拠点をたちまち押さえた。さらに、これを奪回すべくモンゴル本土から南下してきたアラムダル指揮下の大部隊と激戦を展開し、地元の甘粛にウルスをかまえるコデン家のジビク・テムルの助力をえて、完全に撃滅した。クビライ派の軍事力の優位は、緒戦から明確となった。

モンゴル高原の西北地方に退却していたアリク・ブケは、降伏の意志を表明した。クビライは、カラ・コルムにイスンゲ指揮下の一軍を残して、開平府にひきあげた。ところが、アリク・ブケは強力なオイラト部の支援をうけて戦力を回復すると、降伏といつわってカラ・コルムに接近し、イスンゲ軍を奇襲で破った。そして、一気にゴビを強行突破してクビライの本拠地である開平府を急襲しようとした。クビライ側はあやうかった。しかし、左翼諸王や五投下などが緊急発進し、二度にわたる大会戦でもアリク・ブケ軍はついに勝利をえることができずにしりぞいた。

その後、ゴビをはさんでにらみあいがつづき、勝負は振りだしに戻ったかのようにみえた。かねてより、カラ・コルムの政府と都市住民は、華北からの食糧供給で支えられていた。ところが、クビライが移送を禁止してからは、しだいに食糧は底をつき、アリク・ブケ軍の戦意は急速に低下した。そのため、アリク・ブケは自軍にいたチャガタイ家の傍流アルグに、当主の位を餌に糧秣輸送を約束させて送りだした。ところが、アルグはイリ渓谷にあるチャガタイ家の本営に到着して、当主の座をオルクナからうばうと、アリク・ブケに叛旗をひるがえしてしまった。

驚いたアリク・ブケは、カラ・コルムを捨ててイリ渓谷に向かい、アルグの軍隊を撃破した。そして豊かなイリ一帯でアリク・ブケ軍は冬営にはいったが、そのときアリク・ブケは心がおごり、投降してきたアルグ側の兵士を皆殺しにしてしまった。おなじ「モンゴル」に対する残虐な行為は、アリク・ブケの致命傷となった。しかも翌春、イリ渓谷を手ひどい飢饉がおそった。この結果、アリク・ブケ軍は四散し、アリク・ブケと旧モンケ政権以来の将官たちは、一二六四年にみずからクビライの軍門にでむいて降伏した。

ここに、四年間にわたって帝国をゆるがした内戦は終わり、クビライはただひとりのモンゴル皇帝となった。彼の政権は、正式には「大元大モンゴル国」、略して「大元ウルス」（中華風の通称では元朝）という。それは帝国東半の左翼勢力が中核となっておこした軍事クーデタであり、そしてそのことがモンゴル帝国とユーラシア世界の進路を大きく決定した。

李璮の野望

クビライは、即位のときに年号を建て、「中統」といった。「統に中る」の意である。帝位継承戦争が三年目にはいった中統三年（一二六二）の二月、山東に李璮が蜂起した。

李璮は、山東の益都を中心に沿海地方に勢力を張った漢人軍閥であった。クビライは即位後、李璮に江淮大都督の称号を与えた。これは、淮水から長江にいたる海よりの前線をすべてまかすことを意味したから、ずいぶんな優遇であった。しかし、李璮は南宋にそなえることを口実に、進駐先の淮水の河口部にいすわったまま、対アリク・ブケ戦への出兵要請に応じなかった。そして、戦況が緒戦のクビライ派の優勢から、アリク・ブケ側へと傾きだしたかのようにみえたとき、兵をあげた。しかし、結局ひろい支持がえられなかった。落胆した李璮は、益都は手ぜまで城濠も堅固でないのを気にして、西隣の漢人軍閥張宏の本拠地・済南を占領し、そこに一万足らずの手勢とともにたてこもった。

クビライは一二六一年のすえに開平付近までアリク・ブケ軍にさしこまれ、からくも撃退したばかりであった。その冬には、アリク・ブケ軍の再襲来にそなえるため、主力のモンゴル左翼軍を内モンゴル草原に展開させただけでなく、漢人軍閥の部隊も一部だが徴発して燕雲地方の要衝に配備させた。年があけ、アリク・ブケ軍がモンゴル本土を放棄してイリ方面に向かったことがわかると、ただちにクビライはみずからモンゴル騎馬軍をひきいてカラ・コルムを制圧し、さらにアリク・ブケ軍を追撃しようとした。ちょうどそこへ李璮挙兵の急使が到着し、やむなくクビライは引き返した。

クビライとしては、腹背に敵をかかえるかたちとなった。しかし、あくまで敵正面はアリク・ブケ軍であったので、主力のモンゴル軍はモンゴル本土方面に振りむけた。李璮に対しては、カサル家の傍系諸王カプチュと宿将ウリャンカダイの子アジュ（もしくはアジュル）に、少数のモンゴル軍をひきいさせて督戦部隊とするほかは、おもに華北の漢人軍閥の力に期待するしかなかった。クビライは、益都から脱出してきた漢人ブレインのひとり王磐や、

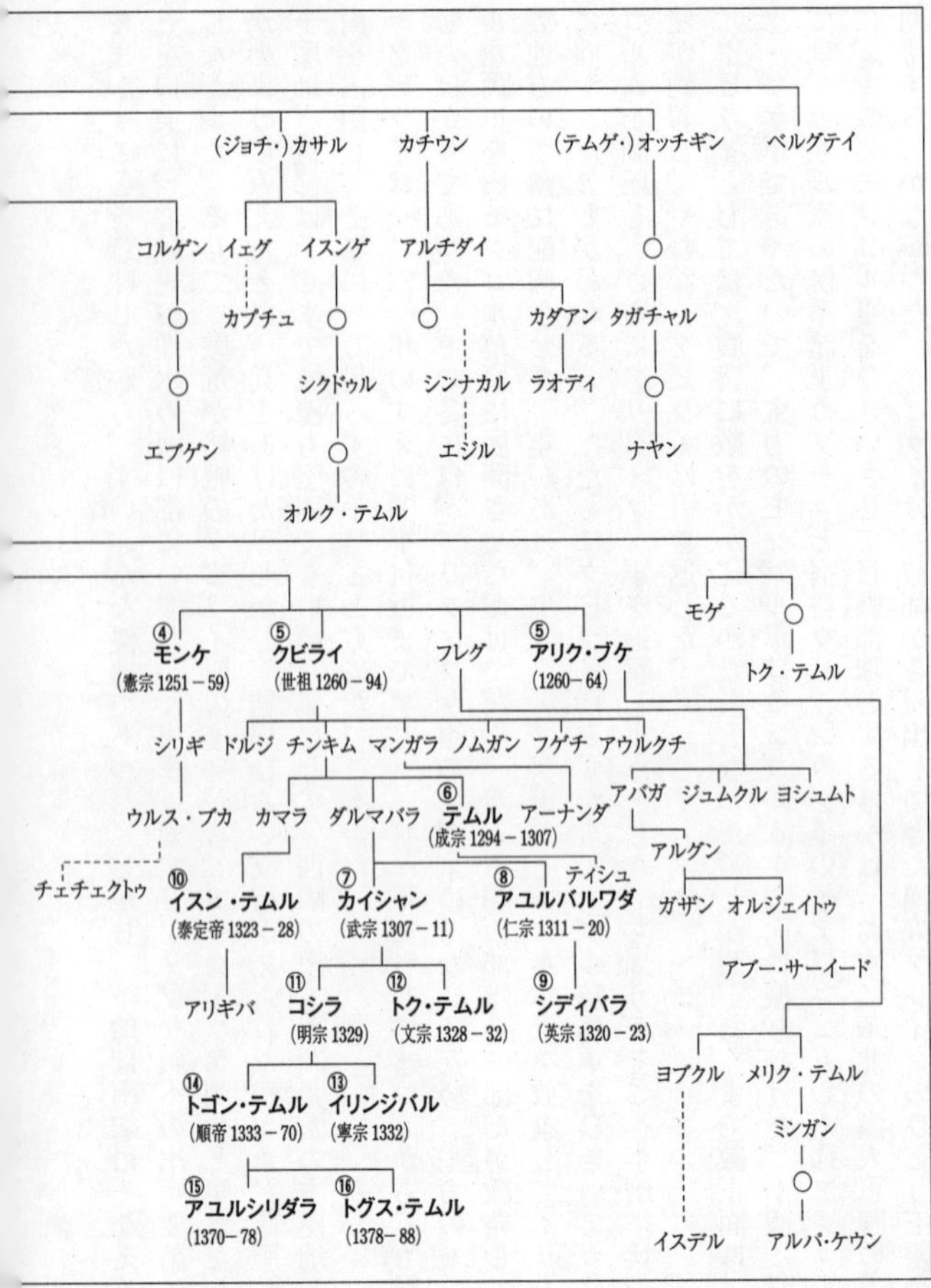

(ジョチ・)カサル
カチウン
(テムゲ・)オッチギン
ベルグテイ
コルゲン
イェグ
イスンゲ
アルチダイ
カプチュ
カダアン
タガチャル
シクドゥル
シンナカル
ラオディ
エブゲン
エジル
ナヤン
オルク・テムル
モゲ
トク・テムル
④ モンケ (憲宗 1251−59)
⑤ クビライ (世祖 1260−94)
フレグ
⑤ アリク・ブケ (1260−64)
シリギ
ドルジ
チンキム
マンガラ
ノムガン
フゲチ
アウルクチ
ウルス・ブカ
カマラ
ダルマバラ
⑥ テムル (成宗 1294−1307)
アーナンダ
アバガ
ジュムクル
ヨシュムト
アルグン
チェチェクトゥ
⑩ イスン・テムル (泰定帝 1323−28)
⑦ カイシャン (武宗 1307−11)
⑧ アユルバルワダ (仁宗 1311−20)
ティシュ
ガザン
オルジェイトゥ
アブー・サーイード
アリギバ
⑪ コシラ (明宗 1329)
⑫ トク・テムル (文宗 1328−32)
⑨ シディバラ (英宗 1320−23)
ヨブクル
メリク・テムル
⑭ トゴン・テムル (順帝 1333−70)
⑬ イリンジバル (寧宗 1332)
ミンガン
⑮ アユルシリダラ (1370−78)
⑯ トグス・テムル (1378−88)
イスデル
アルパ・ケウン

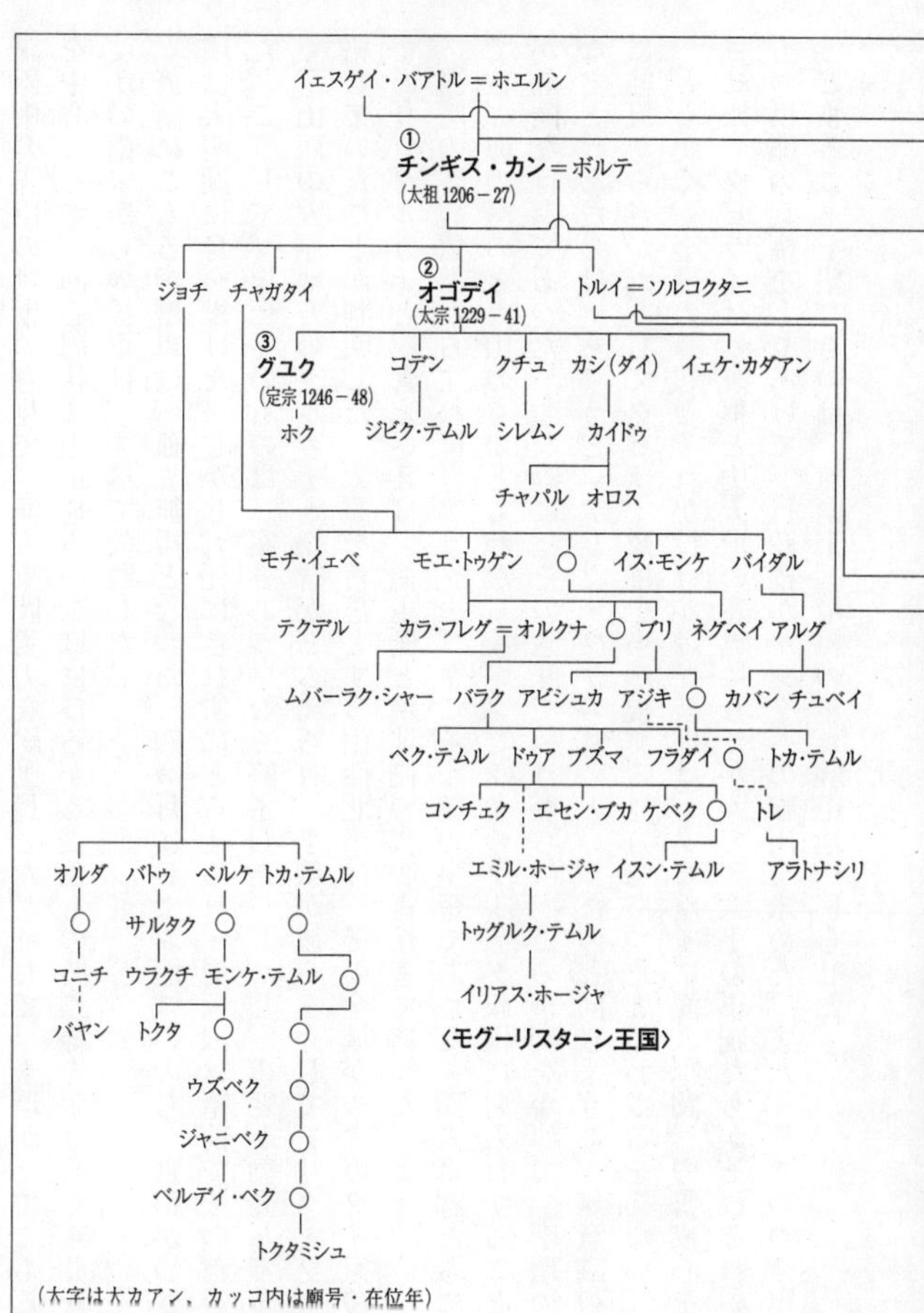
イェスゲイ・バアトル＝ホエルン
①
チンギス・カン＝ボルテ
(太祖 1206－27)
ジョチ
チャガタイ
②
オゴデイ
(太宗 1229－41)
トルイ＝ソルコクタニ
③
グユク
(定宗 1246－48)
コデン
クチュ
カシ(ダイ)
イェケ・カダアン
ホク
ジビク・テムル
シレムン
カイドゥ
チャパル
オロス
モチ・イェベ
モエ・トゥゲン
イス・モンケ
バイダル
テクデル
カラ・フレグ＝オルクナ
ブリ
ネグベイ
アルグ
ムバーラク・シャー
バラク
アビシュカ
アジキ
カバン
チュベイ
ベク・テムル
ドゥア
ブズマ
フラダイ
トカ・テムル
コンチェク
エセン・ブカ
ケベク
トレ
エミル・ホージャ
イスン・テムル
アラトナシリ
トゥグルク・テムル
イリアス・ホージャ
〈モグーリスターン王国〉
オルダ
バトゥ
ベルケ
トカ・テムル
サルタク
コニチ
ウラクチ
モンケ・テムル
バヤン
トクタ
ウズベク
ジャニベク
ベルディ・ベク
トクタミシュ
(太字は大カアン，カッコ内は廟号・在位年)

チンギス・カン家の家系

謀臣中の謀臣の姚枢（ようすう）の意見で、漢人軍閥勢力を総動員した。そして、李璮がたてこもる済南を中心にして、同心円状に山東地方の全域にひろがる幾重もの防禦線を張りめぐらした。幾度かの南宋からの援軍は、すべて失敗した。

済南にこもる李璮軍は、孤立無援となった。四ヵ月におよぶ籠城ののち、食糧がつき、李璮は大明湖に身を投げた。しかし、死にきれずにとらえられ、史天沢（してんたく）は軍前でその首をはねた。こうして、事変そのものは、案外あっけなく終了した。しかし、事変が勃発してまもなく、山西の太原地方のダルガチと総管がとらえられ、李璮が彼らを介してアリク・ブケと連絡していたことが判明した。太原を首邑とする山西北半は、その全域がチャガタイ家の分領であり、ダルガチと総管といえば、領主側と現地側の代表責任者であった。

当時の客観情勢からすれば、アリク・ブケこそ正統の皇帝であった。漢人軍閥たちにとっても、海のものとも山のものともわからないクビライのクーデタ政権に肩入れすること自体が危険な行為であった。ちなみに、その意味でいうならば、この事変をかつて「李璮の乱」などと呼んだのは、ちょうど「アリク・ブケの乱」といったのと同じように、無意識のうちに結果からさかだちしてクビライ政権を当然視する見方であったといわざるをえない。

ともかく、李璮の蜂起とそれが投げかけた波紋は、クビライに漢人軍閥への警戒心をおこさせた。クビライは、姚枢と史天沢の意見にしたがって、大小の軍閥たちがそれぞれの地にもつ世襲の兵権をとりあげて、行政権かケシクへの転出を求めた。また、ひきつづき軍職にとどまることを望むものは、対南宋国境線の軍事駐屯地へ移らせた。

それと並行して、地方行政区画の大幅な見直しがおこなわれた。モンゴル投下領を下敷きに、新しい行政区画が設定され、行政単位も路・府・州・県の体系に変わった。それらは一見すると、金代までの中華歴代の行政区画とは、およそかかわりのない大変動のようにみえる。その実、オゴデイ時代の丙申年の分撥（所領分配）以来、およそ三〇年間にわたって漢人軍閥の統治下で進行してきた現実の姿を、追認・公式化したものにすぎなかった。

多元複合の帝国へ

一二六四年、アリク・ブケ派が全面降伏したとき、帝国には東半を直接押さえたクビライ以外に、三つの大きな政治勢力が中・西部に鼎立する状況がうまれていた。それはジョチ家のベルケ、イラン方面のフレグ、そして中央アジアの実力者にのしあがりつつあったチャガタイ家のアルグである。このうち、ベルケはかねてよりモンケ―アリク・ブケ体制を支持し、フレグとアルグは非合法のうちに自立したため、クビライに近い立場にあった。

軍事法廷でアリク・ブケ以下の処置を決定したクビライやタガチャルらは、その了解をとりつけるため、使者を西方の三人に送った。それに対して、アルグは自分のチャガタイ家襲封の承認も含め、統一クリルタイの開催を提案、ついでフレグはベルケの参加を条件にそれに合意し、最後にベルケもしぶしぶながら翌々年（一二六六）のクリルタイ着到を約束した。

しかし、まったく予期せぬことがおこった。なんと、西方の三人があいついで他界してしまったのである。一二六五年、まずフレグが没すると、フレグ・ウルスの混乱につけこもうとしたベルケもまた、カフカスを越えて南下する途中、軍営で急死、さらに一二六六年、アルグまでもが病死してしまう。三人の巨頭の死によって、各ウルスの内部では後継者の選出をめぐって混乱が生じ、統一クリルタイどころではなくなってしまった。

とくに、クビライにとって直接の痛手となったのは、アルグの急逝であった。これを契機に、中央アジアはふたたび混乱に向かった。そのなかから、やがてオゴデイ家のカイドゥが台頭してくる。

クビライの全帝国の直接支配のもくろみは、西方の三巨頭の死によって、ついえた。その後も、クビライはずっと西方の直接支配をあきらめなかったが、結果として彼の直属の政権は、事実上の東方帝国とならざるをえなかった。とはいえ、クビライが全モンゴルにただひとりの大カアンであることにはまちがいなく、その宗主権は、フレグ・ウルスだけでなく、ジョチ・ウルスやカイドゥたちも否定することはできなかった。

モンゴル帝国が「分裂」したとか、「解体」したとかの考えは、イメージ過剰といわざるをえない。モンゴル帝国は、もともと連合体であり、多重構造を本質としていた。内部対立といっても、異種の国家間の対立とはちがい、全体としてひとつのシステムに包まれたなかでの内輪もめにすぎなかった。ただし、大カアンとしてクビライが現実に振るえる力が、モンケまでの時代とは、大きく性格を変えたのである。

襄陽の攻防

クビライは一二六〇年の陰暦三月に即位式をあげると、その翌月にすぐ郝経を国信使として南宋宮廷に派遣し、自分の即位を知らせるとともに、半年前に鄂州を撤退するさい南宋の宰相・賈似道とはかった停戦協定について、再協議させようとした。澶淵システムの再現も、あるいは考えたのかもしれない。しかし、賈似道は停戦をかくして、モンゴル軍を撃退したと報告し、救国の英雄となっていた。そこで、郝経の一行が南宋領へはいると、命令をくだして真州に拘留した。南宋は平和共存の道を、みずから閉ざした。

アリク・ブケ降伏の直後、クビライは年号を「至元」と改めた。至元四年（一二六七）、クビライと謀臣たちは、南宋進攻作戦に着手した。まず一年をかけて、作戦計画が検討された。クビライは李璮鎮圧の前例をいかして、この戦役の主力には漢人部隊と、華北の要地に分駐する蒙漢混成の「新モンゴル軍」を用いることに決した。純モンゴル軍はアジュ直属の二〇〇〇にも満たない督戦部隊だけにとどめた。

クビライは、開封を兵站基地と定め、ネストリウス派キリスト教徒のマール・ユフナやムスリムのアリー・ベグらの財政官僚を派遣して水陸あわせた補給網を作らせ、厖大な食糧・武器・資材を集中した。こうして、万全の準備と支援体制を整えたのち、至元五年（一二六八）、南宋作戦を漢水中流の襄陽とその対岸の樊城の双子都市に対する攻撃から開始した。

南宋側も、襄陽・樊城を重視し、有力軍閥の呂文煥がおもに私兵からなる精鋭部隊をひきいて鎮将となっていた。モンゴル側にとっても、襄陽は三〇年前クチュの急死が原因で南宋にうばわれ、一〇年前にはタガチャル軍が攻略に失敗してモンケの親征とその死をまねいた因縁深い土地でもあった。襄陽・樊城での戦いは、モンゴル・南宋両国の攻防の焦点となった。アジュ・史天沢・劉整らにひきいられたモンゴル軍は、はじめから力ずくの攻城戦をさけ、襄陽・樊城をそっくりとりまいて一〇〇キロメートル以上におよぶ巨大な環城をきずき、両城を完全封鎖して兵糧攻めにする戦術をとった。さらに、劉整の進言で弱点の水戦にそなえるため、あらかじめ戦艦五〇〇〇艘を作り、これを漢水に浮かべて七万にもおよぶ水軍をあらたに養成した。

はじめは一過性の攻撃のようにたかをくくっていた南宋側も、しだいに従来のモンゴル軍の戦いぶりとはまったく異なる長期戦のかまえが判明するにつれてさすがに驚き、一二七一年の五月、ようやく范文虎を主将に一〇万の大軍を発進させ、襄・樊両城の救援におもむかせた。南宋軍は水陸からせまったが、この日にそなえ十分に訓練と演習をくりかえしていたモンゴル軍は、あらかじめ想定されたとおりの作戦行動をとってこれを迎撃し、見事な水陸両軍の連携で完膚なきまでに粉砕した。

信じられないほどの完全な敗戦に、南宋政府はまったく意気消沈してしまい、二度と救援軍を組織しようとはしなかった。呂文煥の籠城軍は、まったく孤立してしまったが、それでもよく守り、なお二年のあいだ、耐えに耐えた。しかし、一二七三年一月、樊城はついに陥ち、モンゴル軍は漢語で「回回砲」と呼ばれるカタパルト式の投石器を対岸の襄陽にむけた。

回回砲とは、ペルシア語でマンジャニーク（語源はギリシア語のメカニコス）という攻城兵器で、クビライの要請によってフレグ・ウルス君主アバガのもとから派遣されてきたアラーゥッディーン、イスマーイールらの技師たちが作製し、操作したのであった。巨大な石弾は襄陽の城楼をつぎつぎと破壊した。はじめて目にする新兵器のおそるべき威力に、襄陽の城兵はついに戦意を失った。もはやこれまでと、呂文煥は翌二月、全軍をあげて投降した。

クビライは、六年にわたる籠城に耐えた呂文煥とその部下をねんごろにもてなすよう命じ、軍の主力にはクビライ直属の侍衛親軍の肩書をあたえ、文煥には襄樊および漢水地方の最高軍司令官を意味する襄漢大都督（じょうかんだいととく）の位をあたえてねぎらった。それまでの立場や状態を安堵したばかりか、それ以上の地位と身分をもさずけたのである。この措置は、呂文煥とその将士を感激させずにはおかなかった。呂文煥たちは自軍を見殺しにした南宋宮廷の態度にいきどおっていた。彼らはクビライの殊遇にこたえるため、南宋征討への全面協力を申しでた。

柔らかく消滅した南宋国

ここに、南宋征討作戦は急転回を迎えた。あらためて、一年をかけて作戦全体の見直しと、兵員・軍備・糧秣などの準備が大がかりにおこなわれた。そして、戦線を再編して、全軍の総司令官として左丞相（さじょうしょう）バヤンを任命した。また、あらたに李璮配下の軍団や投獄中の囚人までも編入し、華北・河南の兵を総ざらいするほどの大兵団を組織した。

一二七四年、南宋への大進攻が始められた。バヤン、アジュらのひきいる本隊二〇万は漢水をくだり、ボルコン指揮下の別働隊は東路から揚州をめざした。ながらく戦線が膠着していた四川でも各部隊がいっせいに攻撃を加え、南宋国境全域でモンゴル軍の総進撃が開始された。

バヤンの本隊は、呂文煥(りょぶんかん)が指揮する先導役の船隊とともに、支流から迂回して長江に出る奇策をとり、全軍無事に渡江することができた。南宋にとって、最大の頼みの綱であった「長江の天険」は、もはや意味がなくなった。南宋はモンゴル軍をくいとめる最後の機会を失い、鄂州は戦わずに守備部隊をあげて投降した。モンゴル軍は作戦のポイントであった長江中流の制圧にやすやすと成功し、重大な足場をえた。

長江中流の最大の要衝である鄂州の降伏は、南宋側の将士に衝撃をもって伝わった。もはや抵抗は無益であるとのあきらめが走り、各地の守備部隊がつぎつぎと降伏するなだれ現象をうんだ。また、主将バヤンもモンゴル軍の暴行・略奪を厳禁し、南宋の降将を優遇してほとんど現職のままにとどめた。そのため、江南の城市や士民は安心して開城・帰附した。戦わずに帰附をいざない、味方につけるのが南宋攻略の早道であるとのクビライ側の基本戦略が、見事に適中したのである。投降してくる南宋部隊を、そのたびに編入したモンゴル軍は、おそるべき大軍にふくれあがり、水陸ならびあって長江をくだりはじめた。南宋宮廷を牛耳る賈似道(かじどう)は、彼に期待する声に押しだされるようにして、大軍をひきいて出陣した。一二七五年の三月、一六年前の停戦協定をバヤンに提案したが、一笑にふされて会戦となった。南宋軍は、なお軍馬一三万、戦艦二五〇〇艘を擁していたが、まったくの寄せ集めで、丁家洲という長江中流の小島で先鋒の小部隊が敗れると、戦わずにたちまち全軍壊滅した。

この一戦で、南宋の命運はつきた。襄陽開城ののち、結局モンゴル軍はさしたる実戦をし

再現された「伝国の璽」　中華の支配をめぐって、伝説があった。それは「伝国の璽」という言い伝えである。最初の統一帝国たる秦以来、歴代王朝が相伝する玉製の皇帝印をさす。秦の始皇帝の宰相・李斯（りし）が考案し、「受命於天、既寿永昌」の八字が刻されていたとされる。「伝国の璽」は、しばしば失われ、しばしば現れた。というよりも、必要があると出現した。たとえば、本書・第三章でも沙陀の晋王・李存勗が優勢になると奉呈された。だが、その刻文は「受命於天、子孫宝之」であり、後半の四字は違っていた。モンゴル時代にも、「伝国の璽」は現れた。おもしろいことに、クビライまでは出現せず、孫の成宗テムルが即位するときに、その登極を正当化するように姿を現した。モンゴル時代の末、陶宗儀（とうそうぎ）が著した『南村輟耕録（なんそんてつこうろく）』には「伝国の璽」のまことに詳細な解説が載る。その考証によれば、鳥の足跡のような籀文（ちゅうぶん）でしるされていた。上は、そのままに再現された現代中国の彫工によるレプリカ。印影（下）は、やはり『輟耕録』のいうとおり、籀文で「受命于天既寿永昌」と刻す。一辺の長さは120mm。

ないまま、地すべりのような大勝利をおさめ、一二七六年の陰暦一月、南宋の首都臨安は無血開城した。モンゴル軍は、ただ行軍したのであった。摂政皇太后の謝氏と七歳の恭宗・㬎は伝国の璽と降表をささげて降伏した。幼少の皇帝は帝室一族や高官たちとともに、バヤンに連れられて北行した。クビライは恭宗に瀛国公の位を与え、一族・高官もろともに厚遇した。臨安の開城とともに、江南の各地はまるで用意をしていたように、またたくまにモンゴルの支配をうけいれた。

ここに、中華の南北は、ほぼ五〇〇年ぶりの統合を迎えた。それは、ただの再統合ではなかった。草原と中華をつらぬくかつてない規模の大統合であった。「中華」なる地平は、まったく新たな次元に立つことになった。

なお、臨安の開城のさい、一部の下士官・兵卒らが反乱をおこし、恭宗の兄の広王・昺と弟の益王・昰の幼少の二人の皇子をかつぎあげて福州へ脱出した。文天祥も、北に送られる途中で脱出し、各地に挙兵を呼びかけ、江西に乱入した。転々と寄港地を変えながら海上にただよう「流亡宮廷」には、それでもかなりな人数が集まったといわれるが、いかんせん実戦する意志にも能力にも欠けた。

かたや、内陸部で抵抗をつづける文天祥は、戦意だけはあるものの、度量と将才と人望に欠けていた。モンゴル側は主将のバヤンが北還して、北方戦線にそのままおもむいてしまい、残留部隊がバラバラに掃討戦を展開していたのであったが、江南の士民はモンゴルの治下に安定して、流亡宮廷にも文天祥にも応ずるものは、畬族などの特定の山岳民をのぞいてほとんどいず、急速に追いつめられた。

一二七九年の二月、流亡宮廷はよりどころなく、広州湾内の厓山に逃げこんだ。そこを、漢人軍閥・張柔の子の張弘範と、西夏王の後裔の李恒がひきいるモンゴル軍が攻撃した。下士官の出身で首謀者の陸秀夫は、「幼帝」の昺を背負って海中に身を投じた。多くのものは波濤に沈み、南宋の残影はここに全く消滅した。また、かの文天祥は厓山の戦いの前に、信じられないような浅ましい所業もふくめ、失態をかさねて捕虜となり、クビライのもとに送られた。人材好みのクビライは、たとえ虚名であれ、文天祥の「心意気」はなにかと役に立つと判断したのだろう、さかんに仕官をすすめた。しかし、当の本人は余計に依怙地となり、みずからの名声を異様なほどに意識して、あくまで斬死を熱望し、見事に後世の称賛をうけることに成功した。

高麗国の変身

草原と中華の大統合は、さらにそれさえもはるかにこえた巨大なひろがりをもつことになった。陸上の最大帝国モンゴルは、海上にも進出し、海をもシステム化して、ユーラシアを陸と海の両方からとりむすぶ超域帝国となってゆく。次なるステップのきざはしと出会いの場は、まずは旧南宋領の江南であり、さらには朝鮮半島であった。

モンゴルと朝鮮半島の高麗国との関係は、すでにチンギス・カン時代の一二一四年、遼東にて仲間われをおこして自立をはかった「黒契丹」、すなわち「カラ・キタイ」という本来の自称によるキタイ集団の一部が、高麗国内に乱入したときにさかのぼる。このときは、モンゴルの追撃軍と高麗側との協同で討滅した。しかし、その後は帰附にともなう貢物を要求するモンゴル側と中国情勢の推移をながめて曖昧な対応をする高麗側とのあいだで不信感が高まり、オゴデイ時代からはモンゴル軍の侵入とそのたびごとの講和がくりかえされていた。

当時、高麗国王の王氏は実権を失い、ちょうど日本と同じような武人政権の時代となっていた。対モンゴル強硬路線を主張する武人勢力は、国都を開城から江華島に移し、半島全土を焦土としてもかまわないとする徹底抗戦のかまえをくずさなかった。

情況は、クビライ政権の出現とともに一変した。鄂州から帝位をめざして北上するクビライを、おりから入朝していた高麗国の世子の倎は襄陽郊外で出迎え、親しい間柄となった。クビライは即位後、父の訃報で帰国する倎を高麗国王に冊封し、モンゴル軍をつけて送りとどけた。元宗の廟号で呼ばれることになる倎のほうも、新帝クビライとの信頼関係をてこに実権奪回をはかった。一二七〇年、武人たちの猛反対をおしきって、江華島から開城に還都して恭順の意を内外に闡明した。

モンゴルとの平和友好政策を楯に武人勢力の制圧をはかる元宗に、さまざまな立場や思惑が錯綜する武人側もおおむねは反感をつのらせ、国論は二分された。そうしたなか、三別抄と呼ばれる高麗常備軍は、反元宗・反モンゴルを主張して反乱をおこし、半島西南の珍島に拠って王族の王温を擁立し、別の政府を樹立した。高麗は、いくつかの勢力に割れた。

襄陽・樊城の攻防がつづけられているころ、高麗国内ではモンゴル駐留軍と高麗政府軍の協同で三別抄の征討作戦が展開され、襄陽開城とほぼ同時に制圧された。高麗王室の王氏は、モンゴル駐留軍の力を背景に「王政復古」した。そのなかで、国内を再統合してゆく。かくて、高麗王国はクビライ王朝にもっとも忠実な付属国となり、歴代国王はクビライ家と通婚してモンゴル語で「グレゲン」、すなわち駙馬となり、ほとんどクビライ皇族の一員と化した。

日本へのモンゴル襲来をどう見るか

クビライ政府は、高麗国を介して日本と接触をはかった。まず一二六六年、黒的（ヒズル）と殷弘（いんこう）を使者として巨済島までいたったが、「風濤険阻（ふうとうけんそ）」におそれをなして海を渡ることなく帰還した。それより一二七三年まで、前後四回の使節が大宰府（だざいふ）にいたり、国書が京都朝廷と鎌倉幕府にもたらされた。しかし、日本側はその書面を無礼だとして返書を発しなかった。

文面が倣岸不遜で日本を強迫する内容であったから、日本側の反応はしかたがなかったとする考えが昔からある。しかし、それは誤解である。むしろ歴代の中国王朝の外交文書からすると、低姿勢であることに驚く。クビライ政権側に、はじめから開戦の意志があったとは思えない。幾度かの正式な国書を黙殺したうえ、使節団を殺害した日本側はルール違反といわざるをえず、戦争を求める意志表示をしたと解されても仕方がない面がある。

一二七四年、クビライ政権はついに日本にむけて、二万七〇〇〇内外の高麗駐留モンゴル軍と高麗国の連合軍を発進させた。数でまさるモンゴル側の集団戦法は、個人戦闘を主とす

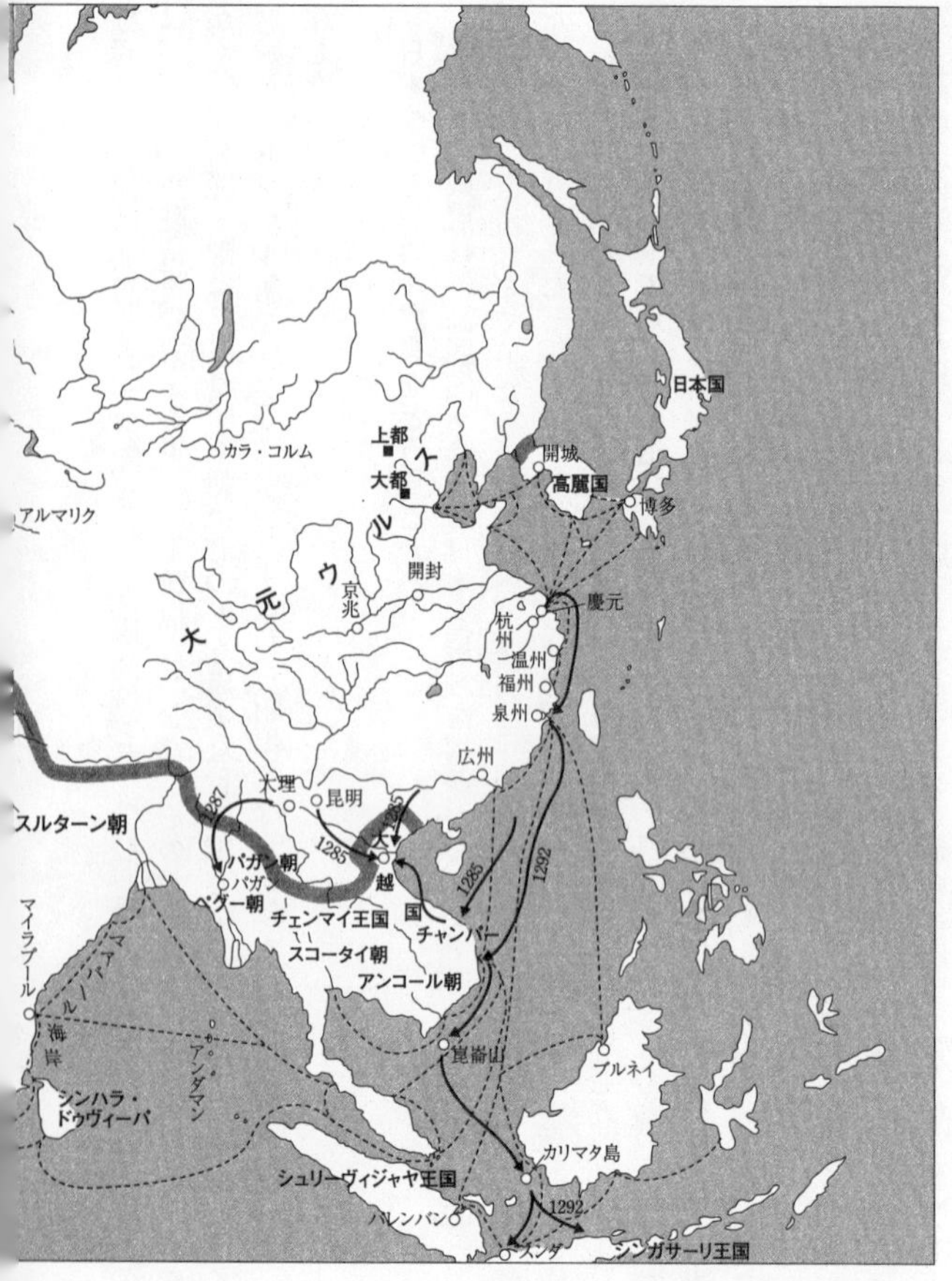
日本国
上都
大都
カラ・コルム
開城
高麗国
博多
アルマリク
大元ウルス
開封
京兆
慶元
杭州
温州
福州
泉州
広州
大理
昆明
1287
1285
1285
1292
スルターン朝
大越国
パガン朝
パガン
ペグー朝
チェンマイ王国
チャンパー
スコータイ朝
アンコール朝
マイラプール
マァバール海岸
アンダマン
崑崙山
ブルネイ
シンハラ・ドゥヴィーパ
カリマタ島
シュリーヴィジャヤ王国
パレンバン
1292
スンダ
シンガサーリ王国

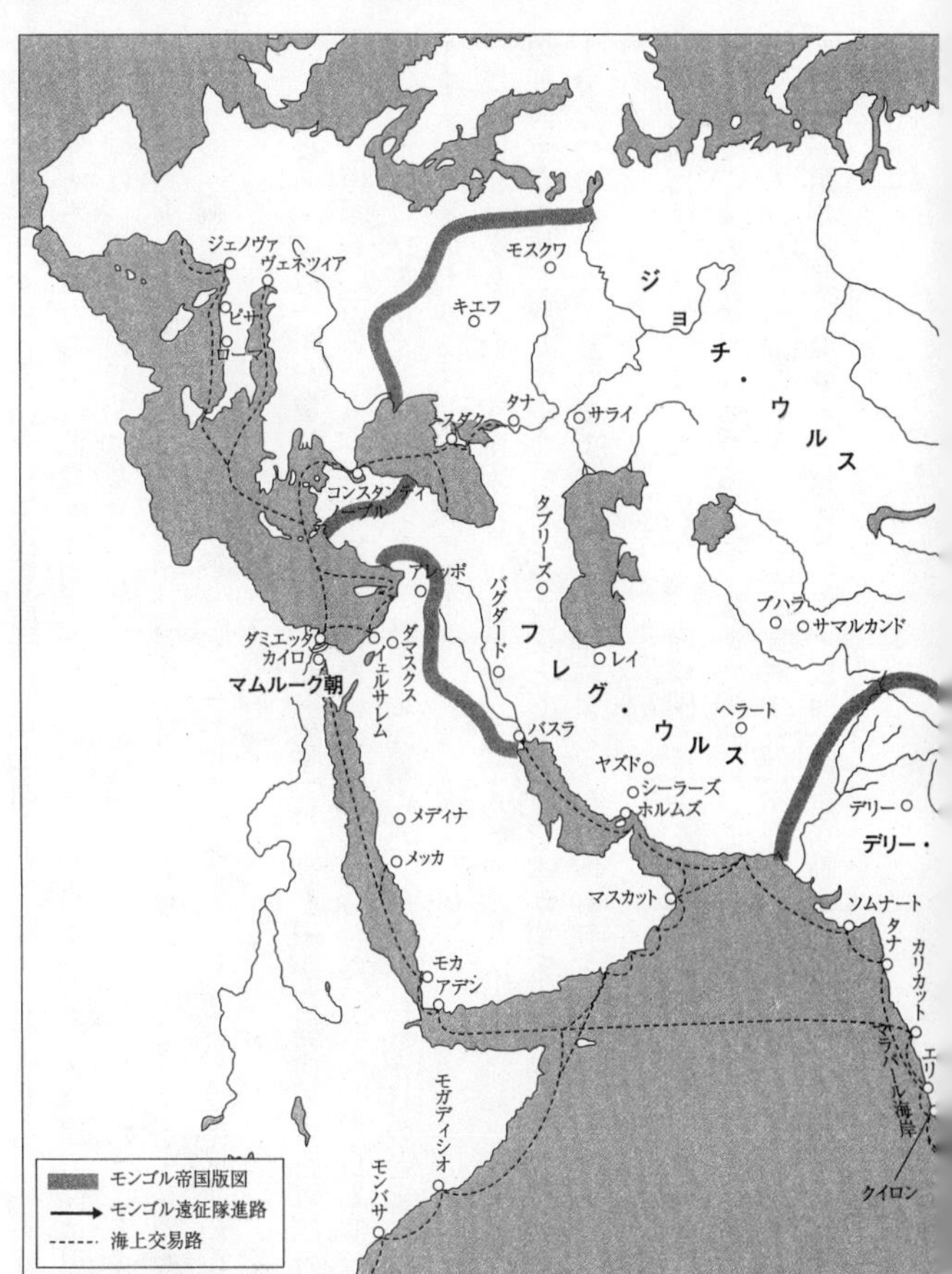

東南アジア遠征と海上大交易圏

る鎌倉武士たちを押したが、日本側も個別の武士団ごとに非常に善戦した。事実はどうやら、両軍とも自分たちの「敗北」と考えたらしい。夜半、日本側は、大宰府方面に引き、モンゴル側は、博多湾の兵船にしりぞいた。さらに帰還すべく、玄界灘に出たところで暴風におそわれたというが、それもまた真相は定かではない。ともかく、モンゴル・高麗連合軍は戦闘継続を無益とみて、高麗へ帰投した。これは疑いない。日本でいう「文永の役」である。

七年後の一二八一年、第二回の日本遠征が実施され、高麗国から発する東路軍四万、旧南宋領の江南軍一〇万という、世界史上最大規模の船団が送られた。しかし、日本側は石築地などの周到な準備により上陸を許さず、海上に浮かんだ大船団は八月一日の台風によって大半を失った。いわゆる「弘安の役」である。

第一回目はあきらかに対南宋大進攻作戦の一環であった。投入した部隊と船舶は、三別抄の征討軍が中核を成していた。モンゴル側としては、日本が南宋と連動しなければ、それで十分なのであった。それまでの使節と国書による平和交渉も、主目的は、おそらくそのためであった。

第二回目は、事情がまったく異なる。南宋国をほとんど無傷のまま接収したクビライ政権にとって、その戦後処理のうち、頭を痛めた問題のひとつは、四〇万人以上にのぼる旧南宋の職業軍人たちであった。失職したまま放置すれば、社会不安の原因となる。実戦力のあるものは、西方・北方地域での戦線や広東・広西の鎮定活動にふりむけた。それでも残った老弱兵については、本人の希望によって海外派兵にあてた。

江南軍一〇万は、その最初のテスト・ケースであった。しかし、彼らは、これといった武装をしていた形跡がみられない。たずさえていたのは、入植用の農器具と種もみであった。江南軍は移民船団に近かった。

戦闘部隊は東路軍であり、彼らが先着して戦ったのは当然である。こちらは水手や給事兵を加えれば、人数も内容も、第一回目とはほとんど変わりがない。石塁に拠り、一〇万をこえる戦闘部隊の日本軍が、優勢だったのは、あたりまえなのである。台風が来なくても、糧食の尽きかけていたと見られる遠征軍は、なすすべもなく撤退しただろう。むしろ、台風は余計であった。この結果、「神国」意識が生じたとすれば、歴史は皮肉である。

第三回目の日本遠征も、幾度か企画されたが、ついに実現しなかった。その最大の原因はつぎに述べるナヤンを中心とする左翼諸王たちの大反乱であった。最大のパトロンの反逆に、クビライ政権は存亡の危機にたたされ、日本遠征用の諸軍団もすべて、北方作戦に投入せざるをえなかったからである。なお、江南の反乱やヴェトナムの反乱などを重視する意見もあるが、それは主原因ではありえない。

クビライ政権は、陳朝安南国（ちんちょうあんなんこく）、チャンパー、緬国（めんこく）（現在のミャンマー）、ジャワにも数次にわたって遠征部隊を送った。江南各地に展開する軍団ごとに、個別に企画・申請して、中央政府が認可すれば、それぞれの自弁と責任で「遠征」を実施した。出先機関が競いあった一種の「ビジネス」であった。しかし、陸上進攻の緬国遠征のほかは、炎暑と疫病などのため、いずれも軍事上は撤退するかたちで終わるものが多かった。従来、これをもって、「モンゴル敗退」といわれがちである。

だが、たとえばジャワ遠征についていえば、作戦行動そのものは簡単に成功した。そののち、現地の抗争に利用され、誕生に協力したマジャパヒト政権に騙されて撤退するといった程度のことであったにすぎない。これらの遠征は、もともと征服・支配よりも、服属や来貢をうながしたり、通商ルートを把握することを主目的としていた。結果として、東南アジア海域の海上ルートを、モンゴルは直接に掌握する。モンゴル側から見れば、十分に目的はは たされていた。

なお、これら遠征の企画から兵員・糧秣・武器・艦船などの準備にいたるまで、ムスリム商人団が陰に陽に介在していた。二万をこえた兵員と、当時としてはやはりかなり驚くべき規模の大船団からなるジャワ遠征軍などは、その実、ほとんど貿易船団に近かった。こうした遠征活動そのものが、ムスリム商人たちにとっては営利事業なのであった。

東南アジア諸国から、インド西南端のマラバールまでの港湾国家も、結局は入貢(にゅうこう)してクビライ政権と正式の関係をとり結んだ。入貢すれば、モンゴルは軍を送らなかったし、経済上の利点は莫大であった。沿岸各地の主要港市には、クビライ政権側の貿易担当官も駐在し、ここにフレグ・ウルスが押さえるイランのホルムズやペルシア湾にいたる海上ルートがモンゴルの統制下にはいった。

インド洋上ルートの東西通商は、モンゴルの誘導もあって、従来とは格段に違うレヴェルで非常に活発化した。それに先立ち、すでに北宋から南宋の治下、江南の沿岸地域では幾つかの主要な港湾都市を中心に「海の中国」（マリタイム・チャイナ）とでもいえるような海上を通じた交易・往来が次第にさかんとなっていた。ただし、それは当地のそれぞれの社会が海に乗り出していったのであって、国家としての北宋や南宋が直接にかかわり推進したわけではなかった。ところが、モンゴルの場合は、政権ぐるみ、国家ぐるみで海上通商を奨励・演出した。

　モンゴルは、海も組織化したのである。ここに、本格的な「海の時代」が開かれゆく。かくて、内陸と海岸の両ルートがついに結合し、ユーラシアとアフリカの北部・東海岸を循環する交通体系と、「世界通商圏」とでもいうべきものが出現する。クビライ政権の末期には、モンゴルの勢力圏は頂点に達した。まさに陸と海の巨大国家となったのである。

ふたつの大反乱

　ふりかえって一二七一年、クビライはバラク他界ののち混乱する中央アジアに直接干渉する方針をとった。クビライの第四子ノムガンひきいる大軍が、イリ渓谷のアルマリクに進駐した。アルマリクは、チャガタイ家の冬の都であった。チャガタイ・ウルスは、本拠地を中央政府軍に占領された。クビライ政権の強硬姿勢により、かえって中央アジアの軍事緊張は高まった。

　一二七六年の夏、上都（じょうと）のクビライ宮廷のもとに南宋皇室の降人と珍宝とが着到し、戦勝気分にわきかえっていたちょうどそのころ、ノムガンの陣営では従軍していたモンケの子シリギ、アリク・ブケの遺児メリク・テムルとヨブクルらの帝室諸王がトルイ庶系のトク・テムルの先導で反乱をおこした。彼らはシリギを盟主とし、ノムガンをとらえてジョチ家の当主モンケ・テムルのもとに送り、補佐役の右丞相ジャライル国王家のアントムをカイドゥのもとに送った。中央アジアを威圧していた強大なクビライ政府派遣軍は、一瞬のうちに消滅し、クビライ政権は重大な危機にみまわれた。

シリギらは、カイドゥとの連合を求めたが、カイドゥは動かなかった。クビライは、バヤン以下の南宋作戦の主力をひきあげて北征させた。バヤンはカラ・コルム方面のシリギ軍を連破し、モンゴル本土を回復した。シリギらの反乱そのものは失敗したが、その影響は大きかった。中央アジアではクビライ政権の絶対優勢がくずれ、あやうかったカイドゥ側がよみがえった。そのうえ、反乱軍のうち、アリク・ブケ家の代表者であるメリク・テムルとヨブクルの二人がカイドゥ側に寄せた。

この結果、カイドゥの陣営にはカイドゥ自身がひきいるオゴデイ家の西方部分（東方部分は河西タングト地方のコデン家）とイリ渓谷を回復したチャガタイ家、そしてアルタイ地方を握るアリク・ブケ家が所属することになり、これらの三つのウルスが連合して、ごくゆるやかな「カイドゥ王国」といってもいいかたちを形成することとなった。

一二八四年、ノムガンとアントムが釈放されクビライのもとに帰還したころ、今度は左翼の東方三王家とクビライ政権の仲が険悪となってきた。東方三王家は、クビライ政権を誕生させた中核であった。しかし、すでにクビライの盟友であったオッチギン家のタガチャルは他界し、その孫ナヤンが当主となっていた。

クビライ政権は、はじめのうち東方三王家の勢力圏にはほとんど手をだざず、自由にまかせていた。しかし、タガチャルがみまかった一二七三年ころから、シラ・ムレン下流の遼寧平原に政府直属の出先機関を設け、現地ではなにかと左翼諸王家とのいざこざが目につきだした。その一因には、日本遠征のため、ほんらい左翼諸王家の領民であるはずのジュシェンなどを徴兵し、さらに了解なしに造船用の木材を切り出したこともあった。こうした行為を左翼諸王家のほうは既得権の侵害とみなし、しだいにクビライ政権への反感をつのらせた。

一二八七年四月、ナヤンを盟主にカサル王家・カチウン王家の東方三王家は、クビライの打倒と政権の奪取を宣言して、ついに兵をおこした。モンゴル高原中央部に所領をもつコルゲン王家のエブゲンもこれに応じ、さらにカイドゥらもナヤンからの提携の申し出を受諾した。左右両翼ウルスの大部分が、反クビライでいっせいに決起したわけである。クビライ政権は、最大の危機を迎えた。

しかし、ナヤン蜂起を知らされたクビライは、七三歳とは思えない行動をとった。まず、東方三王家とならぶ左翼の大勢力である五投下の軍団をすぐさま発進させて、境界となるシラ・ムレン河畔一帯に布陣させ、ナヤン軍の急襲攻撃を未然にふせいだ。ついで、バヤンに命じてナヤン陣営の動向をうかがわせ、さらに直属のキプチャク軍団の長トクトガを急進させて、トーラ河に駐する叛王エブゲンをうち破り、バヤンをカラ・コルムに進駐させてカイドゥとナヤンの連携を遮断した。

翌五月、クビライは上都を出発し、ナヤン追討に親征した。しかし、クビライ側のモンゴル正規軍とナヤン軍とはかねてより旧知であったり、また縁戚であったりしたものも多く、前線でまみえても、馬をならべて話し合い、戦おうとしなかった。そこで、六月、クビライは政権獲得後に新編成したキプチャク、アス、カンクリ、カルルクなどの遊牧系の常備軍を主力とする部隊をみずからひきいて、ナヤンの本営シラ・オルドに急襲をかけた。ナヤンはネストリウス派キリスト教徒であり、主旗のうえに十字架をたてていたといわれる。いっぽう老帝クビライは、象の輿に乗り陣頭にたって指揮した。クビライ自身も、一時はあやういほどであったが、前述の特殊軍団の活躍によって、ついに勝利をおさめ、ナヤンを捕虜とした。

ナヤンの敗滅により、クビライ政権の危機は去った。しかし、カチウン家の老王カダアンは抵抗をつづけ、東北アジアの各地から高麗国にまで戦火が拡大した。クビライは、チンキムの第三子テムルを総司令官とする追討軍を派遣してカダアン軍と転戦をかさね、六年後の一二九二年、完全に鎮定することができた。

乱後、東方の諸王家は、急速にクビライ政権との仲を回復し、クビライ直下の勢力圏内にとどまった。これが大きな分かれ目となり、西方の諸王家とは明確に異なるあゆみをたどることとなった。ナヤンの敗滅の結果、帝国内でクビライに対立姿勢をみせるのは「カイドゥ王国」だけとなり、内紛の舞台は中央アジア方面に移った。そのさなか、一二九四年、クビライが八〇歳をもって世を去った。モンゴルとして、大変な長命であった。その一方、人としてまことに苛烈な人生でもあった。

システムとしての国家経営

クビライの新国家建設事業

かえりみて、クビライは、帝位を確立した一二六四年ころから、つぎつぎと新政策を打ちだし、新国家建設の事業を推し進めた。あしかけ三五年の治世のあいだにおこなった国家建設は、モンゴル帝室の骨肉の争いなどの出来事によって、当初の計画とは異なるものにならざるをえなかったとはいえ、かつてない総合的な構想と全ユーラシアをおおう大きなスケールで、新型の世界国家と東西をこえる交流圏を作ろうとした。世界史上、これほどの規模と周到な計画性をもって国家建設をおこなった例はみられない。

クビライは、まず、草原世界と農耕世界の両方に基盤をもつ国家づくりをめざした。モンケ時代までは、あくまでモンゴル高原を本拠とする遊牧帝国型の覇権国家であった。華北・東西トルキスタン・イランなどは「占領地」として税収を期待する程度にとどまった。しかし、クビライは、巨大な農耕と産業人口をもつ中華世界をそっくりとりこみ、モンゴル高原の遊牧軍事力と中華本土の経済力をかねもつ超域政権を作ろうとした。そのため、政権の中心を両方の地域が接する内モンゴル草原と中都地区に移し、宮廷・軍団ごと夏と冬とでそのあいだを季節移動しながら、軍事力を保持しつつ、経済力も握る新しいパターンを創出した。

開平府(かいへいふ)を「上都(じょうと)」とあらため夏の都とし、中都(ちゅうと)の東北郊外のまったくのさら地に「大都(だいと)」を造営して冬の都とした。大都は、まさに現在の北京の直接の前身である。都市としての規模は、上都は中型程度にとどまり、事実上で巨大都市・大都こそが「帝都」であった。かくて、かの安禄山(あんろくざん)に始まった范陽(はんよう)・幽州(ゆうしゅう)の浮上は、キタイの副都・南京、金国の首都・中都をへて、ユーラシア帝国モンゴルにいたって、世界の帝都たる「ダイドゥ」となった。巨大中国の首都たる北京への道は、ほとんどここに定まった。

この二都のほかにも、移動経路に沿って、点々と各種の都市・集落・施設が設けられた。工匠だけを集住させたいくつかの官営工場都市、帝室所有のオルド関係者が維持する宮殿都市、皇帝直属の遊牧系諸軍団の各種軍事基地、それらに付属する漢人部隊の屯営集落などである。さまざまな目的と用途をもつこれらの施設が、大都と上都のあいだ、およそ三五〇キロをつなぐ長楕円形の移動圏のなかに点在することとなった。

クビライはこの地域全体を、一種の「首都圏」として政権の中核地とし、軍事・統治・物流などの機能を集中し、ここから帝国各地にむけ水陸両路による運輸・通信の駅伝網を張りめぐらしたのである。

クビライ政権の誕生のさい、主力となった左翼の東方三王家・五投下・オングト連合・コデン王家の各本拠地は、クビライ自身の遊牧地である上都地区を中央にして、東北は興安(こうあん)

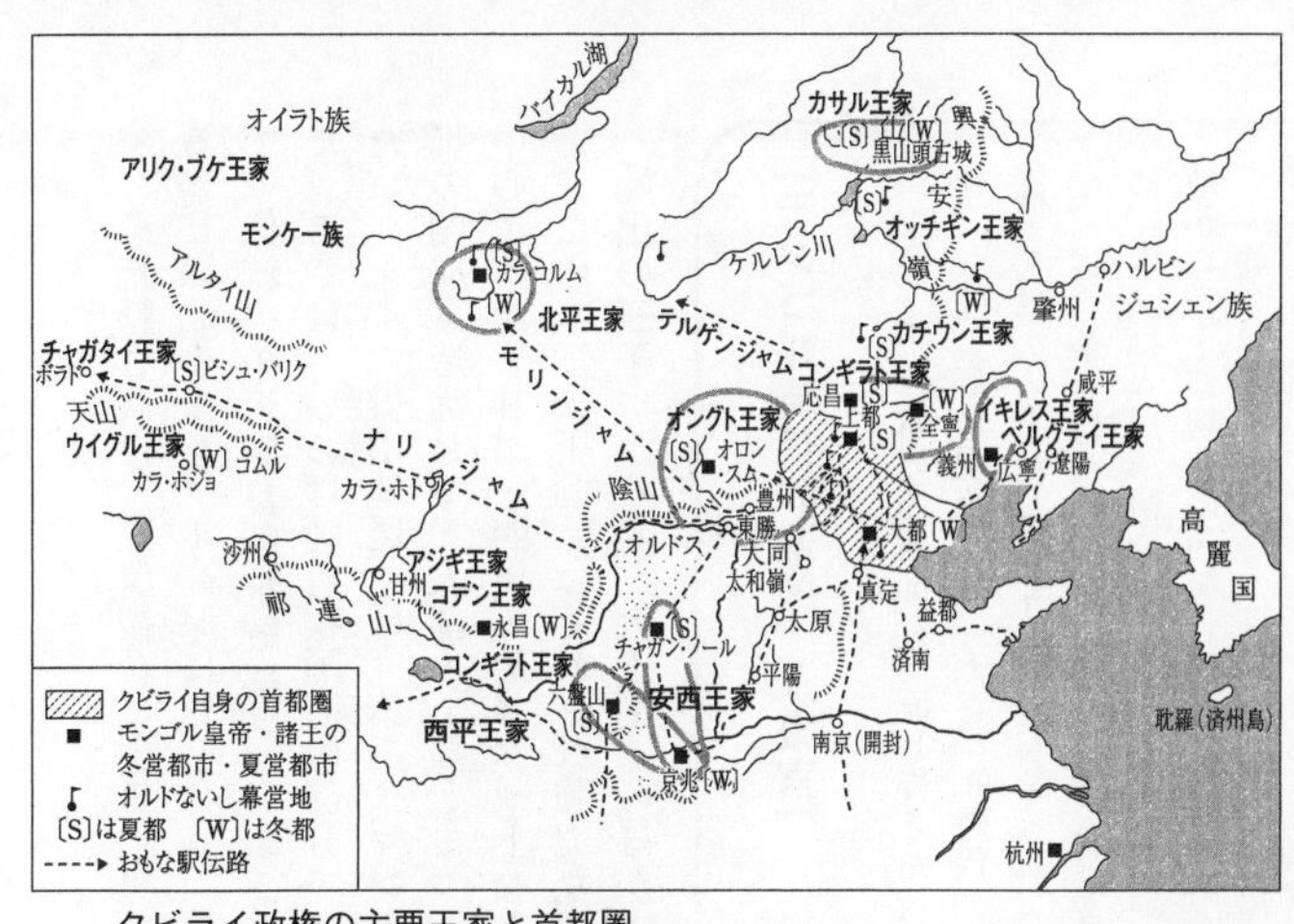

クビライ政権の主要王家と首都圏

嶺・熱河から西は陰山・甘粛におよぶいわゆる内モンゴル草原に数珠つなぎにつらなっていた。それぞれの首長家は、クビライ家を中心にたがいに通婚し合い、しかもそれぞれが上都・大都の両京制に範をとった小規模の夏都・冬都を領内に新造して、そのあいだを季節移動した。こうした小型の「首都圏」をもつ一〇個あまりの集団が、クビライ王朝の最高支配層を構成し、彼らの所領全体が遊牧世界と農耕世界をつなぐ背骨の役目をはたしたのである。

そのうえでクビライは、政権確立後、事実上の嫡長子である第二子チンキムをまず燕王に封じ、ついで皇太子として、「腹裏」（もともと腹部の意味から中心、中央部を指す。モンゴル語の「コル」の訳語）、すなわちいまや内地となった北中国の統治をゆだね、直接には大都の軍事・行政両府（枢密院・中書省を統轄させた。牧農複合による中央部分であった。また、チンギス以来の「本土」であるゴビ以北のモンゴル高原に対しては、第四子ノムガンを北平王（もしくは北安王）に封じて、伝統の千人隊集団を統率させ、カラ・コルムを中心とする「国家根本の地」を確保した。ここは、いわば純遊牧国家の部分であった。さらに、即位以前のクビライ私領でもあった京兆——六盤山地区には、第三子マンガラを安西王に封じて、京兆を冬都とし六盤山に夏都の開成を造営して、大都・上都とまったく同じシステムをとらせ、その小型「首都圏」を中心に陝西・甘粛・四川・ティベットなどを統轄させた。ここは、牧農並存型の領域であった。この「三大王国」はそれぞれ強力な大軍団を擁していた。

嫡出の三子による「三大王国」のほかにも、雲南・大理方面にフゲチ、ティベット方面に

【モンゴル時代の遺産　永楽宮】

中国・山西省の西南部、南流してきた黄河が東へとほぼ九〇度に屈曲するあたりに、永楽宮の壮大な建築群が現存する。モンゴル時代、全真教という道教教団の本山としてモンゴル政権の庇護と援助のもとに七〇年余をかけて造営された。現在わたくしたちが目にする中国建築のなかで、古くかつ巨大で美しい最高の文化遺産である。三門峡ダムの建設にあたり水没を避けるため、中国は人民革命後まだそう年をへない一九六〇年代の早々、苦しい国情のなか黄河岸辺の旧地から安全な現在の芮城の地へと移した。これ自体が壮挙であった。壮麗な建造物のなかでも、

正門の無極門、正殿の三清殿、後殿の純陽殿などには豪奢・華麗・繊細・優美な壁画がさまざまに描かれており、いずれも中国美術史上で屹立している。写真は三清殿の北壁に巨大なスケールで描かれた道教の神々の群像のなかで、ひときわ輝いて見える天女。中国絵画の長所が、見事に結実している。

永楽宮の三清殿　三清殿（無極殿）をはじめとする気宇壮大な建築群は、訪れる人を圧倒する。伸びやかで雄渾、それでいて気品のある構えは、中国建築の精髄であり、モンゴル時代の息吹を強く感じさせる

西平王アウルクチ、江南が版図にはいってからは江南・ヴェトナム方面の担当として鎮南王トゴンと庶子たちを配置し、クビライ家で帝国東方の軍事を完全掌握するかたちを整えた。これら諸子は、いわばクビライの分身であった。この結果、各地に所領・封邑をもつ帝室諸王・貴族・土着領侯など、さまざまな分権勢力は、すべてクビライ諸子のいずれかの指揮下にくみこまれたのである。こうしたクビライ家による軍事独占体制は、のちのちまで維持され、クビライ自身をはじめ、その時々のクビライ系の歴代皇帝はクビライ一門の権力集合体のうえに君臨したのである。

中華のよそおい

クビライはモンゴル国家の大改造を推し進めるかたわら、「中統」「至元」の元号導入を皮切りに、上都・中都の首都宣言、ついで中都の東北郊外における大都の建設、新しい国字パクパ文字の制定、「大元（だいげん）」をかぶせた新国号の採用、立后・立太子制の導入など、一見あたかも中華風にみえる一連の国制整備をつぎつぎとおこなった。

この種のいわゆる「漢化」政策のうち、もっともきわだつのは、中華伝統の中央集権体制の官僚機構と統治組織の形式を採用したことである。中央では、それまでどおり中書省（ちゅうしょしょう）（行政）、枢密院（すうみついん）（軍事）、御史台（ぎょしだい）（監察）の三体系にわかれ、六部も中書省に所属した。地方統治については、中央の中書省が直轄する「腹裏」のほか、各地を一一ないし一二の地域に大区分し、そこに行中書省（こうちゅうしょしょう）（行省（こうしょう））という出先機関を設けるまったく新しい方式を導入した。とはいえ、行省の下に属する路・府・州・県の順の行政体系は、「路」以外は従来の方式を尊重した。

こうした形式は、宋金時代までの中華王朝の基本線を、大筋においては踏襲するものであった。みかけのうえからだけでいうならば、クビライ王朝も中華王朝のひとつであるかのようにみなすこともできる。しかし、問題はその中身であり、実質上の意味合いであった。たとえば、中書省の場合、右丞相の下に左丞相・平章政事・右丞・左丞・参政などの中華風の肩書をおびたかなりな数の人員が任命された。しかし、定数はなく、顔ぶれもそのときどきの事情により大きく変更・増減した。また長期にわたって任命されたものをみると、首班の右丞相のアントンは、ジャライル国王家の血脈でクビライ自身にとっても義理の甥にあたる最高権門の人物であり、自前の強力な軍事力をもっていた。そして、その下の平章政事から参政までの重要なポストには、実務・指令の能力のあるモンゴル、ウイグル、キタイ、タングト、ムスリム、漢人などの有力家系の出身者や、クビライの個人ブレインが登用された。その点は、枢密院や御史台でも、長官や次官クラスは同様であり、とくに長官は中華風の職務分担とは別に、それぞれが部族軍や私兵をもつ有力な族長・軍人であるほうがふつうであった。

さらにみのがせない点として、これらの高級官僚はおおむねクビライのケシク（近衛・宿衛）出身者でもあることが多く、しかも必要があればしばしば臨時にケシクから適当な人材が選ばれて、中華風の官庁に出向し、用務がすめば、ふたたびケシクに戻った。国家の根本にかかわる重大事については、中書・枢密・御史台などの枠をこえて、四人のケシク長をはじめとするモンゴルの有力者が参加してクビライを中心に御前会議が開かれ、その席ですべてが決定された。その点でいうならば、中華風の官僚機構は下部組織においてはほんらいの建前に沿うようなそれなりの職責を分担したが、上層部においてはかたちのうえだけでの配置であり、実質はあくまでモンゴル政権の伝統である「側近政治」がつづいていたといえよう。こうした二重構造は、地方組織においても、貫かれていた。

一連の国制整備を眺めると、中華の伝統をモンゴルに引きつけるかたちで変化させたものであった。それらのさまざまな「漢化」政策は、クビライの漢人ブレインの劉秉忠（りゅうへいちゅう）や姚枢（ようすう）らの助言にもとづいて推進されたのであったが、チンギス・カン以来の遊牧国家の伝統を重んじるモンゴル諸王たちからは非難され、その反抗を招く一因とさえなった。

それにもかかわらず、クビライが二重構造とはいえ中華帝国のシステムを大胆に導入したのは、それまでのモンゴル帝国の行政・官僚組織では帝国国家としては十分ではあっても、厖大な人口をかかえる中華本土も含め、ユーラシアに広がる広大な領域全体を本格統治するためにはもはやとうてい間に合わなくなっていたからである。みかけにおける中華帝国、現実におけるモンゴル軍事国家という国制における両面性は、ユーラシア草原史と中華王朝史という二つの世界史の大流が流れ着いたひとつの合流点でもあった。

ムスリム商業網と物流・通商の管理

その一方、大元ウルス政権のいちじるしい特徴のひとつは、ほんらい遊牧軍事力を基盤とする軍事政権でありながら、経済支配をも国家運営の主軸としたことである。その中心をになったのが、おもにイラン系からなるムスリム商人団とそれに出身する経済官僚たちであり、クビライ政権はムスリム商業勢力との共生関係を軸とする財政国家ないしは通商国家の側面が色濃かった。

モンゴルはすでに、チンギスのモンゴル高原統合以前から、イラン系のムスリム商人と関係があった。オゴデイ時代からモンケ時代にかけて、占領地に対する徴税統治機構も、ムスリム商業勢力に依存していた。いっぽう、古くより西アジアから中央アジアにかけての地域は銀経済となっていた。モンゴルが北中国を支配したときに、租税の銀納化を進めたのは、ムスリムを中心とする中央アジア以西の商業勢力が財務部門を担当していたからである。

彼らはテュルク語でオルトク（「仲間」の意、ペルシア語でオルターク、漢字で斡脱と音写した）という組合ないしは会社組織をつくり、共同出資による巨大な資本力を駆使して、各種の商業行為をはじめ、徴税の請負や納税者への高利貸をおこなった。こうしたムスリム商業勢力は、モンゴルの拡大を支える資金源・情報元でもあったのであるが、クビライは彼らを主力とする国際商業のネットワークやその経済運営能力を、それまでのモンゴル政権以上に、強力に自分の政権にとりこんだ。

クビライ政権はムスリム官僚による財務管理と経済振興をはかるいっぽう、世界の帝都としてあらたに建設した大都を中心に、陸路・水路・海路をつうじた巨大な物流システムを創りだした。大都の中央部には積水潭と呼ばれる大きな都市内港が設けられ、直沽（現在の天津）で河船に積みかえられた海運の物資が、通州から閘門式の人工運河である通恵河によってクビライの膝もとにまで送られてきた。中国の東南沿岸部にはムスリム海洋商人が広範な活動をしていたが、クビライ政権の中華本土統一により、モンゴルとともにあった内陸のムスリム商業網は、南中国にまで到達していた海上ルートとついに連結した。

大都は、陸路からいえばカラ・コルムと上都に集まる内陸ルートとむすばれ、水路でいえば通州に集まる金代の華北水運と南北中国統一後に復活した大運河、さらには南中国にいたるインド洋の海上ルートと連結していた。中華全土ばかりでなく、ユーラシアを周回する交通路線がすべて大都に集中するようにしつらえられ、その輸送機関はおおむねモンゴル公権力によって整備・保持される未曾有の環境が用意されたのである。

おもうに、つまるところ国家というものの要諦は、国家の力が集中する首都と領域内の拠点都市をおさえるのはもとよりながら、それらをつなぐ交通・運輸・流通の掌握にこそ、その多くが存する。ようするに、交通は国家である。既存の交通体系を巨細におさえ、できればみずからを中心とする交通システムを創設・整備し、かつはみずから直接にそれを維持・管理する。人のかたまりをつなぎ動かす媒体をしっかりとにぎることが、人と社会を把握することに直結するのは、歴史も現在も大きくは変わらない。

ましてて、帝国と呼ばれるほどの複合的なひろがりになればなるほど、交通のもつ意味は重大となる。モンゴルは世界帝国であった。しかも、当時の交通手段としては、水路が利用できるところは別として、陸上では馬・駱駝などの手立てしか現実にはほとんどありえなかった。モンゴル帝国が、創業以来ずっと交通に力をそそいだのは当然であった。むしろ、交通に象徴されることをもって立国の基本とした。それを陸・水・海をつうじた壮大なユーラシア・システムに仕立てたのが、クビライの新方式であった。

とともかく、前述の流通網を利用して、モンゴル王権と結びついたオルトク商人らは、モンゴルの武力を楯にユーラシアの各地にでむいて、なかば強引に商売をおこない、利潤の一部を出資者であるモンゴル諸王家に還元しつつ、結果として公的輸送機関によって大都に物資を送りこんだ。その大都の官営バザールを管理し課税するのが、モンゴル王権の総元締であるクビライという図式であった。クビライはそうしてかき集めた銀を、帝室諸王に賜与というかたちでばらまき、遊牧経済ではとうていえられない経済支援をたえずおこなって、彼らをクビライ政権につなぎとめたのである。

クビライ政権の財政運営は、きわだって重商主義であった。その支配は、点と点の支配ではあったが、各地の拠点都市や交通・物流の要衝にはかならずムスリムの経済官僚が配置され、中央とはかえって緊密な結びつきを保持した。クビライ政権の支配方式は、拠点支配と物流・通商の徹底管理を大きな特徴とし、モンゴル軍事力とムスリム商業力こそがクビライ新国家を支える二本柱であった。

地域ユニット別の支配

以上に加えて、統治システムの上でみのがせないのは、空前の大領域を支配するため、モンゴル時代以前の旧金領、旧西夏領、旧南宋領といった大単位の地域ユニット別の支配方式がとられ、さらにそのなかが行省というそれまでになかった超大型の地方機関によって仕切られる新方式が導入されたことである。

大元ウルスの中央政府には版図内のおもな地域・人種・言語ごとに、それらに対応するひと組ずつの官僚群が養成され、帝国内のあらゆる問題に対処できる態勢が整えられた。しかし、それぞれの現地社会に対しては、中央政府は直接にはかかわろうとはせず、それまでの支配方式や慣行を尊重して、税制・法制上でも旧政権でのやり方がほぼそのまま踏襲された。その結果、大元ウルス治下は単一の主権をいただきながらも、現実には複数の社会体系が並存する多元世界となった。

クビライ政権が熱心であったのは流通と徴税のための経済要地の掌握であり、そのために中央の財務庁（はじめ尚書省（しょうしょしょう）といい、のち行政府である中書省と合併した）から直接に財務官僚を派遣して中央と直結した体制をとった。この出張機関が既述の行省であり、遼陽・杭州・京兆・開封・鄂州・成都・昆明・泉州・広州など、政治経済上の主要都市におかれるのがふつうであった。

行省が軍事力をバックに、中央の徴税・財務業務を肩がわりするとはいっても、現実には一般行政にもかかわらざるをえなかった。そのため、結局のところ広大な管轄地域を預かる常設の地方統合機構へと傾かざるをえなかった。それと歩調を合わせて、行省という言葉も、官庁そのものだけではなく、しだいに所轄の地域全体をも指すようになり、後世の中国における省制の起源となった。

巨大な多種族複合国家

ひるがえって、このようにして形成されたクビライの新国家は、さまざまな人種・社会・宗教・文化・価値観が渦巻きながら並存する多種族複合国家となった。そこには支配者となったモンゴル王族・貴族やそこにつらなる特定の人びとのほかには、あまり種族による差別はみられなかった。

モンゴル支配を通じてみられるいちじるしい現象は、モンゴル帝室を核としてユーラシア各地のさまざまな「王権」をよりあわせた巨大な連合権力という性格を反映して、当然のことながら帝国創業以来の縁故・門閥が重視されるいっぽう、それとは一見まるで反対にもおもえる個人の実力・能力本位による人材登用がおこなわれ、全体としてはあまり人種主義がみられなかったことである。とくにクビライは、即位以前からウイグル、キタイ、漢人、女真人などの多種族混成のブレイン・実務集団をかかえ、政権獲得後はこれらの人びとを人種にかかわりなく高官や要職に抜擢した。さらに財務部門にはおもにムスリム、宗教・文化関係にはティベット人やインド、ネパール、カシュミール出身者、そして学術・情報・科学・技術関係にはヨーロッパ人を含むあらゆる地域出身の人びとが、それぞれ登用され、各人の

世祖出猟図のクビライ（台北・故宮博物院蔵） 劉道貫の筆になる有名な絵。祖父チンギス・カンとは違い、クビライについては、いくつかの絵画とも一致しており、大柄でふっくらとした風姿であったことがわかる。猟に従うものには黒人もおり、多人種の側近たちであった

特性や能力に応じた職務を分担した。

従来、モンゴル治下の中華本土では、モンゴル・色目・漢人・南人の四階級の身分制度が厳重に守られたと声高にいわれてきた。しかし、事実は途中から復活されたごくささやかな科挙における受験枠にすぎなかった。それを、戦前の日本のある学者が当時の中国社会全体に適用されたように、ほとんど「わざと」いいだし、そのほうがモンゴルの「野蛮なイメージ」にあうからと、他の内外の学者たちも歓迎した。真相をわかって賛同していたとは限らない。ようするに、ことさらな「創作」と安易な「迎合」という、この世によくある話である。現実には、人種・言語・文化の枠をこえて、すぐれたものはすぐれたものとする実力主義と実質重視の時代が訪れていたのであ

る。

クビライ一代を通じて、世界史上まれにみるこのような新型の世界国家が建設されていった結果、ユーラシアそしてアフリカをまきこんだ未曾有の国際通商や人や「もの」の往来がうながされた。一四世紀になって、モンゴル帝国内の和合が実現すると、空前の超広域にわたる平和共存とボーダレスな大交流の新時代がアフロ・ユーラシアの東西に訪れるのである。アフロ・ユーラシア世界は、ここにはじめて「世界史」の名に値するたしかなひとつの全体像をもってながめられる時代に遭遇したのである。

融合するアフロ・ユーラシア世界

和合する帝国

至元三一年（一二九四）正月、クビライが長逝した。そして四月、上都のクリルタイでチンキムの第三子テムルが即位した。テムルは、クリルタイの席上、庶兄のカマラと弁論で争い、雄弁さで圧倒したといわれる。だが、なんといっても、彼の即位の実現には、バヤンをはじめ麾下の大軍団の力が背景にあった。

カイドゥ側が攻勢に出るのは、実はクビライが他界してからである。カイドゥは、一貫してクビライをおそれ、直接衝突を避けていた。いわゆる「カイドゥの反乱」は、イメージ過剰で、やや中華主義の匂いさえ漂う。バラクの遺児ドゥアは、カイドゥの支援で一二八二年から八三年ころにチャガタイ家の長となり、歴世の遊牧本領であるイリ渓谷を根拠地として、ウイグリスタン方面の西部境界線に展開する大カアン側の軍隊と対峙した。一二九七年、アリク・ブケの子ヨブクル、モンケの孫ウルス・ブカ、およびクビライの部将でありながら失態のためカイドゥ側に身を寄せていたドルドガが、一万二〇〇〇の騎兵とともにドゥア軍を離脱して成宗テムルに臣従をもとめてきた。いずれも賢明だが厳格でもあったクビライの処罰をおそれ、その死とともに安心してくだってきたのである。成宗テムルはそれを祝って、元号を「元貞」から「大徳」にあらためた。

ヨブクルら三人の投降は、カイドゥ陣営に衝撃となった。一三〇一年、カイドゥはかつてない大軍をもよおして、ドゥアをはじめとする中央アジア方面の帝室諸王とともにモンゴル本土へ進攻した。カラ・コルム方面にはカマラの晋王家の北方部隊のほか、あらたに成宗テムルの次兄ダルマバラの長子カイシャンが中央軍団をひきいて最前線の総司令官となり、さらにクビライ家との旧好を復活した東方三王家の各当主たちも加わっていた。モンゴル同士の大決戦がモンゴル高原の西部一帯でくりひろげられた。カイドゥ軍は敗走し、カイドゥはそのときの傷がもとで他界した。

カイドゥ陣営をいかに総結集しても、大カアン軍には到底はるかにおよばないことが、自他ともにあらためて歴然となった。そのうえ、雑多な勢力をそれなりになんとかまとめあげていた当のカイドゥの死によって、情勢は急展開した。長くカイドゥの忠実な同盟者としてふるまってきたチャガタイ家の長ドゥアは、みずからのために行動を始めた。カイドゥの葬

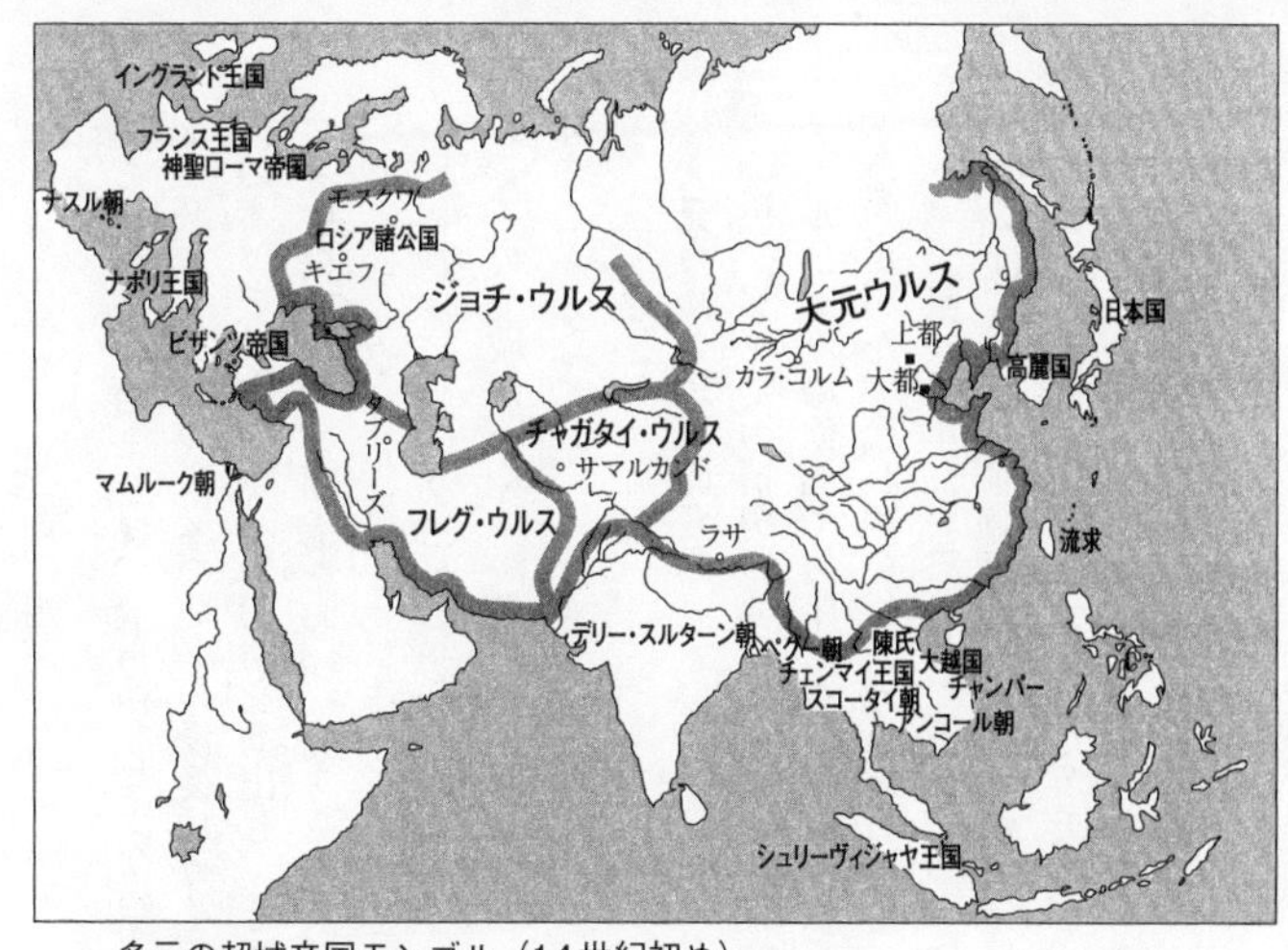

多元の超域帝国モンゴル（14世紀初め）

儀を主催したのち、カイドゥの諸子のなかから、庶長子のチャパルをオゴデイ家の継承者に推薦した。カイドゥは存命中に、愛児オロスを指名していた。カイドゥ家の大半もそれを支持していたから、カイドゥ家を中心とするオゴデイ一門は二派にわかれて争うことになった。

ドゥアはオゴデイ家にくさびを打ちこむいっぽう、チャパルに大カアンへの臣従を提案した。成宗テムルと結んだドゥアの主導によって中央アジア方面の帝室諸王はこぞってテムルに臣従を誓い、その知らせはジョチ・ウルスの首長トクトガ、フレグ・ウルスの首長オルジェイトゥのもとにももたらされた。バラクの浮上によって始まった帝国の紛乱は三十数年を経た一三〇五年、ついに終わりを告げ、帝国の東西は和合のときをむかえた。

この和合の始まりは、ドゥアとその庶子による「カイドゥ王国」の奪取の開始でもあった。ドゥアはかつて父バラクの没後にカイドゥがしたのとまったく同じように、カイドゥ没後のオゴデイ・ウルスの内紛を演出し、それをチャガタイ家を中心とするものにすりかえつつ、中央アジアの覇権を握ってゆく。その結果のあらたなる「まとまり」権力体をもって「チャガタイ・ウルス」という。すべてのモンゴル権力は、大カアンたる大元ウルス皇帝のもとに従い、よりつどうかたちとなった。かくて、モンゴルはかつての連帯性をとりもどし、その全域はいくつかの権力の核をもちつつ、ゆるやかな多元複合の「世界連邦」を形成することとなった。

大元ウルス政局の変動

中央アジアでの情勢の変転は、はるか東方の大元ウルス中央政局とも連動していた。成宗テムルは過度の飲酒で病床につき、東西和平の前から、すでにほとんど政務がとれない状態となっていた。代わって、大元ウルス宮廷の実権を握ったのは、皇后ブルガン・カトンであった。大徳一一年（一三〇七）正月、ついに成宗テムルが四二歳で他界すると、ブルガン・カトンは、自分の権勢を保持するため、安西王アーナンダの擁立を決めた。テムルにはティシュ（徳寿）という皇太子がいたが夭逝し、近親の適当な後継者候補となると、テムルの次兄ダルマバラの嫡出のカイシャンかアユルバルワダの兄弟であった。ところが、ブルガン・カトンは、兄弟の生母ダギが生前のテムルとねんごろであるのに嫉妬し、長子のカイシャンをモンゴル高原の前線へ、ダギと弟のアユルバルワダ母子はチンキム家の私領である河南の懐孟へ封ずることを名目に、どちらも中央から追い出していた。

安西王アーナンダは、降伏してきたアリク・ブケ王家のメリク・テムルとともに大都へ向かう途上であったが、ブルガンの意向を知らされると、喜んで急行した。政府次席の左丞相アクタイらはブルガンに協力し、カイシャンの帰還を阻止するため街道を封鎖した。しかし、政府首班の右丞相ハルガスンは、密使をカイシャンのもとに急派するいっぽう、懐孟のアユルバルワダ母子にも、すぐに大都にくるよう求めた。素早く大都へはいったアユルバルワダを擁したハルガスンは、アーナンダの即位式が強行される直前に、宮中でアクタイをくびり殺し、ブルガン・カトンとアーナンダをはじめ、アーナンダ政権のもとで副王たらんとしていたメリク・テムルなどの与党をことごとく捕らえた。宮廷内クーデタは成功し、いったんアユルバルワダの政権が誕生するかにみえた。

カイシャンは、アルタイ山方面の前線で、テムル逝去の知らせをうけた。カイシャンのひきいる大元ウルス派遣軍の目の前では、カイシャンと提携したドゥアが、オゴデイ家の打倒に成功したばかりであった。カイシャンは諸将と協議し、一部隊をとどめ、のこる全軍をひきいて反転することを決意した。運命の旋回であった。東にむかったカイシャンの大軍は、怒濤のようにモンゴル高原の首邑カラ・コルムに到着した。

若くして大元ウルス軍の総司令官となって、名だたる猛者の老王カイドゥの大軍をうち破り、さらには中央アジア戦線でも最前線にたって赫々たる武勲をあげたカイシャンは、モンゴル高原の帝室諸王・諸将に絶大な人気があった。そのカイシャンの旗挙げに、驚くべき数の支援者がカラ・コルムに集まった。彼らはモンゴル興隆の源であるこの地で、カイシャンが帝位に即くことを求めた。しかし、あえてカイシャンは、曾祖父クビライにならって、上都での即位を望んだ。クビライと似た反転に、みずからの将来を見たのである。かくてカイシャンは、配下の最精鋭部隊をえりすぐり、それぞれ一万ずつ左・中・右の三隊に編成し、みずからも中路軍をひきいて三方から上都に急進した。上都の守備部隊も、カイシャンの到着をもろ手をあげて歓迎し、逆に大都のアユルバルワダ政府は孤立した。

この結果、大都側は譲歩せざるをえなくなった。一三〇七年の六月、上都のクリルタイにおいて、カイシャンが全モンゴルの新皇帝として即位した。カイシャンは、母后ダギを皇太后とするいっぽう、その母の強い求めで実子がいるにもかかわらず、弟アユルバルワダを皇太子とした。そして、大都に赴いて、アーナンダ、メリク・テムル、ブルガンらをすべて死刑にした。アーナンダは熱心なムスリムであり、安西王国に属する一五万の軍隊のほとんどをイスラームに改宗させていたといわれるが、安西王家はとりつぶされ、こののちはおおむね皇太子に指名されたものが安西王の旧領を兼担することになった。

久しぶりに、全モンゴルあげての支持をうけた大カアンであった。カイシャンは、クビライにならうかのように矢つぎ早に壮大な新企画・新政策を打ち出した。モンゴル帝国は別なる時代を迎えるかに見えた。だが、カイシャンは四年後の至大四年（一三一一）正月、三一歳で突然に他界した。あきらかに、ダギとアユルバルワダらによる毒殺であった。カイシャンの不可解な死去は、大元ウルス帝室の内紛を誘発し、さらにモンゴル帝国全体の連携もゆるめさせる原因となった。アユルバルワダは兄の死後、念願の帝位に即いたが、実権はまったく母后に握られ、大都・宮城内の皇太子宮（のち隆福宮。なお現在、中国政府要人たちが起居する中南海地区はこの遺址にある）にひきこもって大内に立ち入るのさえためらう始末であった。事実上で、「女帝」ダギの時代となった。

はじめ、アユルバルワダの皇太子には、カイシャンの長子コシラが立てられる約束であった。しかし、カイシャン系列の復讐をおそれるダギとアユルバルワダは、それさえも反故にして、コシラを雲南へ封じることを名目に、中央から遠ざけようとした。そのため、コシラとその将官たちは、赴任途中の陝西で反乱をおこし、一時は大元ウルスの西境全域を巻き込む大騒動となった。結局、コシラは父カイシャンの旧縁をたよって、チャガタイ・ウルスに身を寄せ、カイシャン派で占められていたアルタイ方面の大元ウルス軍もその直前の紛争でチャガタイ領ふかくに進攻していたにもかかわらず、そのなかからコシラに応じるものが出たため、逆に防衛線を大きく東へ後退させざるをえなくなった。

さらに、コシラの弟トク・テムルも江寧府（現在の南京）に流謫された。たびかさなるカイシャン家の不幸は、カイシャンを敬愛していたモンゴル本土から中央アジアにわたるモンゴル諸王・諸将にひろく同情の念をおこさせた。逆に、アユルバルワダは内外の不信を買った。彼自身も、精神が萎縮して、満足な判断も自分でできないようになった。その彼を「名君」だと評するむきが昔からあるのは、わずかな規模の科挙を復活したことと、中華風の文人官僚を優遇したことで、漢文文献の表面に彼とその治世をたたえるおもねりの文章が目につくからである。その文人さえアユルバルワダを軽蔑していたことは、少し注意して史料を眺めれば、すぐに気がつく。

モンゴル全体から疑念の目でみられていたアユルバルワダ政権に対して、もっとも強烈な復讐心を抱いていたのは、ほかならぬ皇帝直属の常備兵力であるキプチャク、アス、カンクリ、カルルクなどの軍団であった。彼らはアルタイの前線でカイシャンと苦労をともにしたものも多く、カイシャンの即位後は純モンゴルの正規軍をうわまわる地位に引きあげられたため、カイシャンを心の底から主人とみなし、絶対の忠誠心で結束していた。

帝室内紛の火種はたくわえられた。アユルバルワダが衰弱死したあとも、実権を握りつづけたダギが世を去り、アユルバルワダの長子で庶政刷新の意気に燃える英宗シディバラが新政を開始した三年目の一三二三年、前述の近衛軍団の一部は上都から大都へ戻る途上の南坡でシディバラを暗殺した。しかし、当時コシラとトク・テムルは遠方にいたため、やむなくモンゴル本土を握るカマラの子の晋王のイスン・テムルが立てられた。さらに、彼が一三二八年の八月に上都で急死するとキプチャク軍団長エル・テムルは、大都を掌握してカイシャン遺児の推戴をはかった。ここに、上都と大都の両京のあいだで約二ヵ月におよぶ内戦が展開され、トク・テムルを擁立した大都側がモンゴル本土の諸王勢力を中心とする上都側を打倒した。

ところが、この勝利の直後に、中央アジアからチャガタイ軍に支援されたコシラが一挙に東進し、一三二九年の二月、カラ・コルムにて大カアンを宣言した。ここにカイシャンの遺児ふたりが、ゴビを挟む南北で対抗するかたちとなった。

トク・テムル政権の実権を握るエル・テムルは、上都側との戦争につづいての会戦を不利とみて、いったん玉璽をコシラ側に送り、九月、亡きカイシャンが「中都」を造営しようとして放棄したゆかりの地、オングチャトの行営で兄弟は会見した。その四日後、コシラはにわかに崩じた。モンゴル本土の大軍からコシラを引き離したうえで暗殺するエル・テムルの計画が成功したのである。泰定帝イスン・テムルの他界に始まる一連の騒乱を、勝利者となった文宗トク・テムルの年号をとって「天暦の内乱」という。この大騒乱の結果、大元ウルスの中央政府では、純モンゴルではない中央軍団が権力を握る時代が幕をあけることになった。

人類史上最初の大交流

モンゴル出現以後、およそ七〇年ほどつづいた戦争の時代が去ったあとは、モンゴル自身の政治構造の多元化も加わって、国際政局は急速に安定した。モンゴル帝国内では、カイドゥなどが反抗していたといっても、それはあくまでモンゴルどうしの内輪もめにすぎず、ユーラシアの交通を阻害するものにはならなかった。そのうえ、一三〇五年の東西和合によって、各地のモンゴル政権は大カアンのもとに連帯性を回復し、たがいに活発な交流を展開した。戦争から平和へ、時代は鮮やかにシフトした。

モンゴル治下の全域では、同一の政治権威におおわれて、国境の壁はなくなった。ジャム

【人類史の常識を覆す「世界図」】

「混一疆理歴代国都之図」　一四世紀なかば、大元ウルス治下の南中国で、あくまで民間用に作られた二種の原図、李沢民「声教広被図」と清濬「混一疆理図」をもとに、誕生して間もない朝鮮王朝で合成・増補された。図の下辺に綴られる権近の跋文には、明の年号で建文四年（一四〇二）としるされる。結果として、成立にかかわった中華と朝鮮が異様に大きくなってはいるものの、一見して明らかなように陸と海のアフロ・ユーラシア世界が描かれている。ここに示される大地平は、人類史上それとしてかつて認識されることのなかったものといっていい。とはいえ、この図に先立って中華地域には「華夷図」の伝統があった。かたや、プトレマイオス以来、とくにイスラーム中東において蓄積されてきた知識の体系も脈々と存在した。そうした東西の文明を踏まえつつ、一三―一四世紀のモンゴルによる超広域支配と、それを中心とするアフロ・ユーラシア規模の大交流圏の出現が投影されている。島原市・本光寺蔵。一二〇センチ×二八〇センチ。

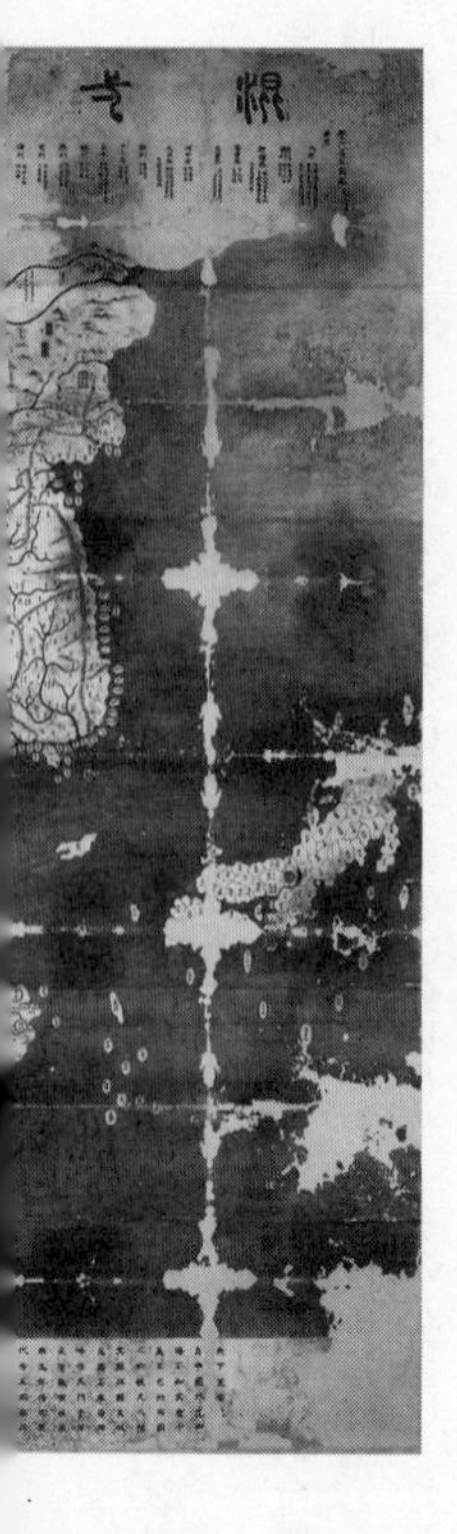

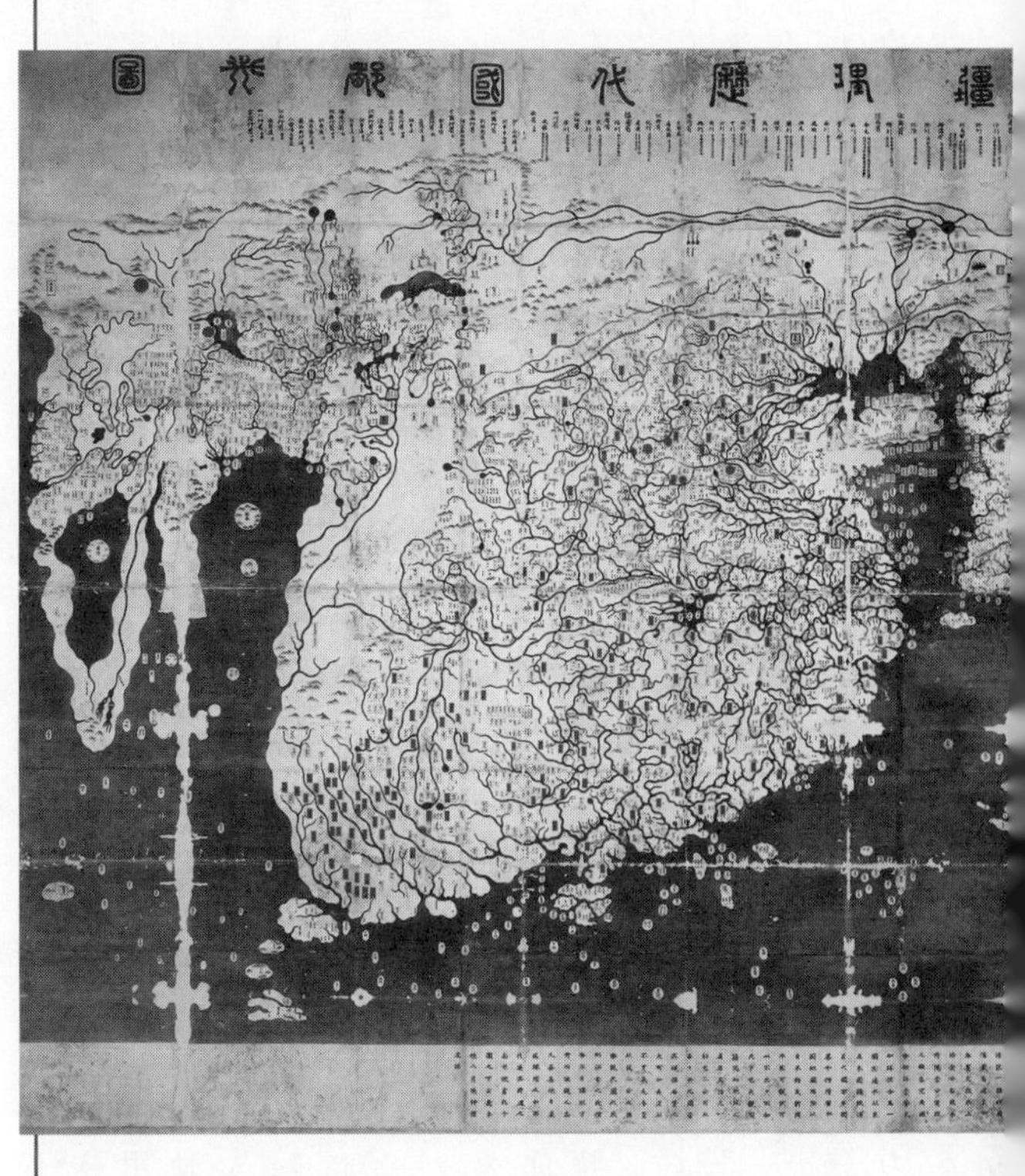

チをはじめ、交通・運輸の手段はモンゴル政権の力で整備され、権威者の庇護とパイザ（漢語では牌子。所持者の身分に応じて金・銀・銅の各種があり、駅伝使用などの特権が行使できた）さえあれば旅の安全は保障された。どこでも銀が共通の価値基準として通用し、ペルシア語が国際語となった。主要都市や港湾には、かならずといってよいほど銀を動かしペルシア語にも通じたムスリム商人がいた。さらに、既述のように、クビライ以後の大元ウルスが当時の世界最大の経済力をもつ中華本土をとりこんで国際通商を奨励する自由経済政策をとった結果、アフロ・ユーラシアの東西にわたって空前の大交流が出現することになった。

この大交流は、東は日本海から西はロシアやアナトリア、そして東地中海にいたるモンゴルの領域はもちろん直接の支配をうけなかった西欧や、エジプトのマムルーク朝、インド亜大陸のハルジー朝およびトゥグルク朝、さらには東南アジア多島海地域やアフリカの東海岸地域、そして日本なども、政治・経済・文物・技術・学術・宗教・思想などの諸面にわたって巻き込むものであった。いわゆる「旧世界」はモンゴルを中心に史上はじめて時を同じくしながらたがいに結びつくこととなったのである。

こうした東西大交流の背景として、モンゴルによる政治上の大統合をあげるのは当然としても、モンゴル自身が演出し促進したいくつかの側面をみのがすことはできない。モンゴルはまれにみる純粋な軍事・政治集団であり、自分たち以外の人種・宗教・文化などについてはおおむねそれらを支配の手段とみなすほかには他者への蔑視や特別な偏見、偏狭な排他意識をもたなかった。逆に、情報・知識・科学・技術の掌握にはきわめて熱心であり、そうした能力をもつものを優遇・尊敬した。旧説とは正反対の出版文化の盛行をはじめ、さまざまな学術の振興もまことにめざましい。

モンゴル時代における中華本土へのムスリムの大量移住は、その数が一〇〇万ともあるいはそれ以上ともいわれ、現在の八〇〇万から一〇〇〇万にもおよぶ中華回族社会の直接の源流をなしている。くわえて、中華本土の東南沿岸地域においてムスリム居留地区が繁栄し、しかもインド洋ルートを通じた東西通商活動の基地となった結果、イスラームを信奉する漢族も多数あらわれ、いわゆる華僑の東南アジア進出の先駆となった。こうした人間集団の移住・転用は、中央アジア以西の各モンゴル政権の治下でも認められる。各地のモンゴル支配者たちは、たがいに自分たちに不足する人材・情報・技術を提供しあい、それぞれの支配に

マルコ・ポーロ旅行記のクビライ（フランス国立図書館蔵）『東方見聞録』と通称される有名な旅行記は、『世界の叙述』もしくは『百万の書』の書名をもち、140をこえる写本がある。15世紀初めにフランスで作られたこの写本は、美麗な挿絵で名高いが、実は絵師が想像で描いたもので同時代史料とはならず、クビライが西欧風なのも仕方がない

役立てた。その結果、ユーラシア各地を多種族・多文化が並存する社会へ誘導する効果をもたらしたことは無視できない。

一三世紀の最後の三〇年から一四世紀の後半にかけて、ユーラシア全域は異様なほどの経済活況と文化発展につつまれる。たとえば、世にいう「イタリア・ルネサンス」は、ヴェネツィア、ジェノヴァ、ピサなどの海洋通商都市の活況を背景に、東方貿易がもたらす富と自由闊達な時代精神の展開の結果であった。それは、モンゴル時代だからこそありえたことを、否定することはむずかしい。この時代、現代においてさえ珍しいくらいにひろい旅程と活動のあとを、いまに伝えている一群の人びとが知られる。マルコ・ポーロの話は、複数の人間たちの合成物と見られる。また、たしかに実在したイブン・バットゥータの見聞録も、その実、かなりな点で合成作品の要素が否定しがたい。しかし、ともかくも記録をのこし、あるいは記憶に残る人たちは、このきわめて風通しのよいモンゴル時代に、ユーラシア東西を往来した数多くのいまはその名も伝わらない旅人たちの、ほんの一部にすぎないだろう。

地球規模の天災とポスト・モンゴル時代への扉

ほぼ一三二〇年代ころから、ユーラシア大陸の各地には、長期の気象変動による干魃・飢饉にとどまらず、地震・大洪水など地殻変動すら想像させる現象があいつぐ。そして西ヨーロッパと西アジアには黒死病（ペスト）の悪夢が登場する。

地球規模の天災としかいいようのない災厄の連続の直接の影響をうけて、各地のモンゴル政権はあいついで動揺し、モンゴル支配は解体へと向かう。モンゴルのもとで空前の平和と繁栄をみせつつあったユーラシア東西は、大きく暗転し始め、ふたたび複数の「閉ざされた世界」へとむかってゆく。

フレグ・ウルスでは一三三五年、第九代君主アブー・サーイードが他界し、アリク・ブケの後裔のアルパ・ケウンが立てられて王統がフレグ統以外に移った。これをきっかけとして、フレグ・ウルスを支えていたジャライル、スルドス、オイラトなどの有力部族がそれぞれ傀儡のチンギス家の王侯を立てて争い、ジャライル、スルドス両部は自立する。ジャライル朝をはじめとするモンゴル・テュルク系の地方政権が割拠し、長いモンゴル支配の崩壊過程がサファヴィー朝の出現までつづくことになる。

チャガタイ・ウルスもまた、しだいに東のイリ渓谷を中心に遊牧生活を維持するものと、西のマー・ワラー・アンナフルにおいて都市生活を送るものと、二派に分かれるようになった。両派はたがいに軽蔑し合って、統一は急速に失われた。東部では、一三三八年から三九年に即位したばかりのイスン・テムルが殺害されるなどして、実権はドゥグラト部の手に移った。かたや、西部でも、分裂と混迷におちいった。そのなかから、東部にドゥアの後裔と称するトゥグルク・テムルがあらわれてマー・ワラー・アンナフルに進撃し、東西をほんの一時期だけ統合した。結局、西部にはティムール（テムル）が出現することになり、東部ではトゥグルク・テムルの子イリアス・ホージャとその系統が、モグーリスターン（ペルシア語でモンゴルの地）と呼ばれる遊牧王国を維持することになった。

ジョチ・ウルスは、草原の遊牧国家の体制をもっともよく保持していただけに、かえって前述の両ウルスほど極端なおちこみをみせなかったが、属領とするルースィではモスクワ大公国がゆっくりと成長しはじめる。正統のベルディ・ベク（在位一三五七―五九年）のあとは、ジョチ家の王統が混乱し、全体の結束がゆるんでいくつかの「かたまり」の遊牧集団にもとづく複数の権力体が分立した。東方部分からトクタミシュ（在位一三七八―一四〇六年）があらわれて、ティムールとしばしば争い、しばしば敗れた。その後は、急速に統合が薄らぎ、諸王家の並立状態が固定した。カザンやアストラハンなど、ヴォルガ流域に「かたまり」を保持するものたちは、一六世紀なかばころまでにモスクワに併合され、これをきっかけに、モスクワ大公国はモスクワ帝国そしてロシア帝国へと変身してゆく。ロシアは、やがてジョチ・ウルスのあとをそのまま裏返しにするように東にたどって、大発展することになる。巨大なロシア帝国はモンゴルの遺産によるところが大きい。なお、クリミア半島に分枝したクリム・カン国は、オスマン朝の庇護下にはいって繁栄し、フランス革命直前の一七八三年まで残存した。

天災・反乱・蜂起の連鎖

大元ウルスでは、天暦の内乱の勝者ではあったが、傀儡にすぎなかった文宗トク・テムルがわずか三年の治世ののち、一三三二年の八月、実兄暗殺からくる精神的な圧迫もあって、二九歳の若さで他界した。実権者のエル・テムルは、コシラの次子でわずか七歳のイリンジバルを選んだが、在位わずか四三日で死去した。そこで広西の桂林に流されていたコシラの長子、一三歳のトゴン・テムルが迎えられることになった。難色を示していたエル・テムルがちょうど死んだこともあって、一三三三年七月、トゴン・テムルは帝位に即いた。彼は、モンゴルが中華本土から退去するまで三五年間、そしてモンゴル皇帝としては最長の三七年間、帝位にあった。

順帝トゴン・テムルの治世については宮廷闘争と民衆反乱にいろどられ、その政治はでたらめ至極であったとして、むかしから悪評で一致している。しかし、話の多くは、明政権とその治下でつくられた。実態はなんともよくわからない。

一三四二年より、黄河は大氾濫をはじめ、ほとんど毎年のように河南、山東、淮北を水害がおそった。収穫はなく、人があい食む地獄絵が出現した。トクトのひきいる中央政府は、一三四九年、賈魯（かろ）の上言に従って、黄河をもとのように北流させることに決め、一三五一年の四月より賈魯を任命して大規模な治水工事にとりかかった。河南

元末中国の武装集団

方面から一五万人の役夫、二万人の軍夫が集められ突貫工事で一一月には完成した。

しかし、連年にわたる水害と飢饉にくわえ、治水工事の強制徴発のため、民衆の苦しみは頂点に達した。死者が累々とよこたわる情況の中から、農民たちは蜂起した。劉福通らは韓山童という白蓮教の教主をかつぎだし、天下の大乱と衆生を救済する弥勒仏の下生だとあおりたてた。韓山童はその秘密結社の指導者であり、熱烈な信徒をあつめることができた。

こうして反乱計画がすすめられたが、挙兵直前の一三五一年の五月、ことが発覚し、逃げ遅れた韓山童は殺された。しかし劉福通らは暴動をおこし、十余万もの群衆にふくれあがった。彼らは、紅巾をあたまにつけて目印としたので紅巾軍とよばれ、長江北岸地域に応ずるものが次々とあらわれた。これらの反乱軍には相互の連携はほとんどなく、討伐軍とばらばらに戦ったが、各個撃破され一三六三年にはすべて鎮圧された。だが、その間に、江南の地では陳友諒・朱元璋・張士誠・方国珍らが割拠することとなっていた。


【余録】「一四世紀の小氷期」 モンゴル時代の東西文献を眺めていると、一四世紀になってユーラシア各地は異常気象にはじまる各種の天災が頻発していることに気づく。具体的には、地域によって多少のズレはあるものの、一三一〇年代からおよそ六〇～七〇年ほどの長さで「異常事態」がつづいたと考えざるをえない。モンゴル時代はユーラシア大交流の輝きのなかで、急速に翳りをおびてゆく。モンゴル帝国解体の最大の要因は、実はなによりこの異常気象ではないかと考えていた。それが、環境研究のデータで裏付けられつつ

あるのは、正直にとても嬉しかった。歴史研究に自然科学データは不可欠である。今のところ、データは五〇年程度の精度でしかわからない。つまり、大きなトレンドでしか役に立たない。この精度をもっとあげて、時間と空間を問わず、ともに詳細にわかるようにしなければならないだろう。とはいえ、現在のデータでも、「危機の一七世紀」はたしかに裏付けられる。歴史研究と環境研究は、相互にデータを検証しあいながら、すすみゆくものかもしれない。

クビライ王権の終幕

大元ウルスの首都・大都へは、海運と大運河によって江南の物資が運ばれていた。ところが、浙江の方国珍、淮東・江蘇の張士誠のために江南からの物資は届かなくなった。さらに、中央財政の八割をまかなっていた塩の専売収入もあやうくなった。くわうるに、国際貿易の基地となっていた江南沿岸諸都市も失った。クビライが作りだした経済システムは江南が要となっていたが、それがいまや機能しなくなった。

一三四五年、大元ウルスの実権を握るトクトは、みずから南伐を決意した。このとき、トクトは自分の権力を誇示しようとするあまり、極端な大軍を編成しすぎた。そのため圧倒的な力で張士誠軍を滅ぼそうとしていたとき、宮廷と連絡したクーデタが軍中でおこった。トクトはとらえられ、総司令官を失った大元ウルス軍はばらばらとなって退いた。こののち、大元ウルスの中央政権はすべてをとりまとめる人物を失って、いくつかの派閥が宮廷の内外で争いあい、江南の鎮定は不可能となった。

江南の諸勢力そのものの実力は、さしたるものではなかった。彼らは幸運であった。大元ウルス政権の「自損」のおかげで生きのびることができた。そして長江流域の覇権争いをくりひろげた。一三六三年、朱元璋は陳友諒に対して、逆転勝利をおさめた。その結果、大勢は決まった。この前年、白蓮教主で皇帝を称していた韓林児を庇護下においていた朱元璋は、紅巾軍全体の盟主ともなったうえ、その韓林児も暗殺し、張士誠と方国珍を倒して江南の地を制圧した。

一三六八年、朱元璋は金陵(きんりょう)あらため南京(ナンキン)で、皇帝の位に即いた。明の北伐軍は北進した。長年にわたる天災と不作に疲れきっていた華北一帯の諸城は、ほとんど戦うことなく開城し、明軍は大都に迫った。山西の軍閥ココ・テムルやその他のモンゴル諸軍団は救援におもむかず、皇帝トゴン・テムル以下の大元ウルスの宮廷・政府・軍団は、北の上都そして応昌に退いた。明軍は大都に入城し、略奪のすえ破壊・焼却した。まさに蛮行であった。モンゴルの杭州無血開城との対照は、あざやかである。通常の中国史では、これをもって「元朝滅亡」という。

しかし、なお二〇年、江南を本拠とする明とモンゴル高原に拠る大元ウルスとは激しく対立しつづけた。両陣営は華北をあいだにおいて拮抗した。環境条件の厳しいなか、情勢は流動し、ゆくえは定めがたかった。明側も、朱元璋がみずから政府要人・官吏をいくども虐殺するなど曲折にとみすぎた波乱の政治過程をたどった。モンゴルと明の双方が、失点をかさ

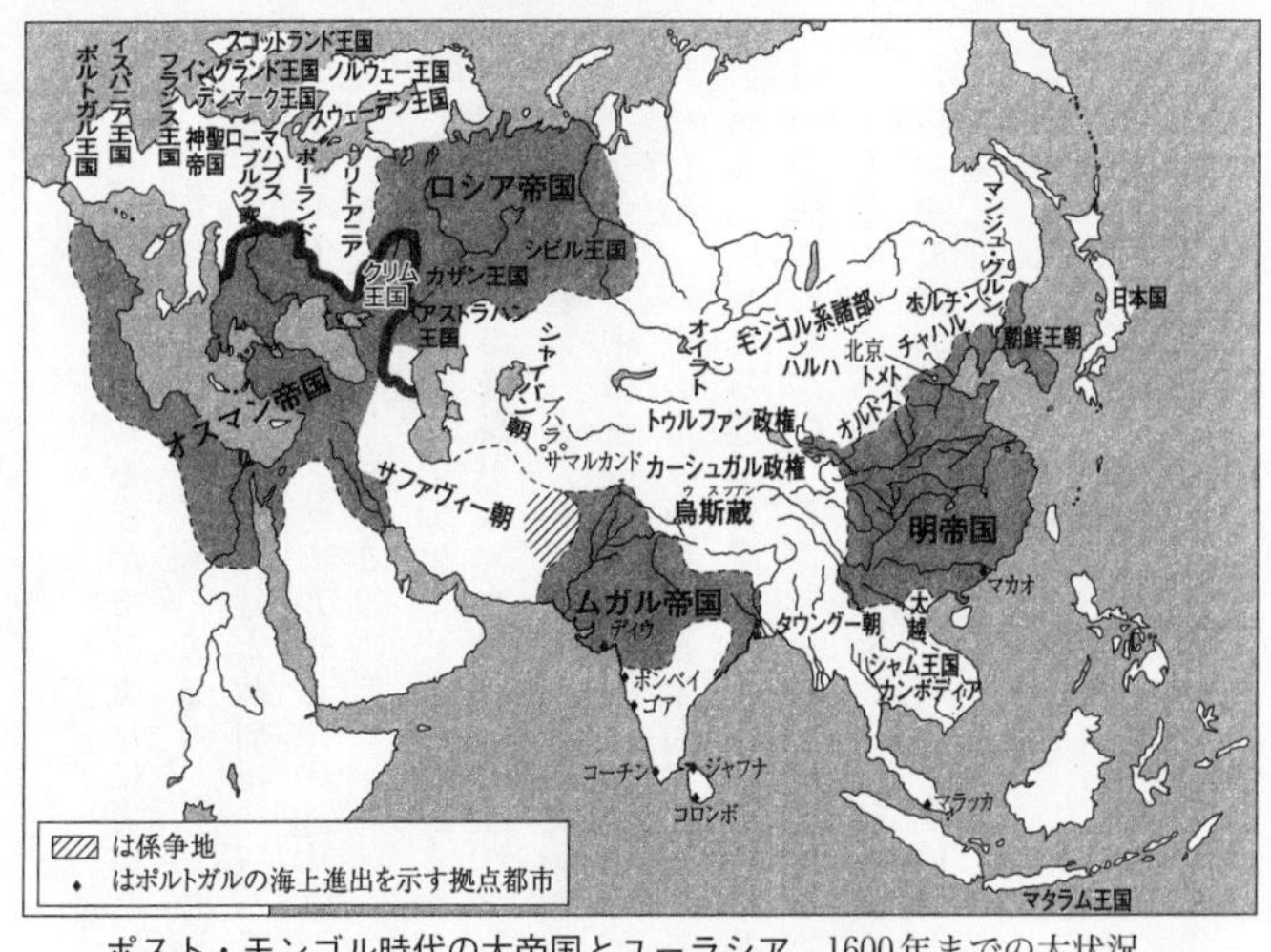

ポスト・モンゴル時代の大帝国とユーラシア　1600年までの大状況

ねあった。ふつういうように、一三六八年に一気に明の中華支配が確立したとするのは、まちがいといわざるをえない。

一三七〇年、応昌でトゴン・テムルが死去したのち、皇帝となった息子のアユルシリダラは、カラ・コルムに拠ってモンゴル本土から遼東・甘粛・雲南などのモンゴル諸軍団と連絡をとりつつ、明朝と南北対立の姿勢をつづけた。洪武帝・朱元璋はこれに対して一三七二年に大軍を北伐させたが、ココ・テムルに敗れた。純軍事上では、明の制覇はむずかしかった。

一三七八年にアユルシリダラは死去し、弟のトグス・テムルが帝位に即いた。やがて彼は明朝への大攻勢をはかり、遼東を握るジャライル族の代表者ナガチュと呼応して南下の態勢にはいった。これがそのままいけば、明の存立はあやうかった。だが、またしても天災と不作がモンゴルに災いした。食糧の不足に苦しんだナガチュは、二〇万という圧倒的な大勢力を擁したまま、ついに戦うことなく明側に投降した。かくて、孤軍となったトグス・テムルの宮廷と政府は一三八八年、フルン・ブユル地方にて明軍に急襲され、大敗した。トグス・テムルは逃走の途中、アリク・ブケの末裔イスデルに殺され、一三九二年ころイスデルが帝位に即いた。

ここにクビライ王朝は、終焉をむかえた。以後、モンゴル高原ではクビライ系以外のチンギス・カンの後裔から大カアンが選ばれた。クビライ王権の終幕とともに、モンゴル帝国という大統合は、しだいに歴史のなかに影をうすくしながら消えていくこととなった。

かたや、中華を握った明帝国は、政権の建前としては「胡元」などといってモンゴルをいやしめ、みずからは中華主義を唱ったが、その実、否応なくモンゴル帝国および大元ウルスの多面にわたる遺産と濃密な影響のもとにあった。それは、国家・政権・社会・経済・文化の全般にわたった。ここでそれらを詳述するのは避けるが、もっともわかりやすいのは、大きくなった中華の地平と多種族混成社会である。明帝国がマンチュリアの南域そして雲南・貴州を直接の版図とし、ティベット高原も含む周辺諸地域にも影響力を及ぼそうとしたことは、モンゴル時代の継続にほかならない。

ちなみに、鄭和に象徴される永楽期の海上進出も、クビライ以来の路線に従ったものにすぎない。なお、これは余談だが、鄭和の大艦隊が強調されるあまり、八〇〇〇トンをこえる宝船などにはじまる一連の「壮大な夢」が語られがちである。だが、たとえばそんな巨船が帆走できたのか、そもそも木造の構造船は四〇〇トンクラスがせいぜいで、それ以上になるとインド洋の荒波で文字どおり木っ端微塵になってしまう。単純な史料の誤読と過剰なイメージが、虚像を生む。

ひるがえって、モンゴル高原へおもむいた人びとは、大元ウルスの一部にすぎなかった。その顔ぶれも、かならずしもいわゆる「モンゴル」ばかりとはかぎらなかった。だが、そうしたさまざまな人びとは、しだいに民族としての「モンゴル人」を形成してゆき、ゴビの南北にわたるその住地は、文字どおりモンゴル高原となった。そして、モンゴル帝国の記憶は、幾多のチンギス・カン伝説を生みながら、大清グルン形成の見えない力となり、やがて来たる「近代化」の嵐に呑み込まれてゆくことになる。

おわりに　グローバル化時代への扉

六〇〇年をふりかえって

安禄山（あんろくざん）の挙兵からモンゴル帝国の解体まで、六〇〇年あまり。中華とユーラシアは、ともに大きく変わった。なにより、中華は巨大化した。かたや、ユーラシアは、陸と海の両方で「文明圏」の枠をこえてつながれ、システム化した。中華とユーラシアの連動は、歴々たる事実といわざるをえない。

いいかえれば、中華は「閉ざされた世界」ではなかった。実は、もともとオープン・スペースであった中華は、この六〇〇年余を通じて、よりあざやかに「開かれた世界」となった。唐（とう）初の瞬間的な「世界帝国」の前後においても、それは見られたが、「とき」を追って草原と中華を問わずボーダレスとなりゆき、ついに文字どおりの世界帝国モンゴルにいたって、ユーラシア全域はほぼオープン・スペースと化し、陸域と海域をはるかにこえた往来・交流が一気に開かれた。そして、それをささえる中核的な地域が、中華であったことは疑いをいれない。こうしたことは、中華の歴史を通じて、際立つ事態であったといわざるをえない。

中華に蓄積されたさまざまな知慧・技術・方式は、その多くがモンゴル時代において、より一段と仕立てあげられたうえ、世界へ発信・伝達された。よくいわれる火薬・火器・羅針盤・印刷などはもとより、紙幣運用、銀建て経済、産業型社会、海と航海の組織化、国域をこえた自由通商、さらにはようするに資本主義なるものも、このときに「世界化」を開始した。かたや、中東以西の知識や学術・思弁・ノウハウも、まとまって中華へ到来した。人類史と中国史は、あきらかにこの六〇〇年余でステップアップした。

人類史上で、第一回目のシステム統合がなされた「とき」であったといっていい。すなわちそれは、ユーラシア世界史のひとつの到達点であった。同時にまた、次なるグローバル化時代への扉をおしあけるものでもあった。

国家と権力のかたち

では、この六〇〇年あまりの「とき」を、「国家」もしくは「権力」という面で考えると、はたしてどうであったか。きわめてマクロに、かつひとことでいうならば、分立から大統合へ、である。すなわち、多数の「王権」の分立から、それが次第に絞られて、特定の複数「国家」の共存となり、条約関係による固定化をへて、さらに巨大な単一の「帝権」へという変移であった。そして、それは草原と中華が生態系をこえ人種をこえて、「多元複合の超域帝国」というひとつの巨大なくくりのなかに統合されゆく道程でもあった。

ひるがえって、中国史において、たとえばほぼ四世紀にわたる長い前漢（ぜんかん）・後漢（ごかん）の時代も、実は単独で存する「王権」ではなかった。北にいつも、匈奴（きょうど）国家という別のシステムによる

「王権」が存在した。二つのたがいに対抗する「閉ざされた帝国」が、そこにあった。その双方がともに崩れたのち、北魏(ほくぎ)から隋(ずい)・唐にいたる長い「拓跋(たくばつ)国家」の時代とふたたびなったが、そこにおいても、北には柔然(じゅうぜん)そして突厥(とっくつ)がいた。

「瞬間世界帝国」状態は、まず突厥が実現した。ついで、その突厥との主従関係を逆転させたかたちで、唐初の「瞬間世界帝国」が出現する。だがいずれも、ごくゆるやかな間接支配、もしくは名目的支配による「大帝国」状況にとどまった。間接支配がうすらげば、たちまち「帝国」の範囲は縮小した。そうしたなかで唐帝国をささえた現実の軍事力はといえば、実のところどうやら人種をこえた多様な兵団が、その「実戦力」として目につくのは否定しにくいところであった。

「その後」、すなわち安禄山以後は、種々雑多な多数の「王権」が、中華と草原そしてその周域にこまごまと分立しつつひろがった。それなりに自前の軍事力をもつものは、おおむねそれぞれで独自の権力単位を構成した。いわゆる「唐代後半」は、そうした時代であった。微弱となった「中央権力」の唐政府そのものが、自前の「常備軍」を保有せざるをえず、結果として一個の〝軍閥(ぐんばつ)〟と化したのも、その一環の現象といっていい。

そうしたいわばある種の「戦国時代」にあって、浮かび上がったのは、弓射と集団行動・高速展開を得意とし、部族単位での結束力をもつ騎馬軍事集団であった。それはかねてより、西はスキタイ、東は匈奴以来、ユーラシア史のおおきな趨勢であったといっていい。ウイグル遊牧国家とトゥプト王国は、そうした遊牧型ないしは牧畜型の部族軍をより合わせた連合体権力であった。そして、両者の解体ののち、あらたなる時代の中心となったキタイ国家と沙陀権力も、それぞれ中核となる部族的な軍事力の基盤のうえに、多重の連合ないしは同盟関係を組みあげて形成されたものであった。

そのさい、種族・人種の区別は、実は今わたくしたちが考えるほどには強く意識されなかった。キタイ国家には、近族の奚・霫はもとより、タングト・吐谷渾のみならず、突厥系・ウイグル系・ソグド系もくわわっていたし、またもともと華北出身の人びとも不可欠の構成員として大勢いた。渤海系・女真系・モンゴル系の人間も無視できない。キタイ帝国は、その中核権力の構成においても、多地域をつなぐ領域支配においても、まぎれもなく多種族国家であった。草原地域を中核地としつつも、純粋な草原国家でもなく、またもとより農耕にひたすら傾く国家でもなく、遊牧部族連合体を基軸に、牧畜・農耕・都市を組み合わせ、多人種・多地域をより合わせた多元複合のハイブリッド国家をつくりあげた。

よく誤解されがちだが、いわゆる燕雲十六州のみが、キタイ国家にとって農耕地域だったのではない。遼寧平原はいうまでもなく、キタイ本地にも農耕地域は存した。燕雲十六州もふくめて、キタイの国域のかなりな部分が、牧農複合地域であり、さらには都市との共存社会であった。キタイ国家はその全体で草原と中華のシステムを統合する新しい国家のかたちを編み出したのである。それは歴史を画する試みであり、あらたなる時代を開きゆくものではあったが、現実には中華をおしつつむ領域支配は、ついにかなわなかった。キタイ国家は、さまざまな可能性をもったいわば歴史の「試作品」であった。なお、従来ともすれば

「キタイ民族国家」などと、ことさらに単純化して語られがちだが、近代的な「民族」観や、さらには「国民国家」的イメージがやや過剰に投影されたものといわざるをえない。そもそも、沙陀権力もまた、様相はいささか異なるとはいえ、ハイブリッドな側面は色濃い。そもそも、沙陀族そのものが、テュルク系を中心にしつつも、ソグド系やトゥプト系が当初から混在していた。彼らが代北の地に「定着」してからも、地域住民を「仮子」「義子」として片端から取り込む一方、キタイ国家と同様に、突厥系やタングト・吐谷渾などの集団もくわえ、さらには耶律阿保機の新体制から離脱したキタイ・奚などもむかえ入れた。そのうえで、鎮州に拠る趙王や定州の王氏をはじめ、華北各地の軍閥という名の中小「王権」と同盟した。雑多な連合体としての性格は、キタイ国家よりもむしろ顕著であったとさえいえる。

ただし、沙陀権力は明確な国家プランをもちあわせなかった。たえざる奪権闘争のなかを生きのびるだけで、分立を乗りこえてしまえるほどの絶対的な武力も、諸勢力を糾合せしめるあらたな国家像や政治力も、ついにもつことはなかった。なお、沙陀権力をもって、その「民族性」などをあまり論じようとしないのは、一面である種の「中華主義」の反映でもあるが、中華における「国家」はもともと区々たる「民族」などをこえる存在であったという見解に立つものならば、それなりに理解できるものであろう。

ひるがえって、中華やアジア東方に限らず、近代以前の時代にあっては、どこについても「民族」とか「民族国家」などというのは、もともとかなり無理がある。これまでともすれば、中核権力の顔ぶれと、国家としての性格とを、混同しがちであったことは否めない。そこにおいて、中国史でしきりに使われる「漢民族」「異民族」といった表現や把え方は、どうしても誤解を誘導しやすいことはあらためて注意したい。

政権として、沙陀権力からの脈絡に立つ北宋は、はじめからキタイ国家との二つの「王権」の並存を前提として出発した。むしろ、それでこそ生きのこれた国家であった。「五代」の奪権闘争のなかで、依然として独自の軍事力を保持する軍閥たちから「兵権」を回収するために、北宋はいわゆる文治主義を立国の方針として採らざるをえなかった。だが当然、国家としての防御力はきわめて弱体となった。「澶淵の盟」は、結果として国家存立を保障する画期的な「発明」であったとさえいえる。ともかく、北宋国家のあり方は、単一の「帝権」などとは、ほど遠かった。北宋を北宋のみで眺めることは、歴史の現実から離れる。

かたや、部族連合体の側面と多種族混成のハイブリッド国家という二点において、西夏国も大金国も共通している。草原と中華とのシステム融合という点でも似かよう。ただし、国家としての規模と地域性において、大きな違いがあった。とくに大金国は、マンチュリア全域と内モンゴルの東半、華北の全域を領有し、生態系をこえる縦長の広域版図を史上はじめて実現した。正式の登録人口でいうならば、北宋の最盛期を上回る五三五三万もの人間をかかえたことは、あらためて着目せざるをえない。その意味では、キタイ国家で先鞭がつけられた「歴史の試み」をひきつぎつつ、より本格的に展開する可能性をもっていた。

その大金国が、西夏・南宋とともに、キタイ・北宋・西夏の鼎立にひきつづき複数「国家」が共存するかたちを再現し、しかるべき長さの歳月でシステム化したことは、アジア東方の歴史に顕著なこととして意義ぶかい。とはいえ、その反面、大金国は「国家」として十分なまとまりと組織化をなしとげることができなかった。「澶淵システム」の踏襲は、南宋・西夏の両国のみならず、大金国にとっても国家維持の必須の要件であった。大金国が真の最盛期をむかえることのついにないままに、モンゴル出現の波のなかで急速に崩れ去っていったのは、国家と権力というものの要諦がどのあたりにあるのかを後世に示しているかに見える。草原と中華の全面的なシステム統合は、大金国の経験を中継ぎとして次代にゆだねられた。

モンゴルの刻印

モンゴル帝国は、いわゆる西遼（せいりょう）やセルジュク諸権力をふくめて、こうした先行者たちの知慧・経験・ノウハウ、そしてさまざまな要素をすべて呑み込んだうえで、すべてを一変せしめた。それまでの歴史と蓄積のひとまずの最終走者として立ちあらわれ、結果として歴史の統合者にして総括者・総合者となった。すなわち、陸上のみならず海上にも進出して、かつてない「巨大帝国」のかたちとアフロ・ユーラシア世界というかたまりを、歴史上に具現化し、かつ刻印した。ここに時代は、大きく旋回した。それは、中国史はもとより世界史の転回でもあった。

ポスト・モンゴル時代のユーラシアの大形勢は、それとして意識するとしないとにかかわらず、さまざまな面でモンゴル帝国に範をとる四つないし五つの「帝権」が、長期にわたり大きく並存する図式となる。アジア東方における明清両帝国、中央アジア・インド亜大陸におけるティムール帝国と第二次ティムール朝たるムガル帝国、中東におけるオスマン帝国、そして西北ユーラシアにおけるロシア帝国である。これらの「巨大帝国」は、いずれも近代にまで生きのびる。モンゴルは、より大がかりな国家統合、社会統合の道を人類にのこしたことになる。そして中国は、曲折をへつつも、「大中華」の地平と多元複合の国家・社会のあり方とを、今にうけついでいる。

ひるがえって、「帝国」なるものは、現在もなお存するかに見える。それも、単数ではなく、スケールの違いはあれ、おそらくは複数あるのではないか。このことは、もとよりきわめて今日的な問題であり、なお今後しばらくはひきつづいて、否応なくわたくしたちにとって重大な関心事たらざるをえない。そうしたものの支配のあり方は、「国民国家」といったレヴェルをはるかに上回る巨大な「帝国」を想起させる。そうであるならば、よしあしをこえて、世界と中国は、現在もなおモンゴルの遺産のなかに生きているのかもしれない。

「いま」という「とき」の突端に立って、人類史における時代をこえた通有の現象としての「帝国」なるものを見はるかし、そのありようを考えるとき、ひとつの大きな画期としての「モンゴル帝国」の意味は、やはり格別の色合いを帯びてこざるをえない。それは、もとより「国家」なるものは、いったいなになのかという根源的な問いかけとも深くかかわりつつ、さらにそれをこえた側面をもつ。そうした問いと、それにむけての基礎的・総合的で確実なデータ・具体像の提出こそは、歴史学というものが負うべき責務だと考える。

二一世紀という「とき」の仕切りに、はたしてどれほどの意味あいがあるものなのか、わたくし個人はよくはわからない。しかし、人類社会もしくは地球社会という空前のあり方のなかで、生きとし生けるものこぞって、ともども生きなければならない時代となった。たしかに、「いま」は、これまでの歴史とは画然と異なった「とき」に踏み込んでいる。かつてあった文明などといった枠をこえて、人類の歩みの全体を虚心に見つめ直し、人間という立場から共有できる「なにか」をさぐることは、海図なき航海に乗り出してしまったわたくしたちにとって、とても大切なことだろう。それは、一見、迂遠（うえん）な道におもえるが、実はもっともさだかで有効なことではないか。

主要人物略伝

安禄山（?—七五七）　安史の乱の中心人物。生年は確定しにくい。ソグド系の父、突厥人の母との「混血児」。ソグド系が中華とその近縁で名乗った漢風の姓としては、本来は「康」。つまりは、サマルカンドにちなむ。母がブハラに由来する「安」氏に再嫁した結果、安禄山となった。禄山は、ソグド語・ペルシア語で「光」を意味するロクシャンの音訳。ゾロアスター教の光の神にもとづく。六種ないし九種の諸語に通じ、唐の東北面の要衝・営州にて貿易業務にたずさわる互市牙郎となった。当地の平盧・范陽節度使の張守珪に見出され、軍功を重ね、権臣の李林甫や楊貴妃に接近して玄宗の寵をえた。七四二年に平盧節度使、七五一年には范陽・河東もあわせ三つの節度使を兼ね、唐の東面・北面の辺防と軍事を握った。貴妃の兄である宰相・楊国忠と対立し、七五五年に「蕃漢」と表現される多種族軍団をひきいて独立運動をおこし、洛陽・長安を占領した。七五六年に洛陽を都として大燕皇帝を称し新政権を樹立したが、それをさかいに不自然なほど心身ともに変調をきたし、継承に不安となった子の慶緒に殺された。彼の生涯は、玄宗治下の社会と宮廷を反映して変転とロマンに満ちているが、反面で空白と謎も多く、どこまでが真実であったのか、その実像は唐代史料の闇のなかにある。少なくとも、彼の存在そのものが、すでに狭い中国史の枠をこえている。安禄山とその周辺にかかわる新データが出現するとしたならば、それは近年めざましい考古学的な発見によるかもしれない。

史思明（?—七六一）　安史の乱のもうひとりの中心人物。やはり生年は確定しにくい。ただし、盟友の安禄山より一日だけ早く生まれたという。その生涯は、安禄山とおそろしいほど重なりあう。そこに、実際をこえた潤色や創作、あるいは好悪いずれの感情においても安と史のふたりをセットにして見なしたがる気分が投影されているのかもしれない。史思明もまた、おそらくはソグド系の父と、突厥人の母との「混血児」。「史」というからには、ケッシュにちなむ漢姓である。本当の名は萃干。なんらかのソグド語の音訳だろう。同郷の安禄山とともに、多言語を駆使して互市牙郎となった。やはり同じく張守珪に見いだされ、戦功を重ねて七五二年には安禄山麾下の最高軍司令官たる都知兵馬使となった。ようするに禄山につぐ副将である。挙兵後は、洛陽の安禄山の後方にあたる河北方面の制圧にあたり、キタイ族の唐将・李光弼をはじめとする敵軍と転戦をつづけた。禄山が殺されると、安慶緒に従わず、いったん唐側に附したが、七五八年には自立して、翌年に慶緒を倒し洛陽を握った。しかし、禄山とおなじく政権樹立ののち心身ともに大きく乱れ、その子の史朝義に殺された。唐からは反臣とされるが、管下の民衆や部下の兵たちに慕われ、終世の友である禄山とともに「二聖」と尊崇されたという。

禄山と思明が眺めていた世界は、西はイラン・ソグディアナから中央アジア・モンゴル高原をへて東はマンチュリア・朝鮮半島、そして中華におよんでいただろう。まさに、多言語・多種族・多文化のなかにいたのであった。このあたり、唐という王朝権力を、すべての価値観の基準にして論評・叙述しがちなのは、歴史として、はたしてどうか。

耶律阿保機（八七二―九二六）　キタイ帝国の創業者。迭刺部という主要部族の族長家の生まれ。草創の英主というのにふさわしい。ともすれば、初代については記録はしばしば大袈裟になりがちとはいえ、身のたけ九尺というのは、やはり相当に巨軀であったことをいうのだろう。九〇七年にキタイ諸部の推挙で痕徳菫カガンのあとを継いで選挙制のカガンとなった。老王から〝若手〟の阿保機の登極は、この年に唐室が名実ともに息絶えて、より実力争奪の国際情勢になりゆくことをキタイ全体が見越してのことだったのだろう。そうした内外の状況を背景に、阿保機は対外的には無理を避けつつ拡張政策をじりじりとすすめ、対内的には競争相手となった兄弟たちを殺害することなく排除ないしは屈服せしめて独裁権限を強め、九年後の九一六年には世襲制の「帝権」を確立した。そこからは一転、積極的な軍事拡大にうって出て、モンゴル高原や河西・天山方面の諸勢力を従え、華北で浮上しつつあった李存勗ひきいる沙陀権力とは、特に幽州地方と「山後の地」をめぐって、前後二回の本格戦争をはじめ熾烈な抗争を繰りひろげた。その一方、キタイ本地も含め領内に漢族・渤海系などの農耕民・都市民を入植させ、また未開拓地であった遼東地方の活性化もはかった。阿保機は、政権の中枢を姻族たるウイグル系の述律氏（漢風には蕭氏）とともに、「いとこ」ないしは「またいとこ」たちで固め、ブレインや行政・実務には漢族やソグド・テュルク・ウイグル・渤海などの多人種を起用して、草原国家・中華国家といった従来のパターンをこえた新しい多重融合型の国家・社会を意図してつくり出そうとした。漢文史料でいう「蕃漢」システムは、実はこうした多元的な組織・方式を指す。契丹文字の創製も含めて、阿保機が妻の月里朶をはじめ信頼する盟友・同族・参謀たちとともに構想し、実現にむかってすすんだ道は、彼の一代のうちにはなしとげられなかったものの、アジア東方の歴史を根本から変えるものであり、そうした基本的な方向は西夏・金に直接うけつがれつつ、結果としてはおそらく北宋にも陰に陽に大きな影響をおよぼした。モンゴル帝国という人類史に画期をもたらした時代への扉は、耶律阿保機によっておもむろに切りひらかれはじめたといって過言ではない。そして、さらにマクロに眺めれば、地域・人種・文明・生態系をこえた多元複合の巨大中国という現代にまでいたる道もまた、彼の出現とともにゆっくりと浮上を始めたといえるものかもしれない。

朱全忠（八五二―九一二）五代の最初、後梁の創始者。本名は朱温といい、のち唐室から全忠の名をうけた。宋州碭山の人。早くに父を亡くし、母とともに苦労した。若くして塩の密売にかかわり、八六八年に龐勛の乱がおこると参加し、ついで黄巣の大反乱にくわわって頭角をあらわした。屈指の実力者となったが、自立をはかって唐側に通じ、節度使の名分をえて逆に乱を鎮定した。さらに、乱後に生まれた諸勢力をとりしずめ、梁王の封号をうけた。中華本土の交通・運輸の要衝である汴州を根拠地に、中小軍閥が分立する華北・華中の政局の中心的な存在となった。専横をきわめていた宦官たちを一掃し、河朔地方の有力軍閥をおさえて、唐の昭宗を殺し、哀帝を廃して、九〇七年ついに帝位についた。年号は開平、汴州あらため開封を都とした。経済力と豊富な物量を基盤に、有利に制覇戦をおしすすめ、黄巣の乱以来のライヴァルである李克用ひきいる山西の沙陀軍閥を圧倒しつつあったが、九〇八年わかき晋王・李存勗をみくびって潞州にて大敗し、ついで河朔の地での柏郷一帯の戦いでも敗れて、頽勢おおいがたくなった。病いによる全忠自身の衰弱と国勢のおとろえが、ともに進行するなか、後継と愛人の問題がからんで次子の友珪に殺された。朱全忠は、唐室の立場からは稀世の悪人ということになるが、新しい時代の到来を告げる人物でもあった。そもそも彼には、同時代人である李克用・李存勗父子や耶律阿保機のような生まれながらにして拠って立つ地盤というものは全くなかった。自分の才覚しか頼るものはなかった。文字どおりのたたきあげ、その意味で純粋に一代の男であった。当時の記録が、彼をののしるのは当然である。だが、中国史を通じても、一介の人間から身をおこした人物としては、明の朱元璋(しゅげんしょう)にも匹敵する。かたや塩の密売組織、かたや白蓮教団(びゃくれん)、ともに秘密結社に属し、そこでの人脈とノウハウを利して のしあがった乱世の梟雄(きょうゆう)という点も共通する。個人の才腕としては、しなやかな経済感覚といい、駆け引き自在の政治力といい、戦陣での的確な軍才といい、朱全忠のほうがだいぶ上回るのではないか。彼の政権は、たとえばやや遅れて中央アジアに出現したガズナ朝などとも似て、どこか「個人会社」めいたところがある。ただし、朱全忠は最終的に運に見放された。李存勗という、異常人の若者と遭遇してしまったことが、なによりの不幸であった。朱全忠個人は、実務能力・行政手腕もあり、彼の周辺にいる人は仕事がしやすい〝上司〟だっただろう。あまりにも女好きで、実子・養子の妻たちを片端から自分の愛人としてしまう放恣なところを別とすれば。しかし、その辺も、たとえば日本の豊臣秀吉も多分にそういう面があった。一代のなりあがり、——朱全忠はこれまで無条件の「敵役」「悪者」扱いされてきたが、その実、ある種の英雄といっていい人物ではなかったか。

李克用(りこくよう)(八五六―九〇八) 沙陀(さだ)軍閥の指導者。朱全忠とのライヴァル関係は、史上に名高い。山西地方を根拠地とし、それにちなむ封号の晋王の名で呼ばれることが多い。もともと、東部天山の東辺にいたテュルク系の集団である沙陀族をひきいる朱邪(しゅや)氏の生まれ。父の朱邪赤心(せきしん)は、龐勛の乱を鎮定した功績によって唐室より李国昌の名をもらい、内モンゴルと山西が接壌する代北の地の振武(しんぶ)節度使に任じられ、三万帳をかぞえた族衆とともに以後そこに居を定めて、さらなる勢力拡大をはかった。そして、唐の国姓(こくせい)たる「李」を、沙陀族長家のみならず、多数にのぼった養子たちもみな、その姓として名乗った。子の克用は、黄巣軍の討滅に活躍し、山西を管下とする河東節度使ともなり、山西一帯を掌握して華北屈指の軍事勢力として混乱する政局のなかで浮上した。彼のひきいた騎馬軍は、黒装束に身を固めていたため、鴉軍すなわちカラス軍と呼ばれて恐れられた。また、克用は片方の目が小さく、そのため「独眼竜」の異名でも知られた。唐室がほとんど無意味となるなかで、汴州に拠る朱全忠と対立、とくに安史の乱以来の独立勢力である河北三鎮の帰趨をめぐって争いあった。八九五年には唐室より晋王に封じられ、ますます唐朝の擁護者を自任して奔走したが、九〇一年に朱全忠が黄河の北の河中をおさえ、さらに潞州に進出するにいたって頽勢おおいがたくなった。九〇七年に全忠が唐室を廃して帝位にのぼると、その報に猛り狂ったが、いかんともすることができないまま、憂憤のうちに病死した。

ひるがえって、李克用というと颯爽たる軍神にして、忠誠無比の硬骨漢というイメージが強い。いかにも英雄たる風姿の有名人である。だが、それは滅びゆく唐朝、悪辣な朱全忠、寡勢ながらも孤軍奮闘する李克用と沙陀軍士といった、きわめてステレオタイプ化した固定観念の産物である。おそらくそうした英雄像は、北宋以降にあおりたてられ、現実をはるかにこえて「聖化」されていった。実際の李克用は、若い時期の〝格好よさ〟にひきくらべ、年とともに頑固で融通のきかない我儘な人間になっていった。もっとも、自意識過剰で人を人ともおもわぬところは、息子の存勗とも共通している。周囲の人間からは、厄介で面倒な族長だったのではないか。とはいうものの、おだてに乗りやすく、褒められるとのぼせあがる人柄は、どこか間がぬけていて愛敬がある。粗暴な養子たちや部下たちを甘やかし、機嫌をとって度量のある「親分」を演じるあたり、「任侠」めいた気分に酔っていたのかもしれない。人気のゆえんは、実はそのあたりか。なお、李克用伝説は、中華と草原を問わなかった。モンゴル帝国において、姻族たる王家として繁栄したオングト集団は、ネストリウス派キリスト教の信仰でも名高いが、李克用を自分たちの先祖と考えていたらしい。すなわち、彼らの本領たる陰山一帯から見るとやや南方、山西北辺の自分たちの「属領」に晋王・李克用の墓廟をいとなみ、みずからの〝先祖〟として手厚く奉祀していた。それを記念する碑刻が後代までのこっていた。歴史における事実と、歴史の経過のなかでつくられるもうひとつの事実が、そこにある。

李存勗（八八五—九二六）　沙陀軍閥の三代目の族長。李克用の長子。中華風には、五代の二番目の王朝である後唐の初代とされる。ただし、それは表面上のことで彼の家系と権力は彼をもって終わった。九〇八年、父が病死し、敵の朱全忠ひきいる後梁政権が沙陀軍閥を呑み込もうとする危機のなかで、二四歳で晋王の位をついだ。継承に不安な部内をおさえ、本拠地の太原より出撃して山西南部の潞州に布陣する後梁側の大軍を寡勢で急襲し、劇的な大勝利をえた。窮迫していた沙陀は、ここで息を吹きかえし、逆に朱全忠が病いの床に伏した後梁側は守勢に回った。ついで柏郷一帯の戦いで、李存勗ひきいる沙陀はふたたび大勝利をおさめ、以後の華北政局は沙陀を中心に動いた。燕王を称する劉氏軍閥を倒し、河朔の地の有力軍閥たちと同盟関係を組みあげた存勗にとって、父の克用以来、南北に棲み分けてきていた阿保機ひきいるキタイ国家こそが、最大の脅威であった。沙陀権力とキタイ国家との軍事衝突は、九一六年より数年つづき、うち二度の本格会戦では沙陀側の必死の防戦で、キタイ敗北のかたちとなって終了した。しかし、その実態はといえば、いずれも河朔の地に踏み込まれたものであり、辛くも沙陀側が崩壊を回避したというのが真相に近い。九二三年以後は、どうやら阿保機との間に暗黙の棲み分けが復活したらしく、キタイ国家はモンゴル高原・河西方面に鉾を向け、間接支配地域を大きくひろげて草原世界の覇権を確立する一方、李存勗のほうは沙陀同盟軍の力を背景として九二三年に帝位につき、国号を「唐」とした。ついで、弱り切っていた後梁を滅ぼして、名実ともに華北の覇者となり、たちまち華中・陝西・四川の諸王国を併合した。

だが、中華統一が目前のものに見えだしたころから、皇帝・李存勗は変調をきたし、大きく崩れた。首都の洛陽あたりにて、歌舞音曲をはじめ遊興に日をすごし、ほとんど遊び人のようになった。父の代から沙陀をささえてきた養子たちと反目するかたわら、逆に唐の悪弊で朱全忠が一掃したはずの宦官をふたたび登用して、彼らに政治をまかせきりにした。内外の信頼と期待が、急速に失望といきどおりに変わりゆくなか、さらなる過酷な取りたてで民衆を苦しめた。かくて、河北に兵乱がおこり、数ある養子たちのなかでも長老格で人望の厚かった李嗣源（りしげん）が反乱軍に擁立された。皇帝たる存勗は、かたちだけ出撃する構えをみせたものの、逃亡兵があいつぎ、窮迫した挙句に親衛する禁軍に殺された。文字どおりの自滅であった。彼の死後は、六〇歳の李嗣源が混乱収拾をはかって、なかばやむなく帝位についた。別の国号をすすめられるのをことわり、李嗣源がなおあえて「唐」を称したのは、みずからを反乱者としないための苦肉の策であった。ところが通常、ひきつづいて「後唐」であったとされる。しかし、それは王朝名だけを見た建前主義にすぎない。現実には、沙陀族長家はここで滅亡した。あきらかに、ひとつの権力・政権は、このとき終焉した。李嗣源とその一門による、これまたごく短い政権は、沙陀の傍流による別の権力体であった。そうしたことが、沙陀部内での対立と野望を生み、もともとは養子どうしのさらなる奪権闘争を誘導することになる。そもそもこれに限らず、「五代」という考え方・捉え方は、もともとどこか無理がある。一三―一四世紀ころまでの議論では、すべてをひとくくりにして「偽朝」と呼び、どれも「中央政権」とは認定しないとする見方がむしろ普通であったことに注意したい。

ひるがえって、李存勗の四三年の生涯は、二四歳までの歌舞音曲を愛する「御曹司」の時代、後梁を滅ぼすまでの一五年にわたる阿修羅のような疾風怒濤の「戦さ働き」の時代、そして僅か三年ほどの信じがたい「自己崩壊」の日々、ともかく人としてあまりに激しすぎる光と影につつまれている。これをもって、軍事天才と政治音痴の極端な両面が、ひとつの人格のうちに同居していたとすることもあるいはできるかもしれない。しかし、真相はどうであったろうか。そして、肝心の李存勗本人はどうおもっていたのだろうか。かえりみて、父を上回る軍神めいた存勗の奮戦のかずかずも、つねに暴走と自滅のあやうさとともにあった。パニックは、実はいつも彼の身の回りにあった。そして、歌舞音曲はといえば、生涯を通じて彼の友であった。李存勗は、「滅びの美学」とでもいっていい気分のなかで、緊張と弛緩をくりかえしつつ、終世ずっと、その場その場で生きていたのかもしれない。ちなみに、彼をとりまく刹那的でファナティクめいた雰囲気は、父の克用にも感じられる。この父子がともどもに放つ尋常でない「なにか」が、後世の人間たちの心をうち、興奮・感動せしめるのだろう。それは莫迦げた自滅で終わったむすこ存勗よりも、悲運のうちに世を去った父の克用にこそまとめてはねかえり、やがて時代と地域をこえた英雄像として昇華していったのではないか。

耶律突欲（八九九―九三六）　東丹王の名で知られるキタイ皇子。数奇な運命を辿った人物。突欲は図欲とも音写する。漢風の名は倍。キタイ帝国の創業者・耶律阿保機の長子。幼くして聡敏で学問を好んだという。とりわけ、仏教のさかんなキタイにあって、孔子と儒教を尊ぶべきを主張した。ふつうなら、褒め言葉であるものが、彼の場合は悲劇の伏線になっている。父の阿保機が世襲の「帝権」を確立した九一六年、皇太子となった。ときに一八歳。そのこともまた、彼の不幸の誘因であった。

若くして父の国家建設事業に参画し、軍事面でもタタルやタングトへの遠征にくわわり、先鋒軍をひきいて実戦経験を積んだ。九二二年には父に代わって華北進攻作戦の主将となり、沙陀の晋王・李存勗の捨身の突攻に遭い、やむなく撤退した。ついで、阿保機の大西征のおりには、首都の上京臨潢府にて留守した。さらに、渤海国接収作戦にあたっては、都の忽汗城を一気に直撃すべきことを進言し、翌九二六年の陰暦正月、弟の堯骨とともに前鋒軍をひきいて、そのとおり渤海国都を攻略した。そして、父より新しく「人皇王」の称号を授けられ、渤海国あらため東丹国の主人に任じられた。

しかし、帰附しない旧渤海国の地方勢力を征討するさなか、同年七月、父の阿保機が国境線上にて急逝する変事がおきた。最大の後ろ楯を失った突欲の運命は、これをさかいに暗転する。突欲は皇太子に冊立されていたとはいえ、それとは別に東丹国王となっており、キタイ国家全体の後継者ははたしてどうなるか、曖昧模糊と化していた。阿保機が再度、後継指名を明言しないままだったことも、突欲にはマイナスとなった。阿保機没後、キタイ国家をとりしきった実母の月里朶は、早くから大人びて、なににつけ賢しらな長男の突欲よりも、単純素朴で勇猛果敢な次男の堯骨を好んだ。統治者にむく突欲か、征服者にむく堯骨か、聡明・気丈で名高い月里朶もさすがに迷ったが、一年余の逡巡の挙句、愛児の堯骨に決した。

そうなると、半独立国といっていい東丹国をひきいる突欲の立場は、まことに微妙となった。第二代皇帝となった堯骨は、旧渤海国領の不安定と遼寧平原の本格開発を理由に、兄の突欲以下の東丹国の政府・民衆を遼陽一帯に移住せしめ、兄を厳重な監視下においた。実母と実弟が握るキタイ政府から露骨な処遇をうけた突欲は、遼陽に書楼をたてて世捨て人をよそおい、さらには遼西の地の霊山である医巫閭山の頂上に望海堂を構え、万巻の書をおさめて韜晦した。

これを知った沙陀第二王朝の李嗣源は、キタイ国家の堅陣にゆさぶりをかける好機と考え、海上から密書を送って突欲を招聘した。不平満々だった突欲は、これに応じ、九三〇年ついに渡海して華北における海の玄関口にあたる山東半島の登州に上陸した。キタイの正嫡にして東丹国王という要人の「亡命」に李嗣源は歓喜し、天子の礼で迎え入れた。まずは、亡き李存勗の后たる夏氏をあらたなる「正室」としてあたえ、姓を東丹、名を慕華とあらためるようすすめ、ついで国姓の「李」をあたえて李賛華と名乗らせた。このあたり、ほとんど芝居がかっている。さらに、滑州節度使に任じ、事実上の藩王あつかいにした。

だが、九三三年に李嗣源が他界すると、第二次「後唐」政権は混乱し、養子の李従珂が実子の李従厚を殺して帝と称した。ここで、突欲は北の地にいる弟のキタイ皇帝・堯骨に密報し、中華進撃をすすめた。突欲の不可解なところである。結局、堯骨は兄のすすめどおりに南下し、太原の石敬瑭を助けて「後唐」政権をたたきつぶした。九三六年、進退きわまった李従珂は洛陽にて自決しようとし、突欲を呼びよせた。しかし、開封にいた突欲は拒絶し、逆に李従珂の刺客に殺された。ときに、三八歳であった。

突欲は、陰陽・音律・医薬にくわしく、キタイ語・漢語の文章をよくし、きわめてすぐれた画家でもあった。たしかに、傑出した文化人・知識人であった。しかし、その反面、性急で、すぐに人を殺した。婢妾たちにわずかな落ち度があれば、切り裂き焼き殺した。中華本土での正室となった夏氏は、ひどくおそれて、髪を落として尼になることを求めた、という。

突欲は矛盾の多い男であった。彼の多芸多才さは疑いない。キタイ武人にして、これほどの文人ぶりは、おそらく当時の草原・中華を通じて突出した才能ではあったろう。だが、今に伝わる彼の絵がそうであるように、技倆は卓抜で、センスもあるが、もうひとつどこか喰い足りない。力強さや強烈な個性に欠ける。ようするに「上手」な絵である。この喰い足りなさ、徹底しないところ、それが彼の特徴だったのだろう。そういうにえきらない性格が彼の人生を中途半端にし、その結果、どっちつかずの曖昧な人生が、彼をますます分裂気味にさせた。人を好んで殺したというのは、おそらく中華本土にやってきてからのことだろう。「後唐」政権に大歓迎されても、なおどこか満足できず、精神不安定に陥っていったのだろう。キタイ本国への想いは、やはりやみがたかったように見える。

チンギス・カン（一一六二？—一二二七）　モンゴル帝国の創業者。本名はテムジン。生年については、多言語の東西文献で異なり、一一五五年・一一六七年などの説もある。実は、そのくらい権力者になるまでの「前史」は謎につつまれている。現在でいうモンゴル高原が、テュルク系・モンゴル系の多様な遊牧集団に分立割拠されていた一二世紀の後半、その北東部にいたモンゴル部のボルジギン氏のうち、キャトと称する集団の一家系に生まれた。父はイェスゲイ、母はホエルン。イェスゲイはそれなりの遊牧指導者ではあったものの、大集団の統領というわけではなかった。幼いとき、父を失って母とともに苦労したとされる。のち、モンゴル帝国治下での伝承・記録・史書のなかでは、さまざまな苦難と危険がテムジン一家を次々と襲い、それらを見事に打ち払ってゆく次第が語られるが、はたしてどこまで事実を伝えているものか、定かにしえない。結果的にはそうした苦労時代の物語は、モンゴル帝国の中核を形成した遊牧民連合体がどのように結集されたのか、その顚末をのちの立場で位置づけ直した「功業譚」として、うるわしく綴られたものではあるだろう。確実にいえるのは、一二〇二年ころまでにテムジンはモンゴル高原東半をおさえ、一二〇四年にはナイマン部が握る西半をもあわせて、高原統合を遂げたことである。一二〇六年、オノン河源にクリルタイを開いて即位し、チンギス・カンと名乗るとともに、麾下の部衆・牧民たちをもって「大モンゴル国」と称した。これがモンゴル帝国の出発点であった。以後、チンギス・カンは一二二七年に他界するまで、ほとんどは対外遠征という名の軍旅のなかに生きた。そこで目につくのは、周到な計画性と事前調査、および十全に近い準備である。つまり、戦うまえに勝つべくして勝つかたち、さらにいえば戦わずして勝つかたちをつくりあげようとしていることである。そして、アフガニスタン作戦をのぞき、ほとんどの場合はそうなった。なお、チンギス時代の遠征事業についてはなおまだ不明な部分が意外に多く、多言語史料による検証が求められる。これに限らず、チンギスの風姿も含めて、謎と空白が目につくのは否めない。モンゴル帝国にとって、チンギス時代は「英雄伝説」の要素がなお色濃いとさえいえる。きちんとしたチンギス・カン伝は、本当はまだ出現していない。

モンケ（一二〇八―一二五九）　モンゴル帝国の第四代カアン。チンギス嫡出の末子トルイの長子。彼の時点で、モンゴル帝国は陸上の版図としてはほぼ最大規模に近くなった。モンケはまず、チンギスの愛児で、おそらくはその後継者に擬せられていたはずの父トルイに従って、黄河の南に逃げこんでいた金国を倒すため出征、一二三〇年の三峰山の会戦を経験した。ついで、父が急逝すると、モンゴル帝国で最大の部民をかかえるトルイ家の当主となり、若くして重きをなした。一二三六年、ジョチ家のバトゥを総司令官とする西征には副将格としてトルイ家の大部隊をひきいて参加、カフカス方面の攻略で成果をあげ、ついでバトゥと不和となった皇帝オゴデイの庶長子グユクをモンゴル本土に帰還せしめるのに目付け役として同道した。このとき、偶然にもオゴデイが他界し、一二四六年グユクが母后ドレゲネの強引な運動もあって幸運な即位をはたした。モンケは、心中おおいに不満であったに相違ないが、一二四八年そのグユクがバトゥ征討の目的で西行し、その途次でバトゥの放った刺客に倒れると、モンケはバトゥとむすび、帝国を手中に収めようとした。前後二度のクリルタイで帝位を確定したモンケは、一二五一年に新政権の方針を定めた。それは、アルタイ以西の西北ユーラシアはバトゥを代表者とするジョチ一門にゆだね、次弟クビライを中華方面へ、三弟フレグは中東方面へそれぞれ派遣し、帝国の領域を東西両面で拡大しようというものであった。モンケとそのブレインたちには、あきらかに世界征服計画といっていいものが描かれていた。フレグの西征はほぼ順調に運んだが、クビライの中華方面の経略のほうは当初の雲南制圧作戦はともかく、対南宋の基本方針をめぐって、短期決戦をのぞむ皇帝モンケと長期戦の構えを採るクビライとの間で不和が生じた。果断なモンケは、親征を決意し、クビライをはずして四川の前線へみずから出撃した。しかし、漢水方面を担当していたオッチギン家のタガチャルが早々に撤退するなど不測の事態のため、作戦構想全体が狂ったうえ、四川盆地の山城と暑熱はモンケ本隊を苦しめた。一時的な北還もありえたが、モンケはそれを拒否し、なおそのまま四川にとどまった。そこを伝染病が襲った。モンケ自身もそれに倒れ、合州ちかくの陣営で急逝した。世界の大半を支配しつつある皇帝が、前線で突然に他界するという異常事態のなか、モンゴル帝国は大激震に見舞われ、大きな旋回を遂げることになる。帝王クビライと大元ウルスは、モンケの急逝なくしてはありえないものであった。彼の死は、モンゴル帝国史上の最大の謎となった。

ひるがえって、モンケ個人は数ヵ国語を話し、ユークリッド幾何学などを好む異能の人であった。東は開封・四川、西はロシアやカフカスなど、およそ古今の帝王で彼ほど広範囲の足跡をのこした人はいない。寡黙で決断力・実行力にとみ、軍将・政治家としてもスケールの大きい人物であった。ただし、あまりにも自分に恃むところが大きく、待つことができない性格であったのも災いした。即位のさい、反対派のオゴデイ系・チャガタイ系をはげしく弾圧したのも、果断すぎる性癖がしからしめたものであった。そのため、モンケに対する恨みがひろく潜在し、そうしたものが彼を四川親征へと駆り立て、ついには不慮の死を招いた。とはいえ、彼の剛毅で実質主義の姿勢は、男であるならばこうありたいと思わせるところがある。不思議な魅力をたたえた人物といっていい。

クビライ（一二一五―一二九四）モンゴル帝国の第五代カアン。大元ウルス皇帝としては初代。トルイの嫡出の次子。モンゴル帝国は、クビライまでと、クビライ登極後とで大きく二つの時期にわかれる。以前は陸上帝国の時代、以後は陸と海の世界帝国の時代である。彼の事績については、本文にゆだね、彼の人柄や家庭人としての姿について触れたい。クビライは、その壮大で周到な新国家建設事業の推進と、多人種をさまざまな目的に応じて登用・配置する人材運用の見事さなどから、老獪な人物だとおもわれがちである。丸々とした風姿がそうしたイメージを誘導するのかもしれない。たしかにそうした面もなくはないが、彼はモンゴルたちから「セチェン・カアン」すなわち「賢明な帝王」と呼ばれたように、なによりも際立って聡明で知慧者であった。多人種多言語のブレイン集団を使い分けたといっても、つねに最終決定は彼自身であった。なによりよく人のいうことに耳を傾け、熟慮の末、みずから判断した。駆け引きは、実はあまりしていないし、好まなかった。また、どこか兄のモンケとも似て、必要とみれば皇帝みずから出撃したり、陣頭指揮するのをいとわなかった。軍事においてはむしろ厳しすぎる面さえあり、やむなき事情でクビライに反旗をひるがえさざるをえなかった面々は、クビライの厳しい処罰をおそれて彼の在世中は帰附したくてもできなかった。帝国内紛が、クビライの没後に急速に収束するのも、ひとつには厳格なクビライがいなくなったためであった。クビライは性急ではなかったが、みずからのプロジェクトの推進やシステムの構築にマイナスになるものについては、容赦がないところがあった。

そういう性格が影響したのか、彼のむすこたちはそれぞれ立場に応じて父の新国家建設事業の各部分を背負わされ、父の期待にこたえようとしたが、父親が偉大すぎるのか、あるいは期待が過剰すぎるのか、嫡出の長子ドルジは早世し、次子チンキムは皇太子とされたものの圧力に負けたところがあり、三男のマンガラは役に立たず、四男のノムガンは気宇壮大だが移り気で甘かった。庶出のフゲチ、アウルクチ、トゴンなども欠点・失敗が目につく。クビライのむすこたちは、悠然と王様・王子様の生活を楽しめなかった。父親が大きな目的をもちすぎ、それにひたすら邁進・没頭するのは、むすことしてはつらいのかもしれない。「できるオヤジ」をもった不幸ともいえる。クビライは晩年むすこたちに先立たれて、孫たちとともに陣頭に立った。モンゴルとしては八〇歳という大変な長命は、個人としてはあまり幸せでなかったのかもしれない。正室のチャブイとは仲がよく、チャブイの存命中は彼女の意見をよく聴いた。しかし、新国家建設途上で彼女は他界した。人知をこえるなにかのために生きる人生は、実はさびしい人生であったのかもしれない。

歴史キーワード解説

民族と部族　民族という語については、さまざまな議論がある。基本的には、英語のネイション、仏語のナスィヨン、独語のナツィオンといった西欧語の訳語として近代に出現した造語である。それが、漢字文化圏にひろまった。「国民国家」（ネイション・ステイト。この考え方そのものは、西欧近代で創作された〝心の幻影〟であったことは本書のなかでも触れた）、そして「国民社会」の基礎となる「人びとのかたまり」を本来はさした。すなわち、「国家」とか「国民」とかといったものと、もともと極めて近いところにあった。ところが、わたくしたち日本列島に暮らすものも含めて、ごく素朴に漢字という独特の文字のイメージで連想する人間には、「民族」と「国家」「国民」との間には、大きな隔たりがある。真に適当な訳語であったかどうか。

「国民国家」なるものが、光り輝く近代世界の目標から、当の西欧諸国でさえ疑わしい虚像、ないしある種のロマンやロジックであることがわかるにつれ、民族について別の説明・解釈が浮上した。文化の共有にもとづくエトノス、ないしエスニク・グループだという考えである。この場合ならば、民族の語は時空をこえてなんであれ妥当する。集合体としての大小も基本的に問われない。民族学・人類学における用語であるが、融通無碍（ゆうずうむげ）さのゆえに、歴史でもさかんに応用されるようになった。ようするに、ふたつの「民族」があるわけである。そのさい、国民国家の文脈なのか、エスニク・グループのいい換えか、使う人の立場が問われることにもなった。だが、ありていにいえば両者は混用されている。ほとんどは無意識にだが、意図してそうしている場合もなくはない。とりわけ、政治がらみの局面で目につく。そもそも全く異種の原語・概念を、同じ造語で表現することが奇妙なことではあった。そこから生じる誤解・錯覚・混乱・マイナスは、日中両国をふくめて決して無視できない。ただし、誤解もつつみこんで、民族の語は定着している。本当は、別の訳語か、原語そのままに使うほうがいいのかもしれない。

ひるがえって、中国史における民族の語の使い方は、はなはだルーズといわざるをえない。たとえば、「漢民族」とはなにか。そうした確たる「まとまり」は、歴史上、一体いつからあるのか。かつて孫文は「中華民族」の語で、国民国家建設の主体とせんとしたが、あまりにも現実と離れていた。現在の中華人民共和国にあっては、「多元の統一体」というのが政治上も学術上も公式の標語になっている。社会史家の費孝通、米国で活動した考古学者の張光直、それに賛同した国内派・考古学者の蘇秉琦などが、イデオローグといっていい。むしろ、率直にいって、日本の中国史家よりも中華人民共和国や台湾の学者のほうが、中国ないし中華という歴史体をはじめから多元的構成と割り切って見ている。とくに、現在はそうである。日本の中国史における「漢民族」、そしてその〝反対語〟たる「異民族」の頻用は、ひとつの大きな特徴とさえいっていい。そこに、日本という独特の歴史体における民族イメージが投影されていないか。ちなみに、現在の中国でいう「〇〇族」といった表現は、既述のエスニク・グループの意味ではあろう。「少数民族」という、よく普及したいい方も、そうした意味でのゆるやかな使い方なのだろう。だが、たとえば、わたくしたちが「ティベット民族」「モンゴル民族」などといった時の民族は、既述の二種の用法のうち、はたしてどちらか、あるいは両方か。

かたや、近代における造語の民族とは逆に、部族の語は古くから文献に見える。「〇〇部」「所部」「部落」など、歴史文献における類似の表現もいろいろとある。部族の語がさす内容は、あり方も中身も規模もさまざまであった。だが、曖昧模糊とした民族とはちがい、部族のほうは歴史上さだかな実体・現実はしっかりとあった。そして、肝心なことは、厳然として実在した「部族」なるものが母体となり、それらが幾重にも組み合わさって、部族連合・部族連合体・部族連合国家といわざるをえない存在が形成され、それがしばしば歴史を動かしていったことである。中国史でならば、たとえばいわゆる五胡十六国時代から「拓跋国家」にいたる展開、ついで本書で扱った八―一四世紀、そして、大清帝国を生みだした満蒙漢連合体など、部族単位の軍事力をもつものがさまざまに寄り合わさって時代と社会を動かした。まして、中央ユーラシアやさらにはひろくアフロ・ユーラシア史の全体を眺めれば、近代以前においては、そうしたあり方のほうがむしろ一般的でさえあった。人類史における国家というものを考えるとき、このことは大きな鍵となる。

ちなみに、人類学などでは、英語のトライブの訳語として部族の語をあてる。さらに、トライブの下位単位とされるクランを氏族と訳す。だが、部族と氏族はともに原典文献で使用されている「原語」なのである。本来、その両語に、さだかな上下の統属関係があるわけではない。

では、本書において民族と部族をどう扱っているかというと、民族の語は、原則として用いていない。あきらかに、ある種の誤解をつくりださずにはおかないからである。たとえば、ウイグル民族といったとき、歴史上のウイグルと現在の中華人民共和国の新疆省を中心にウイグルと称している人たちと、ほとんど直接のかかわりはないという事実を、歴史的な文脈のなかで克明に述べなければならない。また、既述の漢民族の語については、そう呼ぶに値するそれなりの実体が、はたしていつ中国史上に出現・形成されたのか、それ自体が根本的な大問題だろう。これは、時代史をこえて、正面から多角的かつ総合的に分析・検討されてしかるべきことである。そうであるならば、まして異民族などという特定の価値観を内包させた不可思議な語は、使う必要はない。反対に、部族の語は使わざるをえない。歴史にあらわれる多様な部族なるものを、個別に逐一きちんと把握して、それぞれと全体をどう位置づけるか——。そうした試みは、まだほとんどなされていないといっていい。中東地域における部族を引き合いにだすまでもなく、現在でも部族なるものは生きている。つまり、世界史・中国史を問わず、そして歴史と現在を問わず、実のところ部族の語でくくられているものは、民族の語とは別の意味で、大いなる今後の検討課題なのである。

帝国・国家・ウルス　本書のなかで、意図して帝国と国家を使いわけた。国家というものは、人類史上、きわめて古くから、そして普遍的にあった。そして、もとより今もある。なんらかの軍事力・強制力を不可欠の要因として権力なるものが発生し、それをささえる各種の、組織・装置・機構がつくられる。その支配下には、規模の大小を問わず、人間のかたまりがいるのは当然だが、それらの「民衆」あるいは「人民」をふくめて国家だとするのは、支配者の側の自己弁護や正当化のための方便・教説は別として、きわめて近代的な観念だといわざるをえない。

人類史を通観して、国家とは事実上でほとんど政権・政府とその周辺をさしていってきた。国民主権の国家、もしくは国民がつくる国家という美しい国家像を、文字どおり実現しているのは、現代世界でもまだなお少数にとどまっているのが本当のところではないか。ちなみに、漢語で国家といえば、本来は王朝をさした。それが幕末・明治期の日本で、ステイトないしネイションなどの訳語として古い漢語の「国家」があてられた結果、似て非なる意味の新しい「国家」の語が出現し、やがて徐々に漢字文化圏に普及した。つまり、日中韓を問わず、近代以前の漢字文献における「国家」の語と、近現代の「国家」とは、あきらかに別物であることに注意したい。

かたや、「帝国」の語は、古い漢字文献には全く存在しない。本来の漢語であれば、唯一の権能者をあらわす「帝」と、春秋時代の都市国家を原義とする「国」とは、決して組み合わさることのない語であった。実は、帝国とは江戸後期、具体的には一七八〇年代の日本において発明・創作された造語、すなわち和製漢語である。オランダ語のケイゼルレイイク（独語のカイザーライヒにあたる）を原語とし、ケイゼル（カイザー）が「皇帝」、レイイク（ライヒ）が諸分邦の上に立つ統合的な「国」というところから、「帝国」と訳された。英語のエンパイア、仏語のアンピールが独語のカイザーライヒに相当することがわかると、それらもひっくるめて「帝国」の訳語が固定化し、それがそのまま中国などに伝播・流布した。日本でつくられた欧米語の訳語が東アジアの漢字文化圏に受容されるという滔々たる波のなかで、「帝国」も中韓などをつらぬく〝共通単語〟となった。その類語たる「帝国主義」も同様である。なお、こうした事例はまことに数多く、欧米文化の導入にはたした日本語の役割と東アジア諸国・諸地域にあたえた影響については、プラス・マイナスの両面を含めて、相互にあらためて検証する意義は小さくないだろう。

本書では、中小地域や部族レヴェルの権力については、それぞれのありようを加味しつつも、ごく一般的に「王国」や「軍閥」などといい、それがひとつのまとまった中央権力とそれなりの組織体を構成すれば「国家」と呼び、さらに複数の地域・種族・権力体にまたがって、それらの上に立つ別次元の存在となれば「帝国」と呼んだ。このあたり、きわめて素朴で、ごく通念に近いものである。

さらに、「ウルス」の語について簡単に触れたい。「ウルス」とは、モンゴル語で、人間の集団、部衆、国民、国などを意味する。テュルク語の「イル」と同義で、モンゴル時代とその前後の各種文献には、しばしば「イル・ウルス」と同義語反復のかたちでもあらわれる。土地や領域よりも、人間そのものに力点をおいた「国」の観念であった。ユーラシアの中央域における「ウルス」もしくは「イル」の考え方は、「ステイト」「ネイション」といった西欧に発する近代概念はもとより、日本語の「くに」の語とも色合いを異にする。「ウルス」という名の人間のかたまりは、たとえばそれがそっくり移動したとしても、「国」たることは変わらなかった。「国」としての輪郭・外枠も、かならずしも固定せず、ある程度までは可変的であったといっていい。こうした「ウルス」の観念は、「固い国家」を当然視しがちなわたくしたちの通念とは別に、人類史にはもうひとつの「柔らかい国家」のストリームがあったことを示している。モンゴル世界帝国を頂点とする、いわゆる遊牧国家の系列に発するものたちの歴史は、人類にとって多様な国家のあり方が本来はあることを語っている。

ひるがえって、現代の世界は、所詮は幻想にすぎない「国民国家」なるものが基礎単位となって、国際社会が構成されていることになっている。しかし、その「国民国家」なるものは、大小もまことにさまざま、国家としての成り立ちも自力・他力・棚ボタ式など、ようするにほとんど出鱈目に近い。たちどころに「国民国家」が数個できそうなスーパー・ステイトも、複数ある。だが、「国民国家」と認定されない限り、かなりな多さと広さをもつ「民族」も、巨大国家のなかの一個の「地域」にとどまらざるをえない。この地上には、今もなお多様な「人びとのかたまり」のかたちがある。本当は多分にうさんくさい「固い国家」の枠組みだけが、唯一のあり方とする虚構は、人類にとって幸せをもたらしているのだろうか。より現実・実態に即したフレキシブルな国家像を、わたくしたちはいま、必要としている。

参考文献

本書の執筆にあたって参考にさせていただいたものを中心に、ごく最低限度に必要なもののみを挙げる。良書はもっとあるだろう。なお、外国語で書かれたものはあえて割愛する。

内藤湖南『支那近世史』、弘文堂、一九四七年（『内藤湖南全集』一〇、筑摩書房、一九六九年）

宮崎市定『宮崎市定全集』九―一二、岩波書店、一九九二年

礪波護・武田幸男『隋唐帝国と古代朝鮮』「世界の歴史」六、中央公論社、一九九七年

布目潮渢・栗原益男『隋唐帝国』、講談社学術文庫、一九九七年

山田信夫編『ペルシアと唐』「東西文明の交流」二、平凡社、一九七一年

山田信夫『草原とオアシス』「ビジュアル版世界の歴史」一〇、講談社、一九八五年

本田實信『イスラム世界の発展』「ビジュアル版世界の歴史」六、講談社、一九八五年

三上次男・護雅夫・佐久間重男『中国文明と内陸アジア』「人類文化史」四、講談社、一九七四年

西嶋定生『古代東アジア世界と日本』、岩波書店、二〇〇〇年

李成市『東アジア文化圏の形成』「世界史リブレット」七、山川出版社、二〇〇〇年

礪波護『唐の行政機構と官僚』、中央公論社、一九九八年

礪波護『隋唐の仏教と国家』、中央公論社、一九九八年

氣賀澤保規『絢爛たる世界帝国』「中国の歴史」六、講談社、二〇〇五年

藤善眞澄『安禄山――皇帝の座をうかがった男』、中央公論新社、二〇〇〇年

藤善眞澄『隋唐時代の仏教と社会――弾圧の狭間にて』、白帝社、二〇〇四年

藤善眞澄『中国史逍遥』、藤善眞澄先生古希記念会、二〇〇五年

森安孝夫「ウイグルから見た安史の乱」『内陸アジア言語の研究』一七、中央ユーラシア学研究会、二〇〇二年
稲葉穣「安史の乱時に入唐したアラブ兵について」『龍谷大学・国際文化研究』、二〇〇一年
吉川真司編『平安京』「日本の時代史」五、吉川弘文館、二〇〇二年
愛宕元『唐代地域社会史研究』、同朋舎出版、一九九七年
石見清裕『唐の北方問題と国際秩序』、汲古書院、一九九八年
森安孝夫『ウイグル＝マニ教史の研究』、朋友書店、一九九一年
佐藤長『古代チベット史研究』上下、東洋史研究会、一九五八・五九年
佐竹靖彦『唐宋変革の地域的研究』、同朋舎出版、一九九〇年
藤枝晃『征服王朝』、秋田屋、一九四八年
周藤吉之・中嶋敏『五代と宋の興亡』講談社学術文庫、二〇〇四年
礪波護『馮道――乱世の宰相』、中央公論社、一九八八年
島田正郎『遼朝史の研究』、創文社、一九七九年
島田正郎『契丹国――遊牧の民キタイの王朝』、東方書店、一九九三年
斯波義信編『五代～元』「世界歴史大系　中国史」三、山川出版社、一九九七年
三上次男・神田信夫編『東北アジアの民族と歴史』「民族の世界史」三、山川出版社、一九八九年
護雅夫・岡田英弘編『中央ユーラシアの世界』「民族の世界史」四、山川出版社、一九九〇年
田村実造『中国征服王朝の研究』上中下、東洋史研究会、一九六四・七四・八五年
田村実造『慶陵の壁画――絵画・彫飾・陶磁』、同朋舎、一九七七年
古松崇志・承志・杉山正明編『遼文化・慶陵一帯調査報告書　二〇〇五』、京都大学文学研究科、二〇〇五年
佐伯富編『宋の新文化』「東洋の歴史」六、人物往来社、一九六七年。のち中公文庫より復刊
竺沙雅章『征服王朝の時代　宋・元』、講談社現代新書、一九七七年

竺沙雅章『宋の太祖と太宗』、清水書院、一九七五年
竺沙雅章『宋元仏教文化史研究』、汲古書院、二〇〇〇年
小島毅『中国思想と宗教の奔流』「中国の歴史」七、講談社、二〇〇五年
木田知生『司馬光とその時代』「中国歴史人物選」六、白帝社、一九九四年
西田龍雄『西夏語の研究』、座右宝刊行会、一九六四―六六年
古松崇志「女真開国伝説の形成――『金史』世紀の研究」『古典の世界像』（古典学の再構築・研究成果報告集）、二〇〇三年
榎一雄『東西文明の交流』「図説中国の歴史」一一、講談社、一九七七年
佐口透『モンゴル帝国と西洋』「東西文明の交流」四、平凡社、一九七〇年
本田實信『モンゴル時代史研究』、東京大学出版会、一九九一年
宮紀子『モンゴル時代の出版文化』、名古屋大学出版会、二〇〇五年
志茂碩敏『モンゴル帝国史研究序説――イル汗国の中核部族』、東京大学出版会、一九九五年
陳高華／佐竹靖彦訳『元の大都――マルコ・ポーロ時代の北京』、中央公論社、一九八四年
杉山正明『大モンゴルの世界――陸と海の巨大帝国』、角川書店、一九九二年
杉山正明『クビライの挑戦――モンゴル海上帝国への道』、朝日新聞社、一九九五年
杉山正明『モンゴル帝国の興亡』上下、講談社現代新書、一九九六年
杉山正明『耶律楚材とその時代』、白帝社、一九九六年
杉山正明『遊牧民から見た世界史――民族も国境もこえて』、日本経済新聞社、一九九七年
杉山正明『モンゴル帝国と大元ウルス』、京都大学学術出版会、二〇〇四年
杉山正明・北川誠一『大モンゴルの時代』「世界の歴史」九、中央公論社、一九九七年
藤井讓治・杉山正明・金田章裕編『絵図・地図から見た世界像』、京都大学文学研究科、二〇〇四年

年表

西暦	年号	草原・中華・アジア東方	日本・ユーラシア世界
五五二		突厥国家の出現。五八〇年代まで東西にわたる「世界帝国」状況となる	
五八三		突厥帝国の東西分裂。隋の文帝による江南併合。五八九年、中華統一	
六一八	武徳元	唐の出現、東突厥の援助	
六二二			ムハンマド、メッカからメディナに移る（ヒジュラ）。イスラーム出現
六三〇	貞観四	東突厥の唐への臣従	
六四五			日本で「大化改新」があったとされる
六五一			サーサーン帝国の解体
六六三	龍朔三	唐・新羅の軍が白村江で日本・百済の軍を破る。この前後、唐は「世界帝国」状況へ	
六八二		東突厥、復興す	
七一二	太極元	李隆基（玄宗）即位す	
七四二	天宝元	安禄山、平盧節度使となる	
七四四	三	安禄山、范陽節度使を兼ねる。ウイグル、復興東突厥と交代す	
七五〇			アッバース朝革命の成功
七五一	一〇	安禄山、河東節度使を兼ねる。タラス河畔の戦い	
七五五	一四	安禄山、挙兵す。洛陽を攻略	

七五六	至徳元	安禄山、大燕皇帝となる。玄宗蒙塵、長安陥落	
七五七	二	安禄山、子の慶緒に殺される	
七五九	乾元二	史思明、洛陽にて大燕皇帝となる	
七六一	上元二	史思明、子の朝義に殺される	
七六三	広徳元	史朝義、自滅す。安史の乱おわる。トゥプト、長安を占領	
七六四	二	僕固懐恩の反乱	
七七四	大暦九	魏博節度使・田承嗣、反乱す。河朔三鎮、事実上の自立	
七八九		ウイグル遊牧国家とトゥプトが七九二年まで天山東部一帯で衝突	
八〇〇			カール（シャルルマーニュ）、教皇より帝冠をうく
八四〇		ウイグル遊牧国家、天災のうえキルギスに襲われ解体	
八四五	会昌五	会昌の廃仏	
八四六？		トゥプトのランダルマ王、殺される。ティベットの統一うしなわれゆく	
八七五	乾符二	黄巣・王仙芝、反乱	
八八三	中和三	李克用、長安を回復。翌年、黄巣の乱おわる	
九〇一		耶律阿保機、キタイ連合のイルキンとなる	
九〇四	天祐元	朱全忠、唐室の昭宗を殺す	
九〇五		耶律阿保機と李克用、雲州にて会盟す	
九〇七		耶律阿保機、キタイの選挙制カガンとなる。朱全忠、哀帝を廃し帝位に即く。唐室断絶、後梁出現	
九〇八		李克用、他界す。李存勗、潞州の戦いで後梁軍を大破す	
九〇九			ファーティマ朝の出現
九一一		李存勗、柏郷一帯の戦いでふたたび後梁軍を大破す	
九一六	神冊元	耶律阿保機、キタイ国家の世襲制「帝権」を確立。阿保機、キタイ	

		軍をひきいて南進、「山後の地」を席捲	
九一七		キタイ軍、新州の戦いにて沙陀の周徳威の軍を大破。幽州を包囲。阿保機以下のキタイ主力の引きあげ。幽州城外の戦いにて沙陀軍、キタイ軍を破る	
九二一		「伝国の宝」、李存勗に奉呈さる。耶律突欲ひきいるキタイ軍、河朔に侵攻するも撤退	
九二三	同光元	李存勗、即位。「唐」を国号とする。後梁を滅ぼす	
九二五		阿保機のもとに「日本国、来貢す」	
九二六	天顕元	キタイ軍、渤海国を接収する。李存勗、禁軍に殺さる。沙陀族長家、滅亡す。克用の養子、李嗣源が即位、なお「唐」と号す（沙陀第二王朝）。阿保機、急逝す	醍醐宮廷政府、寛建以下を大陸に派遣
九二七		耶律堯骨、第二代キタイ皇帝となる	
九三〇		東丹王・突欲、渡海して李嗣源のもとへ	
九三六		キタイ皇帝・堯骨、石敬瑭を助けて後唐を滅ぼす。突欲、殺される	
九三九			平将門、反乱す
九四七		石氏の後晋を滅ぼした堯骨、開封に入城し、翌月に国号を「大遼」とするも、四月に撤退し、欒城にて急逝。劉知遠、太原で即位（後漢）	
九六〇	建隆元	趙匡胤、おさだまりの禁軍クーデタで即位。北宋出現	
九八二		夏王の李継捧が北宋に身を寄せるが、李継遷は自立す	
一〇〇二		李継遷のタングト王国、霊州を都とす	
一〇〇四		澶淵の盟、成立。キタイ帝国と北宋は、一二〇年にわたる平和共存へ	
一〇三二		李元昊、タングト国王となる	
一〇三八		李元昊、国号を大夏とし、皇帝と称す。いわゆる西夏国の成立	

年	年号	事項	周辺地域
一〇四四		北宋と西夏、慶暦の和約。キタイ・北宋・西夏、条約による共存へ	
一〇五五			セルジュクのトグリル、バグダード入城
一〇九六			十字軍という名のフランクの東進
一一一四		ジュシェンの完顔阿骨打、自立す。大金国の出現	
一一二二		大金国と北宋、海上の盟をむすぶ	
一一二五		大金国、天祚帝を捕らえる。キタイ帝国滅亡	
一一二七	靖康二	大金国、北宋を滅ぼす	
一一三二頃			耶律大石、即位。第二次キタイ帝国出現
一一四二		大金国と南宋の和約なる。澶淵システムの再現	
一一六一		金帝・完顔迪古乃の中華統合、失敗す	
一二〇六		チンギス・カン即位、大モンゴル国の出現	
一二一一		チンギスひきいるモンゴル軍、華北侵入	
一二一五		金の中都、陥落。金の南遷	
一二一九		モンゴル軍の中央アジア遠征（一二二五年まで）。ホラズム・シャー王国を解体させる。アフガニスタン作戦は、ひどく苦戦する	
一二二七		モンゴル軍の西夏攻撃。チンギス他界、西夏滅亡	
一二三四		大金国、南宋国境に近い蔡州にて滅ぶ	
一二三六		モンゴル東西遠征。バトゥの西征とクチュの南征。こののち世界帝国へ	
一二五一		第四代モンゴル皇帝モンケ、第二次東西遠征を企画。クビライの南征、フレグの西征	
一二五七		モンケ、クビライをはずして中国親征	
一二五九		モンケ、四川で急逝。クビライ、鄂州を囲む	

西暦	年号	事項	備考
一二六〇	中統元	クビライとアリク・ブケによる帝位継承戦争はじまる。フレグ軍、シリア侵入するも反転。キトブカ軍、マムルーク軍のために、アイン・ジャールートに敗れる。モンゴルの西方拡大とまる	
一二六四	至元元	クビライの帝位確立。大元ウルスの実質成立	
一二七六	一三	モンゴル軍、臨安を無血開城。南宋接収。このののち海上へ進出する	七四年、八一年の二回、モンゴルの日本襲来
一二九四	三一	クビライ他界。孫のテムル即位	
一三〇三		全モンゴル帝国の連帯回復	
一三二八		天暦の内乱。モンゴル帝国の変質はじまる	この前後七〇年ほど地球規模の環境変動か
一三六八		明の成立・北伐、大都陥落	
一三八八		クビライ王朝の消滅	

ラ・ワ行

マ行

ヤ行

ナ・ハ行

タ行

サ行

カ行

索引

遼、キタイ帝国、金、西夏、モンゴル帝国、沙陀、北宋、唐、耶律阿保機など、本巻全体にわたって頻出する用語は省略した。見出しに＊を付した人名は、巻末の「主要人物略伝」に項目がある。

ア行

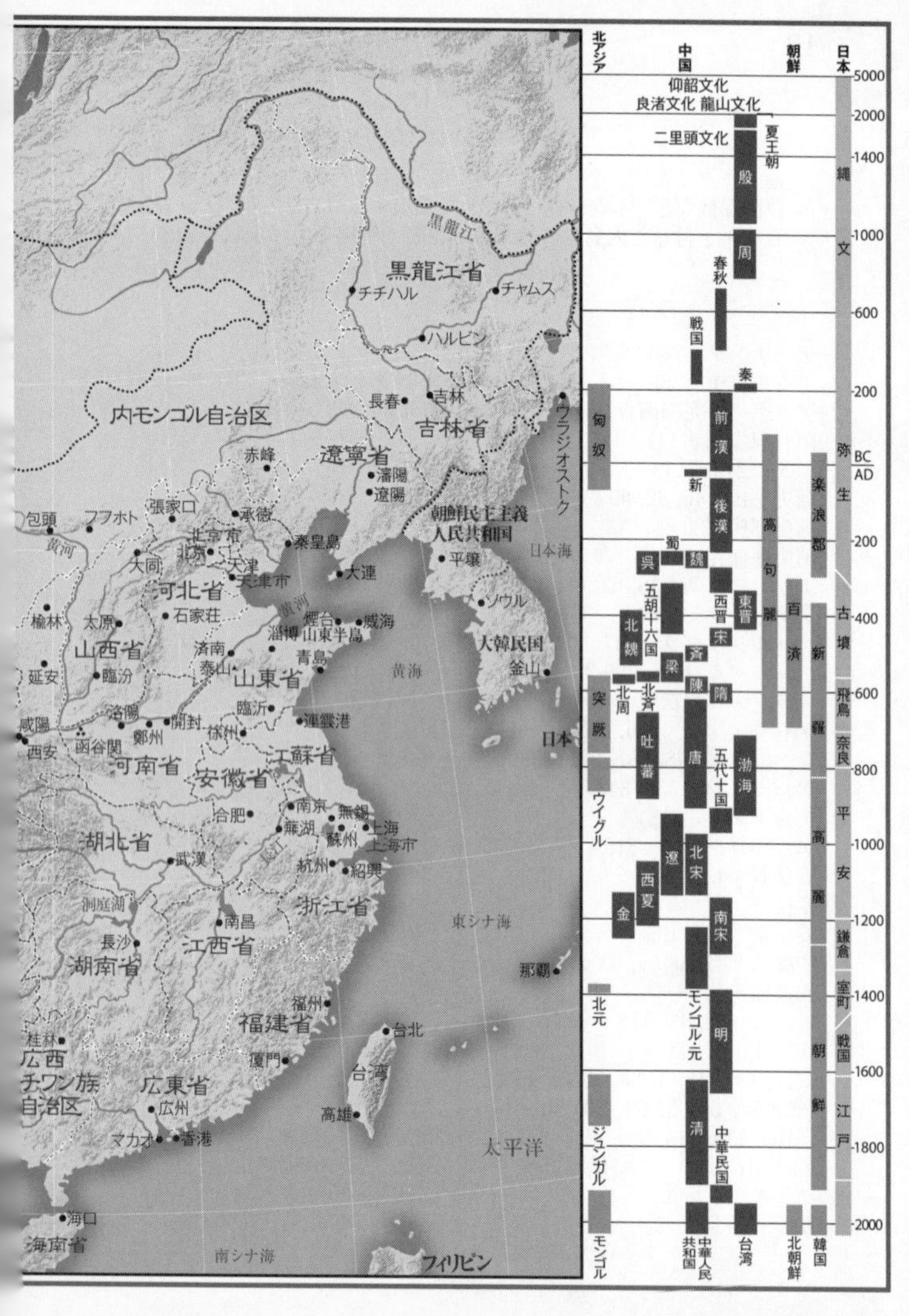

黒龍江
黒龍江省
チチハル
チャムス
ハルビン
長春
吉林
吉林省
内モンゴル自治区
ウラジオストク
赤峰
遼寧省
瀋陽
遼陽
張家口
承徳
包頭
フフホト
黄河
北京市
北京
天津
秦皇島
朝鮮民主主義人民共和国
日本海
大同
天津市
大連
平壌
河北省
ソウル
楡林
太原
石家荘
烟台
威海
淄博
山東半島
山西省
済南
青島
大韓民国
延安
臨汾
泰山
山東省
黄海
釜山
臨沂
咸陽
洛陽
開封
連雲港
西安
函谷関
鄭州
徐州
江蘇省
日本
河南省
安徽省
南京
無錫
合肥
蕪湖
蘇州
上海
上海市
湖北省
武漢
長江
杭州
紹興
洞庭湖
浙江省
南昌
東シナ海
長沙
江西省
湖南省
那覇
福州
福建省
桂林
台北
広西チワン族自治区
広東省
廈門
台湾
広州
高雄
マカオ
香港
太平洋
海口
海南省
南シナ海
フィリピン
北アジア
中国
朝鮮
日本
5000
仰韶文化
良渚文化
龍山文化
2000
夏王朝
二里頭文化
1400
殷
縄
1000
周
文
春秋
600
戦国
秦
200
匈奴
前漢
弥
BC
AD
楽浪郡
新
生
後漢
高句麗
200
蜀
呉
魏
西晋
東晋
百済
五胡十六国
古墳
北魏
400
宋
新
斉
梁
陳
北周
北斉
隋
突厥
600
飛鳥
唐
五代十国
吐蕃
渤海
奈良
ウイグル
羅
800
平
遼
北宋
1000
西夏
高
安
金
麗
南宋
1200
鎌倉
北元
室町
モンゴル・元
1400
明
戦国
朝
1600
江
ジュンガル
清
鮮
戸
中華民国
1800
2000
モンゴル
中華人民共和国
台湾
北朝鮮
韓国

現代の中国

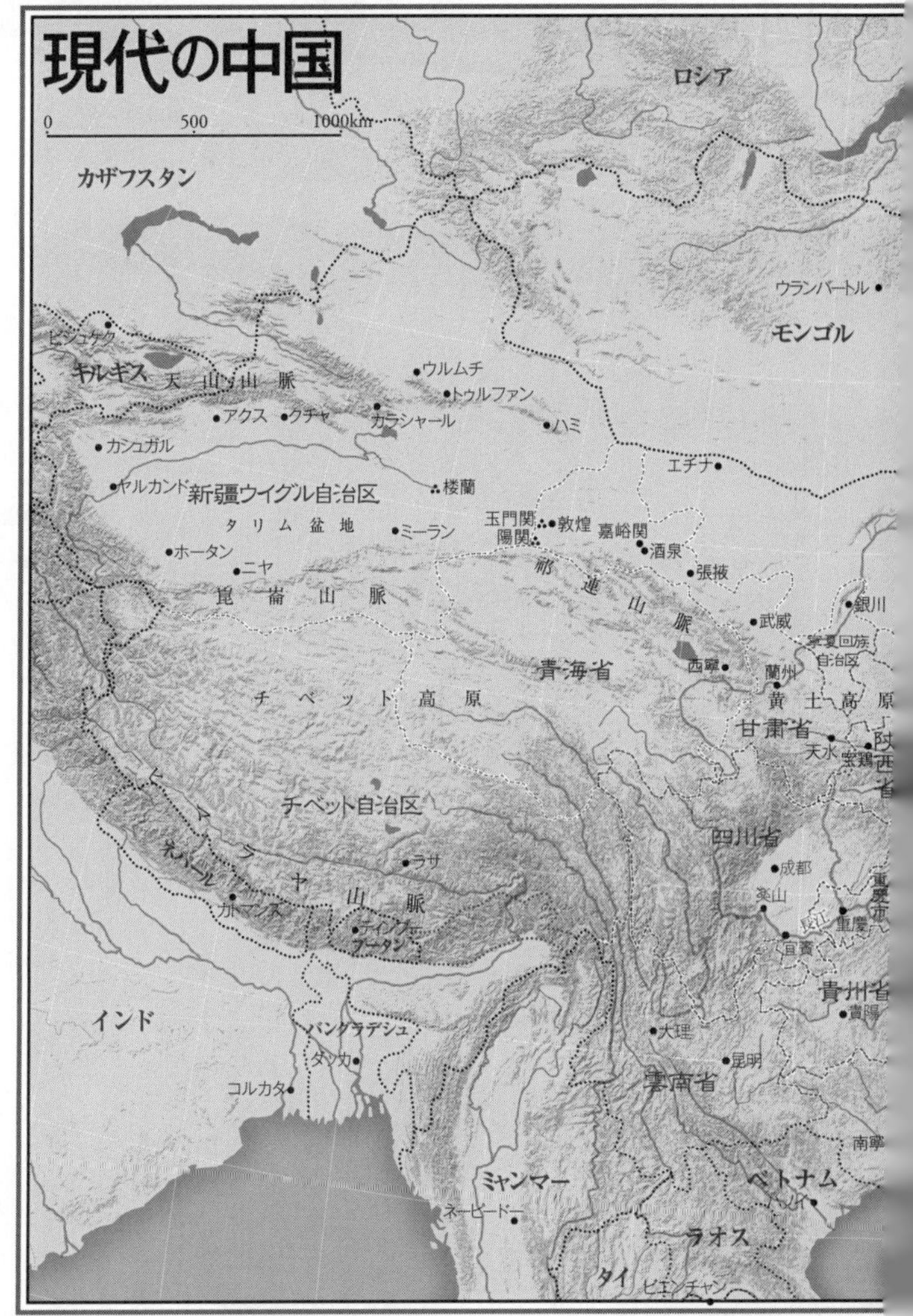
0
500
1000km
ロシア
カザフスタン
ウランバートル
モンゴル
ビシュケク
キルギス
天山山脈
ウルムチ
トゥルファン
アクス
クチャ
カラシャール
ハミ
カシュガル
エチナ
ヤルカンド
新疆ウイグル自治区
楼蘭
玉門関
敦煌
陽関
嘉峪関
酒泉
タリム盆地
ミーラン
ホータン
ニヤ
張掖
崑崙山脈
祁連山脈
銀川
武威
寧夏回族自治区
青海省
西寧
蘭州
チベット高原
黄土高原
甘粛省
天水
宝鶏
陝西省
ヒマラヤ山脈
チベット自治区
四川省
ネパール
ラサ
成都
カトマンズ
楽山
重慶市
ティンプー
ブータン
長江
重慶
宜賓
貴州省
貴陽
インド
バングラデシュ
大理
ダッカ
昆明
コルカタ
雲南省
南寧
ミャンマー
ベトナム
ネーピードー
ハノイ
ラオス
タイ
ビエンチャン

本書の原本は、二〇〇五年一〇月、小社より刊行されました。

杉山正明（すぎやま　まさあき）

1952年，静岡県生まれ。京都大学大学院文学研究科教授を経て，京都大学名誉教授。著書に『モンゴル帝国の興亡』『興亡の世界史09　モンゴル帝国と長いその後』『遊牧民から見た世界史』ほか。1995年に『クビライの挑戦』でサントリー学芸賞，2003年に司馬遼太郎賞，2006年に紫綬褒章，2007年に『モンゴル帝国と大元ウルス』で日本学士院賞を受賞。2020年没。

定価はカバーに表示してあります。

中国の歴史８

疾駆する草原の征服者　遼　西夏　金　元

杉山正明

2021年２月９日　第１刷発行
2022年１月11日　第３刷発行

発行者　鈴木章一
発行所　株式会社講談社
東京都文京区音羽 2-12-21 〒112-8001
電話　編集（03）5395-3512
販売（03）5395-4415
業務（03）5395-3615

装　幀　蟹江征治
印　刷　豊国印刷株式会社
製　本　株式会社国宝社
本文データ制作　講談社デジタル製作

ISBN978-4-06-522310-9

「講談社学術文庫」の刊行に当たって

これは、学術をポケットに入れることをモットーとして生まれた文庫である。学術は少年の心を養い、成年の心を満たす。その学術がポケットにはいる形で、万人のものになることは、生涯教育をうたう現代の理想である。

こうした考え方は、学術を巨大な城のように見る世間の常識に反するかもしれない。また、一部の人たちからは、学術の権威をおとすものと非難されるかもしれない。しかし、それはいずれも学術の新しい在り方を解しないものといわざるをえない。

学術は、まず魔術への挑戦から始まった。やがて、いわゆる常識をつぎつぎに改めていった。学術の権威は、幾百年、幾千年にわたる、苦しい戦いの成果である。こうしてきずきあげられた城が、一見して近づきがたいものにうつるのは、そのためである。しかし、学術の権威を、その形の上だけで判断してはならない。その生成のあとをかえりみれば、その根は常に人々の生活の中にあった。学術が大きな力たりうるのはそのためであって、生活をはなれた学術は、どこにもない。

開かれた社会といわれる現代にとって、これはまったく自明である。生活と学術との間に、もし距離があるとすれば、何をおいてもこれを埋めねばならない。もしこの距離が形の上の迷信からきているとすれば、その迷信をうち破らねばならぬ。

学術文庫は、内外の迷信を打破し、学術のために新しい天地をひらく意図をもって生まれた。文庫という小さい形と、学術という壮大な城とが、完全に両立するためには、なおいくらかの時を必要とするであろう。しかし、学術をポケットにした社会が、人間の生活にとってより豊かな社会であることは、たしかである。そうした社会の実現のために、文庫の世界に新しいジャンルを加えることができれば幸いである。

一九七六年六月

野間省一

学術文庫版

興亡の世界史 全21巻

編集委員＝青柳正規　陣内秀信　杉山正明　福井憲彦

いかに栄え、なぜ滅んだか。今を知り、明日を見通す新視点！

アレクサンドロスの征服と神話……………森谷公俊
シルクロードと唐帝国……………森安孝夫
モンゴル帝国と長いその後……………杉山正明
オスマン帝国500年の平和……………林 佳世子
大日本・満州帝国の遺産……………姜尚中・玄武岩
ロシア・ロマノフ王朝の大地……………土肥恒之
通商国家カルタゴ……………栗田伸子・佐藤育子
イスラーム帝国のジハード……………小杉 泰
ケルトの水脈……………原 聖
スキタイと匈奴 遊牧の文明……………林 俊雄
地中海世界とローマ帝国……………本村凌二
近代ヨーロッパの覇権……………福井憲彦
東インド会社とアジアの海……………羽田 正
大英帝国という経験……………井野瀬久美惠
大清帝国と中華の混迷……………平野 聡
人類文明の黎明と暮れ方……………青柳正規
東南アジア 多文明世界の発見……………石澤良昭
イタリア海洋都市の精神……………陣内秀信
インカとスペイン 帝国の交錯……………網野徹哉
空の帝国 アメリカの20世紀……………生井英考
人類はどこへ行くのか……………大塚柳太郎　応地利明　森本公誠
松田素二　朝尾直弘　ロナルド・トビほか